Vorwort

Dieses Lehrbuch wendet sich an alle Auszubildende und Umschüler, die den Beruf der Fachkraft für Lagerlogistik oder des Fachlageristen ausüben wollen.

Es orientiert sich an den neuen KMK-Rahmenlehrplänen und deckt die wirtschafts- und sozialpolitischen sowie rechtlichen Inhalte der Lernfelder 1 bis 11 sowie die Elemente für den Unterricht der Berufsschule im Bereich Wirtschafts- und Sozialkunde gewerblich-technischer Ausbildungsberufe ab. Bei den einzelnen Kapiteln ist angegeben, wo sich die Inhalte der Lernfelder wiederfinden. Damit vermittelt das Lehrbuch das gesamte prüfungsrelevante Wissen für das Prüfungsfach Wirtschaft- und Sozialkunde.

Das Lernfeld 12 „Kennzahlen ermitteln und auswerten" wird durch das Lehrbuch „Betriebliche Wertprozesse", Gehlen 00362, abgedeckt. Eine systematische Darstellung der Lagerlogistik mit den Teilbereichen Beschaffungs-, Transport- und Versandlogistik findet der Leser im Lehrbuch „Logistische Prozesse", Gehlen 00360. Die mathematischen Inhalte der Lernfelder 1–11 werden im Lehrbuch „Fachrechnen", Gehlen 00361, behandelt. Querverweise in den Büchern zeigen dem Leser die fachlichen Verbindungen auf:

LOP → Logistische Prozesse, **FR** → Fachrechnen, **BWP** → Betriebliche Wertprozesse.

Darüber hinaus werden Hinweise, Tipps und Anregungen geboten, die den Lernenden über die Schulzeit hinaus behilflich sein können. So ist das Buch auch bei Weiterbildungsmaßnahmen in den logistischen Berufen sinnvoll einsetzbar.

Die Neuauflage des Lehrbuches ist auf die Entwicklung von Handlungskompetenz gerichtet. Die den einzelnen Kapiteln vorangestellten Situationen und Handlungsaufträge führen den Leser in das Thema ein und verlangen sachgerechte, selbstständige Lösungsmöglichkeiten. Der Darstellung des Stoffes folgen eine Zusammenfassung sowie Übungen zur Lernzielsicherung. Diese Übungen stärken zum einen die Fach- und Lernkompetenz und zum anderen fördern sie über unterschiedliche Fragetechniken und Bearbeitungsformen die Methoden- und Sozialkompetenz.

Das Autorenteam hofft, den Auszubildenden, Umschülern, Ausbildern, Lehrkräften und Dozenten ein Fachbuch an die Hand zu geben, das zum einen den Unterricht intensivieren und zum anderen die Vorbereitungen auf die Abschlussprüfungen erleichtern wird. Weitergehend soll das Lehrbuch dem Lernenden über seine Ausbildungs- und Umschulungszeit hinaus Wissen und Anregungen vermitteln und ihn bei Weiterbildungsmaßnahmen unterstützen.

Wir wünschen allen Lernenden und Lehrenden ein erfolgreiches Arbeiten mit diesem Buch.

Die V

Inhaltsverzeichnis

1 Grundlagen des Arbeits- und Sozialrechts 7

1.1 Berufsausbildung 7

1.1.1 Das „duale“ Ausbildungssystem 8
1.1.2 Das Berufsbildungsgesetz (BBiG) 10
1.1.3 Die Ausbildungsordnung 12
1.1.4 Der Berufsausbildungsvertrag 12
1.1.5 Technischer und sozialer Wandel 19

1.2 Der Einzelarbeitsvertrag (Individualvertrag) 23

1.2.1 Rechte und Pflichten des kaufmännischen Angestellten 24
1.2.2 Beendigung des Arbeitsverhältnisses 26

1.3 Arbeitsschutzgesetze 32

1.3.1 Jugendarbeitsschutzgesetz 32
1.3.2 Allgemeiner Kündigungsschutz 35
1.3.3 Besonderer Kündigungsschutz 36
1.3.4 Mutterschutzgesetz 36

1.4 Arbeitsgerichtsbarkeit 41

1.5 Betriebsverfassungsgesetz 46

1.5.1 Betriebsrat 47
1.5.2 Jugend- und Auszubildendenvertretung 51
1.5.3 Betriebsvereinbarung 52

1.6 Tarifvertrag 56

1.6.1 Sozialpartner 56
1.6.2 Wesen des Tarifvertrags 58
1.6.3 Tarifvertragsarten 59
1.6.4 Geltungsbereich des Tarifvertrags 60
1.6.5 Entstehen eines Tarifvertrags 61

1.7 Vergütung der Arbeitsleistung 68

1.7.1 Lohnformen 69
1.7.2 Betriebliche Sozialleistungen 71
1.7.3 Berechnung des Monatseinkommens 74
1.7.4 Die Einkommensteuererklärung 80
1.7.5 Gibt es eine „gerechte“ Entlohnung? 84

1.8 Gesetzliche Sozialversicherung 89

1.8.1 Sozialversicherungen 90
1.8.2 Zweige der Sozialversicherung 93

1.9 Datenschutz im Betrieb 110

1.9.1 Notwendigkeit des Datenschutzes 110
1.9.2 Gesetzliche Vorschriften 112

2 Grundlagen des Wirtschaftens ... 118

2.1 Wirtschaftliche Grundbegriffe (Lernfeld 10) ... 118

2.1.1 Bedürfnisse, Bedarf und Nachfrage ... 118
2.1.2 Güter und Dienstleistungen ... 121
2.1.3 Das ökonomische Prinzip ... 123

2.2 Produktionsfaktoren (Lernfeld 10) ... 127

2.2.1 Volkswirtschaftliche Produktionsfaktoren ... 128
2.2.2 Kombination und Substitution der Produktionsfaktoren ... 129

2.3 Die Arbeitsteilung (Lernfeld 10) ... 134

2.4 Wirtschaftskreislauf (Lernfeld 10) ... 138

2.5 Markt und Preisbildung (Lernfeld 11) ... 142

2.5.1 Funktion des Marktes ... 143
2.5.2 Marktarten ... 143
2.5.3 Die Bildung des Marktpreises im Modell des vollkommenen Marktes ... 144
2.5.4 Marktformen ... 148

2.6 Soziale Marktwirtschaft in der Bundesrepublik Deutschland ... 154

2.6.1 Gesellschaftsordnung und Modelle einer Wirtschaftsordnung ... 155
2.6.2 Begriff der sozialen Marktwirtschaft ... 157
2.6.3 Merkmale der sozialen Marktwirtschaft ... 157
2.6.4 Wirtschafts- und sozialpolitische Ziele ... 160
2.6.5 Wirtschafts- und sozialpolitische Maßnahmen des Staates ... 164
2.6.6 Das Europäische System der Zentralbanken (ESZB) ... 168

2.7 Der Betrieb in der Gesamtwirtschaft (Lernfeld 2, 7, 10) ... 175

2.7.1 Betriebliche Zielsetzungen ... 176
2.7.2 Betriebswirtschaftliche Produktionsfaktoren ... 177
2.7.3 Arten der Betriebe ... 178
2.7.4 Grundfunktionen eines Betriebes ... 180
2.7.5 Betriebliche Kennzahlen ... 182
2.7.6 Kriterien der Standortauswahl eines Betriebes ... 183

3 Grundlagen des Wirtschaftsrechts ... 189

3.1 Die Rechtsordnung ... 189

3.1.1 Rechtsquellen ... 189
3.1.2 Rechtsgebiete ... 190

3.2 Möglichkeiten rechtlicher Bindung (Lernfeld 11) ... 192

3.2.1 Rechtssubjekte ... 192
3.2.2 Rechtsobjekte ... 194
3.2.3 Besitz und Eigentum ... 194
3.2.4 Rechtsgeschäfte ... 196
3.2.5 Wichtige Vertragsarten ... 198

3.3 Der Kaufvertrag (Lernfeld 1,11) 202
3.3.1 Antrag und Annahme 202
3.3.2 Informationen vor Kaufabschluss 203
3.3.3 Angebot 203
3.3.4 Widerspruchsrecht bei Haustür- und Abzahlungsgeschäften 206
3.3.5 Abschluss 206
3.3.6 Arten des Kaufvertrages 208
3.3.7 Störungen bei der Erfüllung des Kaufvertrages (Lernfeld 1) 209

3.4 Unternehmungsformen 221
3.4.1 Überlegungen auf dem Weg zur Selbstständigkeit 221
3.4.2 Überlegungen bei der Wahl der Rechtsform der Unternehmung 223
3.4.3 Einzelunternehmung 225
3.4.4 Personengesellschaften 226
3.4.5 Kapitalgesellschaften 236
3.4.6 Sonstige Unternehmungsformen 250

3.5 Unternehmenszusammenschlüsse (Lernfeld 11) 253
3.5.1 Arten der Unternehmenszusammenschlüsse 254
3.5.2 Ziele der Unternehmenszusammenschlüsse 255
3.5.3 Formen der Kooperation 256
3.5.4 Formen der Konzentration 260

3.6 Maßnahmen zur Erhaltung des Wettbewerbs 263
3.6.1 Gesetz gegen Wettbewerbsbeschränkungen 264
3.6.2 Gesetz gegen den unlauteren Wettbewerb (UWG) 266
3.6.3 Verbraucherschutz nach dem Gesetz zur Modernisierung des Schuldrechts im BGB . 267
3.6.4 Preisangabenverordnung 270
3.6.5 Produkthaftungsgesetz 271
3.6.6 Verbraucherberatung 271

4 Zahlungen im logistischen Prozess 274
4.1 Aufgaben des Geldes 274
4.2 Die verschiedenen Erscheinungsformen des Geldes 275
4.3 Die Einführung des Euro 275
4.4 Zahlungsmittel und Zahlungsformen (Lernfeld 11) 278
4.4.1 Barzahlung 278
4.4.2 Halbbare Zahlung 281
4.4.3 Bargeldlose Zahlung 282

Stichwortverzeichnis 299

1 Grundlagen des Arbeits- und Sozialrechts

1.1 Berufsausbildung

SITUATION

Die Auszubildende Waltraud Aich wird an ihrem ersten Arbeitstag vom Personalchef der Fa. Lausser zu einem Informationsgespräch gebeten. Auf die Frage, wie sie sich ihre Ausbildung vorstelle, schwärmt sie nur von den praktischen Tätigkeiten im Betrieb und „Nie mehr Schule"!

HANDLUNGSAUFTRÄGE

1. Warum reicht die alleinige betriebliche Praxis für den Ausbildungsberuf „Fachkraft für Lagerlogistik" nicht aus?
2. Diskutieren Sie Gründe um die Behauptungen in den beiden Abbildungen – „Bildung schützt vor Arbeitslosigkeit" – „Jugend ohne Arbeit" – zu untermauern.
3. Am Ende Ihrer Ausbildung erhalten Sie zwei Abschlusszeugnisse:
   - Abschlusszeugnis der Berufsschule
   - Kaufmannsgehilfenbrief

Begründen Sie diese beiden Bewertungen in Ihrer Berufsausbildung.

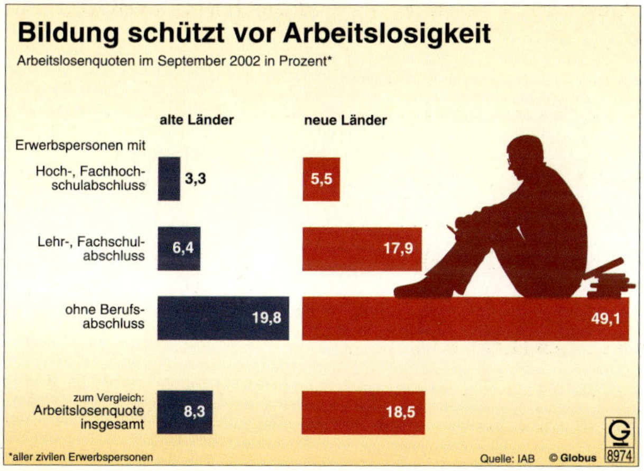

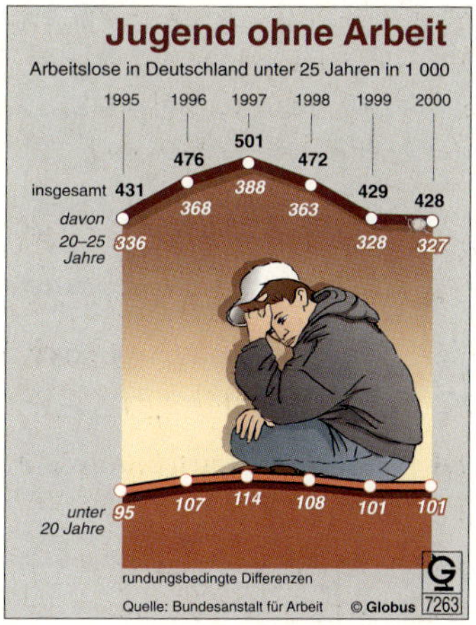

Die berufliche Leistungsfähigkeit für den einzelnen Arbeitnehmer bedeutet nicht nur Erstellung von hochwertigen international wettbewerbsfähigen Gütern, sondern auch Einkommen für Lebensunterhalt, Arbeitsplatzsicherung, interessante Arbeit, Aufstiegsmöglichkeiten, Selbstwertgefühl und vieles mehr.

Auch für Staat- und Gesellschaft hat die berufliche Bildung eine grundsätzliche Bedeutung, z. B. Wahrung des sozialen und politischen Friedens, hohe Steuereinnahmen (für höhere öffentliche Ausgaben) und steigende Exporte.

Um diese grundlegende Berufsausbildung für den Einzelnen, den Staat und der Gesellschaft durchführen zu können, muss neben den üblichen schulischen Zweigen auch eine qualifizierte und effiziente Berufsausbildung durchgeführt werden.

1.1.1 Das „duale" Ausbildungssystem

Das duale Ausbildungssystem (Lateinisch duo = zwei) ist das grundlegende Ordnungsprinzip der Berufsausbildung in der Bundesrepublik Deutschland.

Die beiden beteiligten Partner Ausbildungsbetrieb (Unterweisung im Betrieb) und Berufsschule (Unterricht in der Berufsschule) arbeiten arbeitsteilig und gleichberechtigt bei der Berufsausbildung zusammen:

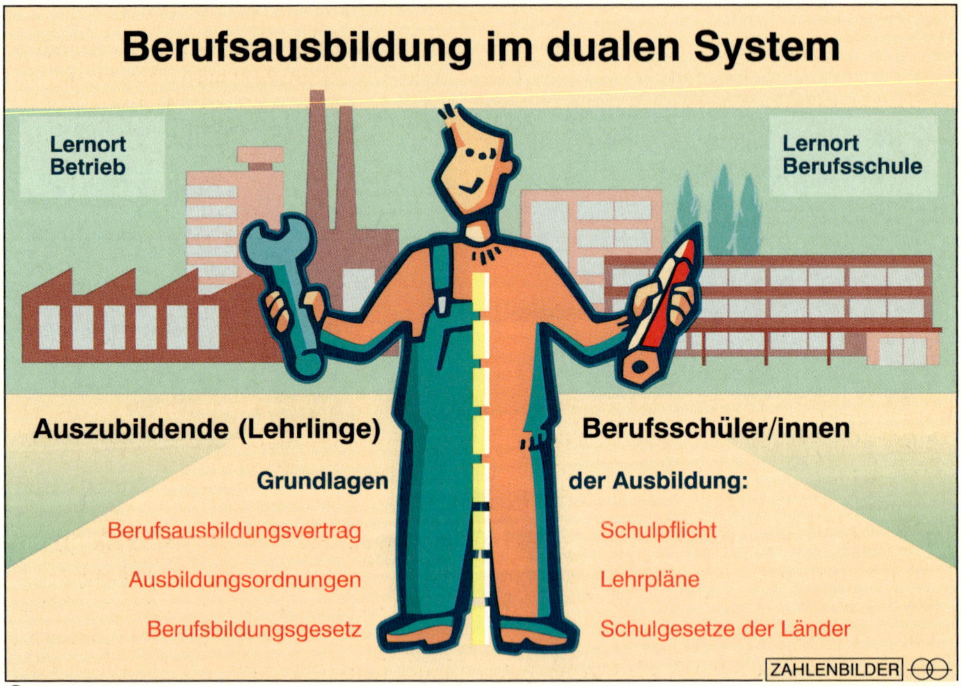

© Erich Schmidt Verlag 264 201

Für den Ausbildungsberuf Fachlagerist ist eine Ausbildungszeit von zwei Jahren, für den Ausbildungsberuf Fachkraft für Lagerlogistik eine dreijährige Ausbildungszeit vorgegeben.

Neben der fachlichen Qualifikation muss in Zukunft in Betrieb und Berufsschule auf eine breit verwertbare „Schlüsselqualifikation" geachtet werden. Die Auszubildenden sollen deshalb lernen, ihre übertragenen Aufgaben in Eigenverantwortung und auf den speziellen Auftrag bezogen zu lösen.

Durch neue z. B. handlungsorientierte, fächerübergreifende Unterrichtsmethoden, Planspiele, Projektunterricht u. v. m. versucht die Berufsschule den wachsenden Qualifikationen gerecht zu werden. Die Betriebe werden durch die zuständigen Industrie- und Handwerkskammern in der betrieblichen fachlichen Ausbildung unterstützt.

Die Zusammenarbeit bzw. die Arbeitsteilung zwischen den Ausbildungsbetrieben und den Berufsschulen wird in der folgenden Tabelle verdeutlicht:

Ausbildungsbetrieb	**Lernorte der beruflichen Ausbildung**	**Berufsschule**
– Berufsbildungsvertrag – Ausbildungsordnungen – Berufsbildungsgesetz des Bundes	Grundlagen der Ausbildung	– Schulpflicht – Lehrpläne – Schulgesetze der Länder
– Heranführung des Jugendlichen an die Arbeit – Eingliederung in das soziale System des Betriebes, Vermittlung von praktischen Kenntnissen und Fähigkeiten – Einübung beruflicher Fertigkeiten	Aufgaben	– Vermittlung von theoretischen Fachkenntnissen und von Berufswissen – Erweiterung und Vertiefung der Allgemeinbildung – Erziehung zum kritischen und verantwortungsbewussten demokratischen Bürger
Kaufmannsgehilfenprüfung vor der Industrie- und Handelskammer (IHK), Handwerkskammer	Abschluss	Jahresabschlussnoten
Kaufmannsgehilfenbrief	Urkunde	Abschlusszeugnis der Berufsschule

Die Berufsschule ist eine Pflichtschule. In der Bundesrepublik Deutschland sind alle Jugendlichen nach Beendigung der Schulpflicht berufsschulpflichtig, sofern sie eine Berufsausbildung beginnen. Wenn keine Berufsausbildung begonnen wird, bildet nur der sog. „mittlere Bildungsabschluss" die Ausnahme. Diesen können die Schüler des Ausbildungsberufes Fachlagerist bzw. Fachkraft für Lagerlogistik mit der Durchschnittsnote 2,5 im Abschlusszeugnis der Berufsschule (die Note im Fach Sport wird nicht mit einbezogen) und der Note 3 im Fach Englisch im Abschlusszeugnis des beendeten Schulzweiges erwerben.

Die Unterrichtsfächer gehören einem berufsbezogenen und einem berufsübergreifenden Bereich an.

TIPP **Informieren Sie sich über Ihre Unterrichtsfächer bei Ihrem Lehrer/Ihrer Lehrerin.**

Das Jahreszeugnis der Berufsschule dokumentiert die schriftlich und mündlich erbrachten Leistungen. Eine Pflichtwiederholung einer Klasse ist nicht vorgesehen. Das Ziel ist die Abschlussprüfung am Ende der Ausbildungszeit. Wird das Zeil der Berufsschule erreicht, erhält der Schüler ein Abschlusszeugnis, ansonsten ein Entlassungszeugnis.

1.1.2 Das Berufsbildungsgesetz (BBiG)

Die rechtlichen Grundlagen für die Berufsausbildung zum Fachlageristen/Fachkraft für Lagerlogistik sind:

- das **Berufsbildungsgesetz** vom 14. August 1969
- die **Ausbildungsordnung** vom 24. Januar 1978 für den zugelassenen Ausbildungsberuf
- **Rahmenlehrplan** auf Bundesebene und die **Lehrpläne** der
- die Regelung der **berufsständischen Einrichtungen** (z. B. Prüfungsordnungen der einzelnen IHKs und HWKs).
- der **Berufsausbildungsvertrag**
- Sonstige **Schutzvorschriften** (z. B. Jugendarbeitsschutzgesetz)

TIPP **Der Berufsausbildungsvertrag und das Jugendarbeitsschutzgesetz wird Ihnen ausführlich in den Kapiteln 1.1.4 und 1.3.1 erklärt.**

Das **Berufsbildungsgesetz** ist die Grundlage für die berufliche Bildung. § 1 (Berufsbildung) definiert die drei Bereiche der **Berufsausbildung**, beruflichen **Fortbildung** und beruflichen **Umschulung**:

BBiG § 1 (Die Berufsbildung)

(1) Berufsausbildung im Sinne dieses Gesetzes sind die Berufsausbildung, die berufliche Fortbildung und die berufliche Umschulung.

(2) Die Berufsausbildung hat eine breit angelegte berufliche Grundbildung und die für die Ausübung einer qualifizierten beruflichen Tätigkeit notwendigen fachlichen Fertigkeiten und Kenntnisse in einem geordneten Ausbildungsgang zu vermitteln. Sie hat ferner den Erwerb der erforderlichen Berufserfahrung zu ermöglichen.

(3) Die berufliche Fortbildung soll es ermöglichen, die beruflichen Kenntnisse und Fertigkeiten zu erhalten, zu erweitern, der technischen Entwicklung anzupassen oder beruflich aufzusteigen.

(4) Die berufliche Umschulung soll zu einer anderen beruflichen Tätigkeit befähigen.

Die folgende Tabelle gibt eine Übersicht über weitere wichtige Inhalte des Berufsbildungsgesetzes

Verzeichnis der Berufsausbildungsverhältnisse § 31 ff. BBiG.	■ wird bei der zuständigen Stelle geführt ■ enthält die wesentlichen Inhalte der Berufsausbildungsverträge, die der zuständigen Stelle gemeldet sind	
Prüfungswesen § 34 ff BBiG.	Grundsatz	■ Abschlussprüfung in jedem anerkannten Ausbildungsberuf ■ mindestens eine Zwischenprüfung entsprechend der Ausbildungsordnung
	Zulassungsvoraussetzungen zur Abschlussprüfung	■ Ablauf der vertraglichen Ausbildungszeit (Ausnahmen sind möglich) ■ Teilnahme an den Zwischenprüfungen ■ Eintragung des Ausbildungsvertrages in das Verzeichnis der Ausbildungsverhältnisse
	Wiederholung der Abschlussprüfung	■ zweimalige Wiederholung ist möglich ■ Die Ausbildungszeit verlängert sich auf Wunsch des Auszubildenden um den entsprechenden Zeitraum
	Gegenstand	■ Nachweis, ob der Auszubildende die erforderlichen Fertigkeiten beherrscht und theoretischen Kenntnisse besitzt ■ die Abschlussprüfung besteht aus – einem schriftlichen – einem mündlichen Teil – einer Fertigkeitsprüfung (gilt nur für einige Berufe, z. B. Fachlagerist und Fachkraft für Lagerlogistik)
	Zeugnis	Über die bestandene Prüfung wird ein Abschlusszeugnis ausgestellt
Überwachung der Ausbildung § 45 BBiG	Sie erfolgt durch die „zuständigen Stellen". Das sind im Wesentlichen die Kammern, z. B. ■ Industrie- und Handelskammern (IHK) ■ Handwerkskammern und Landwirtschaftskammern ■ Ärzte- und Rechtsanwaltskammern u. a.	
Berufsbildungsausschüsse § 54 ff BBiG	■ existieren auf Landesebene und bei den zuständigen Stellen ■ setzen sich zusammen aus Vertretern der Arbeitgeber und der Arbeitnehmer ■ beraten die Landesregierungen und die zuständigen Stellen in allen Fragen der Berufsbildung	

1.1.3 Die Ausbildungsordnung

Die Ausbildung in den verschiedenen Ausbildungsberufen wird durch die *Ausbildungsordnung* geregelt, die vom zuständigen Bundesminister erlassen wird. Diese muss gemäß *§ 25 Berufsausbildungsgesetz* mindestens Folgendes festlegen:

Ausbildungsordnung

- **Ausbildungsrahmenplan**: Anleitung zur sachlichen und zeitlichen Gliederung der Fertigkeiten und Kenntnisse (= Erläuterungen zum Ausbildungsberufsbild)
- **Ausbildungsberufsbild**: Bezeichnung des Ausbildungsberufes sowie Festlegen der Ausbildungsdauer (soll nicht mehr als drei und nicht weniger als zwei Jahre betragen) sowie der Kenntnisse und Fertigkeiten, die Gegenstand der Berufsausbildung sind
- **Prüfungsanforderungen**: die den Umfang der in den Prüfungsfächern zu beherrschenden Kenntnisse und Fertigkeiten festlegen

TIPP **Besorgen Sie sich mithilfe Ihres Lehrers/Ihrer Lehrerin das Berufsbild und die Prüfungsinhalte Ihres Ausbildungsberufes.**

1.1.4 Der Berufsausbildungsvertrag

Lehrlinge sind die Stiefkinder der sozialen Marktwirtschaft …

Der Berufsausbildungsvertrag für eine betriebliche Ausbildung begründet ein besonderes Vertragsverhältnis (Berufsausbildungsverhältnis) zwischen Arbeitgeber und Auszubildendem. Es liegt kein Arbeitsverhältnis vor, auch wenn der Auszubildende übliche Arbeiten im Betrieb ausführt.

Eine Berufsausbildung kann nur dann begonnen werden, wenn ein entsprechender Vertrag geschlossen worden ist. Dies kann formlos geschehen, jedoch hat der Ausbildende zum Schutz des Auszubildenden unverzüglich nach Vertragsabschluss, spätestens aber vor dem Ausbildungsbeginn, den wesentlichen Inhalt des Vertrags schriftlich niederzulegen.

Der Bundesausschuss für Berufsbildung hat als Empfehlung an die zuständigen Kammern ein bundeseinheitliches Muster beschlossen.

TIPP **Lesen Sie den § 4 BBiG nach.**

Vertragspartner sind der Auszubildende (derjenige, der ausgebildet werden soll) und der Ausbildende (derjenige, der einstellt).

Ist der Auszubildende noch minderjährig, so ist die Zustimmung der Erziehungsberechtigten erforderlich (Vater, Mutter, Vormund). Der Ausbildende hat unverzüglich die Eintragung des Vertrages in das Verzeichnis der Berufsausbildungsverhältnisse bei den Industrie- und Handelskammern zu beantragen (§ 33 BBiG).

Nach dem BBiG obliegen den zuständigen Stellen folgende Aufgaben:

- **Überwachung** der Durchführung der Berufsausbildung (§ 45 BBiG)
- **Förderung** der Berufsausbildung durch **Beratung** der Ausbildenden und der Auszubildenden (§ 45 BBiG)
- **Eignungsfeststellung** der Ausbildungsbetriebe (§ 23 BBiG)
- **Verkürzung** der Ausbildungszeit (§ 29 (2) BBiG)
- **Verlängerung** der Ausbildungszeit (§ 29 (3) BBiG)
- Führen des **Verzeichnisses des Berufsausbildungsverhältnisses** (§§ 31–33- BBiG)
- Errichtung der **Prüfungsausschüsse und die Abnahme der Abschlussprüfungen** (§ 36 BBiG)
- Erlass der **Prüfungsordnung** (§ 41 BBiG)
- Durchführung von **Zwischenprüfungen (§ 41 BBiG)**

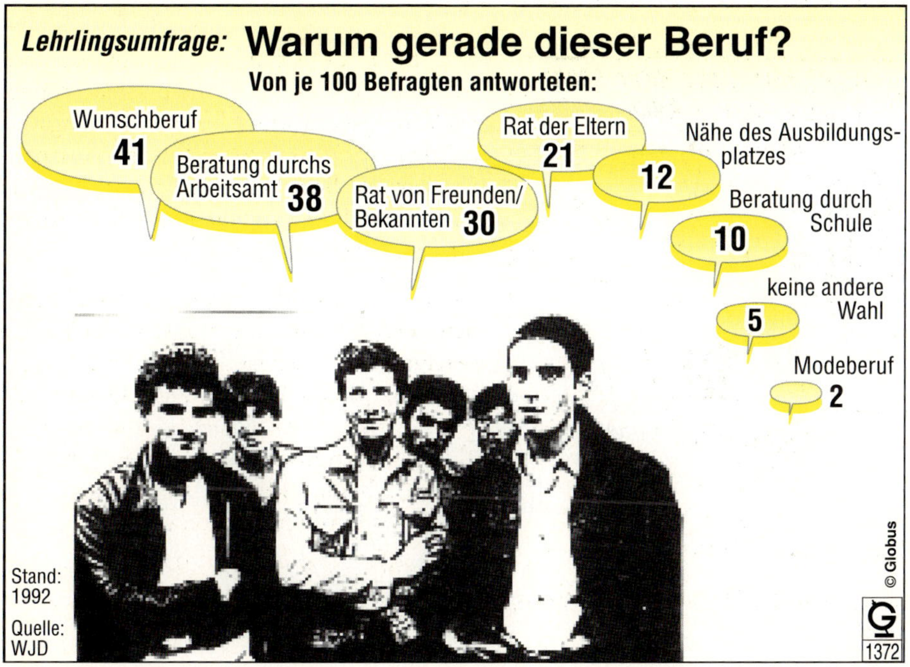

Eine Vereinbarung, die den Auszubildenden für die Zeit nach der Beendigung der Berufsausbildung in der Ausübung seiner beruflichen Tätigkeit einschränkt, ist nichtig (ungültig).

Für den Betrieb muss die Ausbildungsberechtigung vorliegen (§ 3 (1) BBiG). Ausbilden kann der Ausbildende selbst oder ein von ihm beauftragter Ausbilder sein.

Berufsausbildungsvertrag
bei Minderjährigen Zustimmung des gesetzlichen Vertreters

↓

Ausbildender — **Berufsausbildungsvertrag** — **Auszubildender**

↓

Eintragung in das Verzeichnis der Berufsausbildungsverhältnisse bei IHK/HWK

Inhalt des Berufsausbildungsvertrages

Die Vorstellungen von Auszubildenden und Ausbildern darüber, wie das Berufsausbildungsverhältnis gestaltet sein soll, unterscheidet sich in einigen Fällen. Um dennoch eine gute Zusammenarbeit zu ermöglichen, schließen Auszubildende und Arbeitgeber einen Berufsausbildungsvertrag ab. Hierin ist festgelegt, welche Pflichten und Rechte jeder Vertragspartner im Geltungsbereich des Vertrages übernimmt.

Der schriftliche Berufsausbildungsvertrag muss Angaben enthalten über (§ 4 BBiG):

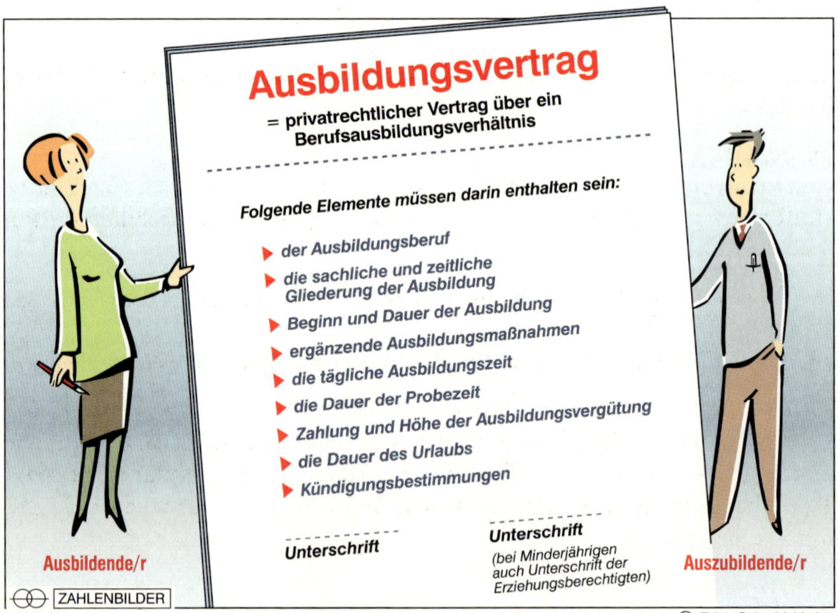

264 203 © Erich Schmidt Verlag

Die Rechte und Pflichten der Vertragspartner

Die Rechte und Pflichten aus dem Ausbildungsvertrag sind im Anhang eines jeden Berufsausbildungsvertrages aufgeführt.

TIPP **Sehen Sie in Ihrem Ausbildungsvertrag nach. Besorgen Sie sich die kostenlose Broschüre „Ausbildung & Beruf", herausgegeben vom Bundesministerium für Bildung und Forschung, Glinkestr. 18–24, 10117 Berlin.**

Die folgenden Auszüge sind dem Muster des Ausbildungsvertrages entnommen, das der Bundesausschuss für Berufsbildung herausgegeben und zur Vertragsniederschrift empfohlen hat.

Die Pflichten des Ausbilders – Rechte des Auszubildenden (§ 6 ff BBiG)

Der **Ausbildende** verpflichtet sich,

1. Ausbildungsziel
   - dafür zu sorgen, dass dem Auszubildenden die Fertigkeiten und Kenntnisse vermittelt werden, die zum Erreichen des Ausbildungszieles nach der Ausbildungsordnung erforderlich sind, und die Berufsausbildung so durchzuführen, dass das Ausbildungsziel in der vorgesehenen Ausbildungszeit erreicht werden kann.
2. Ausbilder
   - selbst auszubilden oder einen persönlich und fachlich geeigneten Ausbilder ausdrücklich damit zu beauftragen.
3. Ausbildungsordnung
   - dem Auszubildenden vor Beginn der Ausbildung die Ausbildungsordnung kostenlos auszuhändigen.
4. Ausbildungsmittel
   - dem Auszubildenden kostenlos die Ausbildungsmittel, insbesondere Werkzeuge, Werkstoffe und Fachliteratur zur Verfügung zu stellen, die für die Ausbildung erforderlich sind.
5. Besuch der Berufsschule und von Ausbildungsmaßnahmen ausserhalb der Ausbildungsstätte
   - den Auszubildenden zum Besuch der Berufsschule anzuhalten und freizustellen.
6. Berichtsheftführung – Ausbildungsnachweis
   - dem Auszubildenden vor Ausbildungsbeginn und später die Berichtshefte für die Berufsausbildung kostenfrei auszuhändigen und die ordnungsgemäße Führung durch regelmäßige Abzeichnung zu überwachen, soweit Berichtshefte im Rahmen der Berufsausbildung verlangt werden.

7. Ausbildungsbezogene Tätigkeiten
   - dem Auszubildenden nur Verrichtungen zu übertragen, die dem Ausbildungszweck dienen und seinen körperlichen Kräften angemessen sind.
8. Sorgepflicht
   - dafür zu sorgen, dass der Auszubildende charakterlich gefördert sowie sittlich und körperlich nicht gefährdet wird.
9. Ärztliche Untersuchungen
   - von dem jugendlichen Auszubildenden sich Bescheinigungen gemäß §§ 32, 33 Jugendarbeitsschutzgesetz darüber vorlegen zu lassen, dass dieser
     a) vor der Aufnahme der Ausbildung untersucht und
     b) vor Ablauf des ersten Ausbildungsjahres nachuntersucht worden ist.
10. Eintragungsantrag
    - unverzüglich nach Abschluss des Berufsausbildungsvertrages die Eintragung in das Verzeichnis der Berufsausbildungsverhätnisse bei der zuständigen Stelle unter Beifügung der Vertragsniederschriften zu beantragen.
11. Anmeldung zu Prüfungen
    - den Auszubildenden rechtzeitig zu den angesetzten Zwischen- und Abschlussprüfungen anzumelden und für die Teilnahme freizustellen.

Außerdem ergeben sich aus den Arbeitsrechtsbestimmungen noch folgende **Pflichten des Arbeitgebers:**

- Vergütungspflicht (§§ 611, 314, 616 BGB, § 64 HGB)
  - Pünktliche Zahlung des Lohns bzw. Gehalts unter der Voraussetzung, dass die Arbeitsleistung tatsächlich erbracht wurde.
  - Unverschuldete Verhinderung berechtigt nicht zur Kürzung der Entgeltzahlung (z. B. Lohnfortzahlung im Krankheitsfall bis sechs Wochen, Ladung als Zeuge vor Gericht).
- Fürsorgepflicht (§§ 618 BGB, 62 HGB)
  - Anmeldung des Arbeitnehmers bei der Krankenkasse und Abführung der Sozialversicherungsbeiträge.
  - Schutz der Gesundheit des Arbeitnehmers sowie Beachtung der Unfallverhütungsvorschriften und der Arbeitsgesetze.
  - Gleichbehandlungspflicht von Frauen und Männern, Teilzeit- und Vollzeitbeschäftigten.
- Urlaub
  - Gewährung bezahlten Urlaubs unter Beachtung der Mindestbestimmungen des Jugendarbeitschutzgesetzes und des Bundesurlaubsgesetzes, soweit der Arbeitnehmer dem Betrieb mindestens sechs Monate angehört.
- Informations- und Anhörungspflicht (§§ 81–85 Betriebsverfassungsgesetz = Betr. VG)
  - Unterricht über Aufgaben und Gestaltung des Arbeitsplatzes
  - Unterricht über Gesundheit und Unfallgefahren am Arbeitsplatz
  - Erörterung der Leistungsbeurteilung und Einsicht in die Personalakte
  - Beschwerderecht bei ungerechter Behandlung oder Benachteiligung

- Zeugnispflicht (§§ 630 BGB, 73 HGB)
  - Ausstellung eines Zeugnisses über Art und Dauer der Beschäftigung; auf Wunsch des Arbeitnehmers sind Angaben über Führung und Leistung aufzunehmen.
  - Inhaltlich muss das Zeugnis wahrheitsgemäß, aber wohlwollend sein; gute Leistungen sind zu erwähnen, schlechte nur, wenn sie schwerwiegend und wesentlich sind.

Pflichten des Auszubildenden – Rechte des Arbeitgebers (§ 4 BBiG)

Der Auszubildende hat sich zu bemühen, die Fertigkeiten und Kenntnisse zu erwerben, die erforderlich sind, um das Ausbildungsziel zu erreichen. Er verpflichtet sich insbesondere

1. Lernpflicht
- die ihm in Rahmen seiner Berufsausbildung übertragenen Verrichtungen und Aufgaben sorgfältig auszuführen.

2. am Berufsschulunterricht und an den Prüfungen sowie an Ausbildungsmaßnahmen außerhalb der Ausbildungsstätte teilzunehmen.

3. Weisungsgebundenheit
- den Weisungen zu folgen, die ihm im Rahmen der Berufsausbildung erteilt werden.

4. Betriebliche Ordnung
- die für die Ausbildungsstätte geltende Ordnung zu beachten.

5. Sorgfaltspflicht
- Werkzeug, Maschinen und sonstige Einrichtungen pfleglich zu behandeln und sie nur zu den ihm übertragenen Arbeiten zu verwenden.

6. Betriebsgeheimnisse
- über Betriebs- und Geschäftsgeheimnisse Stillschweigen zu bewahren.

7. Berichtsheftführung – Ausbildungsnachweis
- ein vorgeschriebenes Berichtsheft ordnungsgemäß zu führen und regelmäßig vorzulegen.

8. Benachrichtigung
- bei Fernbleiben von der betrieblichen Ausbildung, vom Berufsschulunterricht oder von sonstigen Ausbildungsveranstaltungen dem Ausbildenden unter Angabe von Gründen unverzüglich Nachricht zu geben und ihm bei Krankheit oder Unfall spätestens am dritten Tag eine ärztliche Bescheinigung zuzuleiten.

Zusätzlich gelten zu den Pflichten des Arbeitnehmers noch folgende Bestimmungen aus dem Arbeitsrecht:

- Pflicht zur Arbeitsleistung (§ 611 BGB)
  Verrichtung der nach dem Arbeitsvertrag vereinbarten Arbeiten.
  Die Arbeit ist nach besten Wissen und Gewissen zu erbringen (bei Schlechterfüllung ist der Arbeitnehmer schadenersatzpflichtig).
- Gehorsamspflicht
  Der Arbeitnehmer hat die Weisungen des Arbeitgebers zu befolgen. Dem Arbeitgeber steht ein Weisungsrecht/Direktionsrecht zu. Der Arbeitnehmer hat den Betriebsfrieden zu wahren.

- Treue- und Verschwiegenheitspflicht
  - Wahrnehmung und Vertretung der Interessen des Arbeitgebers
  - Verbot der Weitergabe von Geschäfts- und Firmengeheimnissen
  - Verbot der Annahme von Zahlungen zum eigenen Vorteil (Schmiergeldzahlungen)
  - Schadenersatzpflicht bei Pflichtverletzung, Möglichkeit der fristlosen Kündigung oder ggf. strafrechtliche Verfolgung.
- Pflicht zur Beachtung des Wettbewerbsverbots
  - Verbot der Geschäfte auf eigene oder fremde Rechnung im gleichen Geschäftszweig des Arbeitgebers.
    (Ausnahme der Arbeitgeber gibt die Einwilligung)
  - Verbot eigener Geschäfte durch kaufmännische Angestelle in einem beliebigen Geschäftszweig.

  Die „Konkurrenzklausel" im Arbeitsvertrag erlaubt für eine gewisse Zeit nach dem Ausscheiden aus dem Arbeitsverhältnis ein Wettbewerbsverbot (bei kaufm. Angestellten maximal zwei Jahre).

  Pflichtverletzungen können Schadenersatzforderungen nach sich ziehen.

Die **Ausbildungsdauer** wird durch die jeweilige Ausbildungsordnung vorgeschrieben. Sie beträgt für die Ausbildungsberufe Fachlagerist zwei Jahre und Fachkraft für Lagerlogistik drei Jahre. Die Berufsausbildung beginnt mit einer Probezeit von mindestens einem und höchstens drei Monaten.

- BBiG § 7 Kündigung
  1. Kündigung während der Probezeit kann das Berufsausbildungsverhältnis ohne Einhaltung einer Kündigungsfrist und ohne Angabe von Gründen gekündigt werden.
  2. Kündigungsgründe
     Nach der Probezeit kann das Berufsausbildungsverhältnis nur gekündigt werden
     a) aus einem wichtigen Grund ohne Einhaltung einer Kündigungsfrist
     b) vom Auszubildenden mit einer Kündigungsfrist von vier Wochen, wenn er die Berufsausbildung aufgeben oder sich für eine andere Berufstätigkeit ausbilden lassen will.

Im Regelfall endet die Ausbildung mit der Abschlussprüfung vor der zuständigen Kammer. Zugelassen wird, wer die Ausbildungszeit durchlaufen, an der vorgeschriebenen Zwischenprüfung teilgenommen und das Berichtsheft ordnungsgemäß geführt hat. Die Abschlussprüfung kann bei Nichtbestehen zweimal wiederholt werden.

Um jede Unsicherheit über eine Weiterbeschäftigung des Auszubildenden nach dem Abschluss der Berufsausbildung auszuschalten, werden die Vertragsparteien in einem angemessenen zeitlichen Abstand vor dem Abschluss gegenseitig erklären, ob man nach der Beendigung ein Arbeitsverhältnis begründet werden soll oder nicht. Eine Vereinbarung, die den Auszubildenden verpflichtet, in einem Arbeitsverhältnis weiterzuarbeiten, darf aber erst innerhalb der letzten drei Monate des Berufsausbildungsverhältnisses erfolgen.

Wird der Auszubildende nach dem Abschluss der Berufsausbildung ohne besondere Vereinbarung weiter beschäftigt, so wird hierdurch ein Arbeitsverhältnis auf unbestimmte Dauer begründet.

1.1.5 Technischer und sozialer Wandel

Wandel der Arbeitsbedingungen

Im Verlauf seiner Entwicklung hat der Mensch stets versucht, seine Arbeit durch technische Hilfsmittel und organisatorische Maßnahmen produktiver zu gestalten.

Die Erfindung neuer Maschinen und Produktionsverfahren ermöglichte im 19. Jahrhundert den Übergang von den handwerklichen zu den industriellen Herstellungsverfahren und leitete den tiefgreifenden Wandel von einer Agrar- in eine Industriegesellschaft ein. Fabriken in den Städten ersetzten die alten Handwerksbetriebe. Die notwendigen Arbeitskräfte fanden sich in der vom Land in die Städte strömenden arbeitslosen Bevölkerung.

Die Maschinisierung und Mechanisierung der Arbeitswelt führte nicht nur zu einer grundlegenden Veränderung der traditionellen Arbeits- und Produktionsverfahren, sondern auch zu einer hochgradigen arbeitsteiligen Wirtschaft mit industrieller Massenproduktion. Hierbei ist der Mensch der technischen Apparatur zugeordnet, er bedient die Maschine und stellt sich auf ihren Takt ein. Bei der Fließbandarbeit verrichtete er am vorbeilaufenden Werkstück bestimmte Handgriffe, meist nach vorgegebener Zeiteinteilung. Durch diese Produktionsweise wurde eine erhebliche Steigerung der Arbeitsproduktivität erreicht.

In der zweiten Hälfte dieses Jahrhunderts steht die Entwicklung der industriellen Produktion im Zeichen der Automatisierung des Arbeitsprozesses. Unter der Automation versteht man technische Verfahren, die darauf abzielen, die Produktion von selbstständig arbeitenden Maschinen durchführen zu lassen. Menschliche Arbeit wird dadurch nicht überflüssig, aber sie ändert sich in ihrer Qualität und Quantität. Dem Menschen kommt vorrangig die Aufgabe der Planung, Lenkung und Kontrolle des Produktionsprozesses zu. Die aufgrund der Automation freigesetzten Arbeitskräfte finden zunehmend Beschäftigung im Dienstleistungsbereich der Wirtschaft.

Der Wandel in der Arbeitswelt blieb und bleibt nicht ohne Folgen für die soziale Situation des Menschen. Das anfängliche Fehlen sozialen Schutzes führte im 19. Jahrhundert zu gesellschaftlichen Missständen:

- mangelnde Fürsorge bei Krankheit und Arbeitslosigkeit
- keine Alterssicherung
- niedrige Masseneinkommen
- Kinderarbeit
- unzureichende Ernährung
- schlechte Wohnverhältnisse

TIPP **Mehr zum Thema Sozialversicherung erfahren Sie im Abschnitt 1.7.**

Ausgehend von Zusammenschlüssen der Arbeiterschaft bildeten sich Mitte des 19. Jahrhunderts die Gewerkschaften und politischen Parteien, die eine Verbesserung der Arbeits- und Lebensbedingungen forderten.

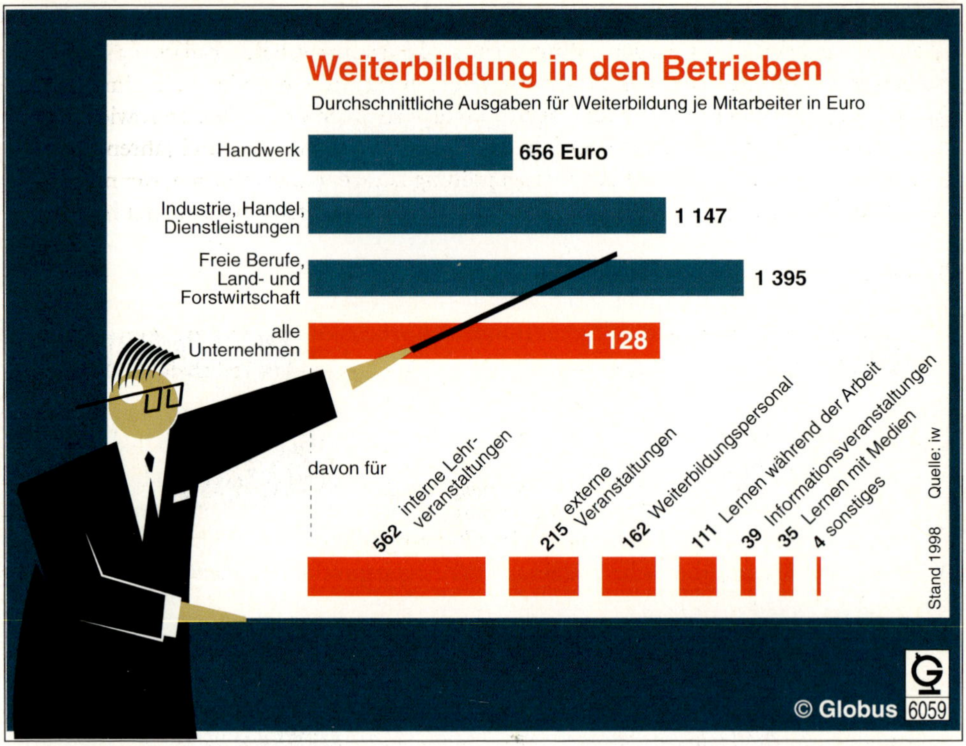

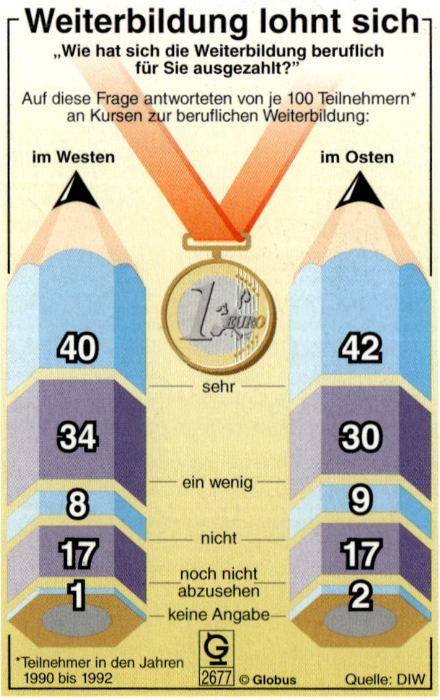

Mithilfe einer entsprechenden Gesetzgebung gelang es nach und nach, die negativen Begleiterscheinungen und Fehlentwicklungen der Industrialisierung zu korrigieren. Heute ist der einzelne Arbeitnehmer durch eine umfangreiche Arbeits- und Sozialgesetzgebung geschützt.

Fort- und Weiterbildungsmöglichkeiten

Ohne berufliche Fortbildung werden die Fachlagerist bzw. Fachkräfte für Lagerlogistik ihren Beruf auf Dauer mit Erfolg nicht ausüben können. Deshalb bieten viele Institutionen Fortbildungskurse an. Dazu zählen die Berufsverbände der Industrie sowie die IHKs/HWKs. Der Blick in die Fachzeitschriften und Publikationen der Verbände/Institutionen gibt ihnen einen ersten Überblick. Auskünfte erteilen zudem die jeweiligen Geschäftsstellen der IHKs/HWKs.

Zum Nachweis von Kenntnissen, Fertigkeiten und Erfahrungen, die durch berufliche Fortbildung erworben werden, bieten die IHKs/HWKs auch Fortbildungsprüfungen mit der Abschlussbezeichnung „Meister für Lager-, Vorrats- und Materialwirtschaft". Zulassungsvoraussetzungen zur Prüfung sind der Abschluss einer erfolgreich beendeten kaufmännischen Ausbildung bzw. einer Prüfung für Lager-, Transport- oder Versandwesen sowie eine umfassende Tätigkeit im jeweiligen betrieblichen Aufgabenbereich von drei Jahren nach Abschluss der Ausbildung. Diese Fortbildungsprüfung kann ebenfalls ablegen, wer mindestens acht Jahre im Lager-, Transport- oder Versandwesen praxisbezogen gearbeitet hat.

Kernwissen

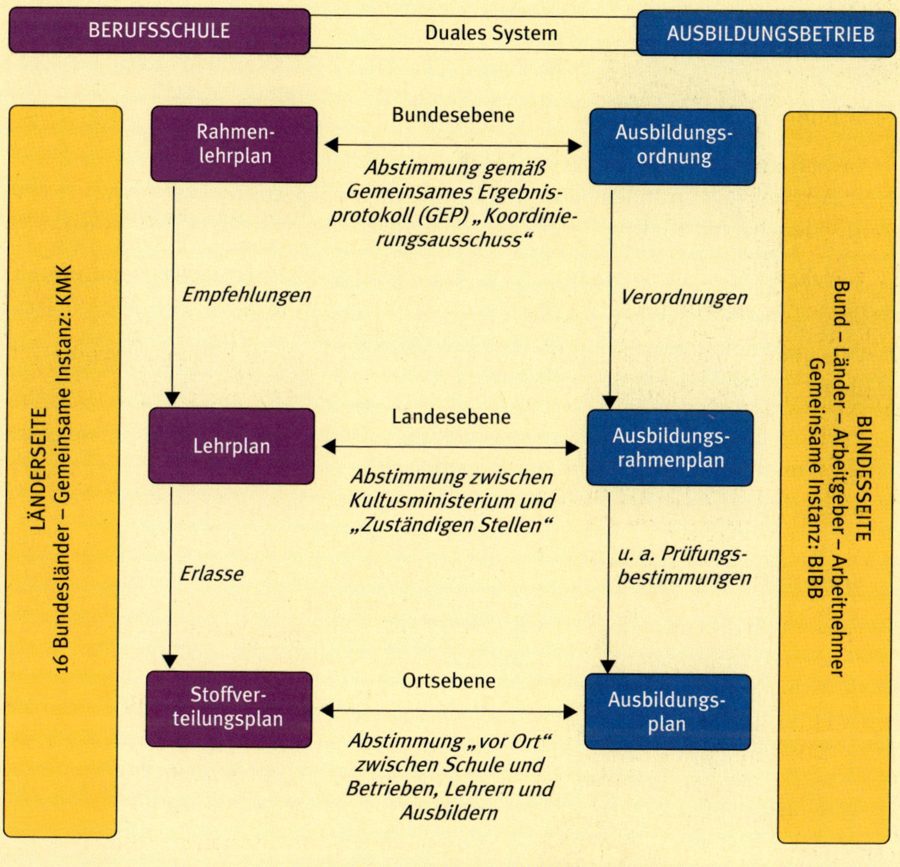

Rahmenlehrplan und Ausbildungsordnung werden gemeinsam im Bundesanzeiger veröffentlicht

- Der schriftliche Berufsausbildungsvertrag muss Angaben enthalten über (§ 4 BBiG):
  - Art, sachliche und zeitliche Gliederung sowie das Ziel der Berufsausbildung
  - Beginn und Dauer der Berufsausbildung
  - Ausbildungsmaßnahmen außerhalb der Ausbildungsstätte
  - Dauer der regelmäßigen täglichen Arbeitszeit

- Dauer der Probezeit
- Zahlung und Höhe der Vergütung
- Dauer des Urlaubs
- Unterschrift der Vertragspartner, bei Minderjährigen die Unterschrift des gesetzlichen Vertreters.

ÜBUNGSAUFGABEN

1. Die Bundesrepublik Deutschland wird im Ausland oft um das System der „dualen Ausbildung" beneidet:
a) Nennen Sie Vorteile der „dualen Ausbildung" gegenüber der rein schulischen Ausbildung!
b) Führen Sie auch Nachteile der „dualen Ausbildung" auf.

2. Sie befinden sich bereits in Ausbildung.
a) Aus welchen Gründen haben Sie Ihre Berufswahl getroffen?
b) Wie schätzen Sie Ihre Berufschancen in der Zukunft auf dem Arbeitsmarkt ein?

3. Welche Lehrinhalte werden am Lernort Ausbildungsbetrieb, welche am Lernort Berufsschule vermittelt?

4. Wie können Sie am Ende Ihrer Ausbildung den „mittleren Bildungsabschluss" erreichen?

5. Erklären Sie die Begriffe „Berufsausbildung", „Berufliche Fortbildung" und „berufliche Umschulung" jeweils anhand eines Beispiels.

6. Erklären Sie:
a) Ausbildungsberufsbild
b) Ausbildungsrahmenplan.

7. Laut § 10 BBiG muss der Auszubildende dem Ausbilder eine angemessene Vergütung gewähren. Informieren Sie sich anhand Ihrer Vertragsniederschrift und machen Sie Angaben über
a) Höhe der Vergütung im Zeitablauf der Ausbildung
b) Vergütung von Überstunden
c) den Zeitpunkt der Zahlung
d) die Fortzahlung der Vergütung.

8. Nennen Sie die Voraussetzungen, die für das Zustandekommen eines Ausbildungsvertrages erfüllt sein müssen.

9. Nach bestandener Kaufmannsgehilfenprüfung hat der 19-jährige Karl Kienberger bereits eine Woche in seinem Ausbildungsbetrieb weitergearbeitet. Als er sich beim Chef nach Urlaub erkundigt, blickt der ihn ganz überrascht an und sagt. „Ja, was machen Sie denn noch in unserem Betrieb? Ihre Ausbildungszeit ist doch beendet und ich habe Sie nicht als Mitarbeiter eingestellt."
Wie ist die Rechtslage?

10. Der Ausbildungsvertrag kann unter bestimmten Voraussetzungen gekündigt werden
a)Welche Kündigungsmöglichkeiten bestehen für die Vertragspartner?
b)Was ist unter wichtigen Kündigungsgründen zu verstehen?

11. Welche sozialen bzw. gesellschaftlichen Missstände traten im 19. Jahrhundert auf und leiteten den Wandel der Arbeitsbedingungen ein?

12. Beschreiben Sie kurz die zwei Möglichkeiten, wie man sich in Ihrem Beruf weiterbilden kann.

1.2 Der Einzelarbeitsvertrag (Individualvertrag)

Situation

Nach Beendigung seiner Ausbildung konnte Herr Schwarz in seinem Ausbildungsbetrieb aus innerbetrieblichen Gründen nicht übernommen werden. Aufgrund seines guten Abschlusses als Fachkraft für Lagerlogistik findet er sofort eine Anstellung bei der Fa. Schneider. Bei dem Einstellungsgespräch musste Herr Schwarz feststellen, dass für ihn kein festgelegter Arbeitsvertrag vorliegt, sondern ein Einzelarbeitsvertrag mit dem Personalchef notwendig ist.

Handlungsaufträge

1. Aus welchen Gründen schließt die Fa. Schneider mit Herrn Schwarz einen Individualvertrag ab?
2. In welcher Form muss der Einzelarbeitsvertrag geschlossen werden? Bitte begründen Sie.
3. Auf welche wesentlichen Vertragsbestimmungen werden die beiden Arbeitsvertragspartner achten?
4. Innerhalb welcher Frist muss der Einzelarbeitsvertrag dem neuen Mitarbeiter vorliegen?

Das Nachweisgesetz vom 20. Juli 1995 setzt die EG-Richtlinie über die Pflicht des Arbeitsgebers, den Arbeitnehmer über die für seinen Arbeitsvertrag oder sein Arbeitsverhältnis geltenden Bedingungen zu unterrichten, in das deutsche Recht um. Danach muss der Arbeitgeber dem Arbeitnehmer spätestens einen Monat nach dem vereinbarten Beginn des Arbeitsverhältnisses eine schriftliche, von ihm unterzeichnete Niederschrift über die wesentlichen Vertragsbedingungen aushändigen.

Tipp **Vergleichen Sie im § 2 Nachweisgesetz.**

In dieser Niederschrift müssen mindestens folgende Punkte geregelt sein:

- Name und Anschrift der Vertragsparteien
- Zeitpunkt des Beginns der Tätigkeit
- Arbeitsort

- Tätigkeitsbezeichnung bzw. Zeitpunkt des Beginns der Tätigkeit
- Zusammensetzung, Höhe und Fälligkeit des Arbeitsentgelts einschließlich der betrieblichen Zusatzleistungen
- vereinbarte Arbeitszeit
- Urlaubsdauer
- Kündigungsfristen
- Hinweis auf Tarifverträge, Betriebs- oder Dienstvereinbarungen

1.2.1 Rechte und Pflichten des kaufmännischen Angestellten

Das Personal braucht jetzt nur noch an Wochentagen zwischen 6 Uhr vormittags und 6 Uhr nachmittags anwesend zu sein.
Es wird erwartet, daß alle Mitarbeiter ohne Aufforderung Überstunden machen, wenn es die Arbeit erfordert.

Der dienstälteste Angestellte ist für die Sauberkeit der Bureaus verantwortlich. Alle Jungen und Junioren melden sich bei ihm 40 Minuten vor Arbeitsbeginn und bleiben auch nach Arbeitsschluß zur Verfügung.

Während der Bureaustunden darf nicht gesprochen werden. Die Einnahme von Nahrung ist zwischen 11.30 Uhr und 12.00 Uhr erlaubt. Jedoch darf die Arbeit dabei nicht eingestellt werden.

1. **Die Dienstleistungspflicht des Handlungsgehilfen**

- Der Handlungsgehilfe leistet weisungsgebundene, abhängige Arbeit gegen Entgelt (BGB § 611, HGB § 59).
- Er muss die übertragenen Arbeiten pünktlich und gewissenhaft ausführen.
- Der kaufmännische Angestellte ist verpflichtet, den Weisungen des Arbeitgebers Folge zu leisten, ausgenommen sind schikanöse, gesundheitsgefährdende, unsittliche oder gesetzwidrige Anweisungen.

2. **Die Wahrung von Betriebs- und Geschäftsgeheimnissen**

- Der kaufmännische Angestellte muss über alle Geschäftsangelegenheiten nach außen hin absolutes Stillschweigen wahren, so z. B. über die Gehälter einzelner Mitarbeiter, über erzielte Umsätze, Gewinne, über Bezugsquellen, Einkaufspreise, Kalkulationszuschläge, Privatentnahmen, Produktneuentwicklungen, geplante Werbemaßnahmen. Bei einer Verletzung dieser Pflicht hat der Arbeitgeber das Recht der fristlosen Entlassung des Arbeitnehmers. Der Arbeitgeber kann ihn auch auf künftige Unterlassung oder auf Leistung von Schadenersatz verklagen.
- Die Pflicht zur Wahrung von Betriebs- und Geschäftsgeheimnissen ist ebenso wie die Pflicht zur Beachtung des gesetzlichen Wettbewerbsverbots Bestandteil der Treuepflicht des Arbeitnehmers. Diese das gesamte Dienstverhältnis umgreifende Pflicht macht es erforderlich, dass der Arbeitnehmer im Konfliktfalle stets die Interessen des Arbeitgebers wahrnehmen muss und dass er sich für das Wohl des Betriebes einsetzt. Hierzu gehört

auch, dass er alle Handlungen unterlässt, die dem Arbeitgeber irgendwie wirtschaftlich schaden könnten.

3. Die Vergütungspflicht des Arbeitgebers

- Nach HGB § 64 Abstatz 1 hat die Gehaltszahlung am Monatsende zu erfolgen. Eine Zahlung zu einem früheren Zeitpunkt ist möglich, jedoch kann das Gehalt nicht später als ultimo gezahlt werden; eine diesbezügliche Vereinbarung wäre nichtig!
- Die Höhe der Vergütung richtet sich nach der vertraglichen Vereinbarung oder nach den Tarifbestimmungen; letztere legen die Mindestvergütung fest.
- Als Vergütung kommen neben einem festen Gehalt auch Provisionen (z. B. für Reisende, Verkäufer) oder Gewinnbeteiligungen (z. B. für Filialleiter, Geschäftsführer) in Betracht, außerdem können Gratifikationen (z. B. Weihnachts-, Jubiläums-, Bilanzgratifikationen) oder Pensionen vereinbart werden.

4. Der Anspruch auf Gehaltsfortzahlung

- Ein Arbeitnehmer, der durch unverschuldetes „Unglück" (z. B. Krankheit, Unfall) an der Leistung der versprochenen Dienste verhindert ist, erhält vom Arbeitgeber sechs Wochen lang sein normales Gehalt weiterbezahlt (Gesetz über die Zahlung des Arbeitsentgelts an Feiertagen und im Krankheitsfall – Entgeltzahlungsgesetz vom 26. Mai 1994, § 3 ff.)

5. Die Fürsorge des Arbeitgebers

- Sie ist das rechtliche Gegenstück zur Treuepflicht des Arbeitnehmers. Sie verpflichtet den Arbeitgeber dazu, die Rechtsgüter zu schützen, die der Arbeitnehmer in den Betrieb einbringt, so insbesondere sein Leben, seine Gesundheit, sein Vermögen. Im Einzelnen gehören zur Fürsorgepflicht des Arbeitgebers Mitteilungs- und Auskunftspflichten sowie Obhuts- und Schutzpflichten, so z. B. die Einhaltung von Arbeitsschutzbestimmungen, die Beachtung von sozialversicherungsrechtlichen Vorschriften, die Einrichtung und Instandhaltung sanitärer Anlagen im Betrieb, die Förderung der beruflichen Fortbildung, die Gewährung des gesetzlichen oder vereinbarten Urlaubs, die Vermeidung gesundheitlicher oder sittlicher Gefahren.

TIPP **Vergleichen Sie hierzu § 62 HGB.**

6. Die Urlaubsgewährung

- Jeder Arbeitnehmer hat einen unabdingbaren Anspruch auf Gewährung eines Erholungsurlaubes.
- Einzelheiten der Urlaubsgewährung (z. B. die Urlaubsdauer, das Urlaubsentgelt, die Wartezeit, die Übertragbarkeit aufs nächste Kalenderjahr, die finanzielle Abgeltung) sind im Bundesurlaubsgesetz geregelt. Weitere Rechtsgrundlagen sind Tarifverträge, Betriebsvereinbarungen und Einzelarbeitsvertrag.
- Der kaufmännische Angestellte darf während des Urlaubs keine entgeltliche Tätigkeit (z. B. Schwarzarbeit) übernehmen.
- Der Urlaub muss grundsätzlich in dem Kalenderjahr gewährt werden, für das er gelten soll. Er ist so weit als möglich zusammenhängend zu gewähren.

- Soweit bei der Lösung eines Arbeitsverhältnisses noch Anspruch auf Urlaub besteht, kann dieser in Geld abgegolten werden (außer bei Jugendlichen).

1.2.2 Beendigung des Arbeitsverhältnisses

Beendigung des Arbeitsverhältnisses

- Zeitablauf beim befristeten Arbeitsverhältnis
- Aufhebungsvertrag durch übereinstimmende Willenserklärung
- Kündigung durch einseitige Willenserklärung
- Tod des Arbeitnehmers

Befristetes Arbeitsverhältnis

Befristete Arbeitsverhältnisse dürfen nur abgeschlossen werden, wenn Dauer und Umfang der Befristung sachlich gerechtfertigt sind.

Beispiel Ausdrücklicher Wunsch des Arbeitnehmers, zeitlich begrenzte Arbeitsaufgaben oder Saisonarbeiten. Das befristete Arbeitsverhältnis endet mit dem Ablauf der vereinbarten Frist ohne besondere Kündigung.

Kündigungsarten

Ordentliche Kündigung (bestimmte Kündigungsfristen)

Kündigung durch den

Arbeitgeber
erfordert triftige Kündigungsgründe unter Beachtung von sozialen Gesichtspunkten
- Arbeitsmangel
- Auflösung des Unternehmens

Arbeitnehmer
erfordert keinen Kündigungsgrund

Ordentliche Kündigung (Fristlose Kündigungsfristen)

Kündigung durch den

Arbeitgeber / Arbeitnehmer
erfordert wichtigen Grund, wobei dem Vertragspartner die Fortsetzung des Arbeitsverhältnisses nicht mehr zumutbar ist.

Arbeitgeber	Arbeitnehmer
Straftaten des Arbeitnehmers im Betrieb	Nichtzahlung der Vergütung
Tätlichkeiten des Arbeitnehmers	mangelnder Arbeitsschutz
Arbeitsverweigerung	grobe Beleidigung durch den Arbeitgeber
grobe Beleidigung durch den Arbeitnehmer	Tätlichkeiten gegen den Arbeitnehmer

Aufhebungsvertrag

Durch übereinstimmende Willenserklärungen der Arbeitsvertragsparteien ist die einvernehmende Aufhebung des auf unbestimmte Zeit abgeschlossenen Arbeitsvertrages möglich (Aufhebungsvertrag § 305 BGB). Eine Frist zur Beendigung des Arbeitsvertrages ist nicht einzuhalten.

Kündigung

Die Kündigung ist die Willenserklärung eines Vertragspartners, dass er das Arbeitsverhältnis lösen will. Sie wird wirksam, wenn sie dem anderen Vertragspartner wirksam zugegangen ist. Die Kündigungserklärung muss eindeutig und unmissverständlich sein, sie braucht den Kündigungsgrund nicht unbedingt zu enthalten. Sie ist zwar formfrei, bedarf aber der Schriftform, wenn ein Berufsausbildungsverhältnis gekündigt wird oder der Arbeitsvertrag oder Tarifvertrag die Schriftform vorsehen.

Kündigungsfristen

Kündigungsfristen sind bei einer ordentlichen Kündigung nach dem Gesetz, dem Tarifvertrag oder Arbeitsvertrag einzuhalten.

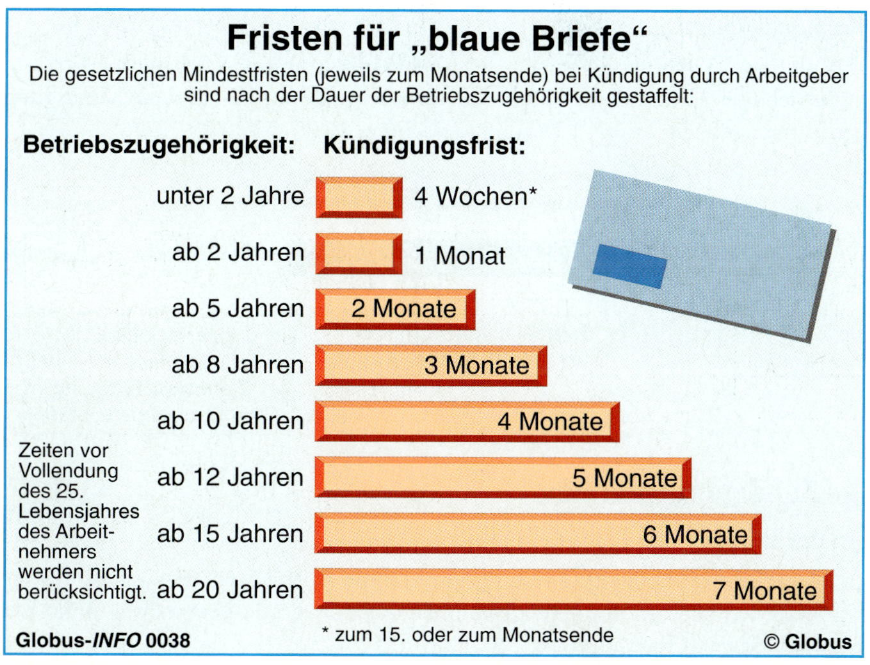

Die jeweiligen bestehenden Rechtsgrundlagen wurden mit Wirkung zum 15. Oktober 1993 durch das „Gesetz zur Vereinheitlichung der Kündigungsfristen von Arbeitern und Angestellten (Kündigungsfristengesetz – Künd FG)“ geändert und insbesondere der § 622 BGB neu gefasst.

Die wichtigste Neuregelung bei einer Beschäftigungszeit von unter zwei Jahren ist bei Angestellten und Arbeitern vier Wochen (28 Tage) zum 15. oder zu Monatsende.

Bei der Berechnung der Beschäftigungsdauer werden Zeiten, die vor der Vollendung des 25. Lebensjahres des Arbeitnehmers liegen, nicht berücksichtigt.

Während einer Probezeit (längstens sechs Monate) kann das Arbeitsverhältnis mit einer Frist von zwei Wochen gekündigt werden.

Tarifverträge können abweichende Regelungen vorsehen. Im Geltungsbereich eines solchen Tarifvertrages gelten die abweichenden tarifvertraglichen Bestimmungen zwischen nicht tarifgebundenen Arbeitgebern und Arbeitnehmern, wenn ihre Anwendung zwischen ihnen vereinbart ist.

Einzelvertraglich ist eine kürzere Kündigungsfrist nur vereinbar, wenn

- ein Arbeitnehmer zur vorübergehenden Aushilfe eingestellt ist, das gilt nicht, wenn das Arbeitsverhältnis über die Zeit von drei Monaten hinaus fortgesetzt wird.
- der Arbeitgeber in der Regel nicht mehr als 10 Arbeitnehmer (ohne Auszubildende) beschäftigt und die Kündigungsfrist vier Wochen nicht unterschreitet. Bei der Feststellung der Zahl der beschäftigten Arbeitnehmer sind nur Arbeitnehmer zu berücksichtigen, deren regelmäßige Arbeitszeit wöchentlich 10 Stunden oder monatlich 45 Stunden übersteigt.

Tarif- und einzelvertragliche Vereinbarungen, die längere Kündigungsfristen festlegen, bleiben von der Neufassung unberührt.

Kündigungsschutz

Allgemeiner Kündigungsschutz:

Die Kündigung eines Arbeitnehmers ist rechtsunwirksam, wenn das Arbeitsverhältnis in demselben Betrieb oder Unternehmen länger als sechs Monate bestand und die Kündigung sozial ungerechtfertigt ist (§ 1 Abs. 1 Kündigungsschutzgesetz).

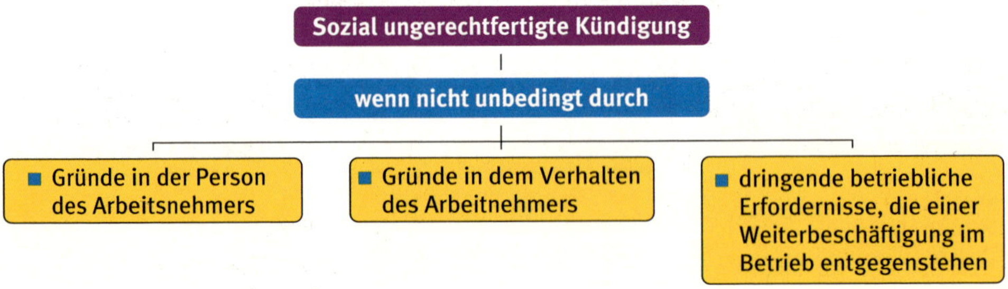

Zulässige Kündigungsgründe

Gründe in der Person

mangelnde körperliche und geistige Leistung, mangelnde Ausbildung, mangelnde Fähigkeit, sich die erforderlichen Kenntnisse anzueignen, lang dauernde Erkrankung ohne Erkennbarkeit der baldigen Genesung

Verhaltensbedingte Gründe

wiederholte Unpünktlichkeit, Schlechtarbeit, Verstöße gegen Gehorsams- und Verschwiegenheitspflicht

Dringende betriebliche Erfordernisse

Absatzschwierigkeiten, Rohstoffmangel, Produktionseinschränkungen, Stilllegung einzelner Abteilungen, Änderung von Produktionsmethoden

Verstößt die Kündigung gegen eine **ungerechtfertigte soziale Auswahl** (§ 95 Betr. VG) oder wird die Umsetzungsmöglichkeit innerhalb des Unternehmens nicht berücksichtigt, steht dem Betriebsrat ein Widerspruchsrecht zu.

Für bestimmte Arbeitnehmergruppen gilt ein besonderer Kündigungsschutz, weil sie besonders schutzbedürftig sind.

BEISPIEL Auszubildende, Betriebsratsmitglieder/Jugend- und Auszubildendenvertreter, werdende bzw. junge Mütter, Schwerbehinderte, langjährige Beschäftigte, Wehr- und Ersatzdienstleistende.

TIPP **Mehr Informationen erhalten Sie im Abschnitt 1.3.3 Besonderer Kündigungsschutz.**

Arbeitszeugnis

Bei Beendigung des Arbeitsverhältnisses hat der Arbeitnehmer Anspruch auf Ausstellung eines Zeugnisses.

Arbeitszeugnis

einfaches Arbeitszeugnis

- Angaben zur Person
- Dauer der Beschäftigung
- evtl. zugewiesene Kompetenzen

qualifiziertes Arbeitszeugnis

- Angaben wie beim einfachen Arbeitszeugnis

und

- Beurteilung der Leistungen und des Sozialverhaltens

In diesen Urkunden kann manches „zwischen den Zeilen" stehen. Der Grund dafür liegt in einem Grundsatzurteil des Bundesgerichtshofes von 1963. Darin steht: „Oberster Grundsatz ist, dass der Inhalt des Arbeitszeugnisses wahr sein muss; das heißt aber nicht, dass bei einem Zeugnis über Leistung und Führung die Verpflichtung zu schonungsloser offnerer

Beurteilung von ungünstigen Vorkommnissen besteht. Das Zeugnis soll von verständigem Wohl wollen für den Arbeitnehmer (Auszubildenden) getragen sein und ihm sein weiteres Fortkommen nicht erschweren!“

TIPP **Beim Arbeitszeugnis zwischen den Zeilen lesen!**

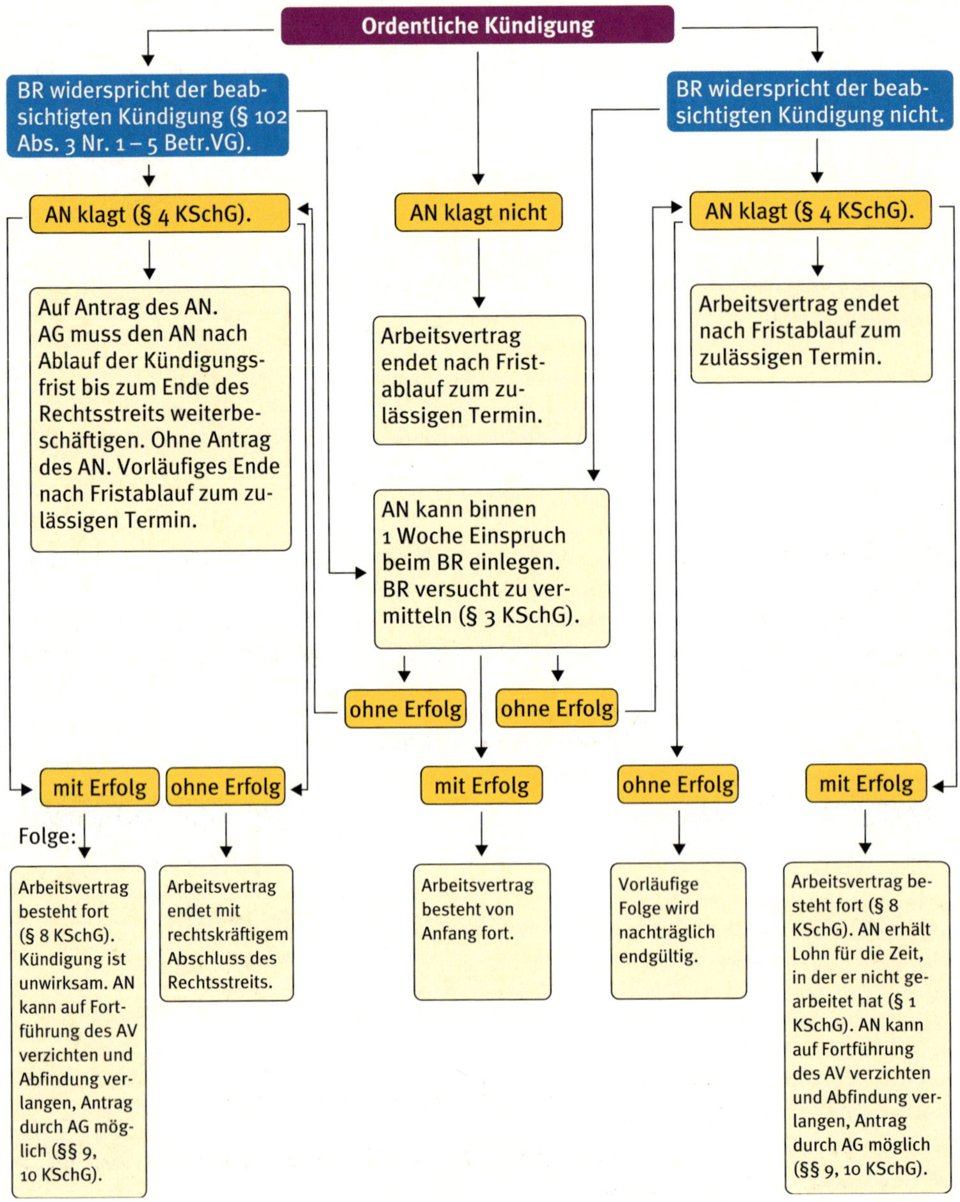

KERNWISSEN

- Pflichten aus dem Arbeitsvertrag

Arbeitnehmer	Arbeitgeber
■ Arbeitspflicht	■ Lohnzahlungspflicht
■ Treuepflicht	■ Fürsorgepflicht
	■ Gleichbehandlungspflicht
	■ Beschäftigungspflicht
	■ Urlaubsgewährungspflicht

- Beendigung eines Arbeitsverhältnisses

Kündigung	weitere Gründe
ordentliche Kündigung	Aufhebungsvertrag
außerordentliche Kündigung	Wegfall der Geschäftsgrundlage
	Ablauf eines Zeitraums
	Tod des Arbeitnehmers

- Der **allgemeine Kündigungsschutz** ist ein Rechtschutz vor unberechtigten Kündigungen.
- Der **weiter gehende Kündigungsschutz** sichert bestimmte Personengruppen gegen eine Kündigung, z. B. Betriebs- bzw. Personalratsmitglieder, Auszubildende, Mütter und Väter

Arten des Arbeitszeugnisses

einfaches Zeugnis

enthält neben den Namen und Anschriften der Vertragsparteien nur Angaben über Art und Dauer der Beschäftigung

qualifiziertes Zeugnis

enthält über den Inhalt des einfachen Arbeitszeugnisses hinaus auch Angaben über Führung und Leistungen des Arbeitnehmers

ÜBUNGSAUFGABEN

1. Nennen Sie sechs Beispiele für Sachverhalte, über die der kaufmännische Angestellte Stillschweigen bewahren muss!

2. Welche Rechte hat der Arbeitgeber, wenn der kaufmännische Angestellte Betriebsgeheimnisse ausplaudert?

3. Was beinhaltet die Treuepflicht des kaufmännischen Angestellten? (3 Merkmale)

4. Welche Formen der Vergütung gibt es außer Lohn und Gehalt sonst noch? (4 Beispiele)

5. Was wissen Sie über den Zeitpunkt der Gehaltszahlung?

6. Kathi Müller, kaufmännische Angestellte der Aich-Büromöbel GmbH, möchte am 1. August eine neue Stelle antreten.

Welche Kündigungsfrist muss sie mindestens einhalten, wenn die gesetzliche Regelung gelten soll?

1.3 Arbeitsschutzgesetze

SITUATION

Zwei jugendliche Auszubildende unterhalten sich am Berufsschultag in der Pause.

Stefan: „Mein Gott, jeden Tag müssen wir schuften bis zum Umfallen. Unser Meister gönnt uns keine Minute Pause. Zehn, zwölf Stunden am Tag, das ist unser Pensum."

Wils: „Das kann ich nicht verstehen. Wir arbeiten von 07:30 Uhr bis 16:00 Uhr. Die Mittagspause beträgt 30 Minuten."

Stefan: „Und wie sieht es in eurer Firma am Samstag aus?"

Wils: „Das weiß ich nicht, wir arbeiten am Samstag nicht."

Stefan: „Du hast es wirklich gut, ich muss jeden zweiten Samstag Autos waschen."

HANDLUNGSAUFTRÄGE

1. Durch welches Gesetz wird Stefan geschützt?
2. Begründen Sie, warum Stefans Arbeitgeber gegen dieses Gesetz verstößt.
   Stellen Sie dabei die gesetzlichen Regelungen gegenüber.

1.3.1 Jugendarbeitsschutzgesetz

Kinder und Jugendliche befinden sich noch im Wachstum. Sie sind nicht so belastbar und weniger widerstandsfähig als erwachsene Menschen. Damit wird Arbeitsschutz für Kinder und Jugendliche noch wichtiger als Arbeitsschutz für Erwachsene. Das Gesetz zum Schutze der arbeitenden Jugend, abgekürzt Jugendarbeitsschutzgesetz (JArbSchG), beinhaltet zahlreiche Vorschriften, welche die Jugendlichen vor Überbeanspruchung und Überforderung schützen sollen.

Das Jugendarbeitsschutzgesetz schützt junge Menschen unter 18 Jahren. Dabei ist es gleichgültig, ob sich diese in der Ausbildung oder in einem Arbeitsverhältnis befinden.

Dieses Gesetz unterscheidet zwischen Kindern und Jugendlichen.

- Personen, die noch keine 15 Jahre alt sind **oder** noch vollzeitschulpflichtig sind, gelten vor dem Gesetz als **Kinder**.

Kinderarbeit ist grundsätzlich verboten. Allerdings lassen das Jugendarbeitsschutzgesetz in Verbindung mit der Kinderarbeitsschutzverordnung gewisse Ausnahmen für die Beschäftigung von Kindern über 13 Jahren zu. Es handelt sich dabei um kurzzeitige, leichte und für Kinder geeignete Arbeiten.

BEISPIEL „Jobs" wie Babysitten, Nachhilfe, das Austragen von Zeitungen oder Hilfsdienste in der Landwirtschaft.

TIPP **Wer Genaueres wissen möchte, der kann beim Bundesministerium für Arbeit und Sozialordnung, Jägerstr. 9, 10117 Berlin, kostenlos die Broschüre „Klare Sache" – Jugendarbeitsschutzgesetz mit Gesetzestexten – bestellen.**

Kinder, die der Vollzeitschulpflicht nicht mehr unterliegen, d. h. bei Schulentlassung noch nicht 15 Jahre alt sind, dürfen im Rahmen eines Berufsausbildungsverhältnisses oder (außerhalb eines Berufsausbildungsverhältnisses) nur mit leichten und für sie geeigneten Tätigkeiten beschäftigt werden.

- **Jugendliche** sind die übrigen noch nicht 18 Jahre alten Personen. Für sie regelt das Jugendarbeitsschutzgesetz:
  - die **Arbeitszeit.** Als tägliche Arbeitszeit gilt die Zeit vom Beginn bis zum Ende der täglichen Beschäftigung ohne die Ruhepausen. Jugendliche dürfen nur an fünf Tagen in der Woche, nicht mehr als acht Stunden täglich und nicht mehr als 40 Stunden wöchentlich beschäftigt werden. Wenn an einzelnen Werktagen die Arbeitszeit auf weniger als acht Stunden verkürzt ist, können Jugendliche an den übrigen Werktagen derselben Woche achteinhalb Stunden arbeiten. Jugendliche können so die Vorteile der gleitenden Arbeitszeit nutzen. Weitere Ausnahmen, z. B. das Vor- und Nacharbeiten in Verbindung mit Feiertagen, sind zulässig.
  - die **Ruhepausen.** Damit die Jugendlichen sich erholen können, haben sie ein Recht auf geregelte, im Voraus feststehende Pausen von angemessener Dauer. Die Ruhepausen betragen mindestens **30 Minuten** bei einer Arbeitszeit von mindestens viereinhalb Stunden bis zu sechs Stunden, **60 Minuten** bei einer Arbeitszeit von mehr als sechs Stunden.

    Dabei gelten als Ruhepausen nur Unterbrechungen von mindestens 15 Minuten. Der Jugendliche darf während der Ruhepausen weder Arbeit leisten noch sich für Arbeiten bereithalten.

    Die Ruhepausen müssen in angemessener zeitlicher Lage gewährt werden, und zwar frühestens eine Stunde nach Beginn und spätestens eine Stunde vor Ende der Arbeitszeit. Jugendliche dürfen nicht länger als viereinhalb Stunden ohne Ruhepausen beschäftigt werden.

- die **Freizeit.** Zwischen Feierabend und Arbeitsbeginn am nächsten Tag müssen mindestens zwölf beschäftigungsfreie Stunden liegen. Die Freizeit muss in der Regel spätestens um 20 Uhr beginnen. Dies ergibt sich daraus, dass Jugendliche während der Nachtzeit zwischen 20 bis 6 Uhr nicht beschäftigt werden dürfen (in bestimmten Branchen, z. B. im Hotel- und Gaststättengewerbe, gibt es Sonderregelungen).
- den **Urlaub.** Jugendliche haben Anspruch auf Jahresurlaub, der länger ist als der gesetzliche Mindesturlaub für erwachsene Arbeitnehmer. Der Jahresurlaub richtet sich nach dem Alter des Jugendlichen. Ein 15-jähriger hat Anspruch auf mindestens 30 Werktage, ein 16-jähriger auf 27 Werktage und ein 17-jähriger auf 25 Werktage. Entscheidend dabei ist das Alter des Jugendlichen zu Beginn des Kalenderjahres.
  Als Werktage gelten alle Kalendertage, die nicht Sonn- oder gesetzliche Feiertage sind, also grundsätzlich auch die arbeitsfreien Samstage. Der Urlaub ist möglichst zusammenhängend in der berufsschulfreien Zeit zu gewähren.
- den **Berufsschulbesuch.** Der Jugendliche ist für die Teilnahme am Berufsschulunterricht freizustellen. Beginnt der Unterricht vor 9 Uhr, darf der Jugendliche vorher nicht beschäftigt werden. Diese Bestimmung gilt auch für Personen, die über 18 Jahre alt und noch berufsschulpflichtig sind. Beträgt die Schulzeit an einem Tag mehr als fünf Unterrichtsstunden zu je 45 Minuten, so ist der restliche Tag arbeitsfrei. Dies gilt nur an **einem** Tag pro Woche.
  In **Berufsschulwochen** mit einem planmäßigen Blockunterricht von mindestens 25 Stunden an mindestens fünf Tagen darf der Jugendliche nicht beschäftigt werden. Für die Prüfungen (einschließlich Pausen) und den unmittelbaren Arbeitstag vor der schriftlichen Abschlussprüfung sind die Jugendlichen ebenfalls von der Arbeit freizustellen.
  Auszubildende über 18 Jahre haben nach dem **Berufsbildungsgesetz** einen bezahlten Freistellungsanspruch für die Teilnahme an Prüfungen und Ausbildungsmaßnahmen außerhalb der Ausbildungsstätte.
- die **Beschäftigungsbeschränkungen.** Jugendliche dürfen nicht mit gefährlichen Arbeiten beschäftigt werden. Vor allem nicht mit Arbeiten, die ihre Leistungsfähigkeit übersteigen oder mit besonderen Unfallgefahren verbunden sind. Das Gleiche gilt für Tätigkeiten, bei denen Jugendliche außergewöhnlicher Hitze, Kälte und Nässe oder gesundheitsschädlichem Lärm, gefährlichen Strahlen und gefährlichen Arbeitsstoffen ausgesetzt sind. Ausnahmen sind nur zulässig, wenn sie für die Ausbildung unumgänglich sind. Darüber hinaus ist Akkordarbeit und andere tempoabhängige Arbeit für Jugendliche grundsätzlich verboten. An Sonn- und Feiertagen sowie an Samstagen dürfen Jugendliche nicht beschäftigt werden. Hier gibt es Sonderregelungen für bestimmte Branchen und Einrichtungen, z. B. für den Einzelhandel, für Krankenanstalten oder für das Gaststättengewerbe. Werden Jugendliche an einem dieser Tage beschäftigt, ist die 5-Tage-Woche durch Freistellung an einem anderen berufsschulfreien Arbeitstag derselben Woche sicherzustellen.
- den **Gesundheitsschutz.** Kein Arbeitgeber darf Jugendliche ohne ein ärztliches Gesundheitszeugnis beschäftigen. Daher müssen Jugendliche vor Eintritt in das Berufsleben sowie ein Jahr nach Beginn der Beschäftigung von einem Arzt untersucht

werden. Die Erstuntersuchung muss innerhalb der letzten 14 Monate vor Beginn der Tätigkeit erfolgen, die Nachuntersuchung soll vor Ablauf des ersten Jahres durchgeführt werden. Liegt dem Arbeitgeber nach Ablauf von 14 Monaten keine Bescheinigung vor, darf der Auszubildende nicht weiterbeschäftigt werden, solange er die Bescheinigung nicht vorgelegt hat. Der Jugendliche kann sich darüber hinaus jedes weitere Jahr freiwillig nachuntersuchen lassen. Die Untersuchungen sollen gewährleisten, dass Jugendliche nicht mit Arbeiten beschäftigt werden, denen sie gesundheitlich oder entwicklungsmäßig nicht gewachsen sind.
Da alle Untersuchungen vom jeweiligen Bundesland bezahlt werden, entstehen weder dem Jugendlichen noch dem Arbeitgeber Kosten.

1.3.2 Allgemeiner Kündigungsschutz

Eine Kündigung ist eine einseitige, empfangsbedürftige Willenserklärung. Sie muss dem Vertragspartner zugegangen sein, um wirksam werden zu können. Eine Kündigung kann fristgemäß (= ordentlich) oder fristlos (= außerordentlich) ausgesprochen werden.

Die ordentliche Kündigung des Arbeitsverhältnisses durch den Arbeitnehmer setzt keinen Kündigungsgrund voraus.

Dagegen erfordert die Kündigung durch den Arbeitgeber trifftige Gründe, da der Arbeitnehmer nach dem Kündigungsschutzgesetz einen allgemeinen Kündigungsschutz genießt.

Das Kündigungsschutzgesetz beschränkt damit die grundsätzliche Kündigungsfreiheit des Arbeitgebers. Eine Kündigung ist daher nur rechtswirksam, wenn sie **sozial gerechtfertigt** ist. Dies ist dann der Fall, wenn die Gründe in der **Person**, im **Verhalten** oder **betrieblichen Erfordernissen** liegen.

Darüber hinaus hat der Arbeitgeber im Falle **betriebsbedingter** Kündigungen bei der Auswahl der zu kündigenden Arbeitnehmer **soziale Gesichtspunkte** zu berücksichtigen.

Er muss dabei die Dauer der Betriebszugehörigkeit, das Lebensalter und die Unterhaltspflichten des Arbeitnehmers, z. B. für Ehegatten und Kinder, ausreichend berücksichtigen. Dem Arbeitgeber steht es allerdings frei, weitere Gesichtspunkte, z. B. Arbeitsmarktchancen oder Vermögensverhältnisse, bei der Sozialauswahl mit einzubeziehen.

Hält der Arbeitnehmer seine Kündigung für sozial ungerechtfertigt, so kann er beim Betriebsrat innerhalb einer Woche Einspruch oder beim Arbeitsgericht binnen drei Wochen Klage erheben.

TIPP **Mehr Informationen zur Kündigung finden Sie im Abschnitt 1.2.2 „Beendigung des Arbeitsverhältnisses."**

1.3.3 Besonderer Kündigungsschutz

Für bestimmte Arbeitnehmergruppen gilt ein besonderer Kündigungsschutz, weil sie besonders schutzbedürftig sind:

Personenkreis	Gesetz	Kündigungsschutzvorschriften für ordentliche Kündigungen (außerordentliche Kündigungen sind möglich).
Auszubildende	Berufsbildungsgesetz (BBiG)	Kündigungsverbot nach der Probezeit bis zur Beendigung der Ausbildung.
Betriebsratsmitglieder/Jugend- und Auszubildendenvertreter	Kündigungsschutzgesetz	Kündigung ab Beginn der Amtszeit und innerhalb eines Jahres nach Ende der Amtszeit nicht möglich. Die in Berufsausbildung stehenden Betriebsratsmitglieder bzw. Jugend- und Auszubildendenvertreter sind in ein unbefristetes Arbeitsverhältnis zu übernehmen, wenn der Ausbildungsbetrieb nicht drei Monate vor Ausbildungsende schriftlich kündigt.
Werdende/ Junge Mütter	Mutterschutzgesetz (MuSchG) bzw. Bundeserziehungsgeldgesetz (BErzG)	Kündigungsverbot ab Beginn der Schwangerschaft bis zum Ablauf von vier Monaten nach der Entbindung (gilt auch für außerordentliche Kündigungen) bzw. des gesetzlichen Erziehungsurlaubs (bis zu 36 Monaten nach der Geburt; gilt auch für Väter).
Schwerbehinderte (mindestens 50 % Erwerbsminderung)	Schwerbehindertengesetz (SchwbG)	Kündigung ist nur mit Zustimmung des Integrationsamts möglich.
Langjährig Beschäftigte	Bürgerliches Gesetzbuch (BGB)	Es gelten besondere Kündigungsfristen je nach Beschäftigungsdauer (berücksichtigt wird dabei nur die Betriebszugehörigkeit vom vollendeten 25. Lebensjahr an).
Wehr- und Ersatzdienstleistende	Arbeitsplatzschutzgesetz (ArbPlSchG)	Kündigung ab der Zustellung des Einberufungsbescheides bis zum Ende der Dienstzeit nicht zulässig, das Beschäftigungsverhältnis ruht nur.

1.3.4 Mutterschutzgesetz

Rechtsgrundlage des heutigen Mutterschutzes ist vor allem das Mutterschutzgesetz (MuSchG), das vom 1. Januar 1986 an durch die Einführung eines Erziehungsurlaubs im Bundeserziehungsgeldgesetz erheblich ergänzt wurde. Das Mutterschutzgesetz erfasst alle Frauen, die in einem Arbeitsverhältnis stehen. Es gewährt diesen Frauen einen besonderen Schutz für die Zeit der Schwangerschaft und für einen bestimmten Zeitraum nach der Entbindung. Das Mutterschutzgesetz gilt nicht für Hausfrauen, selbstständig Tätige und Beamtinnen (hier gelten besondere Regelungen, die aber inhaltlich mit den allgemeinen Vorschriften übereinstimmen).

Werdende Mütter sollen ihren Arbeitgeber über ihre Schwangerschaft und den voraussichtlichen Termin ihrer Entbindung informieren. Dies ist umso wichtiger, da der Arbeitgeber vom Zeitpunkt der Mitteilung an die Schutzbestimmungen beachten muss.

Die wesentlichen Bestimmungen des Mutterschutzgesetzes sind:

Kündigungsschutz	Keine Kündigung während der Schwangerschaft und vier Monate nach der Geburt.
Beschäftigungsverbot	■ Werdende Mütter dürfen nicht beschäftigt werden, soweit **nach ärztlichem Zeugnis** Leben und Gesundheit von Mutter oder Kind bei Fortdauer der Beschäftigung gefährdet sind. ■ **Ohne Vorlage eines ärztlichen Zeugnisses** besteht ein Beschäftigungsverbot für sechs Wochen vor (es sei denn, die Schwangere erklärt sich in einer jederzeit widerruflichen Erklärung ausdrücklich mit der Beschäftigung einverstanden) und acht Wochen nach der Geburt (sog. Schutzfristen). Diese Frist verlängert sich bei Früh- oder Mehrlingsgeburten auf 12 Wochen. ■ Verbot schwerer körperlicher Arbeit. ■ grundsätzliches Verbot der Mehrarbeit, Sonntags- und Nachtarbeit.
Mutterschaftshilfe	■ Anspruch auf ärztliche Betreuung und Hebammenhilfe. ■ Anspruch auf Mutterschaftsgeld während der Schutzfristen in Höhe des bisherigen Nettoeinkommens (die Lohn- bzw. Gehaltszahlung erfolgt dabei durch Krankenkasse und Arbeitgeber).

TIPP **Wenn Sie Ausnahmen und nähere Einzelheiten zum Beschäftigungsverbot wissen wollen, informieren Sie sich im MuSchG § 8.**

Elternzeit und Erziehungsgeld

- Nach der Geburt eines Kindes können Eltern, auch ganz oder zeitweise gemeinsam, bis zu drei Jahre Elternzeit nehmen.
- Mit Zustimmung des Arbeitgebers kann Elternzeit von bis zu einem Jahr für später (bis zum 8. Lebensjahr) aufgespart werden; das gilt z.B. auch, wenn Zwillinge oder nach kurzer Zeit Geschwisterkinder geboren werden.

Anmeldefrist
8 Wochen bzw. 6 Wochen, wenn die Elternzeit sofort nach dem Mutterschutz bzw. der Geburt beginnen soll. Die Anmeldung muss beim Arbeitgeber schriftlich erfolgen.

Zulässige Teilzeitarbeit
30 Std./Woche für beide = max. 60 Std./Woche

Rechtsanspruch auf Teilzeitarbeit in Betrieben mit mehr als 15 Mitarbeitern

Erziehungsgeld

300 Euro/Monat *(Regelbetrag) für 24 Monate*

	Einkommensgrenzen* bis zum 6. Lebensmonat
Paare mit 1 Kind	30 000 Euro
allein Erziehende, 1 Kind	23 000 Euro

Bei Überschreiten entfällt das Erziehungsgeld.

oder

450 Euro/Monat *(Budget) für 12 Monate*

	Einkommensgrenzen* bis zum 6. Lebensmonat
Paare mit 1 Kind	22 086 Euro
allein Erziehende, 1 Kind	19 086 Euro

	Einkommensgrenzen* ab dem 7. Lebensmonat *für vollen Regel- bzw. Budgetbetrag*
Paare mit 1 Kind	16 500 Euro
allein Erziehende, 1 Kind	13 500 Euro

	stufenweise Verringerung bis zu einer Einkommensgrenze* von
Paare mit 1 Kind	22 086 Euro
allein Erziehende, 1 Kind	19 086 Euro

Bei Überschreiten entfällt das Erziehungsgeld.

*pauschaliertes Jahresnettoeinkommen; Berechnungsgrundlage ist für das erste Lebensjahr das Jahr vor der Geburt, für das zweite Lebensjahr das Jahr der Geburt.

Entgeltersatzleistungen wie Arbeitslosengeld werden als Einkommen angerechnet.

Darüber hinaus besteht nach dem Bundeserziehungsgeldgesetz (BErzGG) für einen Zeitraum von 36 Monaten nach der Entbindung ein Anspruch auf Elternzeit für einen der beiden Ehegatten. Eine abschnittsweise Inanspruchnahme oder ein Wechsel unter den Berechtigten ist bis zu dreimal zulässig.

Ein vom Einkommen abhängiges Erziehungsgeld bis zu 300 EUR monatlich wird für selbst erziehende Mütter oder Väter höchstens 24 Monate gewährt. Allerdings ist die Zahlung an bestimmte Einkommensgrenzen gekoppelt.

Im Anschluss an das Bundeserziehungsgeld wird in einigen Bundesländern (Baden-Württemberg, Bayern, Mecklenburg-Vorpommern, Rheinland-Pfalz, Thüringen und Sachsen) Landeserziehungsgeld gewährt, um Familien mit Kindern zu fördern.

Die Zahlung eines monatlichen Erziehungsgeldes sowie der Anspruch auf unbezahlte Elternzeit soll dazu beitragen, dass sich ein Elternteil intensiv der Betreuung und Erziehung des Kindes widmen kann.

TIPP **Informieren Sie sich doch über nähere Einzelheiten bei den zuständigen Behörden (z. B. Bayern: Ämter der Versorgung und Familienförderung, Hessen: Versorgungsämter).**

KERNWISSEN

- Das Jugendarbeitsschutzgesetz fasst die Vorschriften zusammen, die zum Schutz des jugendlichen Arbeitnehmers (bis zum 18. Lebensjahr) notwendig sind.

Schutzbestimmungen des Jugendarbeitsschutzgesetz	
Arbeitszeit	■ tägliche Arbeitszeit höchstens acht Stunden, wöchentliche Arbeitszeit maximal 40 Stunden (Ausnahmen möglich) ■ Beschäftigung nur an fünf Tagen pro Woche
Ruhepausen	■ bei 4,5 bis 6 Stunden Arbeitszeit: mindestens 30 Minuten Pause ■ bei mehr als 6 Arbeitsstunden mindestens 60 Minuten Pause
Freizeit	■ mindestens 12 beschäftigungsfreie Stunden zwischen Arbeitsende und Arbeitsbeginn ■ grundsätzliches Beschäftigungsverbot zwischen 20:00 Uhr und 06:00 Uhr
Urlaub	■ richtet sich nach dem Alter des Jugendlichen zu Beginn des Kalenderjahres: – 15 Jahre: 30 Werktage – 16 Jahre: 27 Werktage – 17 Jahre: 25 Werktage
Berufsschulbesuch	■ Freistellung für den Berufsschulunterricht ■ Freistellung für die Prüfungen und den unmittelbaren Arbeitstag vor der schriftlichen Abschlussprüfung

Schutzbestimmungen des Jugendarbeitsschutzgesetz	
Beschäftigungs-beschränkungen	■ bei gefährlichen Arbeiten ■ bei Überforderung der Leistungsfähigkeit ■ Beschäftigungsverbote an Sonn- und Feiertagen sowie an Samstagen (einige wenige Ausnahmen)
Gesundheitsschutz	■ Erstuntersuchung vor Aufnahme der Tätigkeit ■ Nachuntersuchung vor Ablauf des ersten Jahres

Das Kündigungsschutzgesetz soll Arbeitnehmer vor willkürlichen Kündigungen durch den Arbeitgeber schützen **(allgemeiner Kündigungsschutz)**. Kündigungen sind daher nur rechtswirksam, wenn sie **sozial gerechtfertigt** sind. Als sozial gerechtfertigt gelten Kündigungen, wenn die Gründe in der **Person**, im **Verhalten** oder **betrieblichen Erfordernissen** liegen.

Bei betriebsbedingten Kündigungen muss der Arbeitgeber darüber hinaus soziale Gesichtspunkte bei der Auswahl der zu kündigenden Mitarbeiter berücksichtigen.

Der Gesetzgeber hat für bestimmte Arbeitnehmergruppen (Auszubildende, Betriebsräte, JAV-Mitglieder, werdende Mütter, Schwerbehinderte, Wehr- und Ersatzdienstleistende, langjährig Beschäftigte) einen über den allgemeinen Kündigungsschutz hinausgehenden Kündigungsschutz vorgesehen, weil sie besonders schutzbedürftig sind **(besonderer Kündigungsschutz)**.

ÜBUNGSAUFGABEN

1. Vier jugendliche Auszubildende streiten sich über Inhalte ihres Ausbildungsvertrages. Unter anderem geht es um den Urlaub.
Bei Giovanna, 15 Jahre, sind 25 Arbeitstage eingetragen.
Bei Paul, 17 Jahre, sind 20 Werktage eingetragen.
Bei Mehmet, 16 Jahre, sind 27 Werktage eingetragen.
Bei Tanja, 17 Jahre, sind 30 Werktage eingetragen.
Stellen Sie mithilfe des Jugendarbeitsschutzgesetzes fest, welche Eintragung in den einzelnen Ausbildungsverträgen möglich ist!

2. Ein Berufsschüler, der im Blockunterricht unterrichtet wird, hat ausnahmsweise am Dienstagnachmittag keinen Berufsschulunterricht, da eine Lehrkraft erkrankt ist. Er geht deshalb an diesem Nachmittag in der Stadt spazieren. Dort sieht ihn sein Meister. Als der Auszubildende in der nächsten Woche im Betrieb erscheint, stellt ihn sein Meister zur Rede und möchte ihm einen halben Tag vom Urlaub abziehen.
Nehmen Sie dazu Stellung?

3. Spielen Sie Prüfer und erstellen Sie in Arbeitsgruppen programmierte Prüfungsaufgaben (eine richtige und vier falsche Antworten) zu folgenden Fragen:
a) Wie ist die Pausenregelung für Jugendliche im Jugendarbeitsschutzgesetz festgelegt?

b) Die Auszubildende Silke Maier ist im 2. Ausbildungsjahr und wird am 14. Januar des laufenden Kalenderjahres 17 Jahre alt. Wie viele Urlaubstage hat sie zu beanspruchen?
c) Welche der folgenden Aussagen steht nicht im Jugendarbeitsschutzgesetz?
d) Wann dürfen Jugendliche nicht beschäftigt werden?

Tauschen Sie die Aufgaben aus und lassen Sie die anderen Gruppen Ihre Aufgaben lösen.

4. Welche Gründe, die eine Kündigung durch den Arbeitgeber sozial rechtfertigen, lässt das Kündigungsschutzgesetz für eine ordentliche Kündigung zu?

5. Aufgrund zurückgehender Auftragseingänge wird eine Abteilung eines Unternehmens stillgelegt. Es muss eine Fachkraft für Lagerwirtschaft entlassen werden. Der Arbeitgeber hat sich nun zwischen zwei gleich gut qualifizierten Mitarbeiterinnen zu entscheiden.
Eine Fachkraft ist seit acht Jahren im Betrieb und mit einem Prokuristen verheiratet. Die andere ist seit sechs Jahren im Betrieb und allein erziehende Mutter.
Nach langem Zögern entlässt der Arbeitgeber die Mitarbeiterin mit der geringeren Betriebszugehörigkeit. Sie ist mit der Kündigung nicht einverstanden.
Begründen Sie, warum die entlassene Fachkraft berechtigte Hoffnung hat, mit einem Einspruch vor dem Arbeitsgericht Erfolg zu haben?

6. Neben dem allgemeinen Kündigungsschutz gibt es noch den besonderen Kündigungsschutz.
a) Inwiefern unterliegen Auszubildende einem besonderen Kündigungsschutz?
b) Wie lange unterliegen Betriebsratsmitglieder einem besonderen Kündigungsschutz?
c) Nennen Sie drei weitere Personengruppen, die einem besonderen Kündigungsschutz unterliegen?

7. Sabine Maier ist 31 Jahre alt und seit 12 Jahren als Fachkraft für Lagerwirtschaft im selben Betrieb beschäftigt. Sie erhält am 18. Juli eine ordentliche Kündigung.
Verlängerte Kündigungsfristen des Arbeitgebers bei langjährig Beschäftigten nach BGB § 622 (2):

Beschäftigungszeit ab	2 Jahre	5 Jahre	8 Jahre	10 Jahre	12 Jahre	15 Jahre	20 Jahre
Kündigungsfrist jeweils zum Monatsende	1 Monat	2 Monate	3 Monate	4 Monate	5 Monate	6 Monate	7 Monate

Wann ist ihr Arbeitsverhältnis beendet (Begründung)?

8. Geben Sie zu folgenden Arbeitsschutzgesetzen jeweils ein Beispiel für eine bedeutsame Regelung:
a) Arbeitsplatzschutzgesetz
b) Bundeserziehungsgeldgesetz
c) Berufsbildungsgesetz
d) Mutterschutzgesetz
e) Kündigungsschutzgesetz
f) Schwerbehindertengesetz

1.4 Arbeitsgerichtsbarkeit

SITUATION

Der Auszubildende Dennis Braun besteht seine Abschlussprüfung nicht. Daraufhin kündigt ihm sein Arbeitgeber sein Ausbildungsverhältnis mit Ablauf des Ausbildungsvertrags.
Dennis aber will seine Ausbildung abschließen und verlangt, dass sein Ausbildungsverhältnis verlängert wird. Der Betrieb weigert sich jedoch beharrlich. Als letzten Ausweg sieht Dennis nur noch den Gang zum Gericht.

HANDLUNGSAUFTRÄGE

1. An welches Gericht könnte sich Dennis wenden?
2. Begründen Sie welches Verfahren dabei eingeleitet wird.
3. Wie beurteilen Sie die Erfolgsaussichten von Dennis?
4. Welche weiteren Rechtsmittel könnte Dennis einlegen, wenn er wider Erwarten das Gerichtsverfahren verlieren würde?

Streitigkeiten im Arbeitsleben werden häufig durch Gespräche zwischen den Beteiligten gelöst. Ist eine gütliche Beilegung nicht möglich, kann der Konflikt vor dem Arbeitsgericht geklärt werden.

Die Arbeitsgerichte sind die besonderen Gerichte für Arbeitssachen.

Örtlich zuständig ist das Arbeitsgericht, das sich

- am Wohnsitz des Beklagten oder
- am Ort des Betriebssitzes befindet.

Nach dem Arbeitsgerichtsgesetz (ArbGG) sind sie **sachlich** zuständig für

- alle **privatrechtlichen** (bürgerlichen) Streitigkeiten, z. B. aus Tarif- und Arbeitsvertrag. Die Entscheidung über diese Streitigkeiten erfolgt durch ein **Urteil**.
- alle **Angelegenheiten** nach dem Betriebsverfassungsgesetz, des Mitbestimmungsgesetzes und Entscheidungen über Tariffähigkeit und -zuständigkeit.
  Diese Angelegenheiten werden durch einen **Beschluss** entschieden.

Der Aufbau der Arbeitsgerichtsbarkeit ist dreistufig. Man spricht auch von drei Instanzen.

Das **Arbeitsgericht** ist zunächst für beide Verfahren (Urteils- und Beschlussverfahren) zuständig. Vor den Arbeitsgerichten in erster Instanz besteht **kein Anwaltszwang**. Die gegnerischen Parteien können sich daher persönlich, durch Anwälte, Gewerkschaften oder Arbeitgeberverbände vertreten lassen.

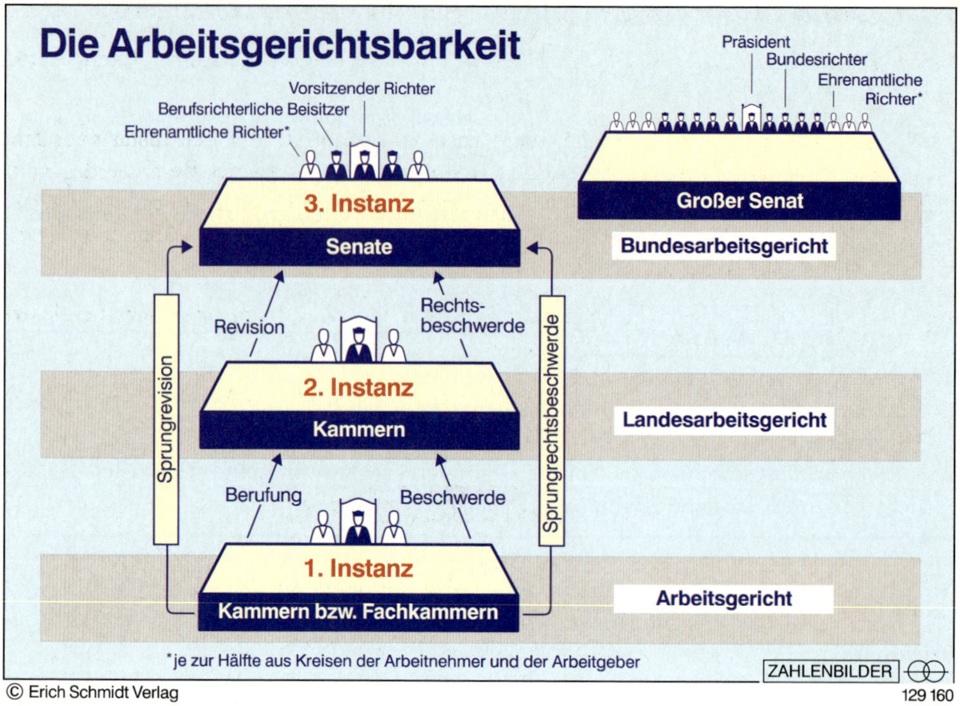

Die Kosten sind verhältnismäßig gering. Im Urteilsverfahren entsteht eine einmalige Gebühr nach dem Wert des Rechtsgegenstandes, diese beginnt mit 10 EUR bei einem Streitwert bis zu 150 EUR und endet mit 500 EUR bei einem Streitwert über 12 000 EUR. Danach beträgt z. B. die Gebühr bei einem Streitwert von 600 EUR 24 EUR. Das Beschlussverfahren ist gerichtkostenfrei. Jede Partei muss die entstandenen Kosten (Gerichtsgebühren, Anwaltskosten) selbst tragen (dies gilt nur in der ersten Instanz). Damit soll erreicht werden, dass besonders Arbeitnehmer, die über 95 % der Urteilsverfahren einleiten, nicht davon abgeschreckt werden, ein Verfahren einzuleiten, mit der Gefahr im Falle des Unterliegens die häufig sehr hohen Rechtsanwaltsgebühren der Gegenseite tragen zu müssen.

Im **Urteilsverfahren** müssen die Parteien alle Tatsachen vorbringen und Beweismittel beibringen, auf deren Grundlage das Gericht ohne eigene Nachforschungen einen Vergleich herbeiführt oder ein Urteil verkündet (so genannter **Verhandlungsgrundsatz**). Dagegen gilt im **Beschlussverfahren der Untersuchungsgrundsatz**, d. h., das Gericht stellt von sich aus Ermittlungen an und klärt den Sachverhalt.

Nach erfolgter Klageerhebung des Klägers im Urteilsverfahren ist in erster Instanz die Durchführung einer **Güteverhandlung** zwingend vorgeschrieben. Scheitert der Versuch einer gütlichen Einigung, so folgt die streitige Verhandlung, die mit einem Urteil oder einem Vergleich endet.

Das Beschlussverfahren beginnt durch Antrag eines der am Verfahren Beteiligten.

Grundsätzlich können gegen Entscheidungen von Gerichten so genannnte **Rechtsmittel** eingelegt werden.

Gegen die **Urteile** der Arbeitsgerichte (erste Instanz) kann in der zweiten Instanz vor dem Landesarbeitsgericht **Berufung** eingelegt werden, wenn der Wert des Beschwerdegegenstandes 600 EUR übersteigt oder das Arbeitsgericht in seinem Urteil die Berufung zugelassen hat. Dies ist dann der Fall, wenn die Rechtssache grundsätzliche, d. h. über den Einzelfall hinausgehende, Bedeutung hat.

Gegen die **Beschlüsse** der Arbeitsgerichte kann in der zweiten Instanz vor dem Landesarbeitsgericht **Beschwerde** eingelegt werden.

Beim Landesarbeitsgericht muss sich jede Partei durch Anwälte, Gewerkschafts- oder Arbeitgeberverbänden vertreten lassen.

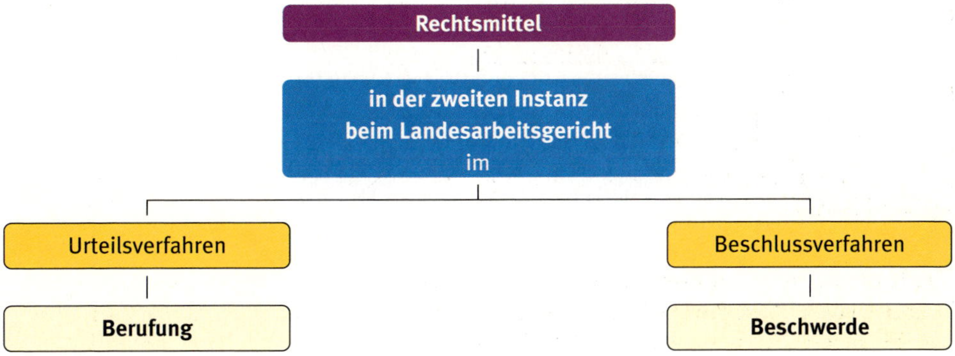

Ist einer der Beteiligten mit einem Urteil oder einem Beschluss eines Landesarbeitsgerichts nicht einverstanden, kann er ein weiteres, aber letztes Rechtsmittel vor dem Bundesarbeitsgericht mit Sitz in Kassel und Erfurt einlegen.

Beim Bundesarbeitsgericht muss sich jede Partei durch einen Rechtsanwalt vertreten lassen (Anwaltszwang).

Auch in der zweiten und dritten Instanz sind die Gebühren niedriger als in der ordentlichen Gerichtsbarkeit.

Die Urteile bzw. Beschlüsse werden in den Kammern des Arbeitsgerichts und der Landesarbeitsgerichte und in den Senaten des Bundesarbeitsgerichts durch Berufsrichter und ehrenamtliche Arbeitsrichter (je zur Hälfte aus Arbeitnehmer- und Arbeitgebervertretern) gefällt.

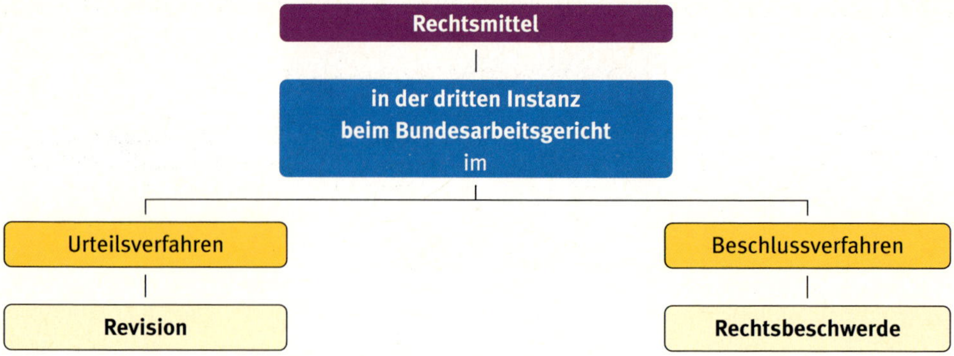

Kernwissen

- **Urteilsverfahren** (verhandelt werden Streitigkeiten aus dem privatrechtlichen Arbeitsrecht)

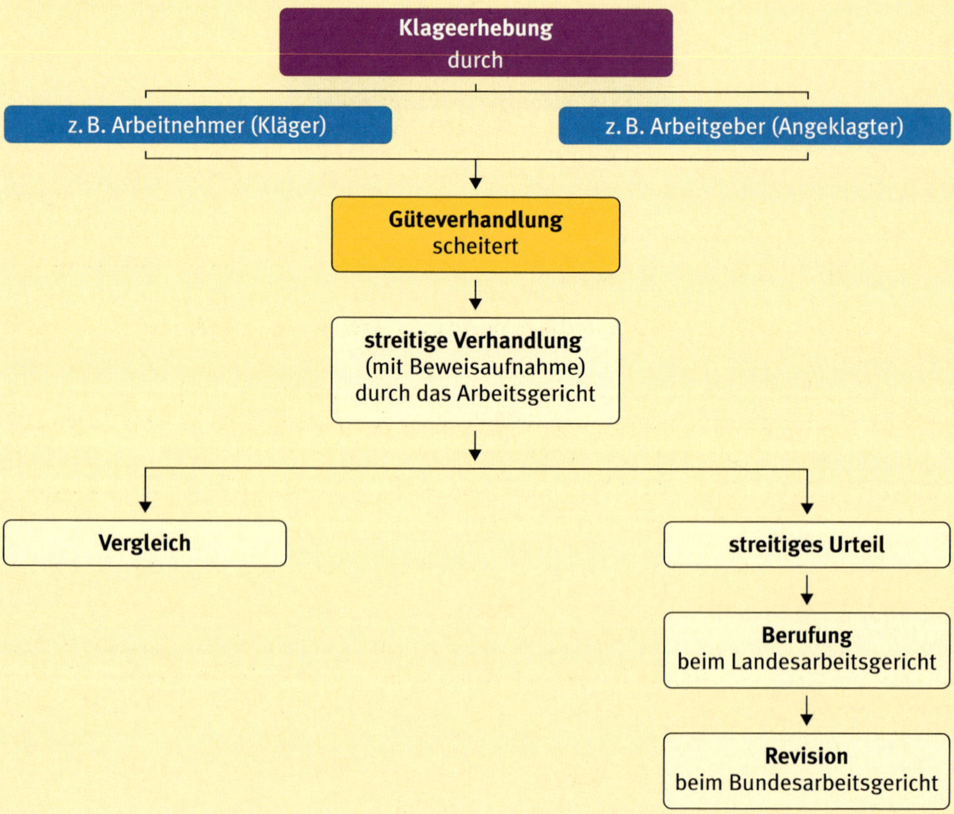

- **Beschlussverfahren** (verhandelt werden Streitigkeiten aus dem kollektiven Arbeitsrecht)

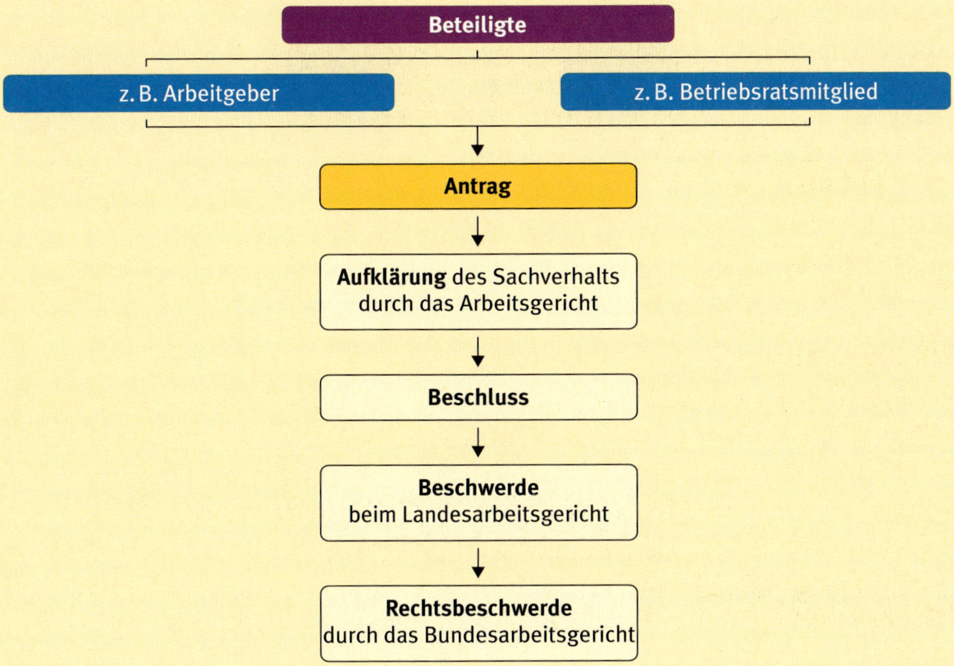

ÜBUNGSAUFGABEN

1. Welche Verfahren werden in folgenden Situationen vor dem Arbeitsgericht jeweils eingeleitet?
a) Ein Arbeitnehmer klagt seinen Anspruch auf Urlaub ein.
b) Herrn Braun wird von seinem Arbeitgeber gekündigt. Er hält diese für ungerechtfertigt und legt Kündigungsschutzklage ein.
c) Die Arbeitnehmer der Ostbayerischen Metallbau GmbH möchten einen Betriebsrat wählen. Der Arbeitgeber weigert sich.

2. Welche Rechtsmittel der 2. und 3. Instanz können bei Streitigkeiten aus dem Tarif- und Arbeitsrecht angewendet werden?

3. In einem Betrieb mit 14 Angestellten und Arbeitern soll ein Betriebsrat eingerichtet werden. Herr Lustig, der Inhaber des Betriebs, weigert sich mit den Worten: „Hier bin ich der Herr im Haus, in mein Geschäft redet mir keiner hinein. Wem das nicht passt, der kann sofort gehen.“
a) Bei welcher Instanz der Arbeitsgerichtsbarkeit ist die Klage einzureichen?
b) Welches Verfahren wird dadurch eingeleitet?

1.5 Betriebsverfassungsgesetz

SITUATION

Der Auszubildende Jens Schröder hört zufällig das Ende eines Streitgesprächs zwischen seinem Arbeitgeber und dem Betriebsratsvorsitzenden:
Arbeitgeber: „... hier bin noch immer ich der Herr im Haus, in mein Geschäft redet mir keiner hinein. Wem das nicht passt, der kann sofort gehen."
Betriebsratsvorsitzender: „Das werden wir ja sehen, ich als gewähltes Betriebsratsmitglied habe mehr Einflussmöglichkeiten als Sie glauben!"

HANDLUNGSAUFTRÄGE

1. Welche Stellung nimmt der Betriebsrat in einem Unternehmen ein?
2. Welche Voraussetzungen muss man erfüllen, um zum Betriebsrat gewählt werden zu können?
3. Welche allgemeinen Aufgaben hat ein Betriebsrat zu erledigen?
4. Geben Sie dem Betriebsratsvorsitzenden Recht? Begründen Sie Ihre Entscheidung, indem Sie die verschiedenen Rechte des Betriebsrats anhand eines Beispiels aufzeigen.

In Betrieben und Unternehmen hat die Arbeit neben dem Produktionsfaktor Kapital entscheidenden Einfluss auf die Erstellung von Sachgütern und Dienstleistungen.

Daher entstand die Forderung, die Arbeitnehmer verstärkt an den Entscheidungen, die für sie von wesentlicher Bedeutung sind, mit zu beteiligen und einzubeziehen.

Die Demokratisierung der Gesellschaft darf also nicht vor der Berufs- und Arbeitswelt Halt machen. Deshalb erließ der Gesetzgeber das **Betriebsverfassunggesetz (BetrVG)**, das die Beziehungen zwischen den Arbeitnehmervertretungen (Betriebsrat, Gesamtbetriebsrat, Konzernbetriebsrat) und dem Arbeitgeber in den Betrieben der privaten Wirtschaft regelt.

Das Betriebsverfassungsgesetz prägt den Arbeitsalltag in der weitaus größten Zahl der Unternehmen in der privaten Wirtschaft. Für Betriebe des öffentlichen Dienstes gelten anstelle des Betriebsverfassungsgesetzes die Vorschriften der Personalvertretungsgesetze.

Betriebsverfassungsrechtliche Vorschriften schränken die Entscheidungsmacht des Arbeitgebers mehr oder weniger weitreichend ein und erlegen jedenfalls dem Arbeitgeber umfangreiche Informationspflichten auf. Der Arbeitsalltag in den Betrieben wird von diesen Vorschriften stark geprägt. Durch die Art der Anwendung wird das Betriebsklima (Atmosphäre innerhalb eines Betriebs), in der sich die Hauptbeteiligten, Arbeitgeber und Betriebsrat, begegnen und ihre Beziehungen gestalten, maßgeblich beeinflusst.

TIPP **Neben dem Betriebsverfassungsgesetz gibt es noch weitere Gesetze, die dem Arbeitnehmer die Möglichkeit geben, die Entscheidungen des Unternehmens zu beeinflussen. Ein wichtiges Gesetz ist dabei das Mitbestimmungsgesetz. Weitere Informationen finden Sie im Kapitel 3.4 Unternehmungsformen (AG, GmbH)**

1.5.1 Betriebsrat

Der Grundgedanke des Betriebsverfassungsgesetzes ist es also, die Arbeitnehmer an betrieblichen Entscheidungen des Arbeitgebers zu beteiligen.

Die Belegschaft wird dabei vorrangig durch den **Betriebsrat** vertreten.

Die Beschäftigten wählen ihre Vertreter in den Betriebsrat. Sie können einzeln oder gemeinsam Kandidaten vorschlagen. Auch die im Betrieb vertretenen Gewerkschaften sind vorschlagsberechtigt.

Arbeitgeber und Betriebsrat haben die Pflicht zur vertrauensvollen Zusammenarbeit. Mindestens einmal im Monat sollen Arbeitgeber und Betriebsrat eine Besprechung abhalten.

Wahl und Zusammensetzung des Betriebsrats

Voraussetzung für die Errichtung	Betrieb beschäftigt i. d. R. mindestens fünf ständig wahlberechtigte Arbeitnehmer, von denen drei wählbar sind
Wahlberechtigung (aktives Wahlrecht)	alle Arbeitnehmer (auch Auszubildende), die das 18. Lebensjahr am Wahltag vollendet haben
Wählbarkeit (passives Wahlrecht)	alle wahlberechtigten Personen, die dem Betrieb mindestens sechs Monate angehören
Wahltermin	alle vier Jahre in der Zeit vom 1. März bis 31. Mai
Wahlvorstand	Die Wahl wird organisiert und durchgeführt durch den Wahlvorstand (besteht i. d. R. aus drei wahlberechtigten Arbeitnehmern); *hierbei* müssen in Betrieben mit Arbeitern und Angestellten beide Gruppen im Wahlvorstand vertreten sein; außerdem soll sich der Wahlvorstand aus Frauen und Männern zusammensetzen.
Zusammensetzung des Betriebsrates	Die Zahl der Betriebsratsmitglieder richtet sich nach der Zahl der wahlberechtigten Arbeitnehmer. Der Betriebsrat besteht bei 5 bis 20 Arbeitnehmern aus einer Person, 21 bis 50 Arbeitnehmern aus 3 Mitgliedern, 51 bis 150 Arbeitnehmern aus 5 Mitgliedern, 151 bis 300 Arbeitnehmern aus 7 Mitgliedern, 301 bis 600 Arbeitnehmern aus 9 Mitgliedern, ... 7 001 bis 9 000 Arbeitnehmern aus 31 Mitgliedern. Bei über 9 000 Wahlberechtigten erhöht sich die Zahl der Betriebsratsmitglieder für je angefangene 3 000 Arbeitnehmer um zwei Mitglieder. Hat ein Betriebsrat neun oder mehr Mitglieder, so wird ein Betriebsausschuss gebildet, der die laufenden Geschäfte des Betriebsrats führt.

Umfasst ein Unternehmen mehrere Niederlassungen, wird auf Unternehmensebene ein Gesamtbetriebsrat gebildet.

BEISPIEL Die BMW AG hat viele Produktionsstätten bzw. Betriebe, in denen jeweils ein Betriebsrat gewählt werden kann. Die Betriebsräte entsenden Mitglieder in den Gesamtbetriebsrat. Für einen Konzern kann ein Konzernbetriebsrat errichtet werden.

Aufgaben und Rechte des Betriebsrats

Nach dem Betriebsverfassungsgesetz hat der Betriebsrat

- **allgemeine Aufgaben** zu erledigen, sowie
- Mitbestimmungs- und Mitwirkungsrechte in sozialen, personellen und wirtschaftlichen Angelegenheiten wahrzunehmen (**Beteiligungsrechte**).

Der Betriebsrat ist u. a. für folgende allgemeine Aufgaben zuständig:

- Er beantragt Maßnahmen, die dem Betrieb und der Belegschaft dienen.
- Er überwacht die Einhaltung von Gesetzen, Verordnungen, Tarifverträgen und Betriebsvereinbarungen, die zugunsten der Arbeitnehmer gelten.
- Er leitet berechtigte Beschwerden an den Unternehmer weiter.
- Er sorgt für die Eingliederung der Schwerbehinderten und sonstigen Schutzbedürftigen.

TIPP **Über weitere allgemeine Aufgaben können Sie sich im Betriebsverfassungsgesetz § 80 informieren.**

Der Betriebsrat berichtet in der mindestens vierteljärlich stattfindenden Betriebsversammlung über seine Arbeit. Die vom Vorsitzenden des Betriebsrats geleitete Versammlung besteht aus den Beschäftigten des Betriebs. Die Zeit der Teilnahme einschließlich der zusätzlichen Wegezeiten ist den Arbeitnehmern wie Arbeitszeit zu vergüten. Auch der Arbeitgeber wird dazu eingeladen und kann, wie auch alle anderen Betriebsangehörigen, das Wort ergreifen. Mindestens einmal in jedem Kalenderjahr hat der Arbeitgeber oder sein Vertreter in einer Betriebsversammlung über das Personal- und Sozialwesen und über die wirtschaftliche Lage des Betriebs zu berichten.

Die zahlreichen gesetzlichen Beteiligungsrechte des Betriebsrats unterscheiden sich in **Mitwirkungsrechte** (Informations-, Vorschlags-, Anhörungs- und Beratungsrechte) und in **Mitbestimmungsrechte.**

Rechte des Betriebsrates

soziale Angelegenheiten

Beispiele:

- Betriebsordnung
- Urlaubsregelung
- Beginn und Ende der täglichen Arbeitszeit
- soziale Einrichtungen
- Ausschreibung von Arbeitsplätzen
- Sozialplan bei Betriebsveränderung

↓

„echtes" Mitbestimmungsrecht
(Mitentscheidungsrecht)

Beispiele:

- Entscheidung nur mit Zustimmung des Betriebsrates (Arbeitgeber und Betriebsrat sind gleichberechtigt)
- Betriebsrat hat ein Initiativrecht, d.h., er kann von sich aus aktiv werden, um bestimmte Angelegenheiten zu regeln
- Entscheidung notfalls durch eine betriebliche Einigungsstelle (sie ist mit einer gleichen Anzahl von Vertretern der Arbeitgeberseite und Betriebsratsmitgliedern und einem unparteiischen Vorsitzenden besetzt)
- Spruch der Einigungsstelle grundsätzlich bindend für Arbeitgeber und Betriebsrat

personelle Einzelmaßnahmen

Beispiele:

- Einstellungen
- Versetzungen
- Ein- und Umgruppierungen (Ausnahme: Kündigung → nur Anhörungsrecht)

↓

Mitbestimmungsrecht
(Widerspruchsrecht)

Beispiele:

- Betriebsrat kann Maßnahmen des Arbeitgebers blockieren; Ablehnung ist aber nur aus ganz bestimmten im Gesetz einzeln aufgeführten Gründen gestattet
- Betriebsrat hat kein Initiativrecht
- nicht erfolgte Zustimmung muss durch das Arbeitsgericht ersetzt werden

wirtschaftliche Einzelmaßnahmen

Beispiele:

- Betriebsänderungen, Stilllegungen
- Personalplanung
- Planung technischer Anlagen, von Arbeitsabläufen und -verfahren

↓

Mitwirkungsrecht
(nur Informations- und Beratungsrecht)

Beispiele:

- Information des Betriebsrates
- Vorschläge des Betriebsrates sind möglich
- Beratung mit dem Betriebsrat

Die Mitbestimmungsrechte sind durch Zustimmungserfordernisse („echte" Mitbestimmungsrechte) oder Widerspruchsrechte des Betriebsrats gekennzeichnet; d. h., dass eine Maßnahme des Arbeitgebers ohne Beteiligung des Betriebsrats nicht durchgeführt werden kann.

Die Begriffe Mitbestimmung und Mitwirkung verdeutlichen, dass die Rechte des Betriebsrats eine unterschiedliche Qualität aufweisen. Informationsrechte sind dabei zwar die schwächste Form der Beteiligung, zugleich aber auch Voraussetzung dafür, dass der Betriebsrat seine Beteiligungsrechte auch wirksam wahrnehmen kann.

Die Befugnisse des Betriebsrats sind bei sozialen und personellen Angelegenheiten am größten, dagegen hat er bei wirtschaftlichen Angelegenheiten nur Informations- und Beratungsrechte.

TIPP **Die gesetzliche Grundlage für Mitbestimmungs- und Mitwirkungsrechte finden Sie im Betriebsverfassungsgesetz:**
- **soziale Angelegenheiten §§ 87–91**
- **personelle Angelegenheiten §§ 92–105**
- **wirtschaftliche Angelegenheiten §§ 106–113**

1.5.2 Jugend- und Auszubildendenvertretung

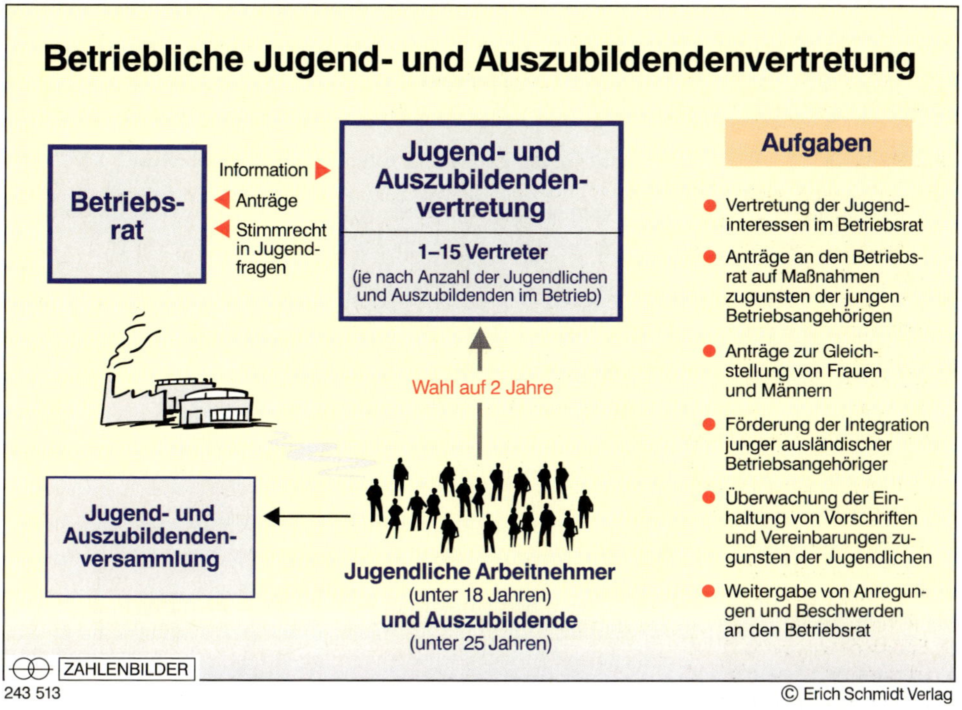

Die Belange der jugendlichen Arbeitnehmer gegenüber dem Arbeitgeber und dem Betriebsrat werden von der Jugend- und Auszubildendenvertretung (JAV) wahrgenommen. Dies betrifft besonders Fragen der Berufsausbildung sowie die Einhaltung der Vorschriften und Gesetze, welche die jugendlichen Arbeitnehmer betreffen.

TIPP **Befragen Sie doch Betriebsratsmitglieder und Vertreter der Jugend- und Auszubildendenvertretung über ihre Aktivitäten im letzten Monat.**

Falls in einem Unternehmen mehrere betriebliche Jugend- und Auszubildendenvertretungen bestehen, so ist eine Gesamt-Jugend- und Auszubildendenvertretung zu errichten.

Diese hat beim Gesamtbetriebsrat die überbetrieblichen Interessen der jugendlichen Arbeitnehmer und der Auszubildenden des Unternehmens geltend zu machen.

Wahl, Zusammensetzung und Aufgaben der Jugend- und Auszubildendenvertretung	
Voraussetzung für die Errichtung	Betrieb beschäftigt mindestens **fünf** nicht volljährige Arbeitnehmer oder Auszubildende unter 25 Jahre (= fünf Wahlberechtigte)
Wahlberechtigung (aktives Wahlrecht)	■ alle Arbeitnehmer, die das 18. Lebensjahr am Wahltag noch nicht vollendet haben sowie ■ alle Auszubildenden, die am Wahltag das 25. Lebensjahr noch nicht vollendet haben (sie haben damit ein doppeltes Wahlrecht, sie wählen sowohl den Betriebsrat als auch die Jugend- und Auszubildendenvertretung)
Wählbarkeit (passives Wahlrecht)	alle Arbeitnehmer des Betriebes, die das 25. Lebensjahr noch nicht vollendet haben
Wahltermin	alle zwei Jahre in der Zeit vom 1. Oktober bis 30. November
Wahlvorstand	Die Wahl wird organisiert und durchgeführt durch den Wahlvorstand (besteht i. d. R. aus drei wahlberechtigten Arbeitnehmern)
Zusammensetzung der Jugend- und Auszubildendenvertretung	Die Zahl der Jugend- und Auszubildendenvertreter richtet sich nach der Zahl der wahlberechtigten Jugendlichen und Auszubildenden im Betrieb (1–13 Vertreter)
Aufgaben	■ kann zu allen Sitzungen des Betriebsrats einen Vertreter entsenden ■ Teilnahmerecht der **gesamten** Jugend- und Auszubildendenvertretung bei Betriebsratssitzungen, die besonders jugendliche Arbeitnehmer und Auszubildende betreffen ■ Stimmrecht in Sitzungen des Betriebsrats, soweit die zu fassenden Beschlüsse überwiegend jugendliche Arbeitnehmer und Auszubildende betreffen ■ beantragt beim Betriebsrat Maßnahmen, die der Berufsbildung dienen ■ überwacht die Einhaltung aller Gesetze und Vereinbarungen für Jugendliche und Auszubildende

1.5.3 Betriebsvereinbarung

In Betriebsvereinbarungen werden vom Betriebsrat und dem einzelnen Arbeitgeber für das jeweilige Unternehmen betriebsinterne Regelungen beschlossen. Betriebsvereinbarungen sind schriftlich abzufassen, von beiden Seiten zu unterzeichen und im Betrieb an geeigneter Stelle, z. B. durch Aushang in Form einer Betriebsordnung, öffentlich zugänglich zu machen. Sie ist damit die klarste Form der Einigung zwischen Arbeitgeber und Betriebsrat.

Neben den notwendigen Einigungen in Mitbestimmungsfällen (z. B. Arbeitszeitregelung, betriebliche Ordnung) können in Betriebsvereinbarungen auch alle anderen nicht mitbestimmungspflichtigen Fragen geregelt werden. Hier spricht man von so genannten freiwilligen Betriebsvereinbarungen (z. B. Errichtung von Sozialeinrichtungen oder Vereinbarungen zur Förderung der Vermögensbildung).

Tarifvertragliche Regelungen, z. B. Arbeitsengelte, dürfen grundsätzlich nicht Gegenstand einer Betriebsvereinbarung sein. Auch dürfen die Arbeitnehmer gegenüber dem geltenden Tarifvertrag nicht schlechter gestellt werden; die Betriebsvereinbarung stellt somit eine Ergänzung zum Tarifvertrag dar.

Die Betriebsvereinbarung endet mit Zeitablauf (Befristung, Zweckerreichung) oder durch Kündigung.

Auszug aus einer Betriebsvereinbarung

Betriebsvereinbarung

zwischen der Firma **Ostbayerische Metallbau GmbH,**
vertreten durch die *Geschäftsführer, Siegfried Seidl,* einerseits

und

dem Betriebsrat der **Firma Ostbayerische Metallbau GmbH,**
vertreten durch den *Vorsitzenden, Georg Niedermeier*, andererseits,

wird gemäß § 77 BetrVG folgende Betriebsvereinbarung abgeschlossen:

Gleitende Arbeitszeit für Auszubildende am Standort Landau

Am 1. März .. wird für Auszubildende am Standort Landau folgende Gleitzeitregelung eingeführt:

1. **Grundsatz**
   Die Auszubildenden haben die Möglichkeit, im Rahmen ihrer festgelegten Ausbildungszeit und dieser Gleitzeitregelung Arbeitsbeginn und Arbeitsende selbst zu bestimmen. Dabei ist sicherzustellen, dass die Ausbildungsziele stets vermittelt werden können.

2. **Kernarbeitszeit/Rahmenarbeitzeit**

2.1 Als Kernarbeitzeit gilt der Zeitraum von 8:00 bis 15:00 Uhr.
Als Rahmenarbeitszeit gilt der Zeitraum von 6:45 bis 17:00 Uhr.

2.2 Arbeitszeiten, die von diesen Zeiten abweichen, müssen mit dem Betriebsrat gesondert geregelt werden.

3. **Pausen**
   Die Pausenzeiten betragen täglich 60 Minuten. Sie zählen nicht zur täglichen Arbeitszeit. Die Pausen sind in der Kernarbeitszeit zu nehmen.

4. **Gleittage**
   Jeder Auszubildende kann nach Abstimmung mit seinem jeweiligen Ausbilder ganze Gleittage oder einzelne Stunden in Anrechnung auf sein Gleitzeitkonto freinehmen.

Mehr als zwei zusammenhängende Gleittage sind vom hauptamtlichen Ausbilder zu genehmigen.

Eine Obergrenze für die Zahl der Gleittage besteht nicht.

Ein Zeitguthaben wird finanziell nicht vergütet.

.

.

Geschäftsleitung	Personalleitung	Betriebsrat
Seidl	Fischer	Niedermeier

Landau a. d. Isar, ..-02–03

Kernwissen

- Der **Betriebsrat** ist die Vertretung aller Arbeitnehmer (Ausnahme: leitende Angestellte) gegenüber der Leitung des Unternehmens. Es wird von der Belegschaft auf vier Jahre gewählt.
- Der Betriebsrat wird nur auf Initiative der Arbeitnehmer oder der Gewerkschaft errichtet.
- **Aktives Wahlrecht**: 18 Jahre; **passives Wahlrecht**: 18 Jahre und Mindestbetriebszugehörigkeit sechs Monate.
- Die Zahl der Betriebsratsmitglieder richtet sich nach der Zahl der wahlberechtigten Arbeitnehmer.
- Arbeitgeber und Betriebsrat sind zu einer vertrauensvollen Zusammenarbeit verpflichtet.
- Der Betriebsrat hat neben **allgemeinen Aufgaben, Mitbestimmungs- und Mitwirkungsrechte** in sozialen, personellen und wirtschaftlichen Angelegenheiten wahrzunehmen (Beteiligungsrechte).
- Die **Jugend- und Auszubildendenvertretung** wird von den Jugendlichen (unter 18 Jahren) und den Auszubildenden (unter 25 Jahren) auf zwei Jahre gewählt; passives Wahlrecht haben alle Arbeitnehmer unter 25 Jahren.
- In **Betriebsversammlungen** werden betriebsinterne Regelungen zwischen Betriebsrat und Arbeitgeber schriftlich abgeschlossen.

Übungsaufgaben

1. Der Angestellte Meier ist seit zwei Monaten bei der Ostbayerischen Metallbau GmbH beschäftigt. In dem Unternehmen, in dem er früher beschäftigt war, war er ein bewährtes Betriebsratsmitglied.
Seine Arbeitskollegen schlagen ihn zur Wahl vor.
a) Warum ist er nach dem Betriebsverfassungsgesetz nicht wählbar?
b) Halten Sie diese Regelung für vernünftig?

2. Lösen Sie folgendes Kreuzworträtsel. (Übertragen Sie das Rätsel in Ihr Heft.)

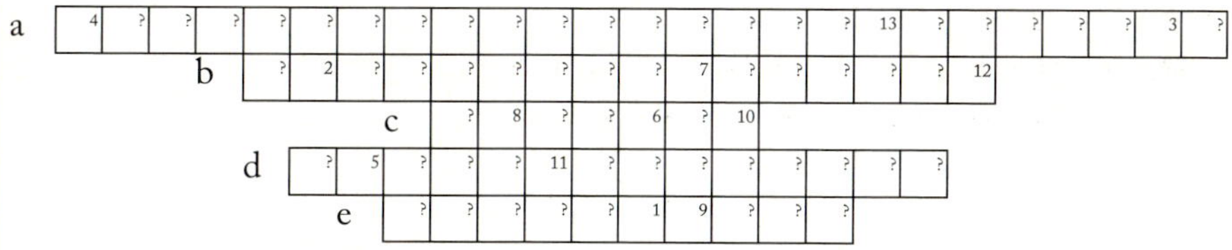

a) Welches Gesetz regelt die Rechte des Betriebsrats?
b) In welchen Angelegenheiten hat der Betriebsrat das schwächste Beteiligungsrecht?
c) Bei Mitwirkungsrechten sind Entscheidungen des Arbeitsgebers ohne Zustimmung des Betriebsrats …
d) Welches Recht gehört neben Informations-, Vorschlags- und Anhörungsrecht noch zu den Mitwirkungsrechten?
e) In sozialen Angelegenheiten benötigt der Arbeitgeber die … des Betriebsrats.

LÖSUNGSWORT:

1?	2?	3?	4?	5?	6?	7?	8?	9?	10?	11?	12?	13?

3. Welche Aufgaben hat a) der Betriebsrat, b) die JAV, c) die Einigungsstelle?

4. Entscheiden Sie, ob es sich in folgenden Fällen um ein Mitwirkungsrecht, Widerspruchsrecht oder ein „echtes" Mitbestimmungsrecht des Betriebsrats handelt und begründen Sie Ihre Auswahl.

a) In der Verwaltung eines Industriebetriebs wird „Gleitzeit" eingeführt.
b) Ein Arbeitnehmer eines Automobilunternehmens wird aufgrund wiederholten Alkoholkonsums entlassen.
c) Ein Industriebetrieb plant den umfassenden Einsatz von EDV-Systemen.
d) Die Geschäftsleitung einer Zahnradfabrik beschließt, ein Rauchverbot zu erlassen.
e) In einem Industriebetrieb soll die Kantinenfläche verkleinert werden.
f) Die Ostbayerische Metallbau GmbH stellt einen neuen Mitarbeiter ein.

5. „Insgesamt gibt es nur in jedem fünften Betrieb einen Betriebsrat; dort sind jedoch 73 Prozent der Arbeitnehmer beschäftigt."

a) Welche Schlussfolgerung ergibt sich daraus (Nehmen Sie dabei nebenstehende Abbildung zur Hilfe)?
b) Warum gibt es in zahlreichen betriebsratsfähigen Betrieben keinen Betriebsrat?

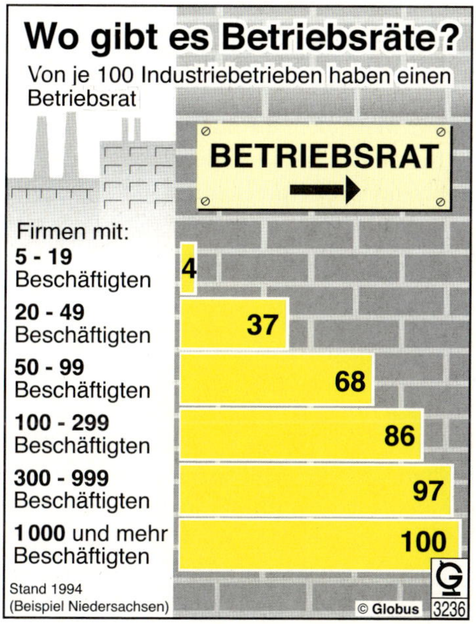

6. Spielen Sie Prüfer und erstellen Sie in Arbeitsgruppen programmierte Prüfungsaufgaben (eine richtige und vier falsche Antworten) zu folgenden Fragen:
a) Wer hat aktives Wahlrecht für die Jugend- und Auszubildendenvertretung?
b) In welcher der folgenden Situationen kann der Arbeitgeber auch ohne Zustimmung des Betriebsrats Entscheidungen treffen?
c) Welche Personengruppe hat ein „doppeltes" Wahlrecht, wählt also sowohl Betriebsrat als auch die Jugend- und Auszubildendenvertretung?
d) Was ist die Voraussetzung für die Errichtung einer Jugend- und Auszubildendenvertretung?
Tauschen Sie die Aufgaben aus und lassen Sie die anderen Gruppen Ihre Aufgaben lösen.

7. Diskutieren Sie über die „Betriebsvereinbarung über die gleitende Arbeitszeit für Auszubildende" (Buch S. 53 f) aus Arbeitnehmer- bzw. Arbeitgebersicht.

1.6 Tarifvertrag

SITUATION

Zwischen der Gewerkschaft IG Metall und dem Arbeitgeberverband Gesamtmetall wird ein Tarifvertrag abgeschlossen. Während der Laufzeit des Tarifvertrags erfolgen starke Preiserhöhungen. Die Arbeitnehmer fordern daher die Gewerkschaft auf, notfalls durch Streik höhere Löhne durchzusetzen.

HANDLUNGSAUFTRÄGE

1. Wie nennt man das im Grundgesetz verankerte Recht der Tarifpartner über die Gestaltung der Arbeitsbedingungen selbstständig, ohne Einmischung des Staates, zu verhandeln?
2. Für wen gelten grundsätzlich die im Tarifvertrag festgelegten Regelungen?
3. Begründen Sie, ob es der Gewerkschaft erlaubt ist, der Forderung der Arbeitnehmer nach Streiks zu entsprechen.
4. Was kann in Tarifverträgen geregelt werden?
5. Skizzieren Sie kurz die wesentlichen Schritte der Entstehung eines Tarifvertrages.

1.6.1 Sozialpartner

In vielen Bereichen der Wirtschaftspolitik hat der Staat großen Einfluss – egal, ob es sich um Umweltvorschriften, Steuergesetze, soziale Sicherung oder Wechselkurse handelt. Einzig bei der Tarifpolitik bleibt der Staat grundsätzlich außen vor. Grundlage hierfür bilden die im Grundgesetz verankerte Koalitionsfreiheit (Art. 3 GG) und das Tarifvertragsgesetz (TVG).

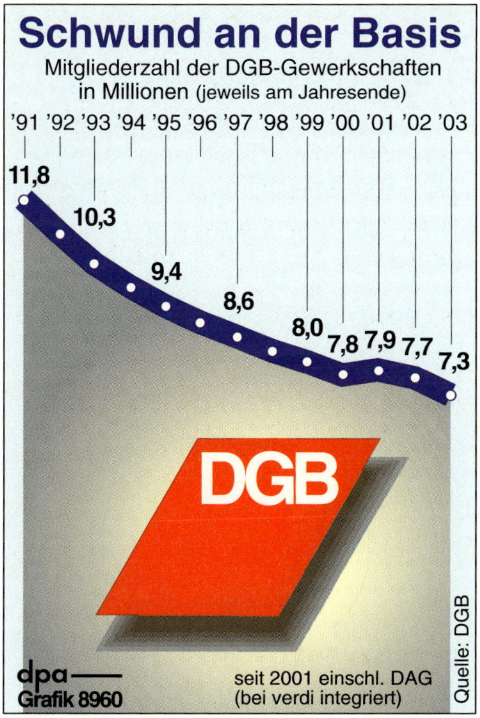

Tarifverträge können daher nur von den **Tarif- oder Sozialpartnern**, d. h. von den Gewerkschaften einerseits und den Arbeitgeberverbänden oder einem einzelnen Arbeitgeber auf der anderen Seite, abgeschlossen werden. Da die Tarifvertragsparteien in eigener Verantwortung, d. h. ohne Einmischung des Staates, über die Gestaltung der Arbeitsbedingungen verhandeln, spricht man von **Tarifautonomie**. Für den Staat gilt also: „Zutritt verboten".

Nur für eng begrenzte Vertragsinhalte, wie etwa beim gesetzlichen Mindesturlaub, bei der Lohnfortzahlung oder bei der täglichen Höchstarbeitszeit hat der Staat aus sozialpolitischen Überlegungen Unter- bzw. Obergrenzen festgelegt, die von den Tarifpartnern eingehalten werden müssen.

Spitzenorganisation der Arbeitgeber für tarif-, sozial- und gesellschaftspolitische Angelegenheiten ist **die Bundesvereinigung der Deutschen Arbeitgeberverbände (BDA)**.

Sie vertritt etwa 90 % aller im Privatbesitz befindlichen Unterrnehmen.

Die **Gewerkschaften** vertreten die Arbeitnehmerseite. Rund 30 % aller Arbeitnehmer sind „organisiert", d. h. Mitglied einer Gewerkschaft.

TIPP **Schauen Sie doch mal im Internet unter www.igmetall.de nach und informieren Sie sich dabei über die neuesten ausgehandelten Arbeitsbedingungen.**

1.6.2 Wesen des Tarifvertrags

Grundlage für den Abschluss von Tarifverträgen ist das **Tarifvertragsgesetz (TVG).**

Nach § 1 TVG regelt der Tarifvertrag „die Rechte und Pflichten der Tarifvertragsparteien und enthält Rechtsnormen, die den Inhalt, den Abschluss und die Beendigung von Arbeitsverhältnissen sowie betriebliche und betriebsverfassungsrechtliche Fragen ordnen könne".

Tarifverträge bedürfen der Schriftform und sind in das vom Bundesminister für Arbeit und Sozialordnung geführten Tarifregister einzutragen.

Tarifvertragsparteien können nach § 2 TVG sein:

Arbeitnehmerseite	Arbeitgeberseite	Verhandlungsergebnis
Einzelgewerkschaft z. B. IG Metall, ver.di	**Vereinigung von Arbeitgebern**, z. B. Arbeitgeberverband der Bayerischen Metallindustrie	**Verbandstarifvertrag** (Normalfall)
	oder **einzelner Arbeitgeber,** z. B. Volkswagenwerk (VW)	**Firmentarifvertrag, Haustarifvertrag** (Ausnahme)

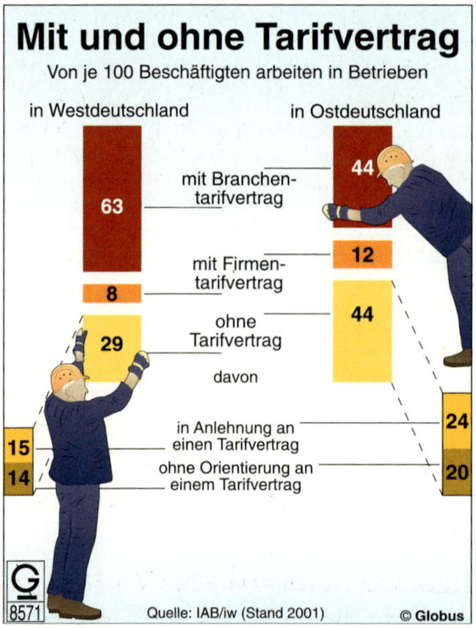

Die Tarifverträge gelten zunächst nur für die Arbeitnehmer, die gewerkschaftlich „organisiert" sind, d. h. Mitglied einer Gewerkschaft sind, vorausgesetzt, ihr Betrieb gehört einem Arbeitgeberverband an (**Tarifgebundenheit**). Obwohl „nur" rund 30 % aller Arbeitnehmer „organisiert" sind, zeigt sich die Bedeutung des Tarifvertrages für die betriebliche Praxis besonders darin, dass heute zahlreiche Tarifverträge für Wirtschafts- und Dienstleistungszweige bestehen, in denen rund 90 % aller Arbeitgeber und Arbeitnehmer beschäftigt sind.

Wesentliches Merkmal von Tarifverträgen ist das „Mindestprinzip". Wird für eine bestimmte Lohngruppe etwa ein Tariflohn von 12 EUR je Stunde festgelegt, so darf kein Unternehmen, das dem Arbeitgeberverband angehört, diesen Stundenlohn gegenüber gewerkschaftlich organisierten Arbeitnehmern unterschreiten.

Erlaubt sind jedoch Abweichungen nach oben, also ein höherer, übertariflicher Stundenlohn (**Günstigkeitsprinzip**).

In Zeiten der Vollbeschäftigung werden fast immer Zulagen zu den Tariflöhnen gewährt, um bewährte Mitarbeiter zu halten.

Wechselt das Gewerkschaftsmitglied den Wirtschaftszweig, so ist er in dem neuen Betrieb nicht mehr tarifgebunden. Er muss hierzu zunächst der zuständigen Gewerkschaft beitreten. Außerdem ist wichtig: Waren Arbeitgeber und Arbeitnehmer bei Wirksamwerden des Tarifvertrages tarifgebunden, so bleiben sie es, bis der Tarifvertrag endet.

Viele Betriebe sind jedoch keinem Arbeitgeberverband angeschlossen; sie sind daher auch an keinen Verbandstarifvertrag gebunden.

Für sie gibt es vier verschiedene Möglichkeiten der Lohnfindung:

Firmen- oder Haustarif	In diesem Fall einigt sich ein einzelnes Unternehmen mit der zuständigen Gewerkschaft auf einen Tarifvertrag (z. B. Volkswagen AG mit der IG Metall).
Ausdrückliche Übernahme	Die Betriebsleitung und die einzelnen Arbeitnehmer einigen sich darauf, dass die zwischen Gewerkschaften und Arbeitgeberverbänden der entsprechenden Branche ausgehandelten Tarifverträge übernommen werden.
Einzelvertragliche Regelungen	Die Betriebsleitung schließt mit jedem einzelnen Arbeitnehmer einen individuellen Vertrag.
Allgemeinverbindlichkeit	Wird ein Tarifvertrag durch den Bundesminister für Arbeit und Sozialordnung (regional: zuständige Landesminister) auf Antrag eines Tarifpartners als allgemein verbindlich erklärt, gelten die Vereinbarungen des Tarifvertrags auch für bisher nicht tarifgebundene Arbeitgeber des Tarifbezirks. Die Allgemeinverbindlichkeitserklärung muss öffentlich im Bundesanzeiger bekannt gegeben werden und im Tarifregister eingetragen werden. In Zeiten hoher Arbeitslosigkeit entfällt damit für den Arbeitgeber der Anreiz, hauptsächlich „Nichtorganisierte" zu beschäftigen.

1.6.3 Tarifvertragsarten

Im **Mantel- bzw. Rahmentarifvertrag** werden die allgemeinen Arbeitsbedingungen, z. B. Arbeitszeit, Urlaubsregelung und Kündigungsfristen in der Regel für eine längere Geltungsdauer einheitlich festgelegt.

Beim **Lohn- und Gehaltsrahmentarifvertrag** geht es um grundsätzliche Fragen wie Zeit- und Leistungslohn, um die Einstufung bestimmter Tätigkeiten, aber nicht um die Entlohnung selbst. Diese Verträge gelten meist für mehrere Jahre.

Lohn- bzw. Gehaltstarifverträge enthalten dagegen nur Regelungen über Vergütungen. Hier werden Löhne, Gehälter, Ausbildungsvergütungen, Zulagen und Zuschläge für eine bestimmte Laufzeit, meist ein Jahr, festgelegt.

Wenn von einer „Tarifrunde" gesprochen wird, spielt man auf diesen Vertragstyp an.

Darüber hinaus gibt es noch Sonder-Tarifverträge, in denen z. B. vermögenswirksame Leistungen, Vorruhestandsleistungen oder Jahresabschlusszahlungen geregelt werden können.

Die Arbeitgeber sind verpflichtet, die für ihren Betrieb maßgebenden Tarifverträge an geeigneter Stelle im Betrieb auszulegen.

Tarifverträge unterliegen der vollen richterlichen Kontrolle, ob sie rechtswirksam zustande gekommen sind. Dagegen ist eine richterliche Überprüfung des Inhalts der Tarifverträge nur in beschränktem Umfang möglich (bei Vorliegen eines Verstoßes gegen die Verfassung, zwingenden Gesetzesrecht, die guten Sitten oder tragende Grundsätze des Arbeitsrechts).

Die tariflichen Regelungen können nicht darauf überprüft werden, ob sie auch zweckmäßig sind.

Enthält der Tarifvertrag keine Ausschlussfristen, verjähren die tarifvertraglichen Ansprüche zwei Jahre nach Schluss des Kalenderjahres, in dem sie entstanden sind. Die Verjährung berechtigt den Arbeitgeber lediglich, gegen ihn erhobene Ansprüche, z. B. auf Nachzahlung des Arbeitsentgelts, zu verweigern. Zahlt der Arbeitgeber trotz der inzwischen eingetretenen Verjährung, kann er den Betrag nicht zurückfordern.

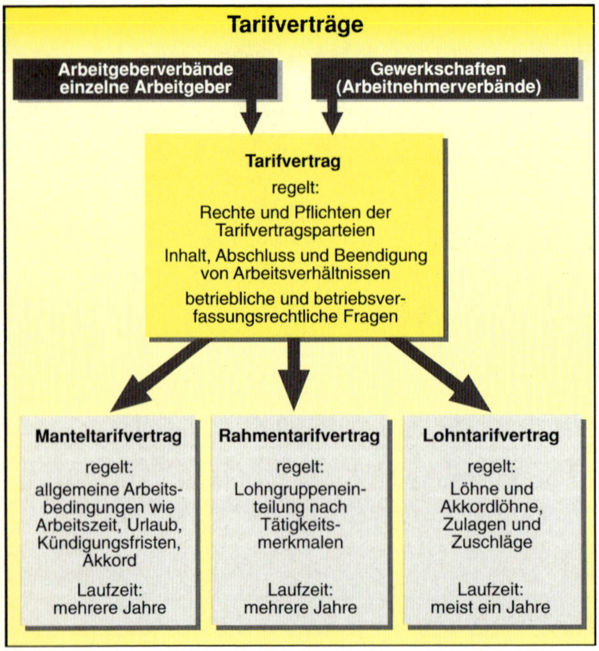

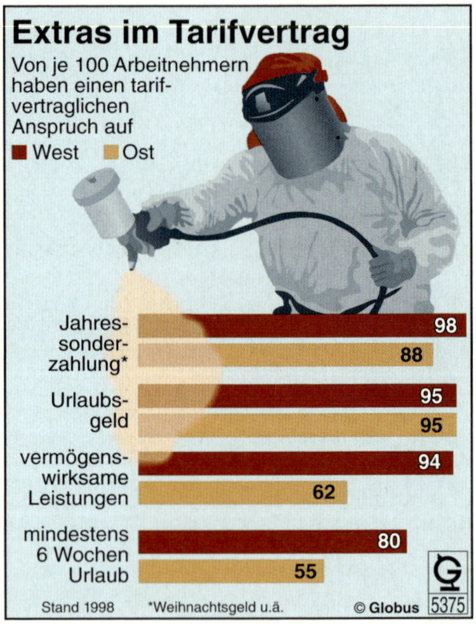

1.6.4 Geltungsbereich des Tarifvertrags

Tarifvereinbarungen stellen Mindestvereinbarungen für alle Arbeitsverhältnisse im Geltungsbereich dar.

Der Geltungsbereich eins Tarifvertrags lässt sich dabei unterscheiden in

fachliche Geltung	Der Tarifvertrag hat nur einen bestimmten fachlichen Geltungsbereich, er gilt z. B. nur für bestimmte Industriezweige oder Betriebstypen.
persönliche Geltung	Der Tarifvertrag gilt grundsätzlich für alle tarifgebundenen Personen innerhalb des fachlichen Geltungsbereichs. Dennoch können für Arbeiter, Angestellte und Auszubildende verschiedene Tarifverträge abgeschlossen werden.
räumliche Geltung	Die Lohnhöhe ist oft von Bundesland zu Bundesland verschieden; Regelungen wie Urlaub, Arbeitszeit sind im Allgemeinen für das Bundesgebiet gleich. Der Tarifvertrag gilt für ein bestimmtes Unternehmen, einen Bezirk, einer Region oder für das gesamte Bundesgebiet.
zeitliche Geltung	Der Tarifvertrag gilt für einen festgelegten Zeitraum. Die Bestimmungen des abgelaufenen Tarifvertrags gelten jedoch bis zu einem neuen Abschluss weiter.

Auszug aus dem Manteltarifvertrag für die gewerblichen Arbeitnehmer der bayerischen Metall- und Elektroindustrie (in der Fassung vom 1. November 1997):

Rechtsanspruch auf tarifliche Vereinbarung hat nur der gewerkschaftlich organisierte Arbeitnehmer!

§ 1
Geltungsbereich

Der Tarifvertrag gilt:

1. **Räumlich:** Für das Land Bayern.
2. **Fachlich:** Für alle Betriebe, Betriebsabteilungen und Ingenieurbüros der Metall- und Elektroindustrie sowie deren Hilfs- und Nebenbetriebe einschließlich der Niederlassungen soweit diese dem Betriebszweck des Hauptbetriebes dienen.
3. **Persönlich:** Für alle gewerblichen Arbeitnehmer einschließlich der Nichtmetallarbeiter sowie für die gewerblichen Auszubildenden.

.
.
.

IV. Schlussbestimmungen

1. Dieser Tarifvertrag tritt am 1. Januar 1997 in Kraft.
2. Er läuft … zum 31. Juli 1999 aus und hat keine Nachwirkung.

1.6.5 Entstehen eines Tarifvertrags

Tarifverträge enden entweder durch Zeitablauf oder durch Kündigung eines Tarifpartners. Es muss ein neuer Tarifvertrag abgeschlossen werden. Bevor es soweit ist, kommt die Suche nach dem Kompromiss, die nach festen, in Satzungen und Verträgen festgelegten Regeln abläuft.

Die Ausgangslage vor jeder Tarifrunde ist im Grundsatz gleich. Die Tarifpartner haben gegenläufige, sich nicht entsprechende Interessen. Die Gewerkschaften fordern mehr, als sie durchsetzen können, damit sie möglichst viel für ihre Mitglieder, also für die Arbeitnehmer herausholen. Für die Unternehmen bedeutet dies dagegen höhere Kosten. Daher bieten die Arbeitgeber weniger an, als sie schließlich zugestehen müssen.

Kann keine Einigung erzielt werden, erklärt man die Verhandlungen für gescheitert. Nun kann ein neutraler Schlichter herangezogen werden, der zwischen beiden fest gefahrenen Positionen vermitteln soll. Das gelingt sehr oft, da im kleinen Kreis und außerhalb der Öffentlichkeit die vorher festgefahrenen Fronten gesprengt und die Tarifpartner auch unangenehme Entscheidungen der Schlichtungsstelle verkraften können ohne ihr Gesicht zu verlieren.

Die **Schlichtung** ist also ein auf die Erhaltung des Arbeitsfriedens ausgerichtetes Verfahren, dass zum Abschluss eines Tarifvertrags Hilfe leisten soll.

Wenn auch die Schlichtung erfolglos ist, steht als letztes Mittel der **Arbeitskampf** zur Verfügung.

Zunächst setzt die Gewerkschaft eine **Urabstimmung** über den Streik an. Damit soll festgestellt werden, ob die überwiegende Mehrheit der Gewerkschaftsmitglieder (mindestens 75 % der abstimmenden Mitglieder) in den Arbeitskampf eintreten will oder nicht. Bei einem **Streik** legen die Arbeitnehmer gemeinsam die Arbeit nieder mit dem Bestreben, sie wieder aufzunehmen, wenn die Kampfziele erreicht sind.

Streikformen		
Organisierter Streik von der Gewerkschaft beschlossener und organisierter Streik	**Generalstreik** alle Arbeitnehmer eines Landes legen die Arbeit nieder (grundsätzlich rechtswidrig)	**Warnstreik** Arbeinehmer zeigen ihre Streikbereitschaft durch kurze Arbeitsniederlegung
Wilder Streik von der Gewerkschaft nicht gebilligter Streik (rechtswidrig)	**Schwerpunktstreik** Arbeitnehmer einzelner Schlüsselunternehmen legen die Arbeit nieder, z. B. einzelne Betriebe der Stahlindustrie	**Sympathiestreik** zur Unterstützung anderer Streikender („längere" Sympathiestreiks sind rechtswidrig)
	Teilstreik in einem Unternehmen wird nur in einem Betriebsteil, z. B. Produktion gestreikt	

Auf den Streik können die Arbeitgeber mit **Aussperrung** reagieren, d. h. einen Teil oder die gesamte Belegschaft eines Betriebs von der Arbeit fernhalten. Das Bundesarbeitsgericht (Urteil vom 10. Juni 1980) hat entschieden, dass Abwehraussperrungen als Gegenmaßnahme gegen Streiks dann berechtigt sein können, wenn die Gewerkschaften durch besondere Kampfaktivitäten, z. B. Schwerpunktstreiks, ein Übergewicht erzielen können.

Arten der Aussperrung	
Abwehraussperrung	**Angriffsaussperrung**
Reaktion auf einen drohenden oder bereits aufgerufenen Streik	der Arbeitgeber eröffnet den Arbeitskampf (rechtswidrig)

Sowohl der Streik als auch die Aussperrung bewirken, dass die Arbeitspflicht der Arbeitnehmer und die Lohnzahlungspflicht der Arbeitgeber ruht, während das Arbeitsverhältnis grundsätzlich bestehen bleibt.

Eine Aussperrung, die gezielt nur die Mitglieder einer streikenden Gewerkschaft erfasst, ist nach Auffassung des Bundesarbeitsgerichts rechtswidrig.

Die Aussperrung betrifft damit in der Regel auch die Arbeitnehmer, die nicht in der Gewerkschaft organisiert sind und für die eine Aussperrung eine erhebliche Einkommenseinbuße darstellt. Die Gewerkschaftsmitglieder erhalten zwar von der Gewerkschaft ein Streikgeld, dennoch sollten sie erwägen, ob die entstehenden Einbußen den möglichen Gewinn rechtfertigen.

Grundsätzlich gilt für den Arbeitskampf das **Gebot der Verhältnismäßigkeit**, d. h., die eingesetzten Kampfmittel müssen in einem angemessenen Verhältnis zu den anzustrebenden Zielen stehen.

Der Streik endet, wenn in neuen Verhandlungen ein Kompromiss erarbeitet wird und in einer zweiten Urabstimmung mindestens 25 % der Gewerkschaftsmitglieder zustimmen.

Für die Laufzeit des neuen Tarifvertrags sind die Tarifpartner zum Frieden verpflichtet, d. h., es darf kein Arbeitskampf begonnen werden **(Friedenspflicht)**.

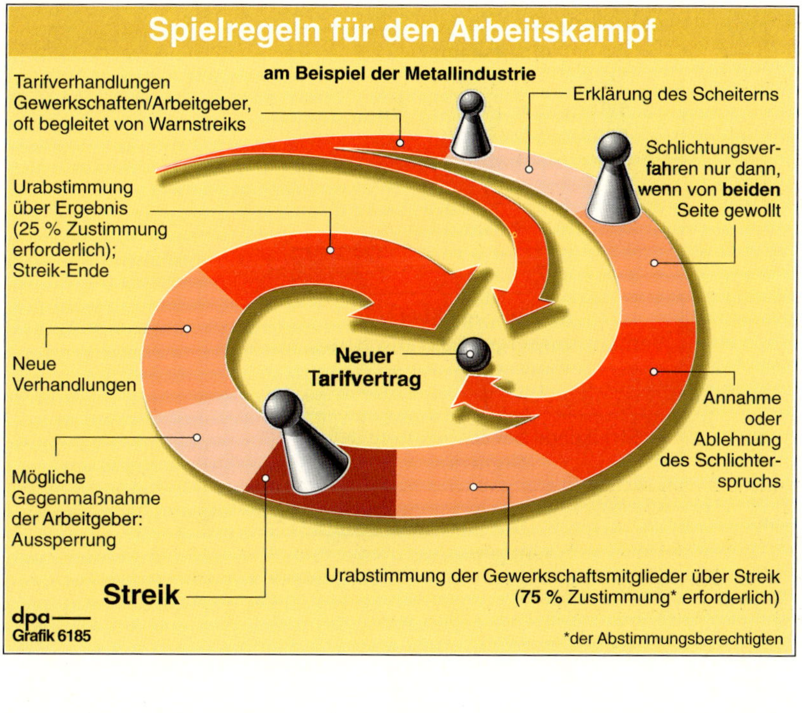

KERNWISSEN

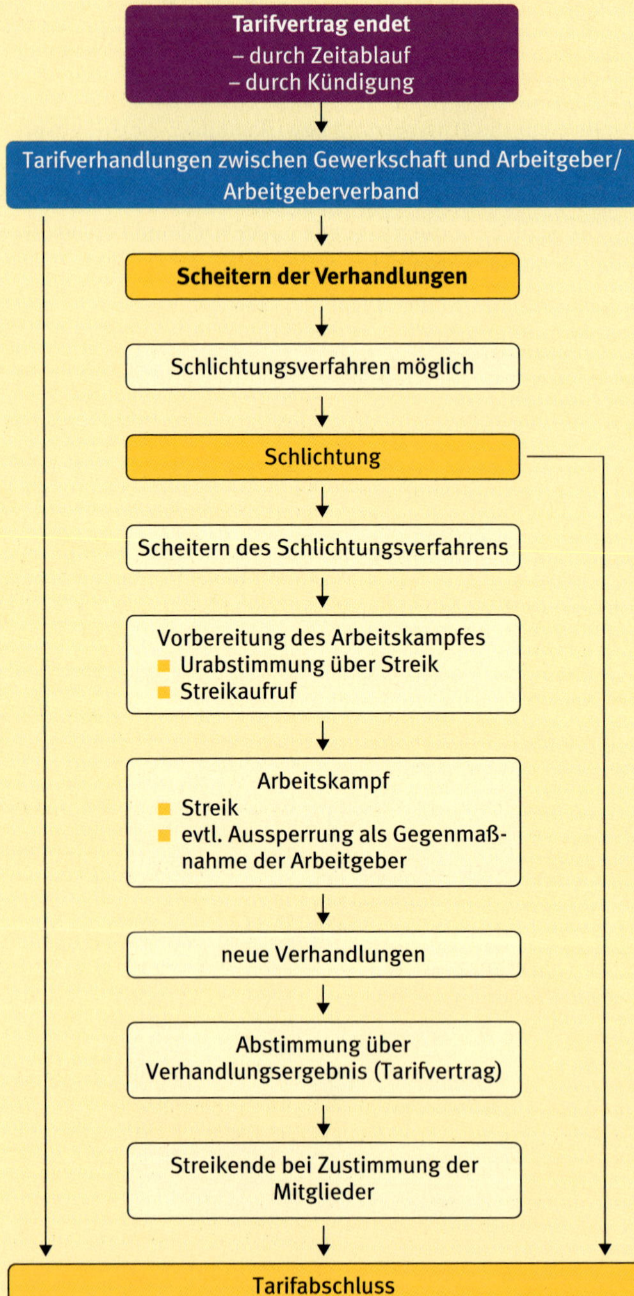

Tarifvertrag endet
– durch Zeitablauf
– durch Kündigung
Tarifverhandlungen zwischen Gewerkschaft und Arbeitgeber/Arbeitgeberverband
Scheitern der Verhandlungen
Schlichtungsverfahren möglich
Schlichtung
Scheitern des Schlichtungsverfahrens
Vorbereitung des Arbeitskampfes
Urabstimmung über Streik
Streikaufruf
Arbeitskampf
Streik
evtl. Aussperrung als Gegenmaßnahme der Arbeitgeber
neue Verhandlungen
Abstimmung über Verhandlungsergebnis (Tarifvertrag)
Streikende bei Zustimmung der Mitglieder
Tarifabschluss

Übungsaufgaben

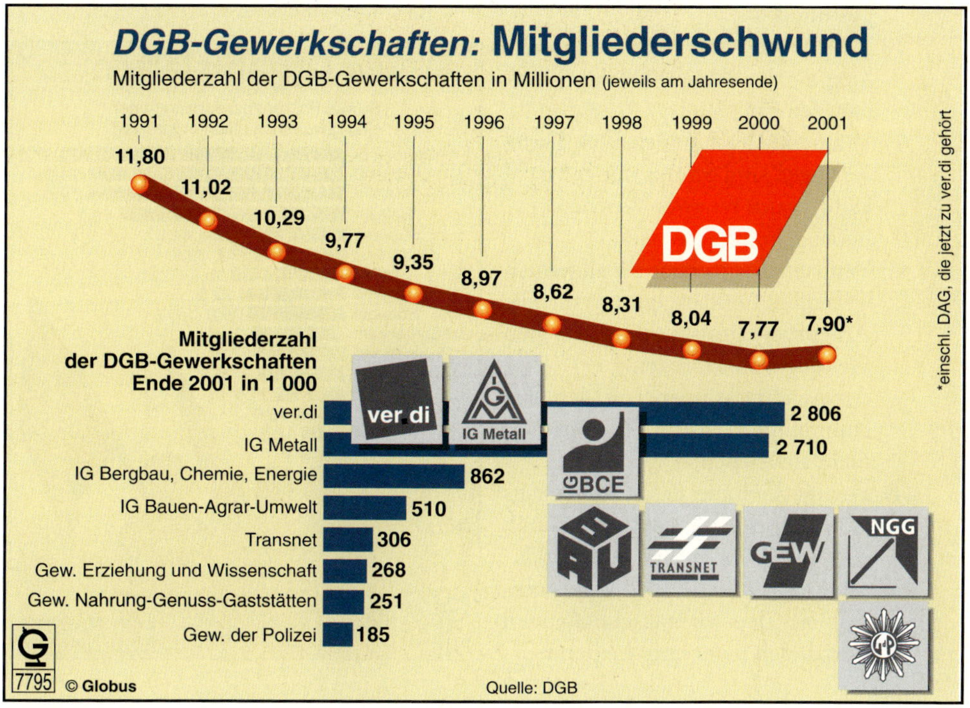

1. a) Worauf beruht der starke Mitgliederzuwachs von 1990 bis 1991?
b) Seit 1991 hat ein Abwärts-Trend eingesetzt. Worin sehen Sie die Gründe für die gesunkene Mitgliederzahl?
c) In Deutschland sind knapp 30 Prozent aller Beschäftigten gewerkschaftlich organisiert.
In welchen Ländern haben die Gewerkschaften erheblich mehr Gewicht?
d) Gibt es einen Zusammenhang zwischen Streikfreudigkeit und Organisationsgrad der Arbeitnehmer? Nehmen Sie dabei die beiden Abbildungen „Streik-Bilanz“ und „Die Organisierten“ (S. 68) zur Hilfe.

2. Rechtsanspruch auf tarifliche Vereinbarung hat nur der gewerkschaftlich organisierte Arbeitnehmer!“ (Auszug aus dem Manteltarifvertrag für die gewerblichen Arbeitnehmer der bayerischen Metall- und Elektroindustrie). Unter rechtlichem Gesichtspunkt könnten die Arbeitgeber nicht gewerkschaftlichen Arbeitnehmern andere, auch ungünstigere Arbeitsbedingungen, anbieten. Warum tendieren die Arbeitgeber dazu, die Arbeitnehmer in ihren Betrieben einheitlichen kollektiven (gemeinsamen) Regelungen zu unterwerfen?

3. Welche Aussage über Tarifverträge ist richtig?
a) Tarifverträge sind erst dann rechtsverbindlich, wenn der Bundesarbeitsminister zugestimmt hat.
b) Tarifverträge stellen eine Empfehlung an die Mitglieder der Tarifparteien dar.
c) Während der Laufzeit von Tarifverträgen sind Streiks nur dann erlaubt, wenn sie zwei Wochen vorher angekündigt wurden.
d) Wird ein Tarifvertrag für allgemein verbindlich erklärt, gilt er für alle Arbeitsverhältnisse, die in seinen Geltungsbereich fallen.
e) Arbeitgeber können von den Bestimmungen des Tarifvertrags nicht abweichen.
f) Für die Geltung des Tarifvertrags ist – von seiner Ausdehnung durch eine Allgemeinverbindlicherklärung abgesehen – die Zugehörigkeit zu den vertragschließenden Verbänden nicht entscheidend.

4. Spielen Sie Prüfer und erstellen Sie in Arbeitsgruppen programmierte Prüfungsaufgaben (eine richtige und vier falsche Antworten) zu folgenden Fragen:
a) Wer kann einen Tarifvertrag für allgemein verbindlich erklären?
b) Wodurch ist ein „wilder“ Streik gekennzeichnet?
c) Was steht **nicht** in einem Tarifvertrag?
d) Welche Rolle spielt der Staat bei Tarifverhandlungen?
Tauschen Sie die Aufgaben aus und lassen Sie die anderen Gruppen Ihre Aufgaben lösen.

5. Lösen Sie das folgende Silbenrätsel zu den Tarifverträgen
Ab - ab - au - aus - dens - der - Frie - ge - Man - mie - mung - ner - no - part - pflicht - rif - rif - rif - rif - rung - Schlich - setz - sper - stim - Streik - Ta - Ta - Ta - ta - tel - to - trag - trags - tung - Ur- ver - ver - wehr - wil

a) Arbeitgeberverbände und Gewerkschaften
b) Die Sozialpartner handeln unabhängig von staatlichen Eingriffen die Löhne, Gehälter und sonstigen Arbeitsbedingungen aus.
c) Dieser Vertrag enthält allgemeine Arbeitsbedingungen wie Urlaub, Arbeitszeiten, Kündigungsfristen usw.
d) Reaktion auf einen drohenden oder bereits ausgerufenen Streik
e) Ein von der Gewerkschaft nicht gebilligter Streik
f) Während der Laufzeit eines Tarifvertrags ist kein Arbeitskampf erlaubt
g) Ein auf die Erhaltung des Arbeitsfriedens ausgerichtetes Verfahren
h) Grundlage für den Abschluss von Tarifverträgen
i) Notwendige Maßnahme der Gewerkschaft vor Eintritt in den Arbeitskampf

6. Schildern Sie den typischen Ablauf von Tarifverhandlungen mit Kampfmaßnahmen.

7. Erläutern Sie mögliche Folgen eines Arbeitskampfes für
a) die Arbeitnehmer,
b) die Arbeitgeber,
c) die Volkswirtschaft.

8. In einigen Branchen haben die Tarifvertragsparteien so genannte Öffnungsklauseln für den starren Flächentarifvertrag vereinbart.
Damit ist es den Arbeitgebern und Betriebsräten erlaubt, vom Tarifvertrag abweichende Regelungen über Arbeitsentgelte, z. B. Senkung der Löhne um bis zu 10 Prozent, direkt auszuhandeln.
Damit ist der Flächentarifvertrag, wonach für alle Beschäftigten einer Branche der gleiche Tarif gilt, aufgebrochen worden.
Zeigen Sie die Chancen und Risiken dieser Vorgehensweise aus der Sicht der Gewerkschaften und der Arbeitgeberverbände auf.

9. Diskutieren Sie, ob Arbeitnehmer, die nicht in einer Gewerkschaft organisiert sind, von den tariflichen Vereinbarungen profitieren sollten.

10. Führen Sie im Klassenverband das Rollenspiel „Arbeitskampf" durch.
Bilden Sie im Klassenverband zunächst zwei Gruppen. Eine Gruppe versetzt sich in die Lage von Gewerkschaftsvertretern, die zweite Gruppe in die der Arbeitgebervertreter. Informieren Sie sich über aktuelle Zielsetzungen beider Parteien, Forderungen der Gewerkschaften und Angebote der Arbeitgeberseite („Hilfsmittel": Zeitungen, Gewerkschaftsmitglieder, Internet, Arbeitgeberverbände, usw.).
Diskutieren Sie die zusammengetragenen Materialien zunächst in ihrer Gruppe; anschließend versuchen Sie ihre Forderungen gegenüber der anderen Seite durchzusetzen.

11. Das Stiftungsunternehmen Schott Glas und die Gewerkschaft IG BCE (Bergbau, Chemie, Energie) haben 1998 erstmals in der Deutschen Großindustrie einen Tarifvertrag mit Erfolgsbonus abgeschlossen, der sich am Ergebnis des abgelaufenen Geschäftsjahres orientiert und in die Tariftabelle für das Folgejahr eingearbeitet wird.
Demnach wurden die Löhne, Gehälter und Ausbildungsvergütungen ab 1. Oktober 1998 für ein Jahr um 2,5 % erhöht. Als Erfolgsbeteiligung gab es für alle Mitarbeiter am erwirtschafteten guten Ergebnis des Geschäftsjahres 1997/98 zusätzlich weitere 2,4 % ab 1. Oktober.
Diskutieren Sie diesen Einstieg in eine veränderte, „innovative" Tarifpolitik aus Arbeitgeber- und Arbeitnehmersicht.

1.7 Vergütung der Arbeitsleistung

SITUATION

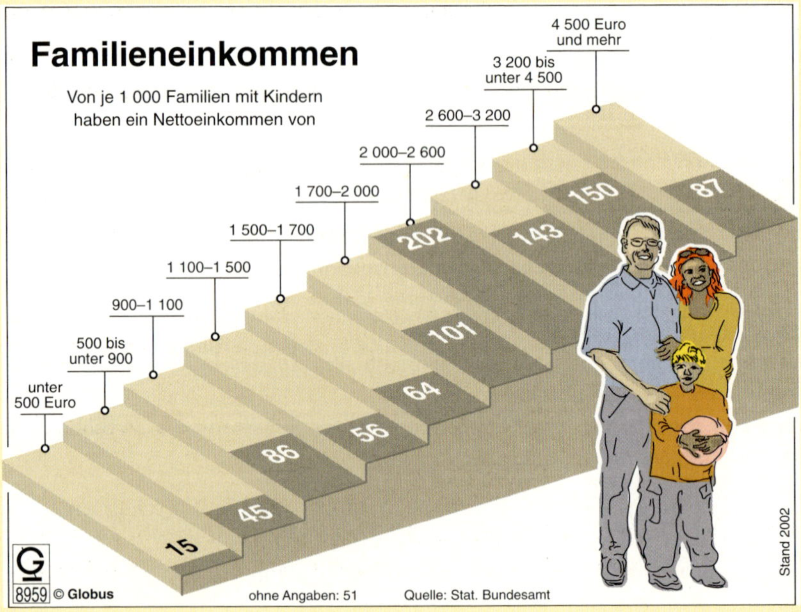

Handlungsaufträge

Betrachten Sie Ihre eigene Lohnabrechnung etwas genauer und notieren Sie Stichpunkte zu folgenden Fragen:

1. Warum sind Brutto- und Nettolohn unterschiedlich hoch?
2. Weshalb wird in der Abbildung zwischen Single, Paar und Familie unterschieden?

Jeder Arbeitnehmer erhält für seine Leistung im Betrieb ein Entgelt. Das Einkommen des Arbeitnehmers stellt somit den Preis dar, den ein Unternehmer an seine Mitarbeiter für deren Tätigkeit zu zahlen hat.

Um eine Ausbeutung der Arbeitnehmer zu verhindern, verhandeln meist jedes Jahr Gewerkschaften einerseits und Arbeitgeberverbände auf der anderen Seite über die Vergütung der Beschäftigten in der Zukunft.

1.7.1 Lohnformen

Um das Betriebsklima innerhalb eines Unternehmens nicht zu stören, muss klar vereinbart sein, welcher Mitarbeiter welche Form der Entlohnung erhält. Es macht wenig Sinn, einem Abteilungsleiter einen Arbeitsvertrag mit Akkordlohn anzubieten, ebenso wenig wie einem Bauarbeiter ein festes monatliches Bruttoeinkommen von z. B. 1790,00 EUR zuzusagen.

Zeitlohn

Der Arbeitnehmer erhält die Bezahlung für die Zeit, die er an seinem Arbeitsplatz anwesend und für den Betrieb produktiv tätig war, also eine Leistung erbracht hat. Der Lohn des Mitarbeiters kann dabei nach unterschiedlichen Zeiträumen abgerechnet werden (Stunde, Tag, Woche, Monat).

Heute sind eigentlich nur noch zwei Zeitintervalle von Bedeutung, der Stunden- und der Monatslohn.

Der Zeitlohn wird vorwiegend bei Arbeitnehmern angewandt, bei denen sich die geleistete Arbeitszeit leicht erfassen lässt (z. B. durch Stempelkarten oder EDV-technische Aufnahme der Kommens- und Gehenszeiten). Dabei unterscheidet man die Begriffe Gehalt und Lohn.

Als Gehalt bezeichnet man das Einkommen sowohl der kaufmännischen als auch der technischen Angestellten eines Unternehmens und von Beamten oder Angestellten im öffentlichen Dienst.

Der Lohn stellt den Verdienst eines Arbeiters dar. Er wird für die Zeit bezahlt, die er in seinem Aufgabenbereich und für sein Unternehmen geleistet hat.

Beispiel

Verdienst je Arbeitsstunde	x	Stunden je Monat	=	Bruttoverdienst je Monat
13,96 EUR	x	154 Stunden	=	2149,84 EUR

Der Zeitlohn wird dort angewandt, wo die sorgfältige Ausführung der Arbeit wichtiger ist als die während der Arbeitszeit erzielte Menge, z. B. im Büro, beim Zahnarzt, bei der Telefonauskunft, aber auch im Lager. Ohne Zeitdruck kann die Qualität der Arbeit dauerhaft gewährleistet werden, bei gefährlichen Arbeiten verhindert man Unvorsichtigkeit aus Zeitmangel. Die Berechnung des Einkommens ist sehr einfach und der Arbeitnehmer kann von einem eigentlich immer gleich bleibenden Verdienst ausgehen. Als Nachteil des Zeitlohns ist oft der mangelnde Wille zur Leistungssteigerung bei den Mitarbeitern festzustellen, frei nach dem Motto: „Mein Geld bekomm' ich sowieso!"

Leistungslohn

Der Arbeitnehmer wird hierbei nach der von ihm erbrachten Leistung entlohnt. Er wird für die in einer bestimmten Zeit erzielte Menge (Stück, kg, m^2, usw.) bezahlt, erhält aber einen tariflich garantierten Mindestverdienst. Diese Art der Entlohnung wird auch als Akkord bezeichnet, wobei man als Bezugsgröße für die Berechnung des Bruttoeinkommens entweder eine Mengen- (Stückgeldakkord) oder eine Zeiteinheit (Stückzeitakkord) verwendet.

Jeder Beschäftigte erhält einen monatlich festen Grundlohn. Darüber hinaus kann er seinen Bruttoverdienst steigern, indem er mehr Leistung zeigt als normalerweise üblich ist (z. B. werden Aufträge schneller bearbeitet) und dafür einen Akkordzuschlag erhält.

- **Stückgeldakkord:** Vorgabe eines bestimmten Geldbetrags für jedes produzierte Stück; je mehr Stücke hergestellt werden, desto höher ist das Bruttoeinkommen (häufig im Baugewerbe zu finden).
- **Stückzeitakkord:** Vorgabe einer bestimmten Zeit, in der ein Stück zu produzieren ist; wird für die Herstellung eines Stückes weniger Zeit benötigt, erhöht sich das Bruttoeinkommen (vor allem in der Metall- und Elektroindustrie).

Voraussetzungen für die Gewährung eines Akkordlohnes sind:

- Jeder Arbeitnehmer weiß genau, was er zu tun hat; die einzelnen Arbeitsschritte müssen nachvollziehbar sein.
- Jeder Arbeitnehmer weiß, dass ein bestimmter Arbeitsgang in einer vorgegebenen Zeit erledigt sein kann.
- Jeder Arbeitnehmer weiß, dass er die Möglichkeit hat, seine Aufträge früher beenden zu können und damit mehr Geld zu verdienen.
- Jeder Arbeitnehmer weiß, dass sich die Arbeitsgänge in seinem Aufgabenbereich immer gleich wiederholen.

Für den einzelnen Mitarbeiter bietet der Leistungslohn die Möglichkeit, sein eigenes Einkommen durch den Einsatz seiner Arbeitskraft zu erhöhen und damit das Prinzip der Leistungsgerechtigkeit verwirklicht zu sehen: „Wer mehr während der Arbeitszeit schafft und damit schneller arbeitet, soll auch mehr verdienen!"

Dabei besteht jedoch die Gefahr, dass die Mitarbeiter ihre Arbeitskraft übertrieben einsetzen und damit ihrer Gesundheit schaden, wie es im Baugewerbe (z. B. bei Fliesenlegern, Verputzern) häufig der Fall ist. In Industriebetrieben kommt es zu verstärkter Abnutzung von Werzeugen und Maschinen, weil mehr Material verarbeitet wird. Außerdem muss in allen Bereichen die Qualität der Arbeit ständig überwacht werden.

Prämienlohn

Der Arbeitnehmer bezieht einen zeitabhängigen Grundlohn und hat die Möglichkeit, eine leistungsabhängige Prämie zu erhalten. Der Prämienlohn stellt also eine Kombination aus Zeit- und Leistungslohn dar.

Prämien werden beispielsweise bezahlt für:

- Qualität: Es wird weniger Ausschuss produziert; genaueres Arbeiten erfordert geringere Nacharbeiten.
- Ersparnis: Es werden weniger Rohstoffe oder Energie verbraucht; bei der Produktion fällt weniger Abfall an.
- Nutzung: Maschinen und Werkzeuge werden bestmöglich eingesetzt.
- Besondere Gesichtspunkte: Termine werden pünktlich eingehalten; Verhütung von Unfällen.

Die zunehmende Automatisierung der Produktionsprozesse hat für den Arbeitnehmer zur Folge, dass er sein mengenmäßiges Arbeitsergebnis nur noch in geringem Umfang beeinflussen kann. Er ist fast nur noch mit der Steuerung und Überwachung der Maschinen beschäftigt; die Anforderungen an den Mitarbeiter verschieben sich mehr und mehr von körperlicher Arbeit in Richtung Aufmerksamkeit und Konzentration. Weil dabei weder Zeitlohn (zu wenig Anreiz für Leistungssteigerungen) noch Leistungslohn (die erzielte Menge kann nicht beeinflusst werden) geeignet sind, gewinnt das Prämienlohnsystem immer mehr an Bedeutung.

In anderen Bereichen, z. B. bei Verkäufern oder Außendienstmitarbeitern, ist der Prämienlohn ein großer Anreiz für Leistungssteigerungen. Neben einem monatlichen Grundgehalt (Fixum) kann durch gute Arbeitsleistung mehr Umsatz erzielt werden. Vom Mehrumsatz, der über dem erwarteten Umsatz des Mitarbeiters liegt, wird meist eine prozentuale Prämie berechnet, die er zusätzlich zu seinem Fixum erhält.

Vorteilhaft für die Unternehmen ist die Anwendung dieser Art der Vergütung immer dann, wenn die Voraussetzungen für die Gewährung eines Leistungslohnes fehlen, den Arbeitnehmern aber ein Anreiz zur Steigerung ihrer Arbeitsleistung geboten werden soll. Der Mitarbeiter erkennt, dass es sich trotzdem durchaus lohnt, mehr Einsatzwillen für den Betrieb zu zeigen.

1.7.2 Betriebliche Sozialleistungen

In der **sozialen Marktwirtschaft** wird die Höhe des Einkommens nicht nur durch die eigene Arbeitsleistung bestimmt. Vielmehr finden auch die persönlichen Lebensumstände des Beschäftigten (z. B. Alter, Familienstand), aber auch die Dauer der Betriebszugehörigkeit Berücksichtigung.

TIPP **Zum Thema „Soziale Marktwirtschaft" erfahren Sie mehr im Abschnitt 2.6.**

An diesen Leistungen haben sich auch die Unternehmen zu beteiligen, obwohl sie dafür keine echte Gegenleistung erhalten.

Im Jahre 2003 waren diese so genannten Lohn-Nebenkosten fast noch einmal so hoch wie die gesamten Personalkosten, d. h., jedes Unternehmen gab für seine Mitarbeiter an Sozialleistungen fast noch einmal soviel aus wie für Löhne und Gehälter. In diesem Zusammenhang wird auch oft vom „zweiten Lohn“ gesprochen, den der Arbeitgeber zu bezahlen hat.

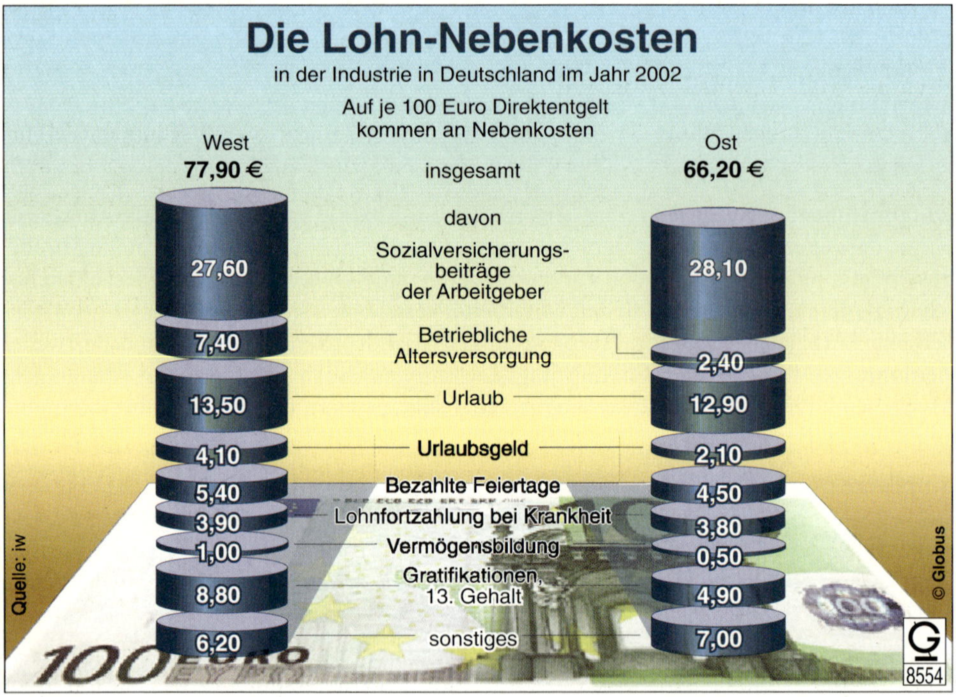

Zu sozialen Leistungen für ihre Mitarbeiter werden Unternehmen teilweise, z. B. durch den Gesetzgeber, gezwungen, andererseits bieten sie aber auch freiwillig Leistungen an, um z. B. Beschäftigte längerfristig im Betrieb zu halten oder zu gewinnen.

Gesetzliche Leistungen des Betriebes

Hierunter werden alle Sozialleistungen eines Unternehmens verstanden, die es aufgrund von Gesetzen oder Tarifverträgen zu erfüllen hat.

Beiträge des Arbeitgebers zu Sozialversicherungen

BWP Nicht nur der Arbeitnehmer muss **Sozialversicherungsbeiträge** leisten, auch sein Arbeitgeber ist gesetzlich dazu verpflichtet. Für jeden Mitarbeiter sind Abgaben für Arbeitslosen-, Kranken-, Renten- und Pflegeversicherung zu zahlen, wobei Arbeitgeber und Arbeitnehmer jeweils die Hälfte der Beiträge zu übernehmen haben.

Beiträge an Berufsgenossenschaften

Für jeden Mitarbeiter muss eine Unfallversicherung bei der für das Unternehmen zuständigen Berufsgenossenschaft abgeschlossen sein. Die Kosten hierfür trägt der Arbeitgeber alleine.

TIPP **Im Abschnitt 1.8 erfahren Sie mehr über Sozialversicherungen und die Unfallversicherung.**

Arbeits- und Gesundheitsschutz

Der Arbeitgeber hat alleine die Kosten zu tragen, die ihm dadurch entstehen, seine Mitarbeiter vor möglichen Arbeitsunfällen zu schützen und damit Schädigungen in der Gesundheit zu vermeiden. So ist z. B. die arbeitsplatzgerechte Einkleidung eines Schweißers mit Lederschürze, Lederhandschuhen und Gesichtsmaske Sache des Unternehmers.

Darüber hinaus trägt der Arbeitgeber die Kosten der Lohnfortzahlung im Falle einer Schwangerschaft einer Beschäftigten, obwohl sie (während bestimmter Mutterschutzfristen) nicht im Betrieb tätig sein darf.

Urlaub, Arbeitsausfälle

Jedem Arbeitnehmer stehen gesetzlich und tariflich vereinbarte Erholungszeiten (Urlaub) zur Verfügung, in denen sein Einkommen aber weiter gezahlt wird. Bei Krankheit ist der Arbeitgeber verpflichtet, sechs Wochen lang den bisherigen Lohn an den Beschäftigten zu zahlen, ohne eine Gegenleistung erhalten zu haben.

Sonstige Leistungen

Das Unternehmen hat beispielsweise die Kosten für Bertriebsversammlungen zu tragen, die regelmäßig während der Arbeitszeit durchzuführen sind. In dieser Zeit wird aber keine produktive Leistung erbracht. Bei Unternehmen mit einer großen Anzahl von Mitarbeitern sieht die Mitbestimmung der Beschäftigten sogar vor, einen oder mehrere Mitglieder des Betriebs- bzw. Personalrates (Betriebsrat: Vertretung der Beschäftigten in Privatunternehmen; Personalrat: Vertretung der Beschäftigten bei öffentlichen Dienststellen) vollkommen von der eigentlichen Arbeitsaufgabe zu entbinden, damit er sich den Fragen des Personalvertretungsrechts widmen kann. Der Lohn muss trotzdem vom Unternehmen bezahlt werden.

TIPP **Mehr Informationen über den Betriebsrat erhalten Sie im Abschnitt 1.5.1.**

Pensionsrückstellungen

In den Tarifverträgen für die verschiedenen Wirtschaftszweige wird oftmals vereinbart, dass Unternehmen ab einer bestimmten Mitarbeiterzahl Rückstellungen für Pensionen bilden müssen, um später eine Betriebsrente auszahlen zu können. Auch hierzu hat der Arbeitgeber einen angemessenen Beitrag zu leisten.

Freiwillige Leistungen des Betriebes

Aus vielfältigen Gründen gewähren Unternehmen auch freiwillig Leistungen, die für die Beschäftigten kostenlos oder vergünstigt sind.

So bieten große Unternehmen ihren Mitarbeitern vielfach Erholungsheime, Sportplätze oder -hallen, Schwimmbäder, Bibliotheken, Werkswohnungen usw. an. Automobilhersteller geben Fahrzeuge an Belegschaftsangehörige mit Firmenrabatt ab. Firmenwagen können privat benutzt werden, wobei meist nur die Betriebskosten (z. B. Benzin) selbst zu bezahlen sind.

Kleinere Unternehmen bieten so genannte Personalverkäufe an, bei denen Produkte, die im eigenen Betrieb hergestellt oder verkauft werden, durch das Personal zu erheblich günstigeren Preisen erworben werden können. Sowohl für Auszubildende als auch Facharbeiter werden Fahrtkostenzuschüsse, günstiges Kantinenessen oder die Übernahme von Lehrgangskosten gewährt.

Bei langjähriger Betriebszugehörigkeit werden Gratifikationen (als Dank für die Treue zum Unternehmen) bezahlt; Verbesserungsvorschläge, die dem Unternehmen helfen Kosten einzusparen, werden oft mit einer Prämie belohnt.

Bei all diesen Leistungen ist allerdings zu beachten, dass der „Geldwerte Vorteil" – die Ersparnis gegenüber anderen Bürgern in der Bundesrepublik – durch den Arbeitnehmer immer in der Einkommensteuererklärung anzugeben ist und ab einer bestimmten Höhe auch als Verdienst besteuert wird.

1.7.3 Berechnung des Monatseinkommens

Das Bruttoeinkommen eines Mitarbeiters errechnet sich beispielsweise aus Stundenlohn und geleisteten Arbeitsstunden.

BEISPIEL

Verdienst je Arbeitsstunde	x	Stunden je Monat	=	Bruttoverdienst je Monat
13,96 EUR	x	154 Stunden	=	2149,84 EUR

Bruttolohn, Bruttoeinkommen oder Bruttoverdienst: All diese Begriffe sagen aus, dass man diesen Geldbetrag eigentlich von seinem Arbeitgeber für die erbrachte Arbeitsleistung erhalten müsste. In Wirklichkeit aber wird auf dem Gehaltskonto nur der Nettolohn gut geschrieben, der um einiges niedriger ausfällt, weil Lohnsteuerklassen, Sozialversicherungsbeiträge oder in der Lohnsteuerkarte eingetragene Freibeträge auf die Höhe des Bruttoverdienstes und sonstige Abgaben einen wesentlichen Einfluss haben. Staat, Sozialversicherungen und auch religiöse Organisationen erhalten einen Anteil des Einkommens, das der einzelne Beschäftigte erwirtschaftet hat.

Lohnsteuerklassen

Jeder Arbeitnehmer wird einer bestimmten Lohnsteuerklasse zugeordnet, um eine möglichst gleichmäßige soziale Belastung aller Beschäftigten sicher zu stellen. Ein verheirateter Familienvater von vier Kindern unterliegt genauso der Einkommensteuerpflicht wie eine junge Chefsekretärin, die ihre Zweizimmerwohnung alleine benutzt; auch ein Vorstandsmitglied einer Aktiengesellschaft hat Einkommensteuer zu bezahlen.

Die Zuordnung zu den verschiedenen Lohnsteuerklassen erfolgt nach Familienstand, Verdienst der Erwerbstätigen (wenn beide eine Beschäftigung ausüben) oder der Anzahl der Beschäftigungsverhältnisse, wobei verheirateten Steuerpflichtigen Wahlmöglichkeiten eingeräumt werden. Die Lohnsteuerklasse wird auf der Lohnsteuerkarte eines jeden Arbeitnehmers eingetragen und bestimmt wesentlich die Höhe des monatlichen Nettoeinkommens.

Diese Zuordnung zu einer Lohnsteuerklasse ist für das laufende Kalenderjahr aber keineswegs endgültig. Sollten Sie z. B. während des Jahres heiraten und Ihr Ehegatte ist ebenfalls berufstätig, können Sie bei Ihrem zuständigen Finanzamt eine Änderung der Lohnsteuerklassen beantragen. Die neue Einstufung gilt dann rückwirkend ab dem 1. Januar des Veranlagungszeitraums.

Steuerklasse	Arbeitnehmergruppe
I	Gilt für alle ledigen Arbeitnehmer; darüber hinaus werden geschiedene oder von ihrem Ehepartner dauernd getrennt lebende Beschäftigte in diese Steuerklasse eingestuft. Wohnt ein Ehegatte im Ausland, der Steuerpflichtige aber in Deutschland, wird der deutsche Arbeitnehmer ebenfalls in die Lohnsteuerklasse I eingruppiert. Verwitwete Arbeitnehmer werden erstmals wieder in Klasse I eingestuft, wenn der Ehepartner spätestens im vorletzten Jahr vor dem aktuellen Steuerjahr verstorben ist.
II	Gilt für die in der Lohnsteuerklasse I genannten Beschäftigten, wenn in ihrem Haushalt ein Kind wohnt, ■ das mit Haupt- oder Nebenwohnung an dieser Adresse gemeldet ist **und** ■ für das sie Kindergeld bzw. einen Kinderfreibetrag erhalten.
II	Bei dieser Klasse gibt es jedoch zahlreiche Ausnahmen, Einschränkungen und vom Gesetz her zu unterlassende Einstufungen, weshalb Sie sich auch mit kundigen Partnern besprechen sollten (z. B. mit Bekannten, die etwas davon verstehen; bei größeren Vorhaben wie Hausbau oder Unternehmensgründung ist aber auch die Meinung eines Steuer- oder auch Unternehmensberaters von Bedeutung).
III	Sie ist verheirateten Arbeitnehmern vorbehalten, wenn beide ■ im Inland wohnen, ■ nicht dauernd getrennt leben und ■ der Ehegatte keinen Arbeitslohn bezieht oder mit Arbeitsentgelt in Lohnsteuerklasse V eingestuft ist. Außerdem wird ein überlebender Ehegatte in Steuerklasse III eingestuft, wenn der Ehepartner erst im Veranlagungsjahr verstorben ist.
IV	Wenn zwei miteinander verheiratete Arbeitnehmer Arbeitslohn beziehen, beide in Deutschland wohnen und nicht dauernd getrennt leben, dann ist die Lohnsteuerklasse IV für beide möglich. Ob die Kombination IV/IV über das Jahr gesehen vorteilhaft ist, hängt von den persönlichen Umständen der Beschäftigten ab (z. B. Höhe der einzelnen Einkommen, neu geschaffenes Wohnungseigentum).
V	Ein Ehegatte wird in die Klasse V eingestuft, wenn durch Antrag bei der für die Änderung der Lohnsteuerkarte zuständigen Behörde (Finanzamt) angezeigt wird, dass beide die Kombination der Steuerklassen III/V wünschen. Ein Ehegatte wird für das laufende Einkommen nach Lohnsteuerklasse III, der andere Ehegatte für seinen Verdienst nach Lohnsteuerklasse V besteuert.
VI	Bezieht ein Arbeitnehmer von mehreren Arbeitgebern Lohn oder Gehalt, so ist bei jedem dieser Arbeitgeber eine Lohnsteuerkarte vorzulegen. Erhält ein Mitarbeiter von mehreren Unternehmen eine Vergütung, so hat er oder sie ab dem zweiten Beschäftigungsverhältnis Abgaben nach Lohnsteuerklasse VI zu entrichten.

TIPP **In Ihrem zuständigen Finanzamt liegt normalerweise die Broschüre „Kleiner Ratgeber für Lohnsteuerzahler“ auf, die jedes Jahr neu erstellt wird. Darin finden Sie auch Hinweise zur Wahl der Lohnsteuerklassen. Außerdem erteilt jedes Finanzamt kostenlose Auskünfte hinsichtlich der Wahl der Steuerklassen. Rufen Sie doch einmal an oder gehen Sie selbst dorthin, um Ihre Fragen beantwortet zu bekommen.**

Vom Brutto- zum Nettoverdienst

BWP In jeder Lohn- oder **Gehaltsabrechnung** ist sowohl das „Brutto“ als auch das „Netto“ auszuweisen. Dass hierin ein großer Unterschied besteht, soll an einem Beispiel verdeutlicht werden.

Herr Maier, Lagerleiter einer kleineren Spedition in Dingolfing (Bayern), erhält den tariflich vereinbarten Bruttolohn in Höhe von 2014,50 EUR. Er ist unverheiratet und hat keine Kinder. In seiner Freizeit singt er gerne im Kirchenchor der Gemeinde St. Martin und ist deswegen Mitglied in der Katholischen Kirche. Von seinem Arbeitgeber erhält er tariflich vereinbarte vermögenswirksame Leistungen in Höhe von 27,00 EUR monatlich, den gleichen Betrag bezahlt er selbst nochmals in einen Bausparvertrag ein.

Seine Lohnabrechnung sieht so aus:

Maier, Manfred   Lagerleiter   Steuerklasse: I/o, RK
Abrechnungszeitraum: März

Bruttolohn	2014,50 EUR	
+ Verm. Leistungen (AG)	27,00 EUR	
Bruttoverdienst	2041,50 EUR	
– Lohnsteuer	353,00 EUR	
– Kirchensteuer	28,24 EUR	
– Solidaritätszuschlag	19,41 EUR	
– Rentenversicherung	199,05 EUR	9,75 % des Bruttoverdienstes
– Arbeitslosenversicherung	66,35 EUR	3,25 % des Bruttoverdienstes
– Krankenversicherung	136,78 EUR	bei 6,7 %, die der Arbeitnehmer zu tragen hat
– Pflegeversicherung	17,35 EUR	0,85 % des Bruttoverdienstes
Nettoverdienst	1221,32 EUR	
– Verm. Anlage (AN)	27,00 EUR	
Überweisungsbetrag	1194,32 EUR	

TIPP **Offizielle Lohnsteuertabellen werden nicht mehr veröffentlicht. Im Internet kann man mithilfe so genannter „Steuerrechner" aber zu jeder Zeit überprüfen, in welcher Höhe man dem Staat Lohn- oder Einkommensteuer schuldet: Bei korrekter Eingabe der wichtigsten Daten liefern z. B. www.steuernetz.de und auch www.bund.de eine sehr genaue Berechnung der Lohn- oder Einkommensteuer. Nachsehen lohnt sich!**

Der Nettoverdienst oder wie in diesem Beispiel der Überweisungsbetrag fallen also wesentlich niedriger aus als der Bruttoverdienst. Dafür gibt es verschiedene Gründe.

Die Lohnsteuer

Der Staat erhebt für Einkünfte aus nichtselbstständiger Arbeit die Lohnsteuer. Ihre Höhe wird im Wesentlichen durch den Familienstand des Arbeitnehmers und die Anzahl der Kinder bestimmt, für die ein Kinderfreibetrag auf der Lohnsteuerkarte des Arbeitnehmers eingetragen ist. Weitere Freibeträge, z. B. für Wohnungseigentumsförderung, verringern die Steuerlast des Steuerpflichtigen. Die Lohnsteuer wird durch den Arbeitgeber vom Verdienst einbehalten und an das zuständige Finanzamt abgeführt.

Bis zu einer gewissen Höhe – dem Grundfreibetrag (auch als „Steuerliches Existenzminimum" bekannt) - werden Einkommen aus sozialen Gründen nicht mit der Lohnsteuer belastet. Darüber wird jeder mehr verdiente Euro immer stärker besteuert (Steuerprogression). Ab einem gewissen Verdienst wird der so genannte Spitzensteuersatz erreicht, von dem ab jeder Euro, der mehr verdient wird, einem gleich hohen Steuersatz unterliegt.

Kinderfreibeträge werden auf der Lohnsteuerkarte durch die zuständige Behörde (Gemeinde, bei Geburten während des Veranlagungsjahres durch das Finanzamt) nach ihrem Kenntnisstand eingetragen. Der Arbeitnehmer, auf dessen Lohnsteuerkarte das Kind oder die Kinder eingetragen sind, erhält trotzdem in jedem Fall zusätzlich zu seinem Nettoverdienst das Kindergeld, das durch die Familienkassen bei den Arbeitsämtern ausbezahlt wird. Seit Januar 2002 sind für das erste, zweite und dritte Kind jeweils 154 EUR, für das vierte und weiter folgende Kinder jeweils 179 EUR steuerfrei an den Arbeitnehmer zu überweisen.

Im Rahmen des „Familienleistungsausgleichs" prüft das zuständige Finanzamt bei der Veranlagung zur Einkommensteuer aber, ob es für den Arbeitnehmer besser ist, das Kindergeld oder den Kinderfreibetrag bei der Einkommensteuerklärung in Anspruch zu nehmen. Dies geschieht „von Amts wegen", d. h., die Finanzbehörden sind verpflichtet, die für den Steuerpflichtigen günstigere Lösung zu ermitteln.

Die Kirchensteuer

Bei Mitarbeitern, die einer steuererhebenden Religionsgemeinschaft angehören, behält der Arbeitgeber auch die Kirchensteuer ein und führt sie zusammen mit der Lohnsteuer an das zuständige Finanzamt ab.

Die Kirchensteuer wird prozentual von der ermittelten Lohnsteuer berechnet, wobei in den einzelnen Bundesländern zwei verschiedene Steuersätze angewendet werden: 8 % in Baden-

Württemberg, Bayern, Bremen und Hamburg, 9 % in den übrigen. Dabei ist aber zu beachten, dass der für das Bundesland geltende Kirchensteuersatz herangezogen wird, in dem der Betrieb liegt.

BEISPIEL Frau Müller, ledig und ohne Kinder, zahlt monatlich Lohnsteuer in Höhe von 297,30 EUR. Sie wohnt in Hof (Bayern), arbeitet aber in Plauen (Sachsen). Ihre Kirchensteuer wird mit 9 % von 297,30 EUR, also 26,76 EUR berechnet. Hätte sie ihre Arbeitsstelle am Wohnort, wären nur 23,78 EUR an Kirchensteuer zu entrichten.

Endgültig erhält die steuererhebende Religionsgemeinschaft die vom Arbeitnehmer zu tragende Kirchensteuer.

Der Solidaritätszuschlag

Zusätzlich zur Lohnsteuer wird seit dem 1. Januar 1995 der Solidaritätszuschlag erhoben. Damit sollen die Kosten für die Wiederherstellung der Einheit Deutschlands und die Ausgaben für die Modernisierung der Wirtschaft und Infrastruktur (Straßen, Schulen, Krankenhäuser usw.) in den neuen Bundesländern getragen werden. Er ist im steuerrechtlichen Sinne keine Steuer, sondern stellt eine Abgabe dar, auch wenn der Empfänger der Staat ist. Der Solidaritätszuschlag beträgt seit dem 1. Januar 1998 einheitlich für alle Bundesländer 5,5 %, wobei die Bemessungsgrundlage die zu zahlende Lohnsteuer bildet.

Der Solidaritätszuschlag wird vom Arbeitgeber zusammen mit Lohn- und Kirchensteuer an das Finanzamt überwiesen.

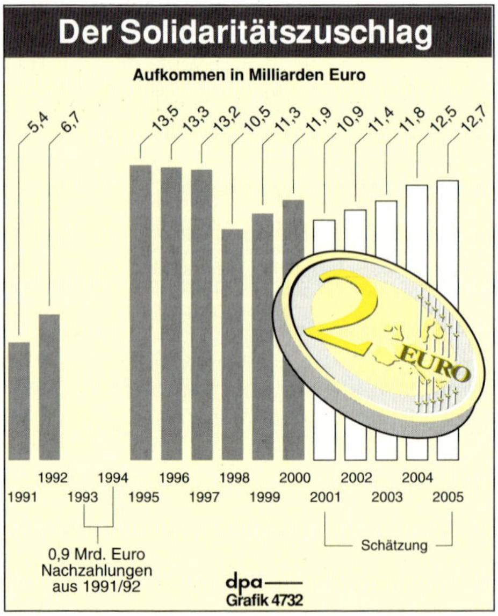

Die Sozialversicherungsbeiträge

Der Arbeitgeber ist verpflichtet, an die Krankenkasse des Arbeitnehmers Beiträge zur Renten-, Arbeitslosen-, Kranken- und Pflegeversicherung abzuführen. An diese Versicherungszweige haben das Unternehmen und der Mitarbeiter jeweils die Hälfte der Sozialabgaben zu zahlen, die in ihrer Höhe normalerweise gesetzlich festgelegt sind. Nur in der Krankenversicherung können die Beiträge schwanken: Jede Krankenkasse ist berechtigt, ihre Beitragssätze in ihrer Satzung selbst festzulegen. Diese bewegen sich dabei zwischen etwa 13 % und 15 % und liegen im Durchschnitt bei 14,3 %. Seit Januar 2004 werden in der Rentenversicherung 19,5 %, in der Arbeitslosenversicherung 6,5 % und in der Pflegeversicherung 1,7 % des Bruttoverdienstes als Gesamtabgaben für den Arbeitnehmer und Arbeitgeber an die Sozialversicherungsträger erhoben.

Berechnungsgrundlage für die Ermittlung der Sozialversicherungsbeiträge ist der Bruttoverdienst einschließlich aller etwaigen Zulagen und der vermögenswirksamen Leistungen des Arbeitgebers. Dabei steigen die Beiträge zu den Sozialversicherungszweigen allerdings nicht ins Unermessliche.

Das Bruttoeinkommen eines Arbeitnehmers wird nur bis zur **Beitragsbemessungsgrenze** für die Berechnung der Sozialversicherungsabgaben herangezogen. Vom darüber liegenden Bruttoeinkommen werden keine Beiträge zur Sozialversicherung einbehalten.

Wegen der unterschiedlichen Lohnniveaus gelten in den alten und neuen Bundesländern zum Teil noch unterschiedliche Beitragsbemessungsgrenzen.

TIPP **Sehen Sie im Abschnitt 1.8.2 nach, um mehr über die Beitragsbemessungsgrenzen in den einzelnen Sozialversicherungszweigen zu erfahren.**

Die vermögenswirksamen Leistungen

Der Staat fördert die Anlage von Kapital in den Bereichen des Sparens, des Bausparens, des Lebensversicherungssparens und der Beteiligung an Unternehmen (Produktivkapital). Pro Jahr kann ein Arbeitnehmer Teile seines Verdienstes vermögenswirksam anlegen und erhält dafür vom Staat eine Prämie, die in ihrer Höhe allerdings abhängig von der Anlageart und nur bis zu einem bestimmten zu versteuernden Einkommen bezahlt wird. Diese Prämie muss im Rahmen einer Einkommensteuererklärung beantragt werden.

Ob der Arbeitnehmer überhaupt eine Prämie erhält, hängt von seinem zu versteuernden Einkommen ab. Ist es zu hoch, entfällt der Zuschuss durch den Staat; bei Verheirateten steigt der Betrag des zu versteuernden Einkommens, bis zu dem die Arbeitnehmersparzulage gewährt wird, aber auf das Doppelte an. Persönliche Faktoren spielen hierbei also eine entscheidende Rolle, weil das zu versteuernde Einkommen z. B. auch vom Familienstand oder der Anzahl der Kinder abhängt.

Staatliche Förderungsmöglichkeiten seit Januar 2004 (Beispiele)			
	Angaben für Ehepaare (beide berufstätig) in EUR		
	Max. geförderte Sparleistung	Staatliche Förderung West	Ost
Bausparvertrag	940,00	9 %	9 %
Aktienfonds	800,00	18 %	22 %
Wohnungbauprämie	1 024,00	8,8 %	8,8 %
Private Zusatzrente	Abhängig vom Kalenderjahr müssen bestimmte Anteile des Einkommens für die private Altersvorsorge aufgebracht werden, um staatliche Fördermittel erhalten zu können.		

In den meisten Tarifverträgen wird vereinbart, dass sich der Arbeitgeber ebenfalls an der Förderung des privaten Sparens zu beteiligen hat. So erhalten die Beschäftigten bis zu 39,20 EUR als vermögenswirksame Leistungen des Arbeitgebers ausbezahlt, die dem Bruttoeinkommen zuzurechnen und damit zu versteuern sind.

Weil die Beteiligung des Arbeitgebers normalerweise nicht 39,20 EUR je Monat beträgt, aber jeder Mitarbeiter in der Regel die Höchstgrenze ausnutzen möchte, zahlen sehr viele Arbeitnehmer freiwillig Beiträge an den Träger ihrer Geldanlage, um in den Genuss der höchsten Förderung zu gelangen.

Diese Beiträge werden regelmäßig durch das Unternehmen vom Nettoverdienst einbehalten und direkt an den Empfänger der vermögenswirksamen Anlage (z. B. die Bausparkasse oder das Kreditinstitut) des Mitarbeiters überwiesen. Insofern verringert sich der Nettoverdienst des Arbeitnehmers um den Betrag, den er selbst bezahlen muss, damit er die staatliche Höchstförderung in Anspruch nehmen kann.

TIPP **Ihr Kreditinstitut gibt Ihnen sicherlich gerne Auskunft, welche Art der Vermögensbildung für Sie infrage kommt. Dabei sollten Sie aber bereits Ihre persönlichen Zukunftspläne wissen und verfolgen. Bei der Erstellung der Einkommensteuererklärung helfen Ihnen Steuerberater oder auch Lohnsteuerhilfe-Vereine, die es in jeder Stadt gibt.**

Übrigens haben auch Sie als Auszubildender oder Umschüler einen Anspruch auf die Zahlung der vermögenswirksamen Leistungen, wenn in dem für Sie geltenden Tarifvertrag bzw. Ausbildungs- oder Umschulungsvertrag dies vereinbart wurde.

Überlegenswert ist es dann auf jeden Fall, in eine staatlich geförderte Sparform zu investieren: Schließlich spart Ihr Ausbildungsbetrieb oder Ihr Arbeitgeber zusammen mit Ihnen, und zwar nur für Sie!

1.7.4 Die Einkommensteuererklärung

Zur Abgabe der Einkommensteuererklärung kann man durch die Finanzbehörden verpflichtet werden; andererseits kann es sich finanziell durchaus lohnen, eine solche Erklärung freiwillig abzugeben.

Haben Sie Kinder, für die Sie Unterhalt bezahlen, fahren Sie jeden Tag mit Ihrem eigenen Auto über weite Strecken zur Arbeitsstelle, haben Sie erst vor kurzem ein Haus gebaut? Das alles sind Fragen, die es Wert sind zu überlegen:

- Welche Ausgaben sind mir während des Jahres (z. B. als Zuzahlung zu ärztlichen Rezepten für Medikamente, auch als Unterhalt für meine Eltern oder andere Angehörige) entstanden?
- Welche Fahrtkosten zum Arbeitsplatz hatte ich, wie viel hat mir mein Arbeitgeber erstattet, in welcher Höhe kann ich meine Ausgaben steuerlich geltend machen?
- Für meine Weiterbildung im Beruf habe ich im letzten Jahr 1 175 EUR bezahlt. Erhalte ich zumindest eine teilweise Erstattung dafür?

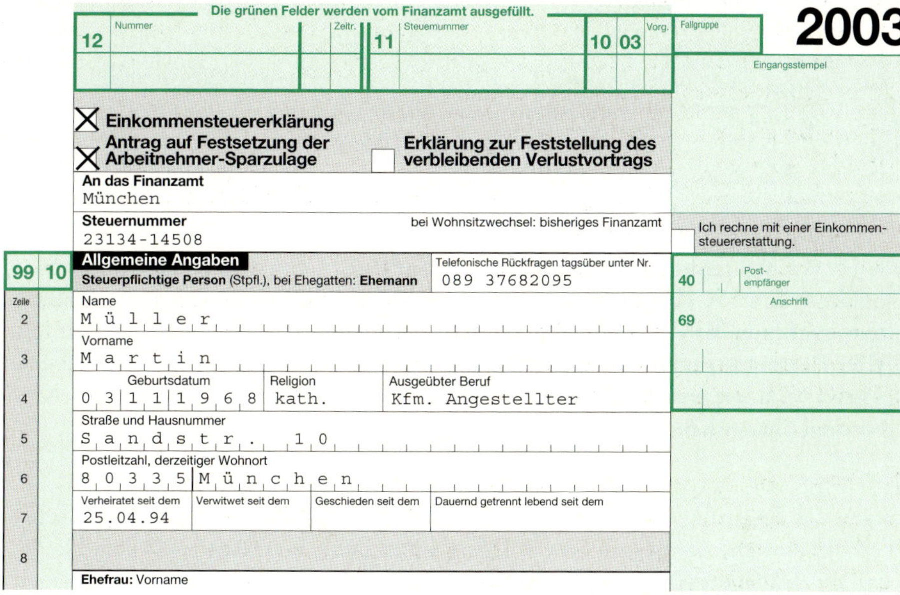

Die grünen Felder werden vom Finanzamt ausgefüllt.

12 Nummer | Zeitr. | 11 Steuernummer | 10 03 Vorg. | Fallgruppe

2003

Eingangsstempel

☒ Einkommensteuererklärung
☒ Antrag auf Festsetzung der Arbeitnehmer-Sparzulage
☐ Erklärung zur Feststellung des verbleibenden Verlustvortrags

An das Finanzamt
München

Steuernummer: 23134-14508 — bei Wohnsitzwechsel: bisheriges Finanzamt

☐ Ich rechne mit einer Einkommensteuererstattung.

99 10 **Allgemeine Angaben**
Steuerpflichtige Person (Stpfl.), bei Ehegatten: Ehemann — Telefonische Rückfragen tagsüber unter Nr. 089 37682095

40 Postempfänger
Anschrift
69

Zeile		
2	Name: Müller	
3	Vorname: Martin	
4	Geburtsdatum: 03 11 1968 — Religion: kath.	Ausgeübter Beruf: Kfm. Angestellter
5	Straße und Hausnummer: Sandstr. 10	
6	Postleitzahl, derzeitiger Wohnort: 80335 München	
7	Verheiratet seit dem: 25.04.94 — Verwitwet seit dem — Geschieden seit dem	Dauernd getrennt lebend seit dem
8		
	Ehefrau: Vorname	

In diesen Fällen sollte der „Antrag auf Veranlagung zur Anrechnung der Lohnsteuer" gestellt werden, wie der frühere Lohnsteuer-Jahresausgleich heute bezeichnet wird.

Haben Sie aber auf Ihrer Lohnsteuerkarte einen Freibetrag eintragen lassen, so sind Sie verpflichtet, nach Ablauf des Kalenderjahres unaufgefordert eine Einkommensteuererklärung an die Finanzbehörde abzugeben.

BEISPIEL Beispiele für die so genannte Pflichtveranlagung:

- Sie erzielen z. B. aus Sparguthaben mehr als 410,00 EUR an Zinsen.
- Sie oder Ihr Ehegatte haben im letzten Jahr Krankengeld oder Arbeitslosengeld bezogen, das mehr als 410,00 EUR betrug.
- Sie haben mehr als 410,00 EUR an ausländischen Einkünften aufzuweisen.
- Sie beziehen wegen mehrerer Beschäftigungsverhältnisse Arbeitslohn nach Lohnsteuerklasse VI.
- Beide berufstätigen Ehegatten haben sich für die Steuerklassenkombination III/ V entschieden und auch auf ihren Lohnsteuerkarten eintragen lassen.

TIPP **Beachten Sie die zeitliche Befristung der Antragstellung. Für das vergangene Jahr kann der Antrag auf Veranlagung zur Anrechnung der Lohnsteuer bis zum 31. Dezember des folgenden Jahres gestellt werden. Wenn es Ihnen nicht möglich ist, den Antrag bis zu diesem Stichtag abzugeben, bitten Sie Ihr zuständiges Finanzamt um eine Verlängerung der Abgabefrist. Normalerweise akzeptieren die Finanzbehörden eine solche Verlängerung, wenn sie ausreichend begründet ist.**

Die Lohnsteuerkarte

Die Lohnsteuerkarte wird etwa Ende Oktober/Anfang November eines jeden Jahres von der Stadt oder der Gemeinde ausgestellt und versandt, in der Sie zum 20. September mit Ihrem Hauptwohnsitz gemeldet waren. Normalerweise erhalten Sie die neue Lohnsteuerkarte im Abschnitt I bereits mit den Eintragungen, die Ihre persönlichen Lebensumstände (z. B. Lohnsteuerklasse, Anzahl der Kinderfreibeträge, Religionszugehörigkeit) berücksichtigen.

TIPP **Bei fehlerhaften Eintragungen auf Ihrer Lohnsteuerkarte sollten Sie sich baldmöglichst an Ihre Stadtverwaltung oder Gemeinde wenden, um eine Über- oder Unterzahlung der Abgaben an den Staat im folgenden Kalenderjahr zu vermeiden. Eine Eintragung im Abschnitt II wegen Änderungen in Ihren persönlichen Verhältnissen (z. B. wegen Heirat und Wechsel der Steuerklassen, Geburt eines Kindes) können Sie noch bis zum 30. November des Steuerjahres beantragen.**

Wollen Sie Freibeträge auf Ihrer Lohnsteuerkarte eintragen lassen (z. B. wegen sehr hoher Werbungskosten), so müssen Sie bei Ihrem Finanzamt einen Antrag stellen. Dieses wird, wenn Ihr Antrag begründet ist, einen monatlichen und jährlichen steuerlichen Freibetrag im Abschnitt III der Lohnsteuerkarte bestätigen.

Der Arbeitgeber muss dann eine geringere Lohnsteuer festsetzen. Insofern können Sie über ein höheres monatliches Nettoeinkommen verfügen. Damit sind Sie aber verpflichtet, beim Finanzamt eine Einkommensteuererklärung für das Steuerjahr, in dem der Freibetrag gewährt wurde, einzureichen.

Der Abschnitt IV der Lohnsteuerkarte (die Rückseite) ist den Eintragungen durch den Arbeitgeber vorbehalten. Darauf bescheingt er, welche Zahlungen Sie erhalten haben, welchen Abzug er von Ihrem Lohn oder Gehalt bereits einbehalten hat und ob an Sie Kindergeld ausbezahlt wurde.

Für eine Pflichtveranlagung oder auch freiwillige Einreichung der Veranlagung zur Einkommensteuer ist diese Rückseite der wichtigste Teil: Ihr zuständiges Finanzamt berechnet daraus, in welcher Höhe Sie Steuer- oder Abgabenschulden gegenüber dem Staat haben, wenn Sie im Einkommensteuer-Formular keine anderen Abzüge geltend machen.

TIPP **Ein „Lohnsteuer-Jahresausgleich" lohnt sich meist auch dann, wenn Sie nicht zur Gruppe der pflichtveranlagten Personen gehören, weil Werbungskosten und Sonderausgaben das Einkommen deutlich vermindern können.**

Werbungskosten

Werbungskosten sind im steuerrechtlichen Sinn Ausgaben, die Ihnen für den Erwerb oder die Sicherung/den Erhalt des Arbeitsplatzes und damit eines Lohnes oder Gehalts entstanden sind. Dazu gehören unter anderem:

Aufwendungen für Fahrten zwischen Wohnung und Arbeitsstätte

Wenn Sie Ihr eigenes Auto, Motorrad oder auch Fahrrad für die Fahrten von Ihrer Wohnung zur Arbeit und zurück benutzen, können Sie das Finanzamt an den daraus entstehenden Kosten beteiligen. Derzeit beträgt die so genannte „Pendler-Pauschale" 0,30 EUR je Entfernungskilometer.

Aufwendungen für Arbeitsmittel

Werkzeuge, Arbeitsbekleidung, Fachzeitschriften oder auch -bücher, die Sie für Ihre Berufsausübung und die Weiterbildung in diesem Beruf benötigen und nicht vom Arbeitgeber zur Verfügung gestellt werden, können Sie mit den Anschaffungskosten im Rahmen einer Einkommensteuererklärung geltend machen. Darüber hinaus beteiligt sich das Finanzamt auch an Reinigungs- und Reparaturkosten für Arbeitsmittel.

Aufwendungen für weitere Werbungskosten

Haben Sie Fortbildungsveranstaltungen oder Lehrgänge besucht, waren Sie vorübergehend außerhalb Ihrer ständigen Arbeitsstätte tätig, suchten Sie eine neue Arbeitsstelle oder mussten Sie aufgrund eines neuen Arbeitsplatzes umziehen? Benötigten Sie für die neue Beschäftigung ein eigenes Arbeitszimmer oder war es notwendig, wegen der großen Entfernung zum eigentlichen Wohnort vorübergehend einen zweiten Wohnsitz zu nehmen?

Auch hier haben Sie die Gelegenheit, im Rahmen der Einkommensteuererklärung die Aufwendungen steuerlich geltend zu machen und einen Teil daraus erstattet zu bekommen.

Kontoführungsgebühren, die wegen Ihrer Berufstätigkeit entstanden sind, erkennt das Finanzamt bei Nachweis in voller Höhe an.

TIPP **Weitere Hinweise erhalten Sie, wenn Sie sich die „Anleitung zur Einkommensteuererklärung, zum Antrag auf Arbeitnehmer-Sparzulage ..." besorgen. Ihr Finanzamt hält sie bereit.**

Sonderausgaben

Sonderausgaben mindern regelmäßig das zu versteuernde Einkommen. Sie stehen nicht in Verbindung zur Ausübung des Berufs, belasten aber dennoch den einzelnen Arbeitnehmer und werden deshalb steuerlich begünstigt. Hierunter fallen beispielsweise Zahlungen an den dauernd getrennt lebenden Ehegatten, wenn dies mit Zustimmung des Unterhaltsempfängers beantragt wird. Die Zustimmung ist notwendig, weil die Zahlungen als Einkommen des Zahlungsempfängers bewertet und damit auch besteuert werden.

Von großer Bedeutung im Zusammenhang mit Sonderausgaben sind Ihre Beiträge zur gesetzlichen Sozialversicherung und für die private Vorsorge im Alter für Sie, für Ihren Ehegatten oder für Ihre Kinder (Vorsorgeaufwendungen), weil diese normalerweise sehr hohe Privatausgaben darstellen. Beachten Sie aber, dass Bausparbeiträge keine Sonderausgaben darstellen, obwohl sie meist als private Vorsorge für das Alter gedacht sind.

Arbeitnehmeranteil am Gesamtsozialversicherungsbeitrag

Dieser wird Ihnen auf der Rückseite der Lohnsteuerkarte vom Arbeitgeber bescheinigt und gibt an, wie viel Sie bereits während des Kalenderjahres an Sozialversicherungsbeiträgen bezahlt haben. Bei Zusammenveranlagung von Ehegatten sind diese Beiträge in der Steuererklärung getrennt anzugeben.

Pflegeversicherung

Bestand für Sie während des Veranlagungszeitraumes eine zusätzliche, freiwillige Pflegeversicherung, so können Sie die geleisteten Beiträge ebenfalls aufführen.

Freiwillige Höherversicherungen

Beiträge zu Kranken-, Krankentagegeld- und Krankenhaustagegeldversicherungen, zu privaten Unfallversicherungen, Lebensversicherungen und Haftpflichtversicherungen (z. B. Privathaftpflicht, KFZ-Haftpflicht) gehören im steuerlichen Sinn ebenfalls zu den Vorsorgeaufwendungen und können in der Einkommensteuererklärung geltend gemacht werden.

Darüber hinaus sind weitere Vorsorgeaufwendungen steuerlich begünstigt (Renten, die wegen besonderer Verpflichtungen bezahlt wurden; Spenden an kirchliche Organisationen; Aufwendungen für die eigene Berufsausbildung u. Ä.). Weil die Voraussetzungen für deren Anerkennung aber zu einem großen Teil von den persönlichen Verhältnissen des Antragstellers abhängen, soll hier nicht näher darauf eingegangen werden.

1.7.5 Gibt es eine „gerechte“ Entlohnung?

Ob man mit der Höhe seines Einkommens zufrieden sein kann, ist eine subjektive (persönliche) Ansicht. Ob das Einkommen des einzelnen Mitarbeiters objektiv (gerecht im Vergleich zu anderen Erwerbstätigen) ist, stellen in aller Regel die Unternehmensleitung oder auch Behörden fest.

Eingruppierung in eine Lohn- oder Gehaltsstufe

Die Unternehmensleitung stellt anhand von Stellen- und Arbeitsplatzbeschreibungen fest, in welche Einkommensgruppe der Mitarbeiter an diesem Arbeitsplatz eingestuft wird. Die Grundlage für das Einkommen bildet regelmäßig der **Tariflohn**, wobei normalerweise für besonders verantwortungsvolle Positionen ein übertarifliches oder frei vereinbartes Entgelt bezahlt wird.

Als gerecht empfinden Mitarbeiter ihren Verdienst dann, wenn sie glauben, gegenüber anderen Beschäftigten die gleiche Leistung an einem vergleichbaren Arbeitsplatz zu erbringen und dafür auch in gleicher Höhe entlohnt zu werden.

Im Akkord-Bereich steht dieser Ansicht aber die erbrachte Leistung gegenüber: „Ich fertige pro Stunde 10 Stück mehr als mein Kollege; deshalb muss ich mehr verdienen.“ Dass dieser Arbeitskollege 15 Jahre älter ist und wegen seines Alters nicht mehr die Stückzahl eines 35-Jährigen erbringen kann, interessiert den einzelnen Mitarbeiter nicht.

Im Bereich der Verwaltung gibt es Mitarbeiter, die sagen: „Auf meinem Schreibtisch türmen sich die Akten; trotzdem werde ich nur für 8 Stunden Arbeit am Tag bezahlt; warum sollte ich also mehr arbeiten?". Die Kollegin aber denkt daran, wegen des hohen Arbeitsaufkommens die Mittagspause ausfallen zu lassen oder eine unbezahlte Überstunde an ihre eigentliche Arbeitszeit anzuhängen, obwohl Ehemann und Kinder zu Hause auf sie warten.

Ein Beschäftigter, der durch einen Verbesserungsvorschlag seinem Unternehmen hilft, 50.000,00 EUR pro Jahr an Kosten zu sparen, aber genauso wie sein Nebenmann entlohnt wird, überlegt sich, ob dies gerecht ist.

Unternehmen können durch die Einstufung in unterschiedliche Lohngruppen, durch Zuschläge für mehr geleistete Arbeiten, durch Prämien (z. B. für betriebliche Verbesserungsvorschläge) die Motivation (Einstellung der Arbeitnehmer zu ihren Aufgaben) beeinflussen.

Wenn auch gleichgestellte Mitarbeiter nicht erkennen, dass ihr Kollege mehr für den Betrieb leistet als sie selbst, für das Unternehmen macht es dennoch einen großen Unterschied:

Wer besser qualifiziert ist (z. B. durch Vorbildung, Ausbildung), wer mehr leistet (z. B. höhere Stückzahl während der Arbeitszeit), wer sich für seinen eigenen Betrieb stärker einsetzt als andere (z. B. durch Überstunden, Verbesserungsvorschläge), soll auch besser bezahlt werden.

Steuer- und Abgabenbelastung durch den Staat

Durch Steuern und Abgaben soll die Belastung aber auch die Entlastung des Einzelnen aus seinem Einkommen auf die Gesamtheit (die Bevölkerung der Bundesrepublik Deutschland) übertragen werden. Wer viel verdient soll höhere Steuern oder Abgaben zahlen, wer allein lebt soll stärker besteuert werden als eine Familie mit vier Kindern.

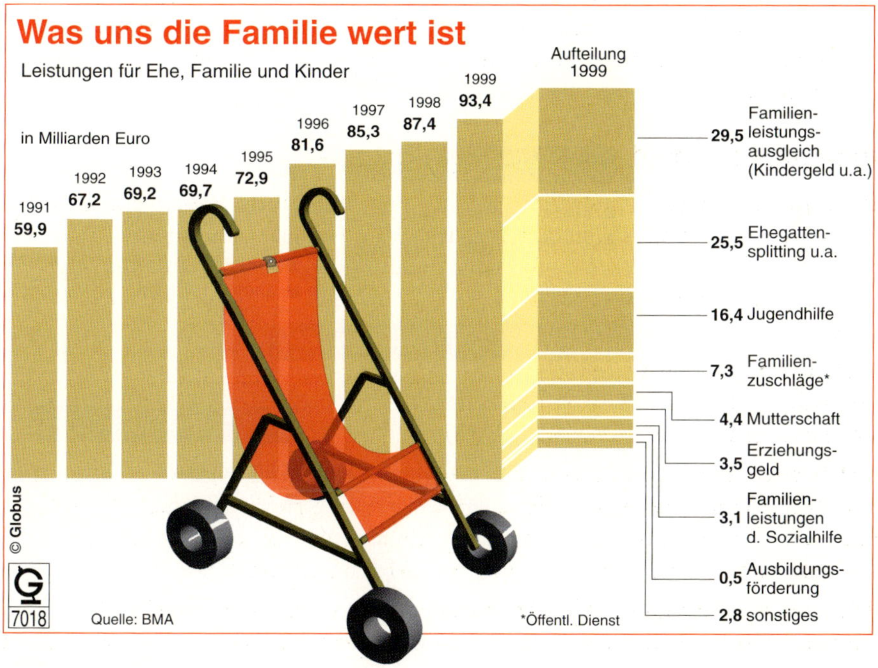

Durch das Grundgesetz ist nach Artikel 20, Abs. (1) vorgegeben: „Die Bundesrepublik Deutschland ist ein demokratischer und sozialer Bundesstaat."

Der Steuertarif berücksichtigt deswegen unterschiedliche Merkmale der Erwerbsperson: ledig oder verheiratet, ohne oder mit Kind(ern), mehrere Arbeitsverhältnisse oder auch Kurzarbeit und Arbeitslosigkeit. Für Ehepaare besteht der so genannte „Splitting-Tarif", der wegen des speziellen Schutzes der Ehe (Art. 6 Grundgesetz) eingeführt wurde.

Abgaben an den Staat lassen sich in der Regel nie vergleichen, weil die persönlichen Verhältnisse zu verschieden sind.

Insoweit kann der Begriff „Gerechte Entlohnung" gegenüber Mitarbeitern im eigenen Betrieb oder Beschäftigten in vergleichbaren Branchen eigentlich keine Auskunft darüber geben, ob durch die geleistete Arbeit auch die gleiche Steuerbelastung geschuldet wird, jeder Mitarbeiter also gleichmäßig zum Erhalt unseres Staates beiträgt.

Vielfältige Faktoren bilden die Grundlage der Berechnung des Einkommens, das zu versteuern ist. Der Staat versucht durch verschiedene Maßnahmen (z. B. Steuerfreibeträge, Steuerprogression) aber dennoch zu verhindern, dass diejenigen Arbeitnehmer, die zum **„Generationenvertrag"** ihren Beitrag leisten, stärker belastet werden als diejenigen, die sich nur um ihre eigene Person kümmern müssen.

TIPP **Zum Begriff „Generationenvertrag" erfahren Sie mehr, wenn Sie im Abschnitt „Rentenversicherung" nachlesen.**

KERNWISSEN

Lohnformen

Zeitlohn
- Lohn
- Gehalt

Leistungslohn
- Stückgeldakkord
- Stückzeitakkord

Prämienlohn
- Qualitätsprämien
- Ersparnisprämien
- Nutzungsprämien
- andere Prämien

Sozialleistungen der Unternehmen

Beispiele

gesetzlich/tariflich
- Beiträge zur Sozialversicherung des Arbeitnehmers
- Urlaubsgeld
- Beiträge zur Berufsgenossenschaft
- Ausgaben für den Gesundheitsschutz

freiwillig
- Erholungseinrichtungen
- Fahrtkostenzuschuss
- Kantinenessen verbilligt
- Firmenfahrzeug

Steuerliche Abzugsbeträge

Beispiele

Werbungskosten

- Fahrtkosten
- Aufwendungen für Arbeitsmittel
- Bewerbungskosten
- Andere Werbungskosten

Sonderausgaben

- Sozialversicherungsbeiträge
- Beiträge zur Pflegeversicherung
- Haftpflichtversicherungen
- Freiwillige Höherversicherung
- Außergewöhnliche Belastungen

Gerechte Entlohnung

Beispiele

durch das Unternehmen

- Beschreibung und Bewertung des Arbeitsplatzes
- Gerechte Vergütung der Arbeitsleistung
- Berücksichtigung sozialer Gesichtspunkte

durch den Staat

- Besteuerung des Einkommens an Hand der Lohnsteuerklassen
- Zuschüsse und Steuererleichterungen für Benachteiligte

ÜBUNGSAUFGABEN

1. Nehmen Sie zu folgender Aussage einer Büroangestellten Stellung: „Ich betrachte mein Gehalt als eine Vergütung für meine Leistung, es stellt also eine Art des Leistungslohnes dar.“

2. Wie sollte man einen Mitarbeiter eines Industriebetriebes, der in der Forschungs- und Entwicklungsabteilung eingesetzt ist, für seine Arbeitsleistung entlohnen? Begründen Sie Ihre Entscheidung.

3. Unterscheiden Sie die Begriffe „Akkordlohn“ und „Prämienlohn“.

4. „Akkord ist Mord!“. Nehmen Sie zu dieser Aussage Stellung und begründen Sie Ihre Meinung.

5. Welche Nachteile können sich aus der Vergütung der Arbeitsleistung nach Zeitlohn für den Arbeitgeber und den Arbeitnehmer ergeben?

6. Betrachten Sie das folgende Schaubild.

Ist es Ihrer Meinung nach gerecht, dass Selbstständigen ein wesentlich höheres Familieneinkommen zur Verfügung steht als Arbeitern oder Angestellten? Suchen Sie Gründe, die diese Tatsache rechtfertigen und solche, die dieser entgegenstehen.

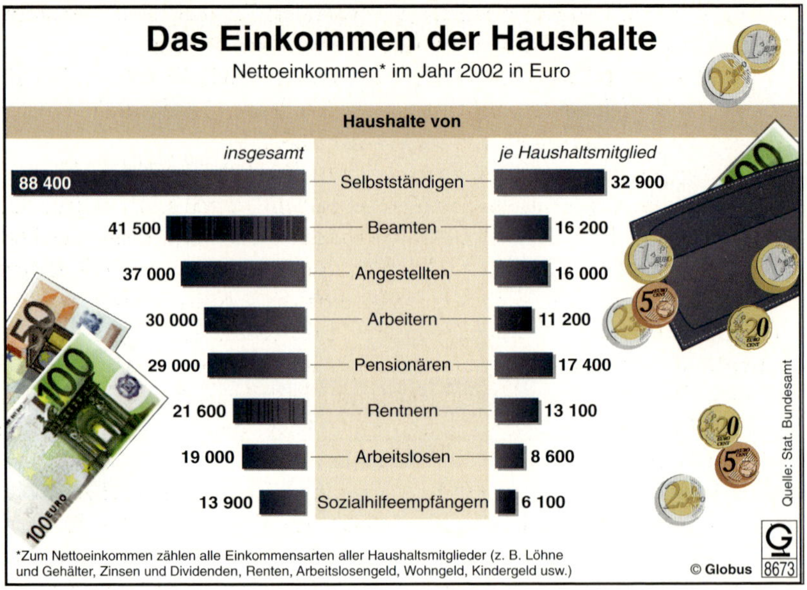

7. Lesen Sie den nachfolgenden Text.

„Einstieg in innovative Tarifpolitik“

Schott-Glaswerke schlossen Tarifvertrag mit Erfolgbonus ab

Das Stiftungsunternehmen Schott Glas mit 5 300 Mitarbeitern an den Standorten Mainz, Wiesbaden und Landshut und die Gewerkschaft IG BCE (Bergbau, Chemie, Energie) haben erstmals in der Deutschen Großindustrie einen Tarifvertrag mit einem Erfolgsbonus abgeschlossen, der sich am Ergebnis des abgelaufenen Geschäftsjahres orientiert und in die Tariftabelle für das Folgejahr eingearbeitet ist, teilt das Unternehmen mit.

Demnach werden die Löhne, Gehälter und Ausbildungsvergütungen seit 1. Oktober 1998 für ein Jahr linear um 2,5 Prozent erhöht. Nach dem Motto „erst verdienen, dann verteilen“ (Schott-Vorstandssprecher Helmut Fahlbusch) gebe es als Erfolgsbeteiligung für alle Mitarbeiter am erwirtschafteten guten Ergebnis des Geschäftsjahres 1997/98 (30. September) zusätzlich weitere 2,4 Prozent seit 1. Oktober, erklärt das Unternehmen.

Im Tarifvertrag mit einer Laufzeit vom 24 Monaten sei für das zweite Jahr eine lineare Erhöhung um 2,4 Prozent vereinbart worden sowie wiederum ein erfolgsabhängiger Bonus, der sich nach der Umsatzrendite richtet und Ende des laufenden Geschäftsjahres 1998/99 festgelegt werde, so das Unternehmen weiter. Gleichzeitig bilde Schott entsprechend diesem Tarifvertrag zehn Prozent über Bedarf aus und sichere die Übernahme aller Auszubildenden für mindestens zwölf Monate.

Quelle: Landshuter Zeitung vom 5. Oktober 1998, Seite 29

a) Welche Art der Entlohnung wird in diesem Unternehmen angewendet? Begründen Sie Ihre Ansicht.
b) Weshalb wurde bei Schott Glas diese Art der Vergütung gewählt?
c) Welche Vor- und Nachteile können sich für die Arbeitnehmer aus diesem Tarifvertrag ergeben?

8. Erstellen Sie für die Lageristin Andrea Müller, geboren am 21. Oktober 1986 in Landshut, aus den folgenden Angaben eine Einkommensteuererklärung mit Antrag auf Fest-

setzung der Arbeitnehmer-Sparzulage. Verwenden Sie dazu die notwendigen amtlichen Vordrucke, die Sie sich bei jedem Finanzamt besorgen können.
Andrea Müller ist ledig (ohne Kind) und wohnt in 84051 Essenbach, Buchfinkweg 12. Ihr zuständiges Finanzamt befindet sich in Landshut, ihre Steuernummer, die ihr aus dem letzten Jahr bekannt ist, lautet 132/410/02883.
Bankverbindung: Sparda-Bank Regensburg, BLZ 750 905 00, Konto-Nummer 123 456.
Ihre Einkünfte aus nichtselbstständiger Arbeit im letzten Kalenderjahr betrugen laut Lohnsteuerkarte 26.501,77 EUR. Davon wurden durch den Arbeitgeber 4.668,77 EUR an Lohnsteuer, 256,77 EUR an Solidaritätszuschlag und 373,48 EUR an Kirchensteuer (katholisch) einbehalten. Vom Arbeitgeber erhält sie vermögenswirksame Leistungen für einen Bausparvertrag, die Bestätigung der Bausparkasse hierüber legt sie ihrem Antrag bei.
An Sozialversicherungsbeiträgen hatte sie gemäß Lohnsteuerkarte während des Steuerjahres 3.309,74 EUR bezahlt. Für eine private Unfallversicherung gab sie 192,78 EUR, für eine Privathaftpflichtversicherung 86,41 EUR und für eine Lebensversicherung 613,55 EUR aus.
Um zu ihrem 48 km entfernten Arbeitsplatz in Landau zu gelangen, hatte sie sich ein kleines Auto gekauft (Kennzeichen LA-DR 999). Ihre Versicherungsgesellschaft berechnete für die gesetzliche Haftpflichtversicherung 632,47 EUR, für die Kaskoversicherung zusätzlich 391,37 EUR. Letztes Jahr fuhr Andrea Müller an 220 Tagen zur Arbeit.
An Gewerkschaftsbeiträgen bezahlte sie 265,02 EUR und Mitte Juni letzten Jahres bekam sie eine Rückzahlung in Höhe von 45,68 EUR von ihrem zuständigen Kirchsteueramt in Regensburg.

1.8 Gesetzliche Sozialversicherung

SITUATION

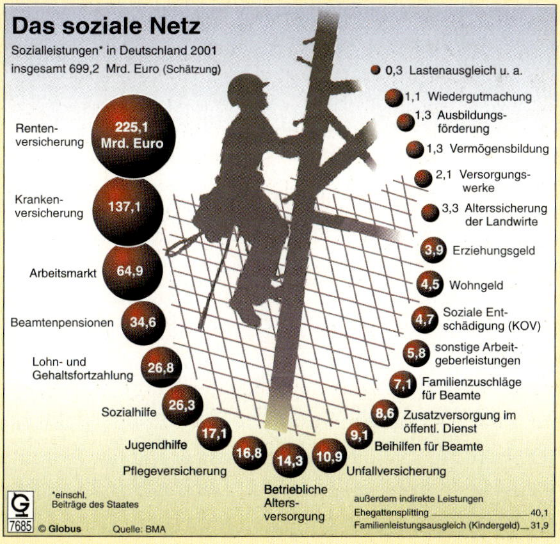

HANDLUNGSAUFTRÄGE

Erläutern Sie,

1. für welche sozialen Leistungen Sie Beiträge zahlen und
2. warum Sie diese Zahlungen leisten.

Wie Sie monatlich anhand Ihrer Lohnabrechnung feststellen können, werden von Ihrem Verdienst auch Beiträge zur **Sozialversicherung** einbehalten. Diese monatlichen Abzüge vom Einkommen, die Sie im ersten Augenblick ärgern, helfen Ihnen – im Krankheitsfall oder auch im Alter – zumindest teilweise Ihren Lebensstandard zu erhalten. Auch deswegen sollten Sie sich einmal Gedanken zur „Gesetzlichen Sozialversicherung" machen.

1.8.1 Sozialversicherungen

Jeder Mensch kann einmal krank werden, kann ohne eigenes Verschulden aus seinem Arbeitsverhältnis entlassen werden, kann einen schweren Arbeitsunfall erleiden und dadurch sogar zum Pflegefall werden. Wer dennoch den vielen Hürden des ganzen Lebens erfolgreich Widerstand geleistet hat, möchte seinen Lebensabend in Ruhe und ohne große finanzielle Sorgen verbringen.

Um die möglichen Folgen dieser Risiken abzumildern bzw. aufzufangen wurden bereits vor über 100 Jahren Sozialgesetze zugunsten der Arbeitnehmer geschaffen und bis heute weiter ausgedehnt.

Entstehung

Die Industrialisierung, ausgehend von England, breitete sich ab der zweiten Hälfte des 19. Jahrhunderts zunehmend über den europäischen Kontinent aus. Damit war verbunden, dass sehr viele Menschen in Fabriken eine Beschäftigung fanden, die besser entlohnt wurde als ihre eigentlich erlernte Arbeit als Landwirt oder Handwerker.

Um den Wohlstand der Familie aufrecht erhalten zu können und möglicherweise zu verbessern, nahmen auch viele Ehefrauen und die Kinder eine Arbeit in Industriebetrieben an. Obwohl die Bezahlung, die es vorher eigentlich nicht gegeben hatte, wesentlich besser war, verschlechterte sich insgesamt das Wohlbefinden der Bevölkerung:

Erwachsene waren teilweise bis zu 16 Stunden am Tag an ihrer Arbeitsstelle beschäftigt, Kinder begannen ihre Arbeit bereits um 04:00 Uhr morgens, die älteren Familienmitglieder mussten sich um den Haushalt und die Erziehung der Jüngsten kümmern. Das bis jetzt geltende Familienleben war vollends aus den Fugen geraten, weil die „Jungen" die Arbeit zu Hause den „Alten" überließen und selbst einer anderen Beschäftigung nachgingen.

Um die Existenz der zahlreichen Arbeiterfamilien zu sichern, begann der Staat gegen Ende des 19. Jahrhunderts damit, ein breit gefächertes Netz der sozialen Sicherung aufzubauen.

1883 wurde das Gesetz betreffend die Krankenversicherung der Arbeiter als Vorgänger unserer heutigen Krankenversicherung erlassen. Als zweites Sozialversicherungsgesetz wurde im Juli 1884 das Unfallversicherungsgesetz verkündet, dem Mitte 1889 das Gesetz betreffend Invaliditäts- und Altersversorgung folgte. 1927 schließlich entstand aus dem Gesetz über die Arbeitsvermittlung und Arbeitslosenversicherung eine erste Versicherung für Fälle der Arbeitslosigkeit. Weil heute nicht mehr die Absicherung der Arbeitslosigkeit im Vordergrund steht, spricht man jetzt vom Sozialversicherungszweig der Arbeitsförderung. Veränderte Gesellschaftsstrukturen führten 1995 mit dem Pflegeversicherungsgesetz zur Einführung des fünften Sozialversicherungszweigs.

Notwendigkeit

Arbeitslosenzahlen von über vier Millionen, die zunehmende Zahl von Rentnern und Pensionären, aber auch das steigende Alter der Menschen durch die verbesserte Krankenversorgung begründen, dass der Staat eine Unterstützung für diejenigen Personen leisten sollte, die unverschuldet in eine Notlage geraten sind.

Die vermehrte Technisierung und Automatisierung von Arbeitsvorgängen führt dazu, dass nicht nur verschiedene Inhalte eines Berufs sondern auch ganze Berufsbilder verschwinden. Mitarbeiter, die aus diesen Gründen entlassen werden, finden nur schwer wieder einen anderen Arbeitsplatz in ihrem erlernten Beruf. Eine neue Ausbildung zu beginnen ist zeitaufwändig und kostet meist sehr viel Geld. Ohne staatliche finanzielle Unterstützung wäre eine Umschulung für ein Familienmitglied meist nicht zu verwirklichen.

Früher war es üblich, Familienmitgieder in den eigenen Haushalt aufzunehmen, wenn diese nicht mehr für ihr eigenes Fortkommen sorgen konnten, sei es wegen Krankheit oder fortgeschrittenen Alters. Die Pflege schwer kranker Angehöriger war selbstverständlich.

Heute ermöglichen Kranken-, Renten- und auch Pflegeversicherung den Betroffenen ein Leben ohne große finanzielle Sorgen, selbst wenn sich ihre Kinder – die sie während ihrer Ausbildung unterstützt haben – nicht mehr um sie kümmern. Vielfach ist dies heute den „Jungen" sogar unmöglich, weil aus Gründen der Mobilität der Arbeitsplatz weit vom Elternhaus entfernt liegt.

Grenzen

Die Versorgung alter, pflegebedürftiger, kranker oder arbeitsloser Mitbürger durch den Staat findet immer dann ihre Grenzen, wenn die Geldmittel für deren Versorgung nicht ausreichen. Obwohl jeder Arbeitnehmer und Arbeitgeber seinen persönlichen Beitrag zur Sicherung des sozialen Netzes zu leisten hat, scheint die soziale Sicherung in Deutschland in Gefahr.

Begründet ist dies u. a. darin, dass

- die Bevölkerungszahl sinkt,
- die Zahl der älteren, kranken oder pflegebedürftigen Mitbürger steigt,
- die Zahl der Arbeitslosen hoch ist,
- die Beiträge zu den Sozialversicherungszweigen ungewiss sind,
- die Lebenserwartung steigt und
- die Kosten für Sozialleistungen sich weiter erhöhen.

Um der Gefährdung der sozialen Sicherung entgegen zu wirken, wurden verschiedene Versuche unternommen: Diskussionen zur Anhebung des Rentenalters, Regelungen der Frührente, Eigenbeteiligung bei Krankenhausaufenthalten und Medikamenten, Zuzahlungen bei Kuren, die Beschränkung von ärztlich verordneten Verschreibungen, die Einführung der privaten Zusatzrente, die Zuzahlung beim Arztbesuch.

All dies sind Maßnahmen, von denen niemand weiß, ob sie – wenn sie eingeführt sind bzw. Bestand haben sollten – die gewünschte Wirkung erzielen. Die Einflüsse durch nicht vorhersehbare Faktoren sind zu groß um jemals sagen zu können: „Wir in Deutschland haben ein System der Sozialversicherung entwickelt, das über weitere 100 Jahre allen Anforderungen der Gesellschaft gerecht wird."

Die derzeitigen Diskussionen über die Reform der einzelnen Zweige der Sozialversicherung werden weiterhin geführt werden.

Dabei sind aber die unterschiedlichen Strukturen in der Gesellschaft der Bundesrepublik und auch die unterschiedlichen Haltungen der Parteien zu berücksichtigen. Niemand ist in der Lage, es allen anderen recht zu machen.

Das Prinzip der Sozialversicherung

Der Staat regelt durch Gesetze und andere Vorschriften die Grundlagen für die soziale Absicherung der Bürger. Im Sozialgesetzbuch werden u. a. Mitgliedschaft, Beitrag und Leistung der einzelnen Versicherungszweige erläutert.

Drei Grundsätze sind dabei von besonderer Bedeutung:

- **Solidaritätsprinzip:** Die Beiträge werden durch alle Versicherten erbracht und an die bedürftigen Mitglieder verteilt („Einer für alle, alle für einen").
- **Versicherungspflicht:** Grundsätzlich sind alle Bürger verpflichtet, sich an den Kosten der Sozialversicherungen zu beteiligen, wobei für bestimmte Gruppen von Bürgern Ausnahmen oder Erleichterungen gelten (Subsidarität).
- **Eigenverantwortung:** Jeder Versicherte wird in zunehmendem Maße für die Eigenvorsorge selbst verantwortlich gemacht (z. B. Vorsorgeuntersuchung).

Leistungen aus den Sozialversicherungen und durch Staatszuschüsse werden dabei nur an die Personen gewährt, die als Mitglieder der Sozialversicherung Versicherungsbeiträge bezahlt haben. Weil aber nicht jeder Bürger in der Lage ist Beiträge zu leisten (z. B. durch Behinderung, lang andauernde Arbeitslosigkeit) sind im Sozialrecht weitere Leistungen geschaffen worden, die den Staat zu Versorgungs- oder Fürsorgeaufgaben verpflichten.

1.8.2 Zweige der Sozialversicherung

Das System der Sozialversicherung in Deutschland setzt sich aus fünf Zweigen zusammen, deren Träger alle **Körperschaften** oder **Anstalten des öffentlichen Rechts** sind, die ihre Gelder selbst verwalten dürfen und auch müssen.

Alle Zweige mit Ausnahme der Unfallversicherung erheben von den Beschäftigten Beiträge vom Bruttolohn. Übersteigt der Bruttolohn eine bestimmte Höhe, die sog. Beitragsbemessungsgrenze, so werden Beiträge allerdings nur bis zu dieser Grenze erhoben. Die Beitragsbemessungsgrenzen für die Versicherungszweige ändern sich jedes Jahr wegen der steigenden Einkommen und sind in den alten und neuen Bundesländern wegen der unterschiedlichen Lohnhöhen teilweise nicht gleich. Dieser Zusammenhang verdeutlicht, dass die Einnahmen der Sozialversicherungen stark von der wirtschaftlichen Leistung unseres Landes abhängen.

Beitragsbemessungsgrenzen 2004 (in Euro)		
	West (Monatseinkommen)	Ost (Monatseinkommen)
Rentenversicherung	5150,00	4350,00
Arbeitsförderung	5150,00	4350,00
Krankenversicherung	3487,50	3487,50
Pflegeversicherung	3487,50	3487,50

Der Arbeitgeber ist verpflichtet, alle Beiträge zu den einzelnen Zweigen zu berechnen, vom Lohn einzubehalten und an die für den Arbeitnehmer zuständige Krankenkasse abzuführen. Diese wiederum verteilt die Zahlungen an die Träger der anderen Versicherungszweige.

Gesetzliche Krankenversicherung

Ihre Aufgabe ist es, die Gesundheit der Beschäftigten zu erhalten bzw. nach Erkrankungen wieder herzustellen. Grundsätzlich steht dabei der Erhalt der Gesundheit im Vordergrund.

Leistungen erhalten die Versicherten und auch ihre Familienangehörigen, sofern bestimmte Voraussetzungen erfüllt sind, für folgende Versicherungsfälle:

- Krankheit
- Schwangerschaft

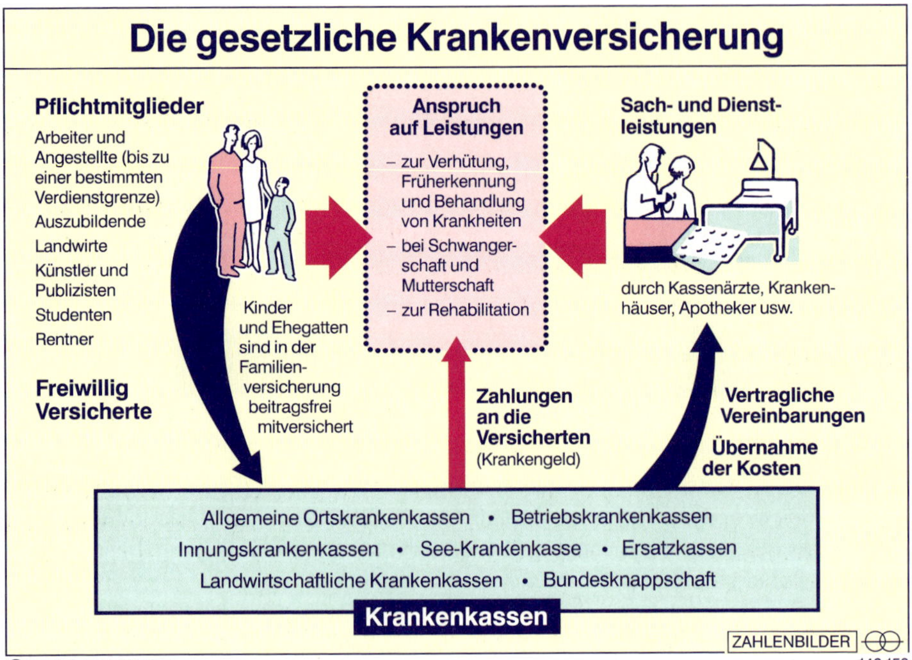

© Erich Schmidt Verlag 146 150

Pflichtversichert, d. h. ohne Möglichkeit zur Kündigung, sind im Wesentlichen Arbeiter, Angestellte und auch Auszubildende, deren Jahresarbeitsentgelt 75 % der Beitragsbemessungsgrenze zur gesetzlichen Rentenversicherung nicht übersteigt. Beitragsfrei versichert werden können der anspruchsberechtigte Ehegatte und die Kinder des Mitglieds im Rahmen einer sog. Familienversicherung.

Darüber hinaus kann man unter bestimmten Umständen auch die freiwillige Mitgliedschaft bei einer gesetzlichen Krankenversicherung beantragen.

TIPP **Erkundigen Sie sich bei Ihrer Krankenversicherung und anderen, wenn Sie die Grenzen zur Pflichtversicherung überschreiten sollten. Lassen Sie aber auch nicht Angebote privater Versicherungsunternehmen außer Acht.**

Träger

Folgende Einrichtungen sind gesetzlich zugelassen, Versicherungsbeiträge zu erheben:

- Allgemeine Ortskrankenkassen (AOK)
- Ersatzkassen (z. B. KKH, Barmer, DAK, usw.)
- Betriebskrankenkassen (BKK)
- Innungskrankenkassen (IKK)
- See-Krankenkasse
- Landwirtschaftliche Krankenkassen
- Bundesknappschaft

Mit einem dieser Träger hat jeder Beschäftigte einen Vertrag über die Krankenversicherung abzuschließen. Danach ist der Versicherungspflichtige wenigstens 18 Monate an seine Wahl der Krankenkasse gebunden.

Eine Kündigung des Vertrags, um z. B. die Krankenkasse zu wechseln, ist erst mit einer Frist von drei Monaten zum Ende eines jeden Kalenderjahres möglich. Steigt der Beitragssatz Ihrer Krankenkasse, über den sie im gesetzlichen Rahmen frei entscheiden kann, ist die Kündigung Ihrer Mitgliedschaft zum übernächsten Monatsende möglich.

Finanzierung

Die Krankenkassen und damit ihre Ausgaben werden vorwiegend durch die Beiträge der Versicherten finanziert.

Für die Pflichtversicherten gilt dabei der Grundsatz, dass Arbeitnehmer und Arbeitgeber den Beitrag jeweils zur Hälfte bis höchstens zur Beitragsbemessungsgrenze zu entrichten haben. Bei gerinfügigen Arbeitsverhältnissen (400-Euro-Tätigkeiten) trägt der Arbeitgeber die Beiträge meist alleine.

Berechnet wird der Beitrag durch Prozentsätze, die sich auf den maßgeblichen Bruttoverdienst beziehen. Weil jede Krankenkasse diese Beitragssätze in ihrer Satzung selbst festlegt, schwanken diese derzeit etwa zwischen 13 % und 15 %.

Beiträge der Rentner und Zuschüsse der Rentenversicherung an die Krankenkassen, Beiträge der Bundesagentur für Arbeit und Leistungen der Träger für Rehabilitation ergänzen die durch Arbeitnehmer und Arbeitgeber an die Krankenkassen geleisteten Zahlungen.

TIPP **Vergleichen Sie bei der Wahl der Krankenkasse nicht nur den Beitragssatz, sondern auch die über das gesetzliche Maß hinaus angebotenen Leistungen. Das können Sie über das Internet machen: Fast jede Krankenkasse verfügt über eine eigene Homepage, in der diese Leistungen und andere wichtige Informationen dargestellt sind.**

Leistungen

Grundsätzlich gestattet die Krankenversicherung die freie Wahl aller zugelassenen Ärzte und Zahnärzte sowie anderer Vertragspartner (z. B. Heilpraktiker, Physiotherapeuten usw.), wobei folgende Leistungen gewährt werden:

Leistungen zur Verhütung und Früherkennung von Erkrankungen	Hierzu zählen beispielsweise die Früherkennungsuntersuchungen von Kindern, Untersuchungen zur Erkennung von Krebserkrankungen von Frauen (ab dem 20. Lebensjahr) und Männern (ab dem 45. Lebensjahr) sowie Untersuchungen zur Erkennung von Herz-, Kreislauf- und Nierenerkrankungen und der Zuckerkrankheit (jedes 2. Jahr ab dem 35. Lebensjahr).
Leistungen bei Krankheit	Gewährt werden neben ambulanten Leistungen (z. B. Zahnarztbesuch) auch stätionäre (Krankenhaus). Für Arznei-, Verband-, Heil- und Hilfsmittel, den Praxisbesuch selbst sowie stationäre Behandlungen ist eine Eigenbeteiligung des Patienten vorgesehen. Unter bestimmten Voraussetzungen übernimmt die Krankenversicherung die Kosten für häusliche Krankenpflege oder eine Haushaltshilfe. Maßnahmen der Rehabilitation (Wiederherstellung der Gesundheit), Arbeitstherapie und auch Müttergenesungskuren ergänzen die Leistungen in diesem Bereich.
Krankengeld	Es wird gezahlt, wenn der Versicherte durch eine Krankheit arbeitsunfähig wird und die gesetzliche Pflicht des Arbeitgebers zur Lohnfortzahlung nicht weiter besteht. Ein Anspruch darauf besteht auch dann, wenn ein erkranktes – noch nicht zwölf Jahre altes Kind gepflegt wird. Für beide Fälle aber bestehen Höchstgrenzen in Bezug auf Dauer und Höhe der Zahlungen.
Mutterschaftshilfe	Die Krankenkassen übernehmen die Kosten für ärztliche Hilfe und Hebammenbetreuung, Entbindung, Haushaltshilfe und das Mutterschaftsgeld der Arbeitnehmerinnen. Darüber hinaus werden Hilfen in Fragen der Empfängnisregelung und Leistungen bei legalem Schwangerschaftsabbruch gewährt.

Gesetzliche Rentenversicherung

Hauptaufgabe der Rentenversicherung ist es, durch Gewährung von Leistungen für Rehabilitation die Erwerbsfähigkeit der Versicherten so lange als möglich zu erhalten und damit eine vorzeitige Rentenzahlung zu vermeiden oder zu verzögern.

Unterstützung erhalten die Versicherten und unter bestimmten Voraussetzungen deren Familienangehörige in folgenden Fällen:

- Berufsunfähigkeit für vor dem 2. Januar 1961 Geborene
- Erwerbsunfähigkeit
- Rehabilitation
- Alter
- Tod

Pflichtversichert sind Arbeiter, Angestellte und auch alle Auszubildenden, wenn sie gegen Bezahlung beschäftigt sind.

Darüber hinaus gehören zu diesem Kreis u. a. Wehrpflichtige, Zivildienstleistende, Kindererziehende und einige Selbstständige.

Außerdem können selbstständig Erwerbstätige in die Pflichtversicherung eintreten und nicht Versicherungspflichtige die freiwillige Mitgliedschaft in der gesetzlichen Rentenversicherung nach den gesetzlichen Bestimmungen beantragen.

Träger

Getragen wird die Rentenversicherung von folgenden Einrichtungen:

- Landesversicherungsanstalten für Arbeiter (bei überwiegend körperlicher Arbeit)
- Bundesversicherungsanstalt für Angestellte (bei überwiegend geistiger Arbeit)
- Bahnversicherungsanstalt (für Mitarbeiter der Deutschen Bahn AG)
- Bundesknappschaft (für Bergleute)
- Seekasse (für Seeleute)
- Landwirtschaftliche Alterskassen (für Landwirte)

Finanzierung

Beiträge der Arbeitnehmer und Arbeitgeber zur Rentenversicherung stellen den Hauptanteil der Finanzierung dar. Der Beitragssatz beträgt zur Zeit 19,5 % des Bruttoarbeitsentgelts bis zur gültigen Beitragsbemessungsgrenze, wobei beide Teile – Arbeitnehmer und Arbeitgeber – jeweils die Hälfte zu entrichten haben. Hier gilt der Grundsatz: „Die Jungen zahlen für die Alten, die Kinder für ihre Eltern." Diese haben während ihres Lebens sehr viel zu Erziehung und Ausbildung der Kinder beigetragen („Generationenvertrag").

Freiwillig Versicherte zahlen ihren Beitrag allerdings in voller Höhe selbst.

Zusätzlich verzeichnet die Rentenversicherung Einnahmen durch Zuschüsse des Bundes und über den Finanzausgleich.

Leistungen

Aufgrund gesetzlicher Bestimmungen hat die Rentenversicherung vielfältige Leistungen zu erbringen.

Leistungen zur Rehabilitation	a) **medizinischer Art:** Hierunter fallen beispielsweise ärztliche Behandlung, Versorgung mit Arznei-, Verband- und Heilmitteln, Ausstattung mit Prothesen, Betreuung in Kur- und Spezialeinrichtungen mit Unterkunft und Verpflegung. b) **beruflicher Art:** Um den Erhalt oder die Erlangung eines Arbeitsplatzes zu fördern, werden berufliche Fortbildungs- oder Umschulungsmaßnahmen (auch mit Unterkunft und Verpflegung) gewährt. c) **ergänzender Art:** Übergangsgeld als Lohnersatz, Kostenerstattung für Lern- und Arbeitsmittel, Übernahme von Prüfungsgebühren und auch Reisekosten unterstützen die Anspruchsberechtigten.
Renten	a) **an Versicherte:** Sie werden wegen Berufsunfähigkeit, Erwerbsunfähigkeit oder wegen des Erreichens bestimmter Altersgrenzen gewährt. Ist ein Arbeitnehmer nicht mehr in der Lage, seinen erlernten Beruf auszuüben oder nicht mehr fähig, überhaupt einer Erwerbstätigkeit nachzugehen, kann die Rentenversicherung nach Prüfung der Voraussetzungen Rentenzahlungen festsetzen. Altersrenten sollen in Zukunft grundsätzlich erst ab dem 65. Lebensjahr ausbezahlt werden, wobei aber zahlreiche unterschiedliche Bestimmungen und Ausnahmen gelten. b) **an Hinterbliebene:** Witwen-/ Witwerrente erhält der Hinterbliebene nach dem Tod des Ehegatten; Waisenrente können die Kinder nach dem Tod des Versicherten erhalten, wenn bestimmte Altersgrenzen nicht überschritten werden. Darüber hinaus wird auch Erziehungsrente bezahlt, wenn ein geschiedener Ehegatte nach dem Tod seines ehemaligen Ehegatten immer noch mindestens ein Kind erzieht und weitere Kriterien erfüllt sind.
Beitragserstattungen, Zuschüsse an die Krankenversicherung der Rentner	In gesetzlich genau bestimmten Fällen ist es möglich, verschiedene Beiträge durch die Rentenversicherung erstattet zu bekommen. Nachdem jeder Rentner nach wie vor in der Krankenversicherung Pflichtmitglied ist, viele jedoch trotz jahrelanger Beitragszahlungen kaum von den Rentenzahlungen leben können, gewährt die gesetzliche Rentenversicherung unter bestimmten Voraussetzungen finanzielle Zuschüsse zur Krankenversicherung.

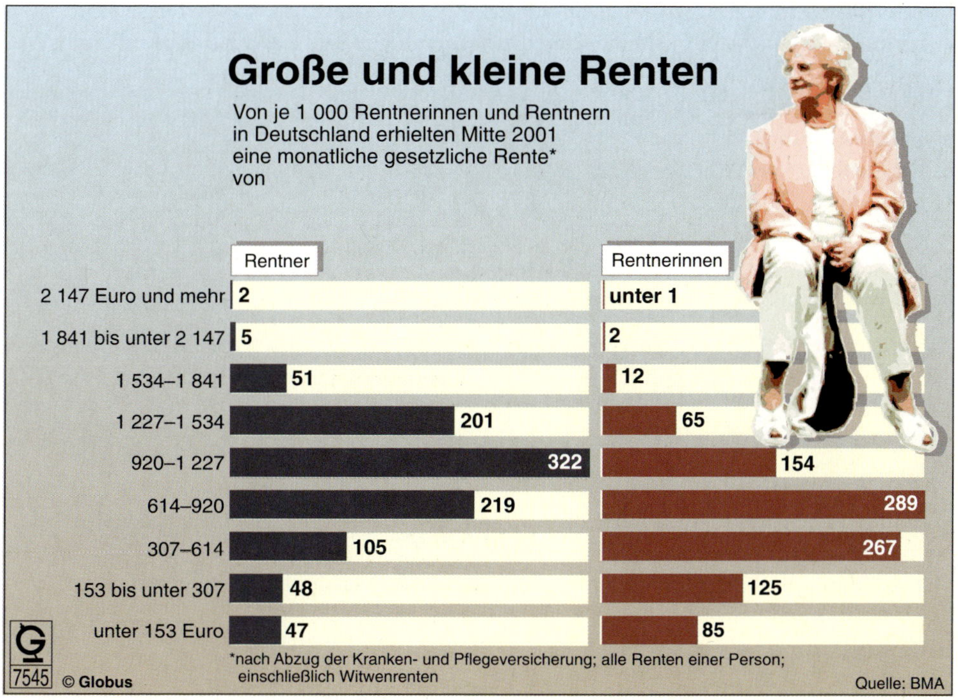

TIPP **Das Recht der Rentenversicherung ist schwierig zu verstehen und wird auch unterschiedlich erklärt oder ausgelegt. Bei jedem Versicherungsträger gibt es einen so genannten „Rentenberater", der Ihre Fragen beantworten kann und die genauen Voraussetzungen für die Gewährung von Leistungen kennt. Fragen kostet nichts!**

Arbeitsförderung

Dieser Teilbereich der Sozialversicherung versucht, das Angebot von und die Nachfrage nach Arbeitskräften in Deutschland zu regeln, Arbeitssuchenden (sowohl Arbeitnehmern als auch Arbeitgebern) also die Möglichkeit zu geben, die geeignete Person zur Besetzung einer freien Arbeitsstelle zu finden oder sich selbst anzubieten.

TIPP **Im Abschnitt 2.5.1 lesen Sie mehr zu Angebot und Nachfrage.**

Hauptaufgaben (nach § 1 Sozialgesetzbuch III) dabei sind

- den Arbeitsmarkt im Allgemeinen und die einzelnen Berufe zu erforschen,
- geeignete Arbeitsstellen zu vermitteln und über Berufe zu informieren,
- die Weiterbildung im erlernten Beruf zu fördern,

- arbeitslosen Beschäftigten bei der Wiederaufnahme ihres Berufs zu helfen und
- berufliche Rehabilitationsmaßnahmen zu genehmigen und durchzuführen.

Förderungswürdig sind insbesondere die folgenden Leistungen dieses Versicherungszweigs:

- Berufsberatung,
- Vermittlung von Arbeitsstellen,
- Fortbildung im Beruf,
- Rehabilitationsmaßnahmen,
- Erhalt und Schaffung von Arbeitsplätzen,
- Unterstützung von Arbeitslosen.

Im Bereich der Arbeitsförderung gibt es nur eine Pflichtmitgliedschaft, ein freiwilliger Beitritt ist nicht möglich. Davon erfasst sind insbesondere Angestellte, Arbeiter und die Auszubildenden.

Träger

Die Bundesagentur für Arbeit in Nürnberg, die jedes Monat die neuesten Arbeitslosenzahlen veröffentlicht, ist zusammen mit elf regionalen Landesagenturen und 184 örtlichen Arbeitsagenturen dazu verpflichtet, diese Leistungen zur Verfügung zu stellen.

Finanzierung

Die Beiträge zur Arbeitsförderung werden vorwiegend jeweils zur Hälfte vom Arbeitnehmer und Arbeitgeber getragen, wobei derzeit insgesamt 6,5 % des Bruttoverdienstes (bis zur Beitragsbemessungsgrenze) zu bezahlen sind.

Bei anderen Arbeitnehmern, z. B. geringfügig Beschäftigten, gelten andere Regelungen.

Leistungen

Leistungen durch die Arbeitsförderung werden nach dem SGB III unter anderem gewährt als (Stand 01.01.2004):

Arbeitslosengeld	Arbeitslose erhalten bis zum 65. Lebensjahr Arbeitslosengeld, wenn sie ■ der Arbeitsvermittlung zur Verfügung stehen, ■ gewisse Anwartschaftszeiten erfüllt haben, ■ sich persönlich arbeitslos gemeldet und ■ Arbeitslosengeld beantragt haben. Es berechnet sich nach dem letzten monatlichen Nettobezug vor der Arbeitslosigkeit und den familiären Verhältnissen (Kinder). Grundsätzlich wird Arbeitslosengeld für mindestens 180, höchstens aber 360 Tage gewährt. Für ältere Arbeitslose kann der Anspruch bis zu 960 Tage betragen.

Arbeitslosenhilfe (bis Ende Dezember 2004; danach Arbeitslosengeld II)	Arbeitslose, die ■ keinen Anspruch auf Arbeitslosengeld haben, ■ bedürftig sind und ■ im Jahr vor der Antragstellung Arbeitslosengeld bezogen haben, erhalten bis zum 65. Lebensjahr die Arbeitslosenhilfe, die aus Steuermitteln finanziert wird. Ihre Leistungen liegen niedriger als das Arbeitslosengeld, ihr Bezug aber ist zeitlich unbegrenzt, weil die Gewährung nach erneuter Prüfung der Voraussetzungen weiter möglich ist.
Kurzarbeitergeld	Es wird dann bezahlt, wenn das eigene Entgelt durch betriebsbedingten Arbeitsausfall nicht in normaler Höhe bezahlt werden kann. Es ist als teilweiser Lohnersatz gedacht und soll den Arbeitnehmern ihren Arbeitsplatz und den Arbeitgebern ihre eingearbeiteten Arbeitnehmer erhalten.
Insolvenzgeld	Arbeitnehmer haben z. B. bei Konkurs („Pleite“) des Arbeitgebers Anspruch auf Ausgleich des noch nicht bezahlten Arbeitsentgelts.
Unterhaltsgeld	Für die Teilnahme an Weiterbildungslehrgängen kann es als Lohnersatz gewährt werden. Voraussetzungen sind, dass ■ die Weiterbildung nötig ist, ■ die Vorbeschäftigungszeiten und damit Beitragszahlungen erfüllt sind, ■ das Arbeitsamt den Teilnehmer beraten und der Maßnahme zugestimmt hat und ■ die Maßnahme durch das Arbeitsamt als förderungswürdig anerkannt ist. In seiner Höhe entspricht das Unterhaltsgeld dem Arbeitslosengeld, kann aber unter bestimmten Voraussetzungen auch der Arbeitslosenhilfe angepasst sein.

TIPP **Die Arbeitsagenturen gewähren vielfältige Leistungen sowohl an Arbeitslose, von Arbeitslosigkeit bedrohte Mitarbeiter als auch Berufstätige, die vielleicht aus gesundheitlichen Gründen ihre erlernte Arbeit nicht mehr ausführen können. Besorgen Sie sich doch einmal die Broschüre „was? wie viel? wer?“, die Sie bei jeder Arbeitsagentur kostenlos erhalten und informieren Sie sich über die Vielzahl der angebotenen Leistungen.**

Soziale Pflegeversicherung

Aufgabe der Pflegeversicherung ist es, Geld- und Sachleistungen an Pflegebedürftige zu erbringen.

Wer als pflegebedürftig gilt, ist im Pflegeversicherungsgesetz genau definiert, nämlich solche Personen, die

- wegen geistiger, körperlicher oder seelischer Erkrankung
- für die im Alltag gewöhnlichen und regelmäßig wiederkehrenden Tätigkeiten
- auf Dauer, mindestens aber für sechs Monate
- in erheblichem oder höherem Umfang auf Hilfe angewiesen sind.

Treffen all diese Voraussetzungen zu und wurde durch den Medizinischen Dienst der Pflegekassen die Pflegebedürftigkeit festgestellt, wird der Betroffene einer von drei Pflegestufen zugeordnet:

	Pflegestufe I	**Pflegestufe II**	**Pflegestufe III**
Wer?	erheblich Pflegebedürftige	Schwerpflegebedürftige	Schwerstpflegebedürftige
Wofür?	Hilfebedarf bei Körperpflege, Ernährung oder Mobilität		
Wie oft?	mindestens einmal täglich	mindestens dreimal täglich zu verschiedenen Zeiten	täglich rund um die Uhr, auch nachts
Wie lange im Durchschnitt?	mindestens 90 Minuten pro Tag	mindestens drei Stunden pro Tag	mindestens fünf Stunden pro Tag
Zusätzlich?	mehrfacher Hilfebedarf in der hauswirtschaftlichen Versorgung pro Woche		

Die Pflegeversicherung ist eine Pflichtversicherung für die Bürger der Bundesrepublik Deutschland: Jeder, vom Kleinkind bis zum Rentner, ist in der Pflegeversicherung erfasst.

Dabei ist zwischen Pflichtmitgliedern in der sozialen Pflegeversicherung (z. B. Arbeiter, Angestellte) und freiwilligen Mitgliedern in der privaten Pflegeversicherung (z. B. Beamte) zu unterscheiden. Viele Personen sind beitragsfrei mitversichert, z. B. Kinder bis zum 18. Lebensjahr (unter bestimmten Voraussetzungen auch länger), Ehegatten im Rahmen der Familienversicherung, Empfänger von Arbeitslosengeld oder -hilfe (hier trägt die Bundesagentur für Arbeit die Beiträge).

TIPP **Die Wahlmöglichkeiten soziale/private Pflegeversicherung sind sehr vielfältig. Erkundigen Sie sich bei Ihrer Krankenkasse und auch privaten Versicherungsträgern, wenn Sie glauben, dass ein Wechsel für Sie infrage käme.**

Träger

Obwohl die soziale Pflegeversicherung einen eigenständigen Zweig unseres Sozialversicherungssystems darstellt, wurden die Pflegekassen bei den gesetzlichen Krankenkassen errichtet, weil eine Trennung zwischen Krankheits- und Pflegefall oftmals nur schwer möglich ist. Dennoch sind die Pflegekassen rechtlich selbstständige Körperschaften des öffentlichen Rechts.

Finanzierung

Die Beiträge werden jeweils zur Hälfte vom Arbeitnehmer und Arbeitgeber aufgebracht. Vom Lohn, dem Gehalt aber auch der Rente werden insgesamt 1,7 % bis zur Beitragsbemessungsgrenze an die Krankenkasse abgeführt und von dort an die Pflegekasse weitergeleitet.

Um den Arbeitgeberanteil auszugleichen, wurde in den meisten Bundesländern ein gesetzlicher Feiertag gestrichen, der stets auf einen Wochentag und damit Arbeitstag fällt (Buß- und Bettag). Eine Ausnahme hierbei bildet der Freistaat Sachsen, der den Feiertag beibehielt, in dem die Arbeitnehmer dabei aber die höhere Last von 1,35 % zu tragen haben.

Leistungen

Aufgrund von Sozialgesetzbuch XI sind den Pflegebedürftigen gesetzlich zugesicherte Leistungen zu gewähren, die finanzieller oder sachlicher Art sein können. Auch Kombinationen sind möglich. Maßgeblich für die Bestimmung des Wertes ist grundsätzlich die Zuordnung einer Pflegestufe zum Bedürftigen.

	Pflegesachleistungen monatlich in EUR	**Pflegegeld monatlich in EUR**
Pflegestufe I	384	205
Pflegestufe II	921	410
Pflegestufe III	1432 in Härtefällen bis 1918	665

Durch die Leistungen der Pflegeversicherung soll keine Vollversorgung des Pflegebedürftigen erreicht werden, vielmehr sollen Sach- oder Finanzleistungen die häusliche Pflege durch Verwandte, Nachbarn oder auch ehrenamtlich Tätige ergänzen (Grundsatz: „Häusliche vor ambulanter Pflege, ambulante vor stationärer Pflege"). Die Leistungen der Pflegeversicherung stellen insoweit eine Grundversorgung dar, die zusätzlich eigene Leistungen des Versicherten erfordern.

Leistungen der Pflegeversicherung	
Häusliche Pflege	Es werden Sachleistungen (die Versorgung durch ambulante Pflegedienste) oder Pflegegeld bezahlt. Die Gewährung von Pflegegeld setzt voraus, dass der Pflegebedürftige seine eigene Grundpflege und hauswirtschaftliche Versorgung selbst sicherstellt (z. B. durch Verwandte). Eine Kombinationsleistung ist möglich, wenn die Sachleistung nicht in voller Höhe in Anspruch genommen wird.
Tages- oder Nachtpflege	Ist es nicht möglich, die häusliche Pflege ausreichend sicherzustellen (z. B. durch wechselnde Schichten) und wird der Pflegebedürftige in teilstationären Einrichtungen betreut, werden Kosten von 384 EUR, 921 EUR oder 1432 EUR monatlich übernommen.

Leistungen der Pflegeversicherung	
Kurzzeitpflege/Pflegevertretung	Befindet sich die Pflegeperson in Urlaub oder ist in anderer Weise verhindert, ist weder eine häusliche noch teilstationäre Pflege möglich, so werden die Kosten für Kurzzeitpflege oder eine Pflegevertretung bis zu vier Wochen pro Jahr im Wert von höchstens 1432 EUR übernommen.
Sonstige Leistungen	Pflegehilfsmittel, die eine selbstständige Lebensführung ermöglichen (Rollstuhl, Pflegebett, Hebegerät usw.), Umbaumaßnahmen in der Wohnung, die die Pflege des Bedürftigen erleichtern, die Übernahme von Kosten für Ausbildungskurse von Pflegepersonen usw. werden in einem bestimmten Rahmen durch die Pflegekassen getragen.
Stationäre Pflege	Ist häusliche oder teilstationäre Pflege nicht mehr möglich, dann übernimmt die Pflegekasse des Versicherten die Kosten für die Pflege (z. B. in Pflegeheimen) in Höhe von maximal 1432 EUR monatlich. Die Kosten für Unterkunft und Verpflegung hat der Pflegebedürftige selbst zu tragen, sie wären auch in seiner Wohnung angefallen.

Gesetzliche Unfallversicherung

Leistungen werden ausschließlich wegen eines Arbeitsunfalles gewährt, der aber verschiedene Formen aufweisen kann:

- Arbeitsunfall im engeren Sinn, z. B. während der Arbeit, in der Schule, im Kindergarten;
- Arbeitsunfall im weiteren Sinn, z. B. als Wegeunfall (auf dem direkten Weg zur Arbeitsstelle oder nach Hause) oder als anerkannte Berufskrankheit.

Voraussetzung für die Anerkennung eines Versicherungsfalls ist, dass einer Person während einer versicherten Tätigkeit durch einen Arbeitsunfall ein körperlicher Schaden zugefügt wurde. Mit den Leistungen der Unfallversicherung sollen die finanziellen Folgen für den Versicherten, bei Todesfällen auch für die Angehörigen, gemildert bzw. entstehende Aufwendungen ersetzt werden.

Als weitere Hauptaufgabe ist die Verhütung von Arbeitsunfällen, Berufskrankheiten und von tätigkeitsbedingten Unfallgefahren zu sehen, den Eintritt eines Versicherungsfalles also möglichst weitgehend auszuschließen (z. B. durch den Erlass von Unfallverhütungsvorschriften).

Pflichtversichert sind z. B.

- alle Arbeitnehmer mit Ausbildungs- oder Beschäftigungsverhältnis,
- Heimarbeiter,
- Landwirte,
- alle mitarbeitenden Familienmitglieder im eigenen Betrieb,
- Kindergartenkinder, Schüler, Studenten,
- Arbeitslose und Empfänger von Sozialhilfe,
- Personen, die nach der sozialen Pflegeversicherung Bedürftige betreuen,
- andere Personengruppen (Blutspender, ehrenamtlich Tätige, usw.).

Dabei ist es unerheblich, ob für die Ausübung der Tätigkeit ein Entgelt bezahlt wird oder nicht.

Darüber hinaus ist es möglich, freiwillig der Unfallversicherung beizutreten. Sehr viele Unternehmer, die nicht pflichtversichert sind, nehmen diese Gelegenheit auch für ihre mitarbeitenden Ehegatten wahr, um sich gegen Gefahren am oder bei Fahrten zum/ vom Arbeitsplatz abzusichern.

TIPP **Sollten Sie sich mit dem Gedanken tragen, als selbstständiger Unternehmer zu arbeiten, erkundigen Sie sich doch beim zuständigen Träger der Unfallversicherung. Beispielsweise ist es möglich, für die Zeit eines privaten Hausbaus der Bauberufsgenossenschaft beizutreten, um die Risiken aus den dabei entstehenden Gefahren zu versichern.**

Träger

Zur Erhebung des Beitrags berechtigt und zur Erbringung der zustehenden Leistungen verpflichtet sind in erster Linie die Berufsgenossenschaften für die einzelnen Gewerbebereiche und der öffentlichen Verwaltung. Außerdem können beispielsweise zuständig sein:

- landwirtschaftliche Berufsgenossenschaften,
- die See-Berufsgenossenschaft,
- Feuerwehr-Unfallkassen,
- die Bundesanstalt für Arbeit (für eigene Beschäftigte und für Arbeitslose),
- Gemeindeunfallversicherungsverbände (u. a. für Schüler).

Finanzierung

Zur Unfallversicherung braucht der Arbeitnehmer keine Beiträge zu leisten, der Arbeitgeber hat sie alleine aufzubringen.

Die Beitragshöhe richtet sich dabei hauptsächlich nach dem Entgelt der Versicherten und dem Grad der Unfallgefahr am Arbeitsplatz, den der Versicherungsträger festlegt.

Bei Unternehmen mit einer geringen Zahl von Arbeitsunfällen in der Vergangenheit können Beitragsnachlässe gewährt werden; ebenso ist es möglich, wegen zahlreicher Arbeitsunfälle einen höheren Beitrag leisten zu müssen.

Leistungen

Die Unfallversicherungsträger leisten auf zwei Hauptgebieten, der Unfallverhütung (Prävention) und der Sorge nach Arbeitsunfällen.

Oberstes Ziel ist die Vermeidung von Arbeitsunfällen. Hierzu werden Unfallverhütungsvorschriften für jeden möglichen Bereich der Arbeitsleistung erlassen und deren Einhaltung durch technische Aufsichtsbeamte auch überwacht. Sie kontrollieren nicht nur und geben Anordnungen zur Beseitigung von möglichen Gefahrenquellen, vielmehr werden die Mitglieder der Unfallversicherung (die Arbeitgeber) ausführlich beraten, welche Gefahren für den Mitarbeiter vom eigenen Betrieb ausgehen und wie man sie vermeiden kann.

Sollte der Versicherungsfall dennoch einmal eingetreten sein, dann erbringen die Träger der Unfallversicherung z. B. folgende Leistungen:

Heilbehandlungen und Rehabilitationen	Dazu gehören ärztliche und zahnärztliche Behandlungen, die Versorgung mit Arznei-, Verband-, Hilfs- und Heilmitteln, häusliche und auch stationäre Behandlung und Krankenpflege, um die Erwerbsfähigkeit des Verletzten wieder herzustellen.
Verletztengeld/Übergangsgeld	Es ist als Lohnersatz für den Verletzten gedacht und wird gezahlt, solange der Betroffene arbeitsunfähig ist und kein Einkommen mehr erhält. Das Übergangsgeld wird nur neben berufsfördernden Maßnahmen zur Rehabilitation bezahlt.
Berufshilfe (berufsfördernde Rehabilitationsleistungen)	Ziel ist es, den Mitarbeiter wieder voll in seine bisherige Arbeit einzugliedern. Ist dieser aber aufgrund seiner Verletzungen nicht mehr imstande, die bisher ausgeübte Tätigkeit wieder aufzunehmen, dann soll eine Umschulung in einen gleichwertigen Beruf erfolgen.
Verletztenrente	Erleidet der Versicherte durch einen Arbeitsunfall eine dauerhafte Einschränkung seiner Erwerbsfähigkeit, wird ihm unter bestimmten Voraussetzungen eine Rente gewährt, die sich nach dem Grad der Erwerbsunfähigkeit und dem letzten Jahresarbeitsverdienst richtet.
Leistungen an Hinterbliebene	Im Falle des Todes wegen eines Arbeitsunfalls werden Sterbegeld, die Übernahme der Kosten einer Überführung und Hinterbliebenenrenten (sowohl für den Ehegatten als auch für Kinder) gewährt.

TIPP **Treffen Kriterien auf Sie zu, dann erkundigen Sie sich bei der für Sie zuständigen Berufsgenossenschaft oder den anderen Unfallversicherungsträgern.**

KERNWISSEN

Zweige der Sozialversicherung					
	Krankenversicherung	Rentenversicherung	Arbeitsförderung	Pflegeversicherung	Unfallversicherung
Träger	Beispiele: ■ AOK ■ Ersatzkassen ■ BKK ■ IKK ■ See-KK ■ landwirtsch. KK ■ Bundesknappschaft	Beispiele: ■ LVA ■ BfA ■ Bahnversicherungsanstalt ■ Seekasse ■ Bundesknappschaft	Bundesagentur für Arbeit mit: ■ Regionaldirektionen ■ Agenturen für Arbeit	■ Pflegekassen bei den Krankenkassen ■ private Versicherung	Beispiele: ■ Berufsgenossenschaften ■ BfA ■ Versicherungsverbände der Gemeinden
Finanzierung	■ Beiträge der Versicherten ■ Beiträge des Arbeitgebers	■ Beiträge der Versicherten ■ Beiträge des Arbeitgebers	■ Beiträge der Versicherten ■ Beiträge des Arbeitgebers	■ Beiträge der Versicherten ■ Beiträge des Arbeitgebers	■ Beiträge des Arbeitgebers
	Arbeitnehmer und Arbeitgeber je zur Hälfte				Arbeitgeber voll
Leistungen	Beispiele: ■ bei Schwangerschaft ■ bei Krankheit ■ Krankengeld ■ Mutterschaftshilfe	Beispiele: ■ zur Rehabilitation ■ Renten ■ Zuschüsse	Beispiele: ■ Arbeitslosengeld ■ Arbeitslosenhilfe ■ Insolvenzgeld ■ Unterhaltsgeld	Beispiele: ■ häusliche Pflege ■ Tages-/Nachtpflege ■ Kurzzeitpflege ■ stationäre Pflege ■ andere Leistungen	Beispiele: ■ Unfallverhütung ■ Heilbehandlung ■ Verletztengeld ■ Berufshilfe ■ Verletztenrente ■ Hinterbliebenenrente

ÜBUNGSAUFGABEN

1. Betrachten Sie das Schaubild „Ein Leben lang“ und bearbeiten Sie die folgenden Aufgaben.
   a) Fassen Sie die Aussage der Grafik in einem Satz zusammen.
   b) Suchen Sie Ursachen für die wesentlich niedrigere Lebenserwartung des Zeitraums 1901/10 gegenüber heute.
   c) Welche Folgen können sich aus der gestiegenen Lebenserwartung für die soziale Sicherung ergeben?
   d) Erstellen Sie einen möglichen Hefteintrag, der das durchschnittlich höhere Lebensalter der Bevölkerung als zentrales Thema behandelt.

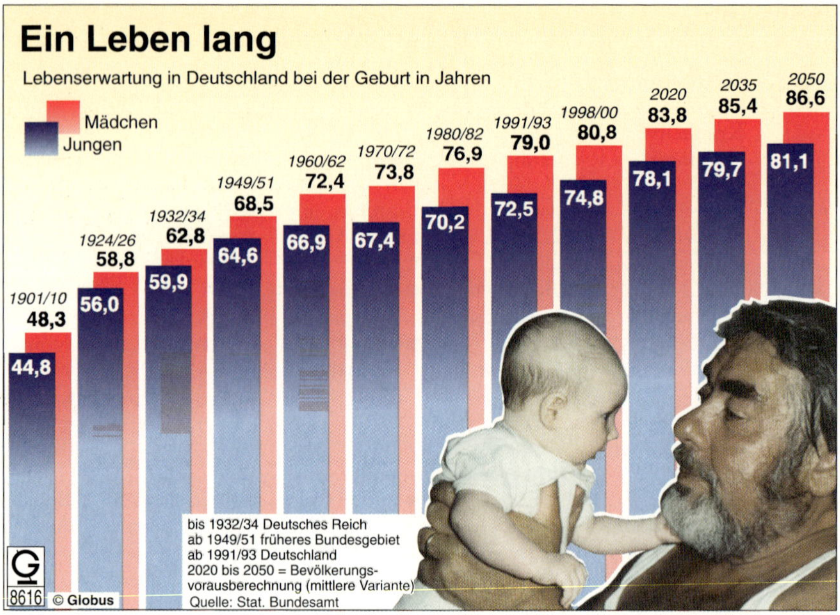

2. Erläutern Sie in wenigen Sätzen das folgende Schaubild. Finden Sie Gründe für das Ansteigen der Krankheitskosten.

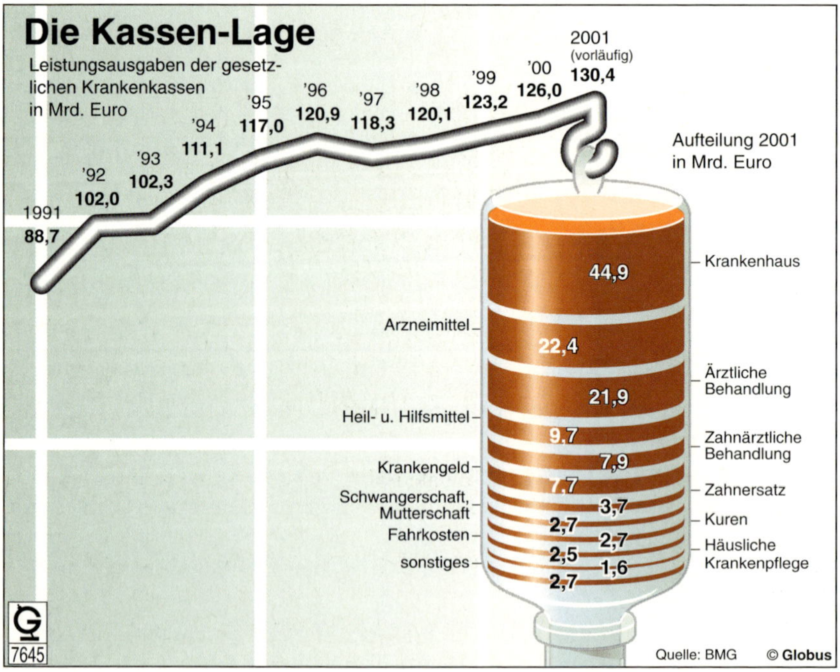

3. Welche Kosten entstehen der sozialen Sicherung durch Arbeitslosigkeit?

4. Vergleichen Sie einen Lagermitarbeiter und einen angestellten Profi-Sportler (z. B. Fußballer) in Bezug auf die Zugehörigkeit zu den einzelnen Zweigen der Sozialversicherung.

5. Berechnen Sie die Beiträge zu den Zweigen der Sozialversicherung für die Lagerarbeiterin Monika Müller mit einem monatlichen Bruttoentgelt von 1.994 EUR und für den leitenden Angestellten Lorenz Bauer, der monatlich 3.710 EUR brutto erhält. Beide arbeiten in München. Bei ihrer Betriebskrankenkasse wird ein Beitragssatz von 13,7 % erhoben.

6. Weshalb werden in den östlichen und westlichen Bundesländern teilweise unterschiedliche Beitragsbemessungsgrenzen für die Berechnung der Beiträge zu den Sozialversicherungen angewendet?

7. Betrachten Sie die Grafik „Die Pflegezukunft".

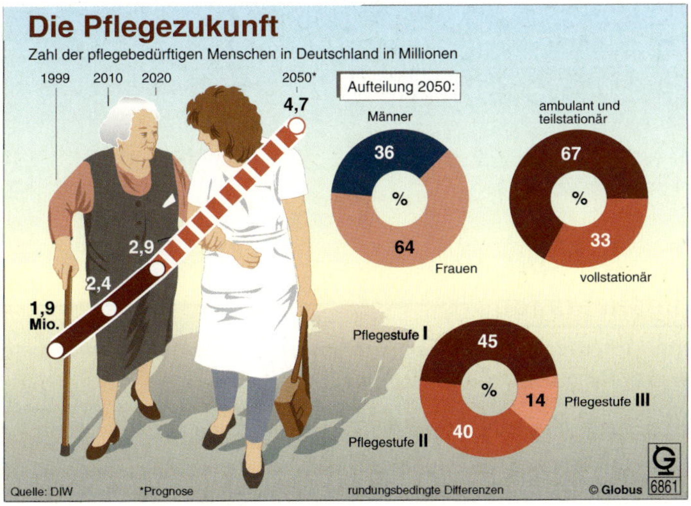

a) Erläutern Sie die Aussagen des Schaubildes.
b) Berechnen Sie die prozentualen Anteile der häuslich Gepflegten und der stationär Pflegebedürftigen an der Gesamtzahl der Pflegefälle der einzelnen Jahre.
c) Vergleichen Sie die Ergebnisse der einzelnen Jahre und suchen Sie Gründe für eine derartige Entwicklung.

8. Erstellen Sie zu jedem Zweig der sozialen Sicherung eine programmierte Aufgabe für die Abschlussprüfung.

Zusammen mit einer Fragestellung sollen dabei eine richtige und vier falsche Lösungen angeboten werden.

1.9 Datenschutz im Betrieb

SITUATION

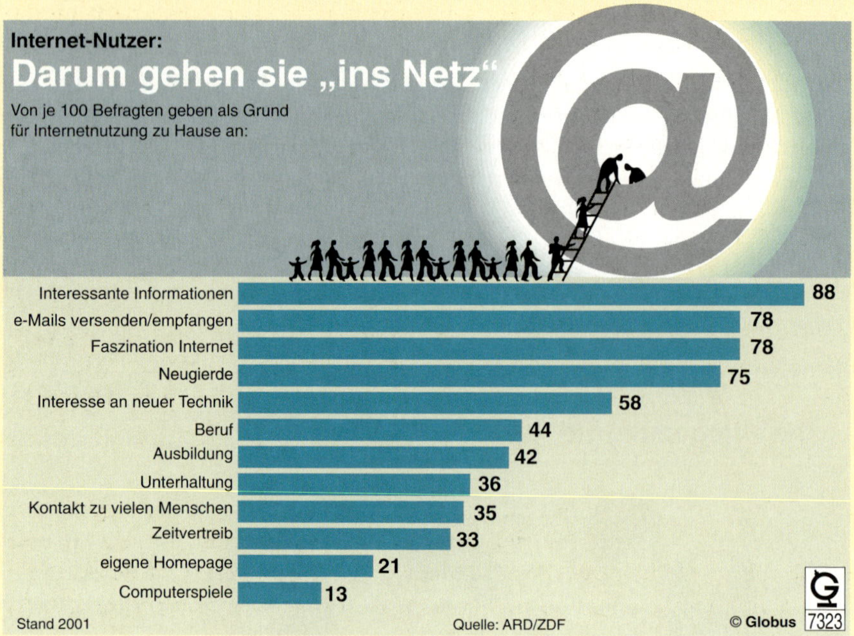

HANDLUNGSAUFTRÄGE

Die Nutzung der betriebsinternen EDV-Anlage für Auskünfte über das Internet bietet vielfältige Möglichkeiten. Wofür nutzen Sie das Internet betriebsintern?

Welche Gefahren bestehen durch die Nutzung des Internets möglicherweise für das Unternehmen?

1.9.1 Notwendigkeit des Datenschutzes

Die weite Verbreitung der elektronischen Datenverarbeitung in Behörden und Privatwirtschaft sowie die Möglichkeit zur weltweiten Vernetzung **(Internet)** gestatten es, verschiedene Informationen zu einer Person zu sammeln und daraus ein komplettes Persönlichkeitsbild zu erstellen, das dann die Grundlage für ganz gezielte Aktionen oder Aktivitäten von Unternehmen darstellen kann:

Beispiel

- Die Krankenkasse kennt die Häufigkeit Ihrer Arztbesuche und die Namen der aufgesuchten Ärzte. Aus deren Spezialisierungsrichtungen lassen sich Rückschlüsse auf mögliche Erkrankungen ziehen. Kurkliniken und Sanatorien könnten Ihnen ein spezielles Angebot zur Linderung bzw. Heilung der Krankheit unterbreiten und das, ohne dass Sie selbst tätig wurden.
- Sie planen, ein eigenes Haus zu bauen. Dafür ist die Genehmigung eines Bauantrags durch die Gemeinde oder des zuständigen Landratsamts nötig. Darüber hinaus kennt Ihre Hausbank den Kontostand und mögliche weitere Guthaben. Daraus lassen sich Informationen über die geplante Bauweise und Ihre finanziellen Verhältnisse ableiten.
  In Ihrem Briefkasten könnten Sie bald Angebote von Bauunternehmen und Kreditinstituten finden, die Ihnen nur zu gerne bei der Durchführung des Vorhabens helfen wollen.
- Ihr Vorhaben aus dem 2. Beispiel ist gelungen und Sie kaufen sich einen Wachhund, um das Haus zu schützen. Sicherlich benötigen Sie eine Erstausstattung für das neue Haustier, Besuche beim Tierarzt sind in der ersten Zeit selbstverständlich. Um sich vor Regressforderungen (Rückzahlungen) zu schützen, schließen Sie eine Tierhalter-Haftpflichtversicherung ab. Vielleicht finden Sie bereits einige Tage später Futterproben verschiedener Unternehmen in Ihrem Briefkasten.

Mögliches Ergebnis: Sie sind jemand, der trotz einer Erkrankung ein Haus gebaut hat, dem vielleicht einmal die Schulden über den Kopf wachsen und der außerdem ein Hundefreund ist. Aus diesen drei Beispielen wissen allein mindestens sechs verschiedene Unternehmen/Behörden wenigstens einigermaßen über Ihr Leben Bescheid und überlegen, in welcher Form und mit welchen Inhalten Sie angesprochen werden können.

Die heutige Computertechnologie ermöglicht es,

- große Datenmengen zu verwalten,
- die Daten gezielt zu verteilen,
- Daten gezielt miteinander zu verbinden,
- über große Entfernungen (weltweit) zu übertragen und
- zeitlich unbegrenzt zu speichern.

Um den einzelnen Bürger vor einer missbräuchlichen Verwendung seiner persönlichen Daten bei ihrer Speicherung, Übermittlung, Veränderung oder Löschung zu schützen, schuf man das Bundesdatenschutzgesetz. Es wird ergänzt durch Landesdatenschutzgesetze, die die einzelnen Bundesländer erlassen haben.

Damit die Einhaltung der Gesetze überwacht werden kann, entstanden Kontrollstellen, die Beauftragten für den Bundes- und den Landesdatenschutz. In jedem Unternehmen ist darüber hinaus ein Datenschutzbeauftragter zu bestellen, wenn mindestens fünf Mitarbeiter mit der Verarbeitung von personenbezogenen Daten beauftragt sind.

1.9.2 Gesetzliche Vorschriften

Zweck des Datenschutzes ist es, **personenbezogene Daten** vor missbräuchlicher Verwendung zu schützen.

Angaben zu natürlichen Personen wie z. B. Geburtsdatum, Anschrift, Beruf, Gesundheit, Religionszugehörigkeit, Kreditwürdigkeit oder Schulnoten unterliegen nach den Datenschutzgesetzen einer besonderen Pflicht zur Behandlung.

TIPP **Zum Thema „natürliche Personen" lesen Sie mehr im Abschnitt 3.2.1**

Unternehmen und Behörden unterliegen folgenden Pflichten:

Benachrichtigungspflicht

Werden Ihre personenbezogenen Daten erstmals gespeichert, so sind Sie darüber zu informieren.

Eine solche Erklärung finden Sie meist im „Kleingedruckten" am Ende eines Vertrags, wie z. B. „Ich bin damit einverstanden, dass meine personenbezogenen Daten in erforderlichem Umfang für Zwecke der Vertragsdurchführung gespeichert und an andere berechtigte Stellen weitergegeben werden."

Auskunftspflicht

Auf Ihr Verlangen hin sind die Behörden/Unternehmen verpflichtet, Auskunft darüber zu geben, welche Daten über Ihre Person gespeichert sind. Dafür kann allerdings eine Gebühr erhoben werden.

Berichtigungspflicht

Stellen Sie fest, dass über Ihre Person offensichtlich unrichtige Daten gespeichert wurden, sind Behörden/Unternehmen verpflichtet, die unzutreffenden Daten zu berichtigen.

Sperrpflicht

Personenbezogene Daten dürfen nicht mehr verwendet werden, wenn Sie als Betroffener die Richtigkeit der Daten bestreiten und sich weder Richtigkeit noch Unrichtigkeit feststellen lassen. Außerdem sind persönliche Daten zu sperren, wenn sie für die weitere Be- oder Verarbeitung nicht mehr notwendig sind.

Löschungspflicht

Daten, deren Speicherung nicht mehr notwendig ist oder deren Speicherung unzulässig war, sind endgültig zu löschen. Informationen über Gesundheit, strafbare Handlungen, religiöse oder politische Ansichten u. a. sind zu löschen, wenn die Richtigkeit durch die zuständigen Stellen nicht bewiesen werden kann.

Geheimhaltungspflicht

Alle Mitarbeiter der Behörden oder Unternehmen, die mit der Be- oder Verarbeitung personenbezogener Daten betraut sind, sind grundsätzlich dazu verpflichtet, darüber Stillschweigen zu bewahren. Das gilt auch für den außerbetrieblichen Bereich (z. B. in der Freizeit).

Organisatorische und technische Maßnahmen in den Behörden und Unternehmen sind Voraussetzungen dafür, den geforderten Schutz der Personendaten einhalten zu können. Die Sicherung dieser Informationen (z. B. vor unerlaubtem Zugriff) stellt eine weitere Aufgabe der Behörden und Unternehmen im Rahmen des Datenschutzes dar.

Maßnahmen der Datensicherung		
Anforderung	**Auswirkung**	**Maßnahmen**
Zugangskontrolle	Nur Berechtigte haben Zutritt	Sicherheitsbereiche, Pförtner, Sicherungen gegen Einbruch, Ausweise
Speicherkontrolle	Unbefugte Eingabe ist nicht möglich	Passwörter, Zugriffsrechte, Protokolle
Benutzerkontrolle	Unbefugte Eingabe ist nicht möglich	Identifikation durch persönliche Merkmale
Zugriffskontrolle	Nur bestimmte Dateien können aufgerufen werden	Datei-Passwörter, Sicherheitscodes, Protokolle
Eingabekontrolle	Eingaben können überprüft und nachvollzogen werden	Bearbeitungsvorschriften, Protokolle, Auftragszettel, Plausibilitätsprüfung
Transportkontrolle	Bei der Übertragung können die Daten nicht unbefugt geändert oder gelöscht werden	Verschlüsselung der Daten, Prüfung der Empfangsberechtigung
Abgangskontrolle	Unbefugte Entfernung von Daten wird verhindert	Stichproben, Entnahmescheine
Organisationskontrolle	Trennung der betrieblichen Bereiche	Zugangsberechtigung, Überwachung

Die weltweite Verfügbarkeit von Daten, der jederzeitige Zugriff auf Informationen, die tausende von Kilometern entfernt erhoben wurden, und der Austausch beliebiger persönlicher Daten stellen heute die großen Gefahren für den Datenschutz dar.

Nahezu jedes Unternehmen und fast jede Behörde ist mit einer eigenen „Homepage" im Internet vertreten und damit jederzeit in Gefahr, durch andere Internet-Benutzer ausspioniert zu werden, wenn nicht geeignete Schutzmaßnahmen getroffen werden.

Nicht nur über Konkurrenzunternehmen sollte man sich Gedanken machen; viele Privatpersonen verfügen heute über einen Anschluss ans Internet und wollen einfach nur „surfen".

Dass dabei unter Umständen auch Adressen mit nicht ausreichendem Schutz oder ausreichender Sicherung angewählt werden können, wird den meisten Behörden oder Unternehmen erst klar, wenn persönliche oder sicherheitsrelevante Daten an die Öffentlichkeit gelangen.

Insofern gewinnt der Bereich der Datensicherung (im eigenen Unternehmen oder der eigenen Behörde) gegenüber dem eigentlichen Schutz der personenbezogenen Daten immer mehr an Bedeutung.

TIPP **Im Bereich EDV erfahren Sie mehr über die Möglichkeiten des Datenschutzes und der Datensicherung.**

Eine ständige Gefahr für den Datenbestand eines Unternehmens oder einer Behörde, aber auch einer Privatperson, stellen die Computerviren dar, die nicht nur den Startvorgang eines Computers verhindern, sondern auch ganze Dateien und Datenbanken zerstören können. Auch Blockaden innerhalb des Internets fanden bereits statt.

Monat für Monat erscheinen allein etwa 250 neue Virentypen und versuchen auf ungeschützte Rechner und damit auf vielleicht ungeschützte Personendaten zuzugreifen.

Die vorrangige Aufgabe im Bereich des Datenschutzes und der Datensicherung muss es deshalb sein, die eigenen Daten vor fremdem Zugriff zu schützen.

Kernwissen

Datenschutz im weiteren Sinne

Datenschutz im engeren Sinne		Datensicherung
Schutz personenbezogener Daten	**Warum?**	Schutz aller Daten eines Betriebs
Missbrauch, Löschung, Änderung	**Wogegen?**	Verlust, Zerstörung, Kriminalität
Rechte des Einzelnen, z. B. ■ Benachrichtigung ■ Auskunft ■ Berichtigung ■ Löschung	**Wie?**	Maßnahmen des Betriebs, z. B. ■ technische Sicherung ■ organisatorische Sicherung ■ Software-Sicherung
Datenschutzbeauftragte	**Kontrolle?**	Sicherheitsbeauftragte

Übungsaufgaben

1. Suchen Sie im Internet das Bundesdatenschutzgesetz und fassen Sie die Aufgaben, die Verantwortlichkeit und die Unterstellung des Bundesbeauftragten für den Datenschutz zusammen.

2. Lesen Sie den nachfolgenden Artikel.

Streit um Datenschutz

Ottawa. (dpa) Die USA lehnen europäische Vorstellungen zur gesetzlichen Regelung des Schutzes persönlicher Daten ab. Sie ziehen nach Worten des Präsidentenberaters Ira Magaziner eine unternehmensbezogene Regelung im privaten Sektor vor. Nach Abschluss einer OECD-Konferenz zum elektronischen Handel sagte Magaziner am Freitag der dpa in Ottawa, die USA würden sich nicht dem Druck der EU beugen, die ein Verbot der Weitergabe persönlicher Daten in solche Länder erwäge, die keinen vergleichbaren Datenschutz bieten, wie er in den EU-Ländern üblich sei.

Washington schlage vielmehr freiwillige Vereinbarungen ohne den Zwang zu nationaler Gesetzgebung vor.

(Quelle: Landshuter Zeitung vom 12. Oktober 1998, Seite 8)

a) Fassen Sie die Aussage dieser Pressemitteilung in einem Satz zusammen.
b) Suchen Sie Gründe dafür, dass die USA einen anderen Weg gehen wollen.
c) Welche gesetzlichen Vorschriften stehen in Deutschland dem geplanten Vorgehen der USA entgegen?

3. Sie nehmen an einem Preisausschreiben teil, schicken Ihre richtige Lösung an den Zeitschriftenverlag und gewinnen einen Kleinwagen.

Erstellen Sie zu diesem Sachverhalt unter Berücksichtigung des Datenschutzes eine Mind-Map, die in der Grundstruktur so aussehen könnte.

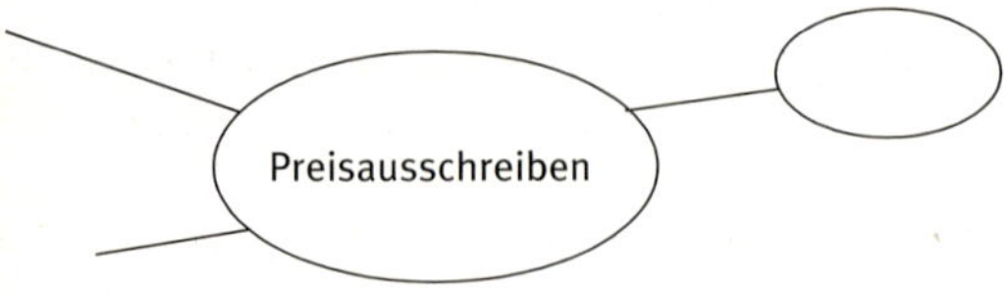

4. Die Verschlüsselung von Daten stellt einen wichtigen Teilbereich des Datenschutzes dar. Versuchen Sie herauszufinden (auch mithilfe des Internets), wie sich ein neu gegründetes Unternehmen gegen Gefahren, die sich aus der Verwendung von EDV-Anlagen ergeben, schützen könnte.

5. Betrachten Sie folgendes Schaubild.

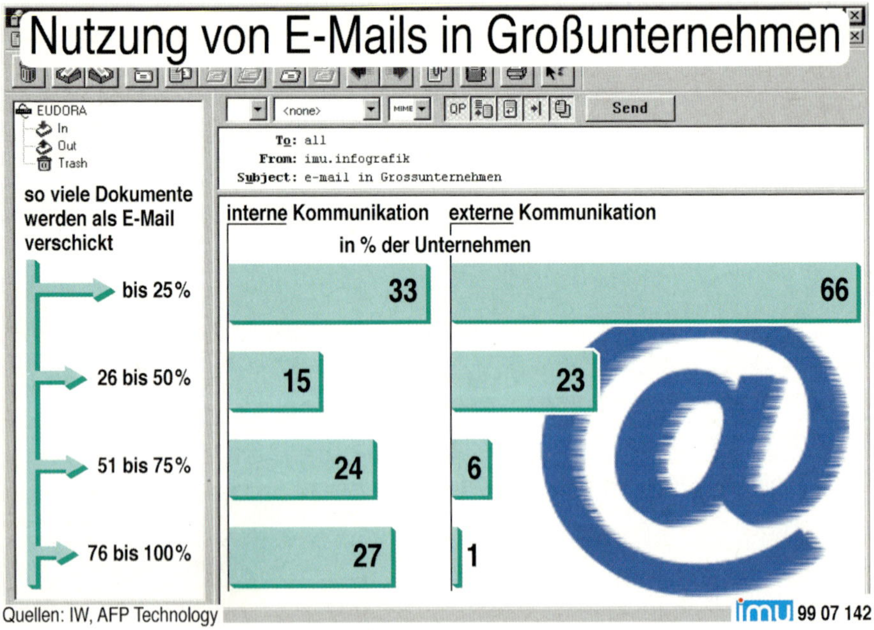

a) Fassen Sie die Inhalte in jeweils einem Satz zusammen.
b) Warum werden im Rahmen der externen Kommunikation nur bei 1 % der Unternehmen bis zu 100 % der Dokumente als E-Mail verschickt? Nennen Sie Gründe dafür.
c) Welche Bedenken bestehen möglicherweise bei den anderen Unternehmen?
d) Weshalb ist der Datenaustausch per E-Mail bzw. Intranet innerhalb des Unternehmens weitaus beliebter?

6. Die Zahl der „Handy-Besitzer“ steigt fast täglich und auch Sie erhalten sicherlich immer wieder Mitteilungen über günstige Angebote der Betreiber.

Nennen und erläutern Sie unterschiedliche Gesichtspunkte, die ein Handy-Besitzer bezüglich des Datenschutzes und der Datensicherheit beachten sollte.

7. Über das Internet können auch Einkäufe getätigt werden.
a) Sehen Sie im Internet nach, welche Güter bestellt und gekauft werden können.
b) Welche Zahlungsart und welches Zahlungsmittel wird dabei überwiegend verwendet?
c) Die Bezahlung Ihres Einkaufs im Internet soll per Kreditkarte erfolgen. Warum wählt der Anbieter im Internet diesen Weg der Zahlung? Warum sollten Sie als Kunde dabei vorsichtig sein?

8. Erstellen Sie zu den Themenbereichen „Datenschutz“, „Datensicherheit“ und „Bundesbeauftragter für den Datenschutz“ eine programmierte Aufgabe für die Abschlussprüfung. Dabei sollen neben einer richtigen Lösung auch vier falsche Lösungsmöglichkeiten angeboten werden.

2 Grundlagen des Wirtschaftens

2.1 Wirtschaftliche Grundbegriffe (Lernfeld 10)

SITUATION

Ein junges Paar macht sich vor der Hochzeit Gedanken über seine Zukunft. Viele Wünsche lassen sie in ihren Überlegungen vorbeiziehen: ein eigenes Haus, gute Freunde, eine sichere Zukunft ...

HANDLUNGSAUFTRÄGE

1. Ergänzen Sie die möglichen Wünsche des jungen Ehepaars.
2. Wie könnte man diese „Wünsche“ in wirtschaftlicher Hinsicht noch bezeichnen?
3. Welche Möglichkeiten hat das Ehepaar, sich diese Wünsche zu erfüllen?
4. Warum muss das Ehepaar bei der Erfüllung seiner Wünsche auf „wirtschaftliches Handeln“ achten?
5. Welche Grundprinzipien wirtschaftlichen Handelns kann das Ehepaar dabei unterscheiden?

2.1.1 Bedürfnisse, Bedarf und Nachfrage

Bedürfnisse

Jeder Mensch verspürt eine unendlich große und vielfältige Anzahl von Wünschen, wie beispielsweise den Wunsch nach Essen und Trinken, nach Urlaub oder auch nach sozialer Anerkennung. Diese Wünsche, die im volkswirtschaftlichen Zusammenhang auch als Bedürfnisse bezeichnet werden, könnte man als Mangelgefühle beschreiben, die der Mensch zu beseitigen versucht. Ein Gefühl des Hungers veranlasst uns zum Beispiel, auf Nahrungssuche zu gehen (Kühlschrank). Weil der beinahe unbegrenzten Zahl von Bedürfnissen jedoch nur begrenzte Mittel zur Verfügung stehen, ist der Mensch zu wirtschaftlichem Handeln gezwungen. Bedürfnisse sind somit Antrieb zu wirtschaftlicher Aktivität. Ist in unserem Beispiel die Nahrungssuche erfolglos (Kühlschrank leer), besteht die Möglichkeit (oder Notwendigkeit), Nahrungsmittel durch Eintauschen anderer Gegenstände oder durch den Einsatz der eigenen Arbeitskraft zu erwerben.

Bedürfnisse können nach verschiedenen Kriterien eingeteilt werden.

Nach der **Dringlichkeit** unterscheidet man

- **Existenzbedürfnisse** oder **lebensnotwendige Bedürfnisse,** die zur Sicherung der menschlichen Existenz unbedingt befriedigt werden müssen.

BEISPIELE Grundnahrungsmittel, Kleidung, Wohnung.

- **Kulturbedürfnisse**, die über das existenziell Notwendige hinausgehen. Sie werden von der jeweiligen wirtschaftlichen und sozialen Situation einer Gesellschaft beeinflusst und entstehen aus der Lebensweise, der Kultur, die in einer Gesellschaft vorherrscht.

BEISPIEL Der Wunsch nach Kino-, Disko- oder Theaterbesuchen, nach Fernseh-Sendungen oder Musik-CDs

- **Luxusbedürfnisse,** die von der Mehrheit der Bevölkerung nicht mehr befriedigt werden können, weil es sich um überhöhte Ansprüche handelt.

BEISPIEL Bedürfnis nach einer Weltreise oder einem Luxus-Sportwagen.

Eine klare Abgrenzung dieser Bedürfnisarten ist in vielen Fällen nicht möglich, weil die Zuordnung von der persönlichen oder gesellschaftlichen Situation abhängig ist. Das Bedürfnis nach einem Pelzmantel kann entsprechend der geographischen Lage Existenz- oder Luxusbedürfnis sein. Ein Restaurant-Besuch ist für Arbeiter eines Entwicklungslandes unerschwinglicher Luxus, während in unserer Gesellschaft dies eher als selbstverständlich empfunden wird. Im Laufe der Zeit verändern sich auch die Bedürfnisse. So wäre das Bedürfnis nach einem Badeurlaub in Italien oder einer Video-Kamera vor dreißig Jahren noch anders einzustufen gewesen als in der heutigen Situation in Deutschland.

Obwohl bei jedem Menschen, in jedem Haushalt und in jeder Gesellschaft die Bedürfnisse völlig unterschiedlich ausgeprägt sind, kann eine gewisse gemeinsame Rangordnung der Bedürfnisse festgestellt werden, d. h., dass einzelne Bedürfnisebenen aufeinander aufbauen. So wird der Mensch zunächst danach streben, die lebensnotwendigen Grundbedürfnisse zu befriedigen, bevor er seine Kultur- oder Luxusbedürfnisse zu erfüllen versucht.

Nach der **Art der Bedürfnisbefriedigung** unterscheidet man

- **Individualbedürfnisse,** also Bedürfnisse, die von den einzelnen Menschen, den Individuen befriedigt werden.

BEISPIEL Durch den Kauf eines CD-Players befriedigt der Jugendliche sein individuelles Bedürfnis nach Musik.

- **Kollektivbedürfnisse**, d. h. Bedürfnisse, die zwar individuell empfunden werden, aber nur von der Gemeinschaft (= Kollektiv) befriedigt werden können.

BEISPIEL Das Bedürfnis nach Sicherheit und Frieden kann nur durch gemeinschaftliches Handeln, durch Bundeswehr oder Polizei gewährleistet werden.

Ein weiteres Unterscheidungsmerkmal kann in der **Konkretheit** der Bedürfnisse liegen.

- **Materielle Bedürfnisse** zielen auf greifbare Dinge.

BEISPIEL Wunsch nach einem Auto, einer Jeansjacke.

- **Immaterielle Bedürfnisse** zielen auf nicht fassbare Ergebnisse.

BEISPIEL Wunsch nach Geborgenheit, Freundschaft oder Selbstverwirklichung.

Bedürfnisse müssen nicht immer erkennbar vorhanden sein, häufig liegen sie im Unterbewusstsein bereit, nur um aufgrund eines besonderen „Reizes" geweckt zu werden.

Nach der **Bewusstheit** unterscheidet man deshalb

- **latente Bedürfnisse**, das sind unterschwellig vorhandene Bedürfnisse. In der Werbung werden latente Bedürfnisse häufig gezielt angesprochen und geweckt, um den Konsumenten zu einer Kaufentscheidung zu bewegen.

BEISPIEL Der Anblick eines Südseestrandes mit Palmen weckt möglicherweise das Bedürfnis nach Sonne, Freiheit, Abenteuer, das nun ganz bewusst als Mangelgefühl verspürt wird und zum Kauf eines Gutes anregen soll, das mit Südsee eigentlich nichts zu tun hat.

- **offene** oder **bewusste Bedürfnisse**, also Bedürfnisse, die dann tatsächlich als Mangelgefühl wahrgenommen werden.

Bedarf und Nachfrage

Der Fülle an Bedürfnissen stehen nur begrenzte finanzielle Mittel gegenüber, dies bedeutet, dass nicht alle Wünsche erfüllt werden können. Die Höhe des Einkommens beschränkt die Vielzahl der Bedürfnisse auf den **Bedarf**.

Der Bedarf ist der Teil der Bedürfnisse, der auf wirtschaftliche Leistungen zielt und durch die vorhandenen Geldmittel befriedigt werden kann. Er wird auch als **Kaufkraft** bezeichnet.

BEISPIEL Ein Auszubildender mit einem Monatseinkommen von 450,00 EUR hat einen Bedarf (= Kaufkraft) in dieser Höhe.

Als **Nachfrage** bezeichnet man die konkrete Kaufentscheidung, die am Markt wirksam wird. Wenn also für den Kauf eines Gutes Geld ausgegeben wird, wird der Bedarf zur Nachfrage.

BEISPIEL Gibt der Auszubildende von seinem Monatseinkommen 350,00 EUR für Essen, Kleidung, Fahrtkosten usw. aus und spart noch 100,00 EUR, so werden nur 350,00 EUR am Markt tatsächlich nachgefragt, also wirksam.

2.1.2 Güter und Dienstleistungen

Die Mittel, die dem Menschen zur Befriedigung seiner Bedürfnisse dienen, nennt man Güter.

Entsprechend ihrer *Verfügbarkeit* unterscheidet man **freie** und **knappe Güter**.

- **Freie Güter** können von jedem Menschen genutzt werden, ohne dafür bezahlen zu müssen. Sie stehen unbegrenzt zur Verfügung. Ein Wirtschaften mit diesen Gütern ist sinnlos, weil sie kostenfrei bereitstehen und deshalb mit ihnen kein Preis erzielt werden kann.

BEISPIEL Sonnenstrahlung, Luft oder Wasser (falls frei zugänglich) können unbegrenzt und ohne Preis genutzt werden.

- **Knappe** oder **wirtschaftliche Güter** sind in einer Volkswirtschaft zur Bedürfnisbefriedigung nur begrenzt vorhanden. Wegen ihrer Knappheit ist ein Wirtschaften sinnvoll und notwendig. Wirtschaften bedeutet dabei der sparsame und zielgerichtete Einsatz geeigneter Mittel, um ausreichend Güter zur Bedürfnisbefriedigung zur Verfügung zu stellen. Anreiz bietet dabei der am Markt erzielbare Preis.

BEISPIEL Rohstoffe wie Eisenerz oder Kohle müssen erst durch Bergbau gefördert und in Stahlwerke weiter transportiert werden, um dort Stahlbleche fertigen zu können. Der Einsatz von Arbeitskräften und Maschinen verursacht bei Förderung, Transport und Weiterverarbeitung Kosten, die nur in Kauf genommen werden, wenn ein entsprechender Marktpreis für die erstellten Güter erwartet werden kann.

Ursprünglich freie Güter werden zu knappen Gütern, wenn sie nur noch begrenzt bereitgestellt werden können.

BEISPIEL Das zunächst freie Gut Wasser wird zu einem wirtschaftlichen Gut, wenn beispielsweise sauberes Trinkwasser aufgrund der Umweltverschmutzung nur noch aus einem Trinkwasserspeicher mit Wasseraufbereitung bezogen werden kann. Die zunehmende Knappheit und die steigenden Bereitstellungskosten erhöhen den Preis für das bisher freie Gut.

Nach der *Beschaffenheit* können wirtschaftliche Güter in **materielle** und **immaterielle Güter** eingeteilt werden.

- **Materielle Güter** sind Sachgüter.
- **Immaterielle**, also nicht greifbare Güter sind Dienstleistungen und Rechte.

BEISPIEL Eine Dienstleistung ist beispielsweise der Transport von Stahlblechen vom Stahlwerk zur Pkw- Fertigungshalle. Wird das Stahlblech in einer gemieteten Lagerhalle vom Spediteur noch zwischengelagert, so hat der Mieter der Lagerhalle ein Recht zur Nutzung aus dem Mietvertrag.

Sachgüter, Rechte und Dienstleistungen können je nach ihrer *Verwendung* **Konsumgüter** oder **Produktionsgüter (Investitionsgüter)** sein.

- **Konsumgüter** dienen der Bedürfnisbefriedigung des Endverbrauchers.
- **Produktionsgüter** werden wieder zur Herstellung wirtschaftlicher Güter verwendet.

BEISPIEL Wird eine Computeranlage zur betrieblichen Lagerverwaltung eingesetzt, handelt es sich um ein Produktionsgut, nutzt der Sohn des Firmeninhabers die Anlage für Computerspiele, ist sie als Konsumgut einzuordnen.
Bei einer gemieteten Lagerhalle, in der Handelswaren zwischengelagert werden, ist das Mietrecht als Produktionsgut einzustufen, wird die gleiche Halle für Freizeitzwecke, z. B. für Techno-Parties angemietet, so ist das Nutzungsrecht ein Konsumgut.

Sowohl Produktions- als auch Konsumgüter können nach der *Nutzungsdauer* unterschieden werden.

- **Gebrauchsgüter** können mehrmals genutzt werden und nutzen sich nur langsam ab.
- **Verbrauchsgüter** sind nach einmaliger Nutzung „verbraucht", also nicht mehr einsetzbar.

BEISPIEL Die Computeranlage ist somit in unserem Beispiel ein Gebrauchsgut, das benötigte Papier ein Verbrauchsgut.

Betrachtet man Güter nach ihrer *Beziehung untereinander*, so können sie sich gegenseitig ergänzen oder auch ersetzen.

- **Komplementärgüter** ergänzen sich gegenseitig, Bsp: Pkw und Benzin.
- **Substitutionsgüter** können sich gegenseitig ersetzen, Bsp: Lkw und Bahn.

Güter stehen in engem Zusammenhang zu den Bedürfnissen eines Menschen oder einer Gesellschaft. So werden Güter produziert, um Bedürfnisse zu befriedigen. Umgekehrt werden aber auch durch neue Entwicklungen und deren Umsetzung in neue Produkte erst Bedürfnisse hervorgerufen.

BEISPIEL Das Bedürfnis nach mehr und schnellerer Information ließ Kommunikationsnetze entstehen, gleichzeitig führte die rasante Entwicklung neuer Kommunikationstechnologien wie der Ausbau des Internets und die allgemeine Zugänglichkeit zu wachsendem Interesse an diesem Medium.

2.1.3 Das ökonomische Prinzip

Güter sind knapp, andererseits besitzen wir eine unbegrenzte Zahl an Bedürfnissen. Daran ist sofort erkennbar, dass wir gezwungen sind, mit den zur Verfügung stehenden Mitteln planvoll und vernünftig zu wirtschaften. Betrachten wir unser Alltagsleben zum Beispiel beim Einkauf von Lebensmitteln, so handeln wir in vielen Situationen bewusst oder unbewusst nach einem wirtschaftlichen Grundmuster, das auch auf betrieblicher oder staatlicher Ebene seine Anwendung findet: nämlich, ein Produkt möglichst preisgünstig einzukaufen oder für einen bestimmten Betrag so viel Lebensmittel wie möglich zu bekommen.

Dieses *Grundprinzip wirtschaftlichen Verhaltens* bezeichnet man als **„ökonomisches Prinzip" oder auch Rationalprinzip (Vernunftprinzip).** Es lässt sich in zwei möglichen Formen erklären:

Maximalprinzip

Bei vorgegebenem Mitteleinsatz soll ein größtmöglicher (maximaler) Erfolg erreicht werden.

BEISPIEL Für eine gemeinsame Geburtstagsparty wird mit einem festgelegten Geldbetrag möglichst viel an Essen und Getränken eingekauft.
Der Staplerfahrer belädt den LKW mit möglichst vielen Paletten einer Ware.

Minimalprinzip

Bei geringstem (minimalem) Mitteleinsatz soll ein vorgegebener Erfolg erreicht werden.

BEISPIEL Für die Geburtstagsparty werden 10 Liter verschiedene alkoholfreie Getränke benötigt. Beim preisgünstigsten Getränkemarkt wird schließlich eingekauft.
Eine Sendung mit 500 Kisten wird in möglichst wenigen Containern verladen.

TIPP **Die beiden Möglichkeiten des ökonomischen Prinzips können nicht miteinander vermischt werden. Es ist also nicht möglich: „Minimaler Mitteleinsatz bei maximalem Erfolg!" Eine Zielvorgabe muss vorgegeben werden:**

BEISPIEL Eine Tankfüllung Diesel wird vorgegeben ⇒ die größtmögliche Entfernung mit dem LKW soll erreicht werden (Maximalprinzip).

Kernwissen

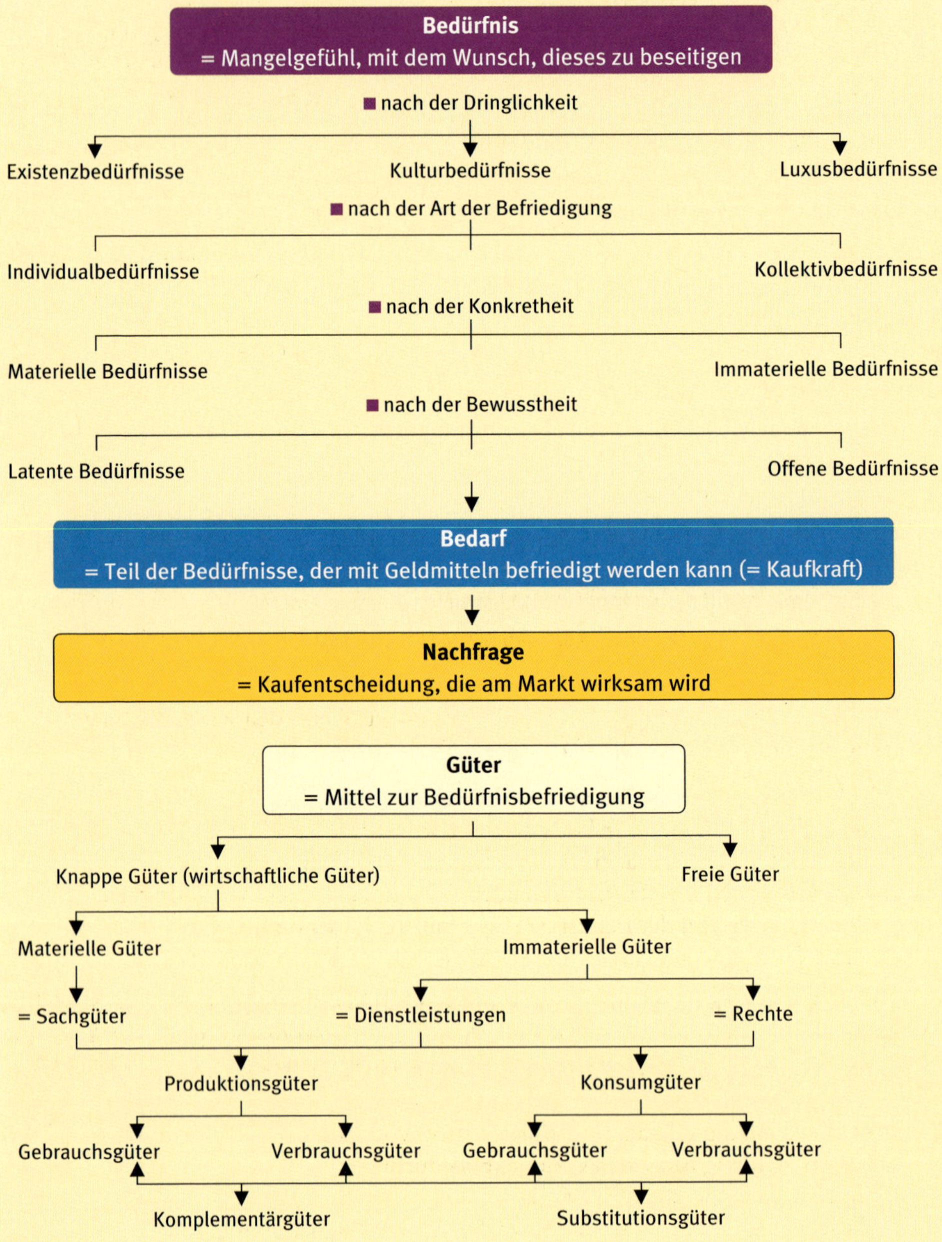
Bedürfnis
= Mangelgefühl, mit dem Wunsch, dieses zu beseitigen
nach der Dringlichkeit
Existenzbedürfnisse
Kulturbedürfnisse
Luxusbedürfnisse
nach der Art der Befriedigung
Individualbedürfnisse
Kollektivbedürfnisse
nach der Konkretheit
Materielle Bedürfnisse
Immaterielle Bedürfnisse
nach der Bewusstheit
Latente Bedürfnisse
Offene Bedürfnisse
Bedarf
= Teil der Bedürfnisse, der mit Geldmitteln befriedigt werden kann (= Kaufkraft)
Nachfrage
= Kaufentscheidung, die am Markt wirksam wird
Güter
= Mittel zur Bedürfnisbefriedigung
Knappe Güter (wirtschaftliche Güter)
Freie Güter
Materielle Güter
Immaterielle Güter
= Sachgüter
= Dienstleistungen
= Rechte
Produktionsgüter
Konsumgüter
Gebrauchsgüter
Verbrauchsgüter
Gebrauchsgüter
Verbrauchsgüter
Komplementärgüter
Substitutionsgüter

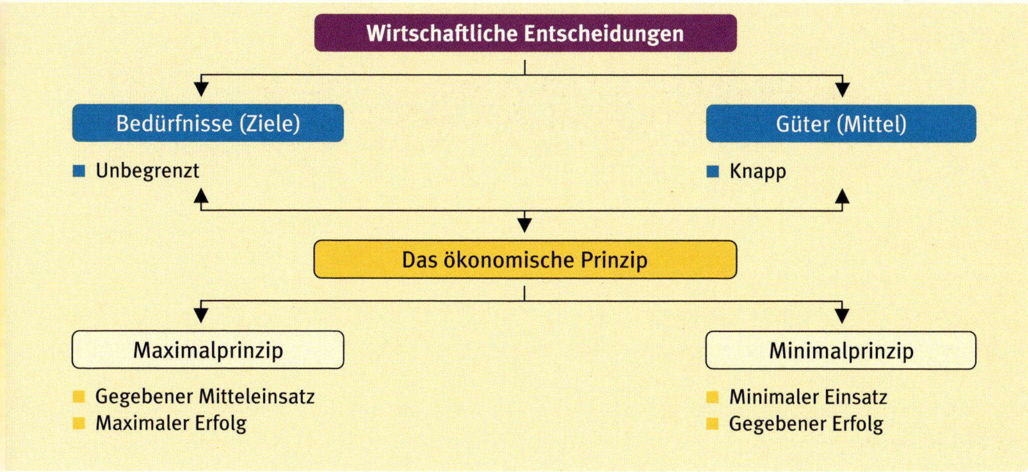

ÜBUNGSAUFGABEN

1. Definieren Sie den Begriff „Bedürfnis“.

2. Nach welchen verschiedenen Kriterien lassen sich Bedürfnisse unterscheiden? Suchen Sie zu jeder Bedürfnisart ein eigenes Beispiel.

3. Beschreiben Sie am Beispiel „Kauf eines Vespa-Rollers“ den Zusammenhang zwischen Bedürfnis, Bedarf und Nachfrage.

4. Welche Aussage über Bedürfnisse und Bedarf ist richtig?
a) Bedarf ist die Summe der Bedürfnisse nach materiellen Gütern.
b) Bedarf ist die Summe aller lebensnotwendigen Bedürfnisse.
c) Bedarf und Bedürfnisse unterscheiden sich nur bei Kollektivbedürfnissen.
d) Bedarf ist der Teil der Bedürfnisse, die mit Kaufkraft versehen sind.
e) Bedürfnisse sind alle mit Kaufkraft ausgestatteten Wünsche.

5. Sie wurden beauftragt, Prüfungsaufgaben zum Thema „Bedürfnisse, Bedarf, Nachfrage“ zusammenzustellen. Erstellen Sie in Arbeitsgruppen programmierte Prüfungsaufgaben (eine richtige und vier falsche Antworten wie Aufgabe Nr. 4) zu folgenden Themen
a) Unterscheidung Existenz-, Kultur-, Luxusbedürfnis
b) Unterscheidung Individual-, Kollektivbedürfnisse
c) Beschreibung latenter Bedürfnisse
d) Abgrenzung der Begriffe „Bedürfnis“ – „Bedarf“ – „Nachfrage“.

6. Ordnen Sie zu, um welche Art von Bedürfnis es sich handelt
Spalte 1: Existenzbedürfnis = E Kulturbedürfnis = K Luxusbedürfnis = L
Spalte 2: Individualbedürfnis = In Kollektivbedürfnis = Ko

	Spalte 1	Spalte 2
a) Bedürfnis nach Schlaf	?	?
b) Bedürfnis nach Schulbildung	?	?
c) Bedürfnis nach einer Perlenkette	?	?
d) Bedürfnis nach Sexualität	?	?
e) Bedürfnis nach Tennis-Sport als Freizeitausgleich	?	?

7. Wodurch unterscheiden sich knappe Güter von freien Gütern? Nennen Sie jeweils ein Beispiel.

8. Nach welchen weiteren Kriterien können Güter eingeteilt werden? Nennen Sie jeweils ein Beispiel.

9. Ordnen Sie die Güterarten 1 bis 4 den nachfolgenden Beispielen zu

(1) Konsumgut als Gebrauchsgut
(2) Konsumgut als Verbrauchsgut
(3) Produktionsgut als Gebrauchsgut
(4) Produktionsgut als Verbrauchsgut

a) Diesel für betrieblichen Lkw
b) Lack bei der Pkw-Produktion
c) Lagerhalle als Umschlagplatz einer Spedition
d) Taschenrechner eines Berufsschülers
e) Kinobesuch
f) Badekleidung.

10. Zeichnen Sie sich in Ihr Heft ein Schema mit dem nachfolgenden Aufbau. Suchen Sie eigene Bespiele aus dem Privat- und Berufsleben und kreuzen Sie die richtigen Güterarten an.

Beispiel	Materielles Gut	Immaterielles Gut	Konsumgut	Produktionsgut	Gebrauchsgut	Verbrauchsgut
Flasche Cola	X		X			X

11. Suchen Sie Beispiele urspünglich freier Güter, die zu knappen Gütern wurden bzw. werden.

12. Begründen Sie, warum der Mensch zu wirtschaftlichem Handeln gezwungen ist.

13. Beschreiben Sie die zwei möglichen Formen des ökonomischen Prinzips. Verwenden Sie dabei die beiden Begriffe „Mitteleinsatz“ und „Erfolg“.

14. Liegt in den folgenden Fällen das Maximal- oder das Minimalprinzip vor?
a) Mit einem Fuhrpark von fünf Lkw werden monatlich so viel Lieferaufträge wie möglich abgewickelt.
b) Für die Versendung einer Lieferung verschiedener Pakete wird der günstigste Paketdienst beauftragt.

c) Ein Paket mit einem dringend benötigten Ersatzteil wird mit dem schnellsten Paketdienst befördert. Der Preis für den Transport darf einen bestimmten Betrag nicht überschreiten.
d) Ein Lagerregal wird so eingeräumt, dass nur noch möglichst wenige Kartons in einem weiteren Regal eingelagert werden müssen.
e) Die Entladung eines Lkw soll durch den Gabelstapler so schnell wie möglich durchgeführt werden.
f) Eine Lieferung Kartons wird so platzsparend wie möglich eingeräumt.

15. Erläutern Sie je zwei weitere Beispiele zum Minimal- und Maximalprinzip aus dem eigenen Leben.

16. „Bei minimalem Einsatz soll ein maximaler Ertrag erwirtschaftet werden." Handelt es sich bei dieser Aussage um das ökonomische Prinzip? Begründen Sie.

17. Gibt es Beispiele im täglichen Leben, in denen nicht nach dem ökonomischen Prinzip gehandelt wird?

2.2 Produktionsfaktoren (Lernfeld 10)

Situation

Einst lebte ein Mann mit seiner Frau und seiner Familie am Meer. Seine Familie ernährte der Mann durch das Sammeln von Früchten und das Fischen am Ufer mit bloßen Händen. Nachdem er eines Tages nach einem arbeitsreichen Tag ein gutes Fangergebnis hatte, sagte er zu seiner Frau, sie solle ein paar Fische aufheben, die übrigen tauschte er gegen eine Rolle Garn ein, mit dem er sich an den weiteren Tagen ein Netz wob. Damit gelang es ihm, in kurzer Zeit mehr Fische zu fangen als vorher, sodass er Material erwerben konnte und die Zeit fand, mithilfe seines Nachbarn ein kleines Fischerboot zu bauen.

Handlungsaufträge

1. Welche Produktionsfaktoren setzte der Mann zunächst für die Deckung seiner Bedürfnisse ein?
2. Wodurch wurde es dem Mann möglich, ein Netz zu weben?
3. Um welchen Produktionsfaktor handelte es sich bei dem Netz?
4. Warum brauchte der Mann möglicherweise die Hilfe seines Nachbarn?
5. In einer Zeitungsmeldung heißt es: „Deutschland importierte im vergangenen Jahr um 1,79 Mrd. EUR mehr Know-how als es ins Ausland lieferte."
   Was ist mit dem Begriff „Know-how" gemeint und welchem volkswirtschaftlichen Produktionsfaktor könnte dieses „Know-how" zugeordnet werden?

2.2.1 Volkswirtschaftliche Produktionsfaktoren

Die in einer Volkswirtschaft für die Bedürfnisbefriedigung notwendigen Güter müssen erst produziert werden. Selbst in der Natur frei verfügbare Güter wie Beeren, Früchte oder Kräuter erfordern eine Arbeitsleistung, um sie für Konsumzwecke bereitstellen zu können.

Alle Arbeitskräfte und Mittel, die für die Produktion wirtschaftlicher Güter in einer Volkswirtschaft eingesetzt werden, bezeichnet man als volkswirtschaftliche **Produktionsfaktoren**.

BEISPIEL Für die Herstellung von Tee müssen Blätter oder Blüten erst gesammelt oder gepflückt und anschließend getrocknet werden. Eine weitere Voraussetzung ist, dass natürliche Pflanzenvorkommen nutzbar sind oder ein Grundstück zur Anpflanzung von Teesträuchern bereitsteht.

An diesem Beispiel ist erkennbar, dass die Güterproduktion zunächst auf zwei grundlegende, naturgegebene Produktionsfaktoren reduziert werden kann:

- Boden (Natur)
- Arbeit.

Man nennt diese beiden Faktoren deshalb auch **ursprüngliche (originäre) Produktionsfaktoren**.

Produktionsfaktor Boden

Boden als Produktionsfaktor umfasst nicht nur „Grund und Boden" im engeren Sinne, sondern die ganze, zu wirtschaftlichen Zwecken genutzte Natur, also alle natürlichen Ressourcen wie Wasser, Sonnen- und Windenergie, Erdöl, Klima usw.

Der Produktionsfaktor Boden kann auf unterschiedliche Weise genutzt werden:

- **Abbauboden** in der Gewinnung von Bodenschätzen, Bsp: Erz- oder Kohleförderung im Bergbau;
- **Anbauboden** in der Land-, Forst- und Weidewirtschaft, Bsp: Gemüseanbau, Aufforstung;
- **Standortboden** in der wirtschaftlichen Nutzung von Grundfläche, Bsp: Ansiedelung eines Industriebetriebs, Bau einer Lagerhalle.

Produktionsfaktor Arbeit

„Arbeit" als volkswirtschaftlicher Produktionsfaktor beinhaltet jede geistige und körperliche Tätigkeit des Menschen, die auf die Erzielung von Einkommen ausgerichtet ist. Sie kann nach verschiedenen Kriterien unterschieden werden:

- **Nach dem Einsatz der Fähigkeiten:** geistige Arbeit, körperliche Arbeit
- **Nach der Art der Tätigkeit:** Leitende (dispositive) Arbeit, ausführende (exekutive) Arbeit
- **Nach der steuerlichen und sozialversicherungsrechtlichen Einordnung:** Selbstständige Arbeit, nichtselbständige Arbeit
- **Nach dem Grad der Ausbildung:** Ungelernte Arbeit, angelernte Arbeit, gelernte Arbeit

- **Arbeitsproduktivität als Messgröße für die Arbeitsleistung.** Um die Leistungsfähigkeit des Produktionsfaktors messen zu können, berechnet man sowohl auf der betrieblichen als auch auf der volkswirtschaftlichen Ebene die Arbeitsproduktivität. Dazu wird jeweils das Produktionsergebnis zum Arbeitsaufwand in Beziehung gesetzt (vgl. Kapitel 2.7.5).

BEISPIEL Arbeitsproduktivität einer Volkswirtschaft:

$$\text{Arbeitsproduktivität} = \frac{\text{Bruttoinlandsprodukt}}{\text{Erwerbstätigenstunden}}$$

Produktionsfaktor Kapital

Kapital im volkswirtschaftlichen Sinn beinhaltet alle Produktionsmittel, die für die Gütererstellung eingesetzt werden (= produzierte Produktionsmittel). Weil dieser Produktionsfaktor nicht von Anfang an vorhanden ist, sondern erst durch den Einsatz und das Zusammenwirken der beiden ursprünglichen Produktionsfaktoren entsteht, nennt man ihn auch **abgeleiteter (derivativer) Produktionsfaktor.**

BEISPIEL Unter den volkswirtschaftlichen Kapitalbegriff fallen beispielsweise Gebäude, Lagerhallen, Maschinen, Transporteinrichtungen, Lkw usw. Sie müssen im Voraus produziert werden, damit eine weitere Güterproduktion überhaupt erst möglich wird.

Entstehung von Kapital. Kapital entsteht durch Konsumverzicht (= Sparen). Durch dieses Sparen wird Geldkapital geschaffen, das wiederum in Produktionsmittel investiert werden kann. Mit der Investition in Produktionsmittel wird somit Geldkapital in Sach- bzw. Realkapital umgewandelt.

BEISPIEL Ein Bauer verkauft seine Tee-Ernte auf dem Markt und einen Teil dieses Erlöses verwendet er nicht für seine Lebensführung (Konsum), sondern spart den Geldbetrag. Das gesparte Geld investiert er in den Ausbau einer Lagerhalle zum Trocknen und Verpacken der Tee-Ernte.

2.2.2 Kombination und Substitution der Produktionsfaktoren

Für die Herstellung von Wirtschaftsgütern müssen die drei Produktionsfaktoren Arbeit, Boden und Kapital unter Beachtung des ökonomischen Prinzips miteinander verbunden (= kombiniert) werden. Dies bedeutet, mit gegebenen Faktoren einen höchsten Produktionsertrag zu erwirtschaften (Maximalprinzip) oder mit dem geringsten Faktoreinsatz ein vorgegebenes Ertragsziel zu erreichen (Minimalprinzip).

TIPP **Mehr über das ökonomische Prinzip erfahren Sie in Abschnitt 2.1.3.**

BEISPIEL Nur durch die Kombination von Anbaufläche mit Teesträuchern, Erntehelfern und Erntegeräten sowie Lagerhallen ist die Herstellung von Tee möglich. Die Tee-Ernte einer bestimmten Anbaufläche und die Weiterverarbeitung müssen dabei möglichst kostengünstig durchgeführt werden.

In welchem Umfang jeder Produktionsfaktor eingesetzt wird, hängt einmal von der Güter- oder Dienstleistungsart ab, die produziert bzw. erbracht werden soll. Bei einer arbeitsintensiven Fertigung überwiegt der Faktor Arbeit, während bei einer kapitalintensiven Herstellung der Schwerpunkt im Einsatz von Maschinen und Anlagen liegt.

BEISPIEL handbemalte Glas- oder Porzellanprodukte (= arbeitsintensiv)
Fertigungsstraße mit Schweißroboter (= kapitalintensiv)

Der Umfang des jeweils eingesetzten Produktionsfaktors ist vor allem auch von den Kosten des Faktors abhängig. Die Kosten der Produktion errechnen sich dabei aus der Menge der eingesetzten Faktoren multipliziert mit ihrem jeweiligen Preis. Soll eine bestimmte Gütermenge mit den geringsten Faktorkosten erzeugt werden, bezeichnet man dies als „Minimalkostenkombination".

BEISPIEL Für die Ernte einer vorgegebenen Teemenge werden in der Kombination A bestimmte Einheiten an Produktionsfaktoren benötigt. Als Alternative bestünde die Möglichkeit, eine kleinere Anbaufläche intensiver zu bewirtschaften, um den gleichen Ertrag zu erhalten. Wir nehmen an, dass bei einer Senkung der Anbaufläche um 20 Einheiten der Arbeitseinsatz um 50 Einheiten gesteigert werden muss, um gleiche Erträge zu erhalten (= Kombination B).

	Kombination A	**Kombination B**
Boden (Anbaufläche)	200 Einheiten zu je 2 EUR	180 Einheiten zu je 2 EUR
Arbeit (Erntehelfer)	500 Einheiten zu je 2 EUR	550 Einheiten zu je 2 EUR
Kapital (Erntegeräte, Lager)	200 Einheiten zu je 2 EUR	200 Einheiten zu je 2 EUR

Kosten der Faktorkombination:

Kombination	Boden	Arbeit	Kapital	Gesamtkosten
A	400	1000	400	1800
B	360	1100	400	1860

Die Minimalkostenkombination ist in diesem vereinfachten Beispiel die Alternative A mit Gesamtkosten in Höhe von 1800 EUR.

Wirtschaftliche oder auch technische Gründe können dazu führen, dass eine einmal festgelegte Faktorkombination verändert werden muss. Steigen die Kosten eines Produktionsfaktors an, ist es möglicherweise günstiger, die Einsatzmenge dieses Faktors zu reduzieren und durch einen anderen Produktionsfaktor zu ersetzen (= substituieren).

BEISPIEL Die Einführung gesetzlicher Mindestlöhne würde den Arbeitseinsatz von Erntehelfern bei der Tee-Ernte verteuern. Ein Ausgleich wäre nun durch den kostengünstigeren Einsatz von Traktoren und Erntemaschinen möglich. Dadurch ist nur noch eine geringere Anzahl von Arbeitskräften erforderlich. Eine neuartige Erntemaschine, die nun auf dem Markt erhältlich ist, macht ein Pflücken per Hand überflüssig. Die Ernte kann mit nur noch wenigen Arbeitskräften wesentlich schneller und kostengünstiger eingebracht werden.

Mit der Substitution des Produktionsfaktors Arbeit durch den Produktionsfaktor Kapital steigt im zweiten Beispiel auch die Arbeitsproduktivität, weil der gleiche Ertrag mit weniger Arbeitskräften erwirtschaftet wird. Folgen dieser Rationalisierung können sein, dass die Produkte kostengünstiger hergestellt und möglicherweise auch preisgünstiger angeboten werden können. Es besteht Spielraum für verkürzte Arbeitszeiten, eine negative Folge kann aber auch die Vernichtung von Arbeitsplätzen mit entsprechend steigender Arbeitslosigkeit sein.

KERNWISSEN

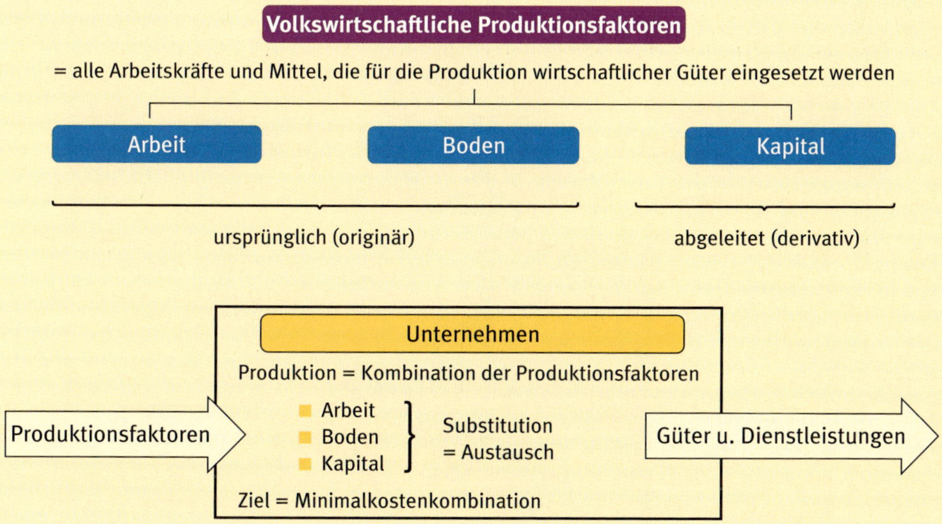

Übungsaufgaben

1. Definieren Sie den Begriff „volkswirtschaftliche Produktionsfaktoren".

2. Nennen Sie die drei volkswirtschaftlichen Produktionsfaktoren und unterscheiden Sie diese in ursprüngliche (originäre) und abgeleitete (derivative) Produktionsfaktoren!

3. Beschreiben Sie, was im volkswirtschaftlichen Sinn unter dem Produktionsfaktor „Arbeit" und „Boden" jeweils zu verstehen ist!

4. Zeigen Sie an einem Beispiel verschiedene Nutzungsmöglichkeiten von Boden auf!

5. Erläutern Sie die Entstehung von volkswirtschaftlichem „Kapital"! Inwieweit unterscheidet sich der volkswirtschaftliche Kapitalbegriff vom Kapitalbegriff des Rechnungswesens?

6. a) Beschreiben Sie die Entwicklung der Arbeitsproduktivität in der Gesamtindustrie und in den einzelnen Bereichen. Stellen Sie einen Zusammenhang zu der Entwicklung der Anzahl der Industrieroboter im gleichen Zeitraum her! Bei der Analyse eines Schaubildes könnte die Reihenfolge Ihrer Vorgehensweise sein:
1. Überschrift – Thema?
2. Zeitraum (Horizontale bzw. x-Achse) oder Zeitpunkt?
3. Worüber informiert das Schaubild (Vertikale bzw. y-Achse)?
4. Welche Entwicklungen, Trends sind erkennbar? Treffen Sie fünf Aussagen zu diesen Entwicklungen!

b) Von welchen Faktoren wird eine Steigerung der Arbeitsproduktivität beeinflusst?

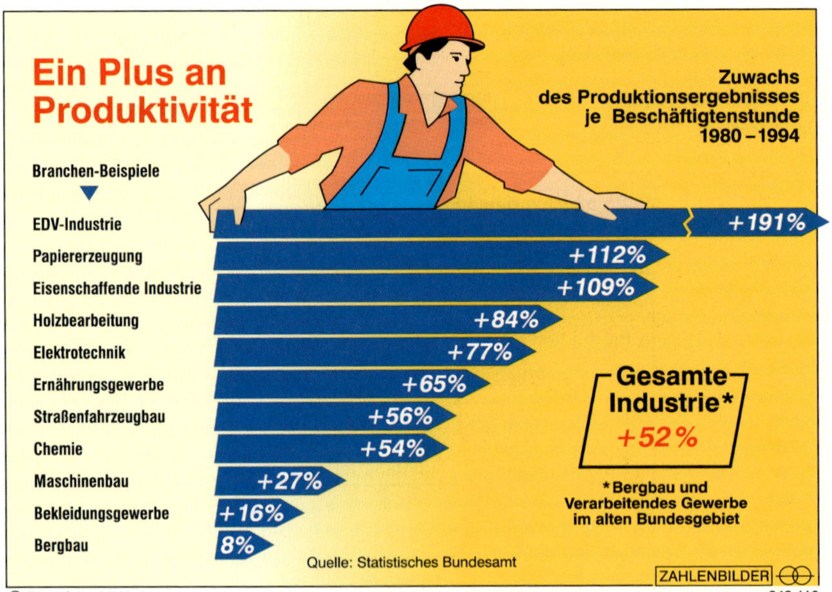

 349 110

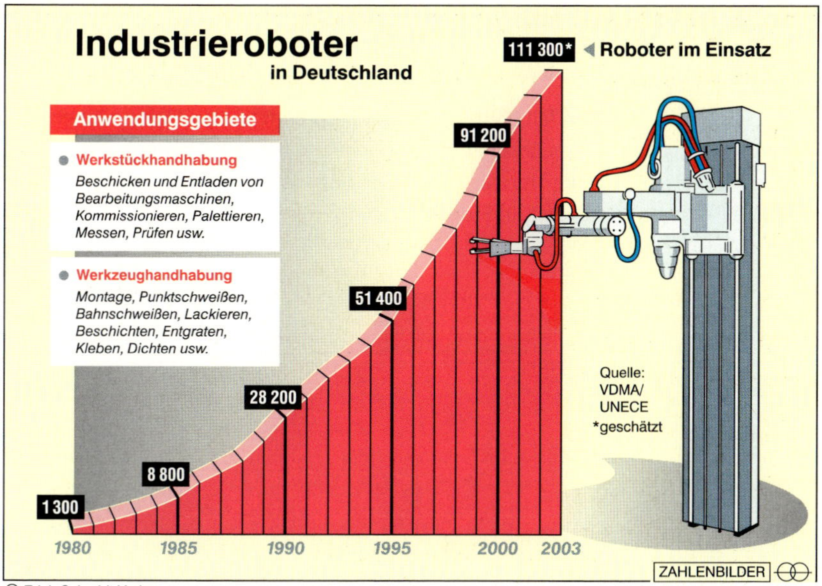

© Erich Schmidt Verlag 363 312

7. Beschreiben Sie die Begriffe „Kombination“ und „Substitution“ von Produktionsfaktoren.

8. Suchen Sie Beispiele für die Substitution von Produktionsfaktoren aus dem Bereich der Lagerwirtschaft.

9. Welche Entwicklung zeigt das folgende Schaubild auf? Erläutern Sie die negativen und auch positiven Folgen dieser Entwicklung!

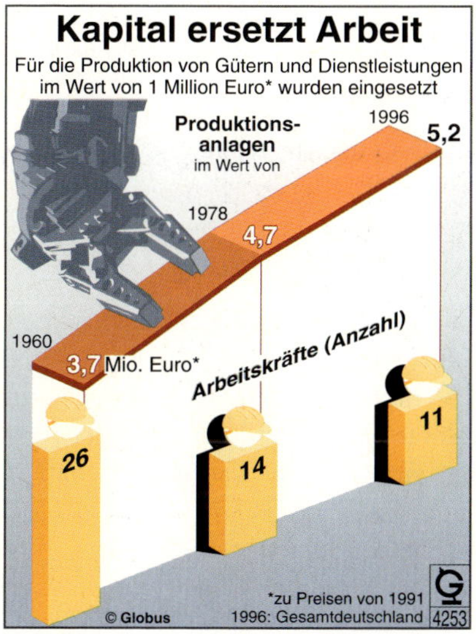

2.3 Die Arbeitsteilung (Lernfeld 10)

SITUATION

Darius, Kastor und Iris waren Mitglieder eines vor mehreren tausend Jahren lebenden Volkes. In dieser Gemeinschaft war es üblich, dass sich jeder selbst mit den Dingen versorgte, die er zum Leben benötigte. Für die Herstellung dieser Gegenstände brauchte jeder Einzelne beispielsweise folgende Arbeitszeit (in Stunden):

	Darius	Kastor	Iris
Speer	2	4	3
Tonvase	3	2	4
Korb	3	3	2

HANDLUNGSAUFTRÄGE

1. Welche Gesamtarbeitszeit benötigen Iris, Darius und Kastor zusammen für die Herstellung der Gegenstände?
2. Worin könnten die Ursachen für die unterschiedlichen Herstellungszeiten liegen?
3. Welchen Ratschlag geben Sie den drei Produzenten?
5. Um wie viele Stunden kann die Gesamtherstellungszeit verkürzt werden?

Ursprüngliche Arbeitsteilung

Der Ursprung der beruflichen Arbeitsteilung liegt in der Frühzeit des Menschen, als er noch in geschlossenen Hauswirtschaften lebte und ein Tausch von Gütern nicht üblich war. Den täglichen Bedarf deckten die Familienmitglieder als Selbstversorger, Arbeitsteilung entwickelte sich innerhalb dieser Familiengemeinschaften aufgrund des Geschlechts oder des Alters.

So kümmerte sich traditionell die Frau um den Haushalt und die Kinder, während der Mann für Jagd, Fischfang und Kriegsführung zuständig war.

Berufliche Arbeitsteilung in der Form der Berufsbildung

Schon in der ursprünglichen Form der Arbeitsteilung in der Familie entwickelten einzelne Mitglieder besondere Fertigkeiten. Unterschiedliche Fähigkeiten und die Anpassung an die verschiedenen Lebensräume der Familiengemeinschaften führten zu einer Spezialisierung auf bestimmte Tätigkeiten. Qualitativ bessere Güter ließen sich nun schneller herstellen, gleichzeitig entwickelte sich die Selbstversorgungswirtschaft zur Tauschwirtschaft.

BEISPIEL Die ersten Grundberufe wie Fischer, Jäger, Bauer und Schmied entstanden.

Berufliche Arbeitsteilung in der Form der Berufsspaltung

Eine immer stärkere Spezialisierung führte zu einer Aufspaltung der Grundberufe, die sich bis in die Gegenwart hinein fortsetzt.

BEISPIEL Der Händler spezialisierte sich auf den Großhandel, Einzelhandel oder Außenhandel, es entstanden der Bürokaufmann, spezialisiert auf die Verwaltung, der Einzelhandelskaufmann mit dem Schwerpunkt in der Verkaufstätigkeit und die Fachkraft für Lagerlogistik spezialisiert auf die Verwaltung des Lagers.

Volkswirtschaftliche Arbeitsteilung

Der Prozess der Arbeitsteilung vollzog sich nicht nur bei der Entwicklung von Berufen, sondern auch innerhalb einer Volkswirtschaft. Die Verlagerung der Herstellung von den Familien in Betriebe wie Manufakturen und Fabriken führte zu einer gesamtwirtschaftlichen Arbeitsteilung, die sich in zwei Richtungen bewegte: die Aufgliederung nach den einzelnen Wirtschaftsstufen (= vertikale Arbeitsteilung) und innerhalb dieser Produktionsstufen, also auf gleicher Ebene, nach einzelnen Bereichen (= horizontale Arbeitsteilung):

← Horizontale Arbeitsteilung →				
Vertikale Arbeitsteilung (↕)	**Urerzeugung** (primärer Sektor) = Sektor, in dem die Rohstoffe und Naturprodukte gewonnen werden	Land- und Forstwirtschaft	Bergbau (Kohle, Erze) Öl- und Gasgewinnung	Jagd, Fischerei
	Weiterverarbeitung (sekundärer Sektor) = Sektor, in dem die Rohstoffe be- oder verarbeitet werden	Handwerk ■ Bäcker ■ Metzger	Industrie ■ Grundstoffindustrie (Chemie) ■ Investitionsgüterindustrie (Maschinenbau) ■ Konsumgüterindustrie (Freizeitartikel)	
	Handel und Dienstleistungen (tertiärer Sektor) = Sektor, in dem die Waren verteilt und weitere Dienstleistungen angeboten werden	Handel ■ Großhandel ■ Einzelhandel ■ Außenhandel	Dienstleistungen ■ Banken und Versicherungen ■ Verkehrsbetriebe ■ freie Berufe (Rechtsanwälte)	

Betriebliche Arbeitsteilung in der Form der Abteilungsbildung

Auch innerhalb eines Betriebes ist es sinnvoll, dass sich Mitarbeiter spezialisieren und das gesamte Tätigkeitsgebiet in einzelne Arbeitsbereiche aufteilen. Bei dieser Art der Arbeitsteilung werden Abteilungen nach den betrieblichen Grundfunktionen zusammengefasst.

BEISPIEL Eine Abteilungsbildung ist beispielsweise möglich in Einkauf, Lager, Verkauf und Verwaltung.

Betriebliche Arbeitsteilung in der Form der Arbeitszerlegung

Gleichzeitig können Arbeitsabläufe in einem Betrieb in einzelne Teilverrichtungen zerlegt werden. Durch Aufteilung in wenige Handgriffe und den intensiven Einsatz von Maschinen wie beispielsweise bei Fließbandarbeit kann so die Produktivität des einzelnen Mitarbeiters erheblich gesteigert werden. Dies ist in der Verwaltung ebenso wie im Lagerbereich möglich:

BEISPIEL Abteilung Lager:
- Wareneingang mit Prüfung
- Einlagerung
- Lagerverwaltung, Warenpflege, Warenkontrolle
- Kommissionierung
- Warenverpackung
- Warenabgabe

Internationale Arbeitsteilung

„Zunehmende Globalisierung" ist ein in Politik und Wirtschaft häufig verwendetes Schlagwort, unter das eine weitere Form der Arbeitsteilung fällt. Internationale Arbeitsteilung, also eine Arbeitsteilung, die über eine Volkswirtschaft hinausgeht, kann aus verschiedenen Gründen entstehen:

- Notwendige Rohstoffe sind nicht in allen Ländern verfügbar und müssen deshalb importiert werden. Bsp: Erdöl, Kautschuk
- Die Herstellungskosten sind aufgrund niedrigerer Löhne in manchen Ländern günstiger. Bsp: Bekleidungsindustrie verlagert Betriebsteile nach Asien
- Einige Länder verfügen über einen hohen Wissens- und Technologievorsprung. Bsp: Maschinenbau in Deutschland, Computertechnologie in USA
- Unterschiedliche klimatische Verhältnisse ermöglichen den Anbau landwirtschaftlicher Produkte nur in bestimmten Regionen. Bsp: Reisanbau, Zitrusfrüchte

Folge internationaler Arbeitsteilung ist, dass sich Länder auf die Herstellung bestimmter Produkte oder die Förderung einzelner Rohstoffe spezialisieren, die sie am günstigsten produzieren können und weltweit austauschen. Internationaler Güteraustausch kann dadurch zu einer verbesserten Güterversorgung und einer Steigerung des Lebensstandards aller beteiligten Länder führen. Dieser wirtschaftliche Austausch bedeutet schließlich auch eine politische und kulturelle Annäherung der einzelnen Länder. Problematisch kann aber der Verlust von Arbeitsplätzen im Inland als Folge einer zunehmenden Internationalisierung sein.

Kernwissen

Arbeitsteilung

ursprüngliche Arbeitsteilung

berufliche Arbeitsteilung
- Berufsbildung
- Berufsspaltung

volkswirtschaftliche Arbeitsteilung
- primärer Sektor
- sekundärer Sektor
- tertiärer Sektor

betriebliche Arbeitsteilung
- Abteilungsbildung
- Arbeitszerlegung

internationale Arbeitsteilung

Übungsaufgaben

1. Geben Sie einen Überblick über Entwicklung und Formen der Arbeitsteilung und nennen Sie jeweils Beispiele dazu.

2. Erläutern Sie die Entwicklung, die auf dem nebenstehenden Schaubild erkennbar ist. Beschreiben Sie dabei den Begriff „Dienstleistungsgesellschaft“.

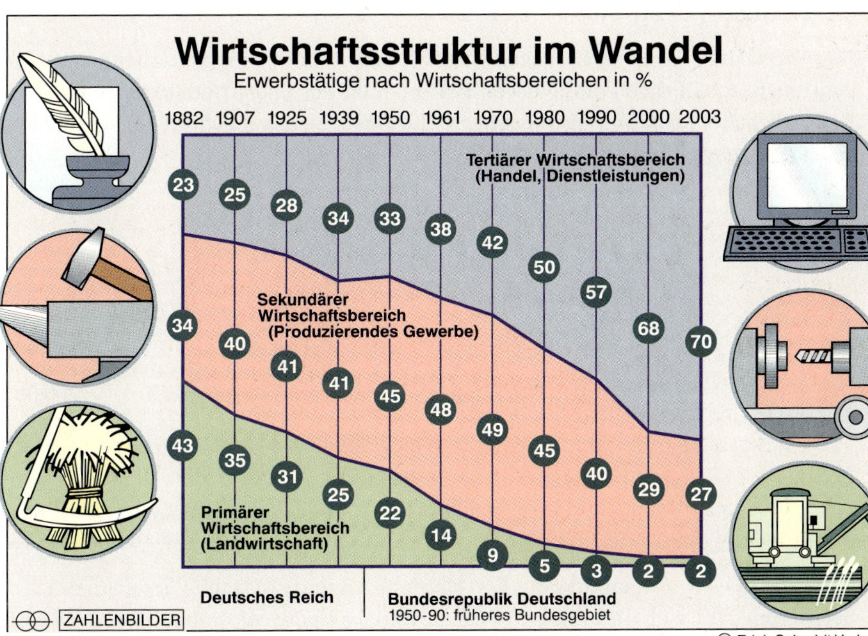

220 020 © Erich Schmidt Verlag

3. Begründen Sie, warum internationale Arbeitsteilung für die beteiligten Volkswirtschaften vorteilhaft sein kann. Suchen Sie in einem geeigneten Nachschlagewerk oder im Internet eine Beschreibung des Begriffes „Globalisierung“.

4. Welche positiven und negativen Folgen hat Arbeitsteilung?

Überlegen Sie sich in der Gruppe die Vor- und Nachteile der Arbeitsteilung und erstellen Sie eine Übersicht nach dem angegebenen Muster. Versetzen Sie sich anschließend in der Gruppe in die Situation eines Arbeitsgebers, eines Arbeitnehmers oder eines Politikers und bereiten Sie Argumente für eine „Expertenrunde" vor. Tauschen Sie in dieser Expertenrunde die Ergebnisse aus, indem Sie Ihre jeweilige Sichtweise darlegen und darüber diskutieren.

Arbeitsteilung bringt		
	Vorteile	**Nachteile**
für den Arbeitgeber		
für den Arbeitnehmer		
für die Gesamtwirtschaft		

2.4 Wirtschaftskreislauf (Lernfeld 10)

SITUATION

Die ausgebildete Fachkraft für Lagerwirtschaft Susi erhält von ihrem Arbeitgeber Autohaus Seidl einen monatlichen Nettolohn von 1200,00 EUR. Um einen Überblick über die finanzielle Lage zu behalten führt Susi ein monatliches Einnahmen-Ausgabenbuch. In diesem Monat erstellt sie folgende Einträge:

Einnahmen von		**Ausgaben für**	
Nettolohn	1200,00 EUR	Miete an die Wohnbau GmbH	350,00 EUR
		Kleidung an die D&B Textil KG	150,00 EUR
		Lebensmittel an den Supermarkt	250,00 EUR
		Reparaturen u. Tanken im Autohaus Seidl	200,00 EUR
		Freizeit (Kino, Disko, Pub) an Freizeitpark	250,00 EUR

HANDLUNGSAUFTRÄGE

1. Zeichnen Sie ein Schaubild mit allen Einnahmen und Ausgaben der an dieser Rechnung beteiligten „Wirtschaftssubjekte" Susi, Autohaus Seidl, Wohnbau GmbH, D&B Textil KG, Supermarkt und Freizeitpark auf.
2. Könnte ein derartiges Beziehungsgeflecht auch für ein ganzes Land erstellt werden?
3. Welche Erkenntnisse könnten aus einer volkswirtschaftlichen „Einnahmen-Ausgabenrechnung" gezogen werden?

Betrachten wir unser Alltagsleben, so erkennen wir, dass wir in einem komplizierten System des „Gebens“ und „Nehmens“ eingebunden sind. Für unsere Arbeit erhalten wir Lohn, Unternehmen verkaufen ihre Produkte, unseren Lohn verwenden wir wieder für den Kauf von Konsumgütern, wir zahlen oder erhalten Miete ...

Um das komplizierte Geflecht wirtschaftlicher Beziehungen, wie wir es selbst tagtäglich erleben, in einer Volkswirtschaft erklärbarer und durchschaubarer zu machen, werden in der Volkswirtschaftslehre Modelle verwendet, die nichts anderes sind als eine vereinfachte Darstellung der tatsächlichen wirtschaftlichen Gegebenheiten. Ein derartiges Modell, das die volkswirtschaftlichen Zusammenhänge als Kreislauf beschreibt, wurde schon im 18. Jahrhundert von dem französischen Arzt Francois Quesney entwickelt, wahrscheinlich angeregt vom Kreislaufgeschehen des menschlichen Organismus, in dem auch die verschiedenen Organe durch ein System von Blutströmen und Nervenbahnen verbunden sind.

Für das vereinfachte **Kreislaufmodell einer Volkswirtschaft** müssen bestimmte **Annahmen** festgelegt werden:

- Es gibt nur zwei Arten von Wirtschaftssubjekten: private Haushalte und Unternehmen.
- Sämtliche privaten Haushalte und Unternehmen werden jeweils zu einer Gruppe zusammengefasst. Diese Gruppen werden auch als **Sektoren** bezeichnet.
- Die Haushalte geben ihr gesamtes Einkommen für Konsum aus, sie sparen also nicht.
- Alle Güter, die in den Unternehmen produziert werden, können an die Haushalte abgesetzt werden.
- Gleichartige Transaktionen (= Bewegungen) zwischen den Sektoren werden zu Strömen zusammengefasst.

Dieses vereinfachte Modell kann grafisch dargestellt werden:

Erläuterung des Modells:

(1) Die Haushalte werden als reine Orte des Verbrauchs aufgefasst. Sie produzieren nicht selbst, stellen aber den Unternehmen die Produktionsfaktoren Arbeit (z. B. Arbeitsleistung), Boden (z. B. Grundstücke) und Kapital (z. B. Darlehen, Eigenkapital) zur Verfügung.

(2) Die Unternehmen sind lediglich Produktionsstätten, in denen die Produktionsfaktoren der Haushalte kombiniert werden, um Waren und Dienstleistungen herzustellen. Als Gegenleistung für die Nutzung dieser Leistungen bezahlen die Unternehmen den Haushalten Einkommen in Form von Lohn, Miete oder Zins.

(3) Das Einkommen geben die Haushalte wieder für Konsumzwecke aus. Diese so genannten Konsumausgaben fließen an die Unternehmen als Erlöse zurück.

(4) Für die Konsumausgaben erhalten die Haushalte Güter und Dienstleistungen, die von den Unternehmen bereitgestellt werden.

(5) Mit den Erlösen aus dem Verkauf der Güter und Dienstleistungen können nun wieder die Einkommen der Haushalte finanziert werden. Der Kreislauf ist geschlossen.

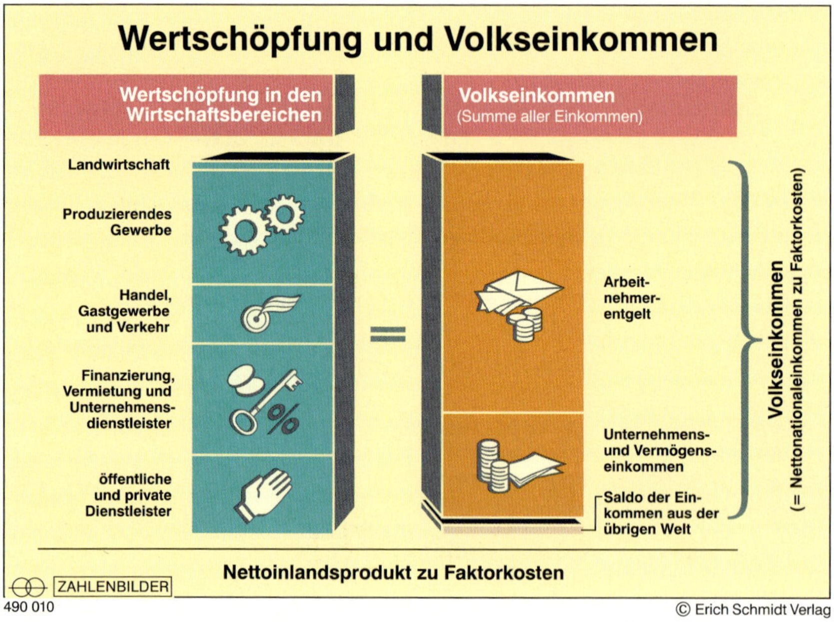

Wertströme im Wirtschaftskreislauf:

Im geschlossenen Kreislaufmodell können grundsätzlich zwei Arten von Wertströmen unterschieden werden:

„Roter" Pfeil → **Güterströme** in Form von Gütern und Dienstleistungen oder Produktionsfaktoren

„Blauer" Pfeil → **Geldströme** in Form von Einkommen oder Konsumausgaben

Die Geld- und Güterströme zwischen den Sektoren Haushalte und Unternehmen verlaufen entgegengesetzt und entsprechen sich wertmäßig. Es kann somit für Konsumgüter nicht mehr ausgegeben werden als Einkommen zu den Haushalten fließt. Umgekehrt können nicht mehr Güter für den Konsum verwendet werden als in den Unternehmen produziert wurden.

Natürlich handelt es sich bei diesem Kreislaufmodell nur um ein unvollständiges Abbild der ökonomischen Wirklichkeit. Weitere Sektoren wurden vernachlässigt, die in einer Volkswirtschaft wichtige Aufgaben übernehmen:

- **Banken** sammeln die Ersparnisse der Unternehmen und Haushalte und vergeben Kredite für Investitionen oder Konsumausgaben.
- Der **Staat** bezieht von Unternehmen und Haushalten Steuern. Mit diesen Einnahmen finanziert er für seine staatlichen Aufgaben Güter und Arbeitsleistungen, bezogen von den Haushalten und Unternehmen. Gleichzeitig vergibt er an Unternehmen Subventionen und leistet an Haushalte Transferzahlungen wie beispielsweise Kindergeld.
- Aus dem **Ausland** beziehen sowohl Haushalte als auch Unternehmen über den internationalen Handel Güter und Dienstleistungen, dafür fließt Einkommen ab (Importe). Umgekehrt werden Waren an das Ausland verkauft, Geldströme in Form von Einkommen verlaufen entgegengesetzt (Exporte).

Praktische Anwendung findet der Wirtschaftskreislauf in der **volkswirtschaftlichen Gesamtrechnung**. In einer Art „Buchführung" wird das gesamtwirtschaftliche Produktionsergebnis eines Landes erfasst. Dieses so genannte Sozialprodukt wird definiert als der Wert aller Güter und Dienstleistungen, die innerhalb eines Jahres in einer Volkswirtschaft erzeugt wurden. Wie im Wirtschaftskreislauf, in dem Güterströme und gegenläufige Geldströme dargestellt werden, kann auch das Sozialprodukt in seiner Entstehung und in seiner Verteilung erfasst werden:

- In der Entstehungsrechnung werden alle durch Produktion neu geschaffenen Werte -untergliedert nach Wirtschaftsbereichen – zusammengefasst (= Wertschöpfung).
- In der Verteilungsrechnung findet man die Gegenleistung für die Produktionsfaktoren – das Volkseinkommen aufgeteilt in Einkommen aus unselbstständiger (Lohn) und selbstständiger Tätigkeit (Gewinn).

Kernwissen

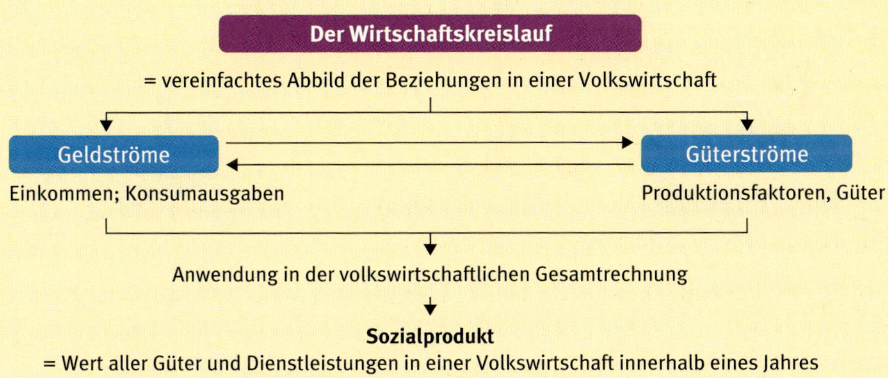

Übungsaufgaben

1. Warum kann es sinnvoll sein, wirtschaftliche Zusammenhänge in Modellen darzustellen?

2. Handelt es sich um einen Geld- oder Güterstrom? Ordnen Sie jeweils den entgegenlaufenden Geld- oder Güterstrom zu.

	Geld- oder Güterstrom?	Entgegenlaufender Strom?
Beispiel: Miete	**Geld**	**Faktor Boden**
a) Konsumausgaben		
b) Arbeitsleistung		
c) Grundstück		
d) Zins		

3. Zeichnen Sie den einfachen Wirtschaftskreislauf auf und beschriften Sie die Geld- und Güterströme.

4. Ergänzen Sie den einfachen Wirtschaftskreislauf mit den Sektoren Banken, Staat und Ausland und beschriften Sie Geld- und Güterströme. Verwenden Sie dazu, falls erforderlich, die Beschreibung der Beziehungen im Lehrbuchtext.

5. Informieren Sie sich über die Inhalte einer volkswirtschaftlichen Gesamtrechnung und über die aktuelle volkswirtschaftliche Entwicklung in Deutschland.

TIPP **Aktuelle Daten und Informationen zur Wirtschaftslage können über das Internet aus den Seiten des statistischen Bundesamtes abgerufen werden. Adresse: http://www.statistik-bund.de**

2.5 Markt und Preisbildung (Lernfeld 11)

SITUATION

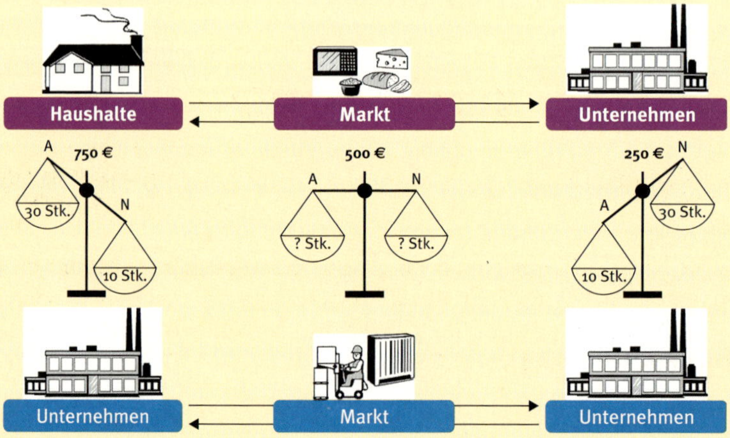

HANDLUNGSAUFTRÄGE

1. Welche Aufgaben übernimmt der Markt in einer Volkswirtschaft?
2. Welche Arten von Märkten gibt es überhaupt in einer Volkswirtschaft?
3. Beschreiben Sie die symbolhafte Bedeutung der Waagen in diesem Schaubild.

2.5.1 Funktion des Marktes

Unter einem Markt versteht man jedes Zusammentreffen von Angebot und Nachfrage.

Märkte sind also nicht nur der typische Wochenmarkt oder der Supermarkt, sondern auch Zeitungen mit Anzeigen, Wertpapierbörsen, Messen, Internet-Handel usw. Es ist also egal, wann Märkte stattfinden und wo oder wie sie gestaltet sind, wesentliches Kennzeichen ist das Aufeinandertreffen von Angebot und Nachfrage.

Aufgabe des Marktes ist es, den Güteraustausch zwischen Angebot und Nachfrage überhaupt zu ermöglichen. Eine weitere Aufgabe des Marktes ist es, die gegensätzlichen Interessen von Käufer und Verkäufer auszugleichen:

- Der Verkäufer eines Pkw ist daran interessiert, für sein Fahrzeug einen möglichst hohen Preis zu erzielen, während der Käufer so wenig wie möglich dafür aufwenden will.
- Ein Arbeitgeber möchte die Ausgaben für Löhne und Gehälter so niedrig wie möglich halten, wogegen der Arbeitnehmer in der Regel nach einem hohen Einkommen strebt.

Dieser Interessenausgleich beider Marktteilnehmer geschieht über den Preis. Der Markt ist somit der **Ort der Preisbildung**. Das Marktgeschehen wird bestimmt von Angebot, Nachfrage und Preis.

Ist der Markt durch eine sehr starke Machtposition des Anbieters (Verkäufers) geprägt, weil z. B. nur wenige Produkte für viele Käufer angeboten werden können, so spricht man von einem **Verkäufermarkt**. Verfügt der Nachfrager (Käufer) über eine sehr starke Verhandlungsposition, weil mehr Produkte angeboten als nachgefragt werden, so spricht man von einem **Käufermarkt**.

2.5.2 Marktarten

Je nachdem, welches Gut Gegenstand von Angebot und Nachfrage ist, unterscheidet man verschiedene Arten von Märkten. Stellen wir uns den Wirtschaftskreislauf noch einmal vor, werden Märkte für die Güterströme und Märkte für die Produktionsfaktoren notwendig. In dieser Systematik können auch die Märkte eingeteilt werden.

Neben diesen grundsätzlichen Marktarten gibt es noch zahlreiche Sonderformen wie beispielsweise Devisenmärkte für den Währungshandel oder Wertpapiermärkte für den Handel von Aktien und weiteren Kapitalanlagen sowie Auktionen (Versteigerungen) für Sammelobjekte. Letztendlich gibt es so viele Märkte, wie Waren- und Dienstleistungen vorhanden sind.

Faktormärkte

Marktart	Inhalt	Anbieter	Nachfrager
Arbeitsmarkt	Arbeitsleistungen gegen Entgelt	Arbeitswillige	Unternehmen, Staat
Immobilienmarkt	Handel mit Grundstücken und Gebäuden	Grundstücks-eigentümer	Grundstückskäufer, Mieter
Geld- und Kapital-markt	Kurzfristige und langfristige Kredite	Banken, Staat	Haushalte, Unterneh-men, Staat

Gütermärkte

Marktart	Inhalt	Anbieter	Nachfrager
Konsumgütermarkt	Konsumgüter und Dienst-leistungen	Unternehmen	Haushalte
Investitionsgüter- und Rohstoffmarkt	Produktionsgüter und Dienstleistungen, Rohstoffe	Unternehmen	Unternehmen

2.5.3 Die Bildung des Marktpreises im Modell des vollkommenen Marktes

Betrachtet man eine typische Kaufentscheidung wie beispielsweise den Kauf eines Autos, so spielt in der Realität nicht nur der Preis eine Rolle. Viele subjektive Faktoren, wie persönliche Vorlieben für einen bestimmten Verkäufer, örtliche Gegebenheiten, unterschiedliche Öffnungszeiten, Zeitdruck, können den Kauf beeinflussen, sodass andere Angebote gar nicht mehr eingeholt werden. Damit aber das Zusammenwirken von Angebot, Nachfrage und Preis – der so genannte Preismechanismus – ohne weitere Einflüsse untersucht werden kann, müssen alle anderen Faktoren durch ein Modell ausgeschlossen werden: **das Modell des vollkommenenen Marktes**. Wie im Modell des Wirtschaftskreislaufes werden dazu Annahmen getroffen.

Modellannahmen der Preisbildung im vollkommenen Markt

1. Auf dem Markt stehen sich viele Anbieter und Nachfrager gegenüber = vollständige Konkurrenz. Die Marktteilnehmer können den Preis nicht beeinflussen, sondern lediglich die angebotene oder nachgefragte Menge verändern (= Mengenanpasser).
2. Es handelt sich um homogene (gleichartige) Güter in Art, Ausführung und Qualität.

BEISPIEL Neuer Pkw mit der eher selten anzutreffenden Annahme einer identischen Ausführung. Absolute Gleichartigkeit findet sich nur bei einer begrenzten Zahl von Gütern, vorwiegend bei Massengütern wie Kohle, Salz, Mehl.

3. Die Käufer haben vollkommene Markttransparenz (Marktübersicht). Der Käufer muss also über alle Konkurrenzprodukte und deren Preise bei den verschiedenen Anbietern unterrichtet sein.

BEISPIEL Ein Käufer kennt alle angebotenen Pkw dieser Ausführung und kann sofort auf Preisänderungen reagieren.

4. Die Käufer haben keine Präferenzen (Vorlieben):
   - persönliche Präferenzen (Bsp.: besonders sympathischer Verkäufer)
   - zeitliche Präferenzen (Bsp.: Öffnungszeiten bis 20:00 Uhr)
   - räumliche Präferenzen (Bsp.: Ein Anbieter liegt in verkehrsgünstiger Lage)
   - sachliche Präferenzen (Bsp.: Zusatzleistungen wie Service, Kundendienst)

Unter diesen Bedingungen kann das Anbieter- und Nachfrageverhalten der Marktteilnehmer untersucht werden.

Das Verhalten der Nachfrager

BEISPIEL Vor der Einführung eines neuen Pkw der unteren Mittelklasse mit vorgegebener Ausführung werden 1000 potenzielle Kunden befragt, bis zu welchem Preis sie dieses Fahrzeug kaufen würden und ab wann sie auf das Produkt verzichten. Das Ergebnis der Befragung liegt in Tabellenform vor.

Preis je Einheit in EUR	20 000	17 500	15 000	12 500	10 000	7 500
Nachfrage in Stück	0	200	400	600	800	1 000

Dieses Nachfrageverhalten weist typische Merkmale auf. Nachfrager streben danach, für ein Gut einen möglichst niedrigen Preis zu bezahlen. Sie sind **Nutzenmaximierer**.

Ergebnis: **Je höher der Marktpreis, umso niedriger ist die Nachfrage. Je niedriger der Marktpreis, umso höher ist die Nachfrage.**

Bei einem Preis von 17 500 EUR sind also beispielsweise nur noch 200 Nachfrager bereit, sich einen Pkw zu kaufen.

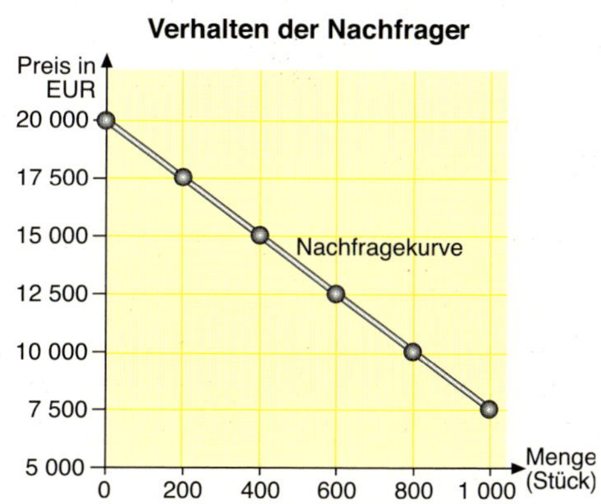

Bei einem Preis von 7 500 EUR sind alle 1 000 Nachfrager bereit, sich einen Pkw zu kaufen.

Das Verhalten der Anbieter

Wie bei den Nachfragern könnten auch die Hersteller von Pkws befragt werden, bis zu welchem Preis sie einen Pkw der unteren Mittelklasse auf dem Markt anbieten würden. Die Menge der angebotenen Pkws bei unterschiedlichen Preisen sind aus der Tabelle ersichtlich:

Preis je Einheit in EUR	7 500	10 000	12 500	15 000	17 500	20 000
Angebot in Stück	0	200	400	600	800	1 000

Auch dieses Verhalten der Anbieter weist typische Merkmale auf.

Kann ein hoher Kaufpreis erzielt werden, sind mehr Anbieter bereit, ihre Produkte auf dem Markt anzubieten, damit sie einen entsprechend hohen bzw. maximalen Gewinn erwirtschaften. Die Unternehmen sind **Gewinnmaximierer.**

Ergebnis: **Je höher der Marktpreis, umso höher ist das Angebot.**
Je niedriger der Marktpreis, umso niedriger ist das Angebot.

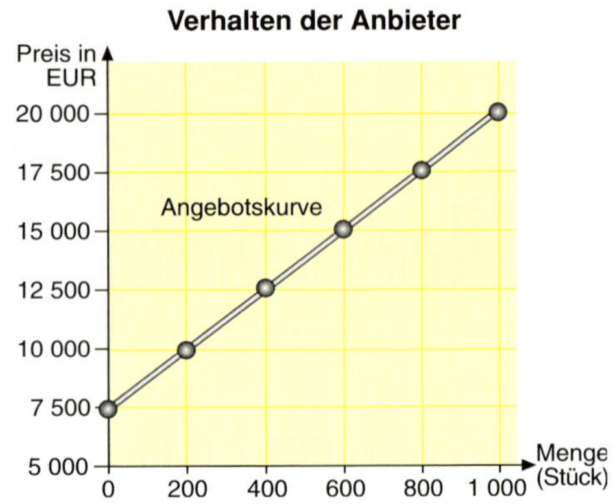

Bei einem Preis von 2 000 EUR werden 1 000 Stück von den Pkws angeboten. Bei einem Preis von 7 500 EUR ist kein Anbieter mehr bereit, einen Pkw auf dem Markt anzubieten.

Der Gleichgewichtspreis

Werden angebotene und nachgefragte Menge zu den unterschiedlichen Marktpreisen in Tabellenform gegenübergestellt, zeigt sich, dass beide Mengen nur bei einem Preis von 13 750,00 EUR übereinstimmen. In den anderen Fällen werden entweder weniger Stückzahlen angeboten oder nachgefragt, es können somit auch weniger Stückzahlen verkauft oder gekauft werden.

Bei einem Preis von 10 000 EUR werden nur 200 Stück angeboten, also können auch nur höchstens 200 abgesetzt (verkauft) werden.

Preis je Einheit	Angebotsmenge	Nachfragemenge	Absatz	Umsatz
(in EUR)	**(in Stck.)**	**(in Stck.)**	**(in Stck.)**	**(in EUR)**
7 500	0	1 000	0	–
10 000	200	800	200	2 000 000

Preis je Einheit	Angebotsmenge	Nachfragemenge	Absatz	Umsatz
12 500	400	600	400	5 000 000
13 750	**500**	**500**	**500**	**6 875 000**
15 000	600	400	400	6 000 000
17 500	800	200	200	3 500 000
20 000	1 000	0	0	–

Den Preis, bei dem angebotene und nachgefragte Menge übereinstimmen, nennt man Gleichgewichtspreis. Die dazugehörige Menge ist die Gleichgewichtsmenge.

Bei diesem Preis wird der größte Absatz erzielt. Alle Anbieter, die zu diesem Preis bereit sind zu verkaufen, können ihre Produkte absetzen. Alle Nachfrager, die diesen Preis zu zahlen bereit sind, können die gewünschte Menge erwerben. Diesen Gleichgewichtspreis kann keiner der Anbieter oder Nachfrager verändern, weil sein Marktanteil zu gering ist. Der Preis ist also ein fester Faktor, an den sich die angebotene oder nachgefragte Menge anpasst.

Der Gleichgewichtspreis räumt somit den Markt.

Überträgt man die angebotenen und nachgefragten Mengen in ein gemeinsames Koordinatensystem, zeigt die grafische Darstellung den Gleichgewichtspreis als Schnittpunkt zwischen Angebots- und Nachfragekurve auf der Y-Achse (Po). Die dazugehörige Gleichgewichtsmenge kann auf der X-Achse an der Stelle Mo abgelesen werden.

Der Marktmechanismus

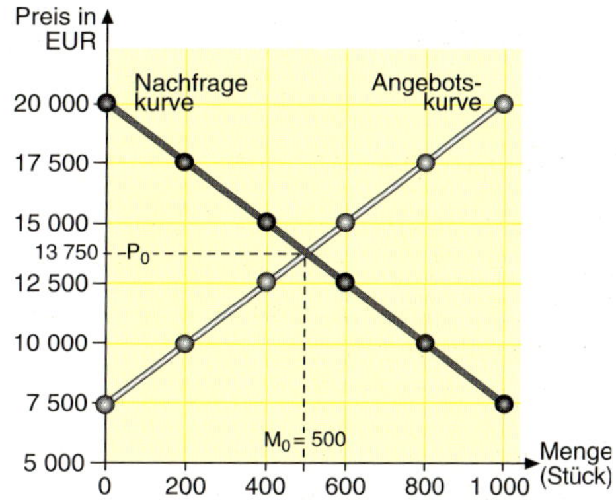

Nehmen wir in unserem Beispiel an, dass die Pkw-Hersteller mit einem Marktpreis von 17 500 EUR rechnen, so werden sie 800 Einheiten auf dem Markt anbieten. Tatsächlich sind aber zu diesem Preis nur 200 Nachfrager bereit, einen Pkw zu kaufen.

Liegt der Marktpreis P_1 über dem Gleichgewichtspreis P_0, entsteht ein **Angebotsüberhang**. Die Marktsituation, in der das Angebot größer als die Nachfrage ist, bezeichnet man als Käufermarkt. Die Anbieter sind in dieser Situation gezwungen, den Preis nach unten anzupassen, damit mehr Nachfrager bereit sind zu kaufen. Bei niedrigerem Preis bieten gleichzeitig weniger Hersteller ihre Produkte am Markt an. Ein Prozess der Annäherung in Richtung Gleichgewichtspreis findet statt.

Angenommen, die Pkw-Hersteller erwarten nur einen Preis in Höhe von 10 000 EUR, so werden bei diesem Preis nur 200 Stück angeboten, die Nachfrage liegt aber bei 800 Stück.

Liegt der Marktpreis P_2 unter dem Gleichgewichtspreis P_0, entsteht ein **Nachfrageüberhang**. Die Nachfrage ist größer als das Angebot. In diesem Fall handelt es sich um einen Verkäufermarkt. Die Anbieter korrigieren die Preise nach oben, um ihre Gewinne zu erhöhen. Der höhere Preis lockt weitere Anbieter auf den Markt, gleichzeitig geht bei steigendem Preis die Nachfrage zurück. Der Anpassungsprozess führt ebenfalls in Richtung Gleichgewichtspreis.

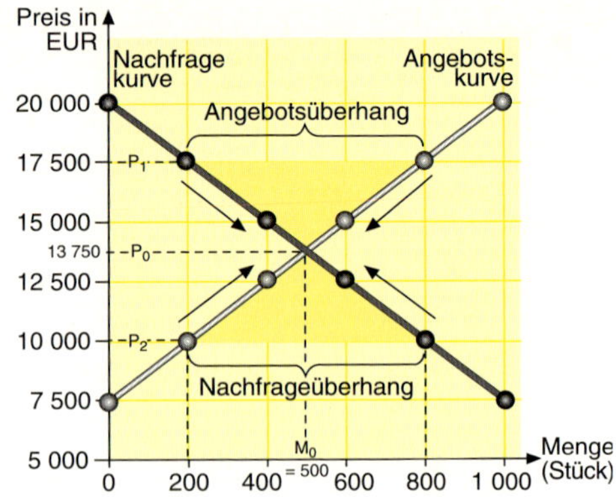

2.5.4 Marktformen

Bei der Ableitung des Gleichgewichtspreises wurden die Annahmen des vollkommenen Marktes zugrunde gelegt. Ist nur eine der Voraussetzungen des vollkommenen Marktes nicht erfüllt, liegt ein unvollkommener Markt vor. In der Wirklichkeit entsprechen nur wenige Märkte den Modellvorstellungen des vollkommenen Marktes, weil nicht nur Präferenzen häufig eine Kaufentscheidung beeinflussen, sondern auch auf vielen Märkten nur wenige oder sogar nur ein einziger Marktteilnehmer vorhanden sind.

BEISPIEL

- Wenige Mineralölunternehmen verfügen über ein flächendeckendes Tankstellennetz zur Versorgung der Autofahrer.
- Die Deutsche Post AG ist der (noch) einzige Anbieter im Bereich „Briefdienst“.

Je nachdem, wie viele Marktteilnehmer beteiligt sind, können verschiedene Marktformen unterschieden werden:

Marktformen

Polypol
(Griech: pollos = viele)
- Viele Marktteilnehmer auf der Angebots- und Nachfrageseite

Oligopol
(Griech: oligos = wenige)
- Wenige Marktteilnehmer auf der Angebots- und/oder Nachfrageseite

Monopol
(Griech: monos = allein)
- Ein Marktteilnehmer auf der Angebots- und/oder Nachfrageseite

Unterscheidet man auf der Angebots- und Nachfrageseite die drei Gruppen von Marktteilnehmern Einer – Wenige – Viele, so können insgesamt neun Marktformen dargestellt werden:

Nachfrager / Anbieter	Viele	Wenige	Einer
Viele	Polypol (vollständige Konkurrenz)	Nachfrageoligopol	Nachfragemonopol
Beispiele:	Wochenmarkt	Fruchtsafterzeuger und Obstbauern einer Region	Straßenbau durch die öffentliche Hand
Wenige	Angebotsoligopol	Zweiseitiges Oligopol	Beschränktes Nachfragemonopol
Beispiele:	Flugzeughersteller und Airlines	Hersteller von Lkw-Reifen und Lkw-Hersteller	Bundeswehr als Käufer von Militärbekleidung
Einer	Angebotsmonopol	Beschränktes Angebotsmonopol	Zweiseitiges Monopol
Beispiele:	Briefdienst der Deutschen Post AG	Hersteller eines medizinischen Spezial-Lasergeräts und Fachkliniken	Bundeswehr als Käufer eines europäischen Kampfflugzeuges

Die Marktform hat einen wesentlichen Einfluss auf die Wettbewerbssituation, die auf einem Markt herrscht. Viele Anbieter auf einem Markt führen zu verschärftem Wettbewerb mit der Folge, dass die einzelnen Anbieter die Preise nicht mehr beeinflussen können. Je weniger Marktteilnehmer, umso stärker ist die Marktmacht des einzelnen Anbieters oder Nachfragers. Diese Marktmacht kann von den stärkeren Teilnehmern, zum Beispiel von einem Monopolisten, dazu genutzt werden, höhere Preise zu verlangen und Geschäftsbedingungen nach den eigenen Vorstellungen zu bestimmen. Die Folgen dieses eingeschränkten Wettbewerbs können überhöhte Preise und eine schlechtere Versorgung sein, weil sich der Monopolist nicht an einer Konkurrenz messen muss.

In der aktuellen marktwirtschaftlichen Situation ist sehr gut zu erkennen, dass sich Marktformen im Laufe der Zeit verändern. Märkte wie der Bereich der Stromversorgung oder der Telekommunikation werden aus einer geschützten Monopolstellung für andere Anbieter geöffnet, umgekehrt können sich durch Aufkauf oder Verdrängung der Konkurrenten neue Monopole bilden.

KERNWISSEN

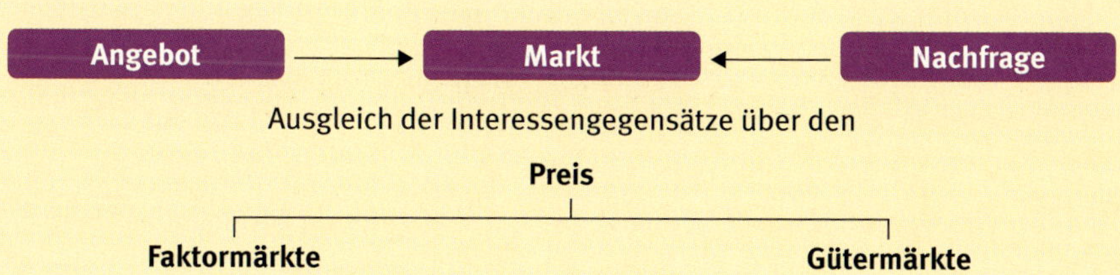

Angebotsüberhang
|
Preissenkung
↓
Gleichgewichtspreis
↑
Preissteigerung
|
Nachfrageüberhang

Vorraussetzung: → Gleichgewichtspreis
Bedingungen des vollkommenen Marktes
- Vollständige Konkurrenz
- Homogene Güter
- Vollkommene Marktübersicht
- Keine Präferenzen (persönlich, zeitlich, sachlich, räumlich)

Merkmale: → Gleichgewichtspreis
Angebot = Nachfrage
größter Absatz

- Märkte unterscheiden sich nach der Zahl der Teilnehmer

TIPP **Die zahlenmäßig geringeren Marktteilnehmer (= Marktmächtigere Teilnehmer) geben der Marktform jeweils ihren Namen!**
ein Anbieter – viele Nachfrager = Angebotsmonopol
wenige Anbieter – viele Nachfrager = Angebotsoligopol

ÜBUNGSAUFGABEN

1. Erklären Sie den Begriff „Markt" und erläutern Sie die Aufgaben, die er übernimmt.

2. Welche Marktarten können auf den Güter- und Faktormärkten unterschieden werden?

3. Um welche Marktart handelt es sich?
a) Stellenanzeige: „Suche gut ausgebildete Fachkraft für Lagerwirtschaft für die Leitung des Ersatzteillagers."
b) Werbeprospekt einer Bank: „Bei einer Laufzeit von 10 Jahren bieten wir Ihnen einen effektiven Jahreszins von 4,75 %."
c) Zeitungsinserat: „Wir übernehmen sämtliche Kurierdienste für Ihre Firma."
d) Anzeige einer Computerfirma: „Installation und Wartung einer vernetzten EDV-Anlage in Ihrem Unternehmen …"
e) Aus der Warenterminbörse: Kurs für Silber 570 cts/oz* *(cts = cents, oz = ounces)
f) Heute im Sonderangebot: „Fruchtsaft der Marke Dick & Dünn 1,99 Euro!"
g) Werbetafel einer Kommune: „Gewerbefläche in verkehrsgünstiger Lage zu verkaufen."

4. Gehen Sie mithilfe einer Suchmaschine im Internet unter dem Stichwort „Märkte" auf die Suche nach verschiedenen Marktarten und versuchen Sie, die Märkte systematisch einzuordnen.

5. Erläutern Sie, warum für die Untersuchung der Preisbildung Modellannahmen erforderlich sind.

6. Welche Modellannahme der Preisbildung im vollkommenen Markt passt zu den jeweiligen Beschreibungen unter a) bis f)?

a) Für den Kunden spielt es keine Rolle, wie weit das Geschäft entfernt liegt.
b) Der Käufer ist vollkommen darüber informiert, welche Produkte zu welchem Preis angeboten werden.
c) Dem Käufer ist es egal, ob das Verkaufspersonal besonders nett und zuvorkommend ist.
d) Angebote können von vielen Geschäften eingeholt werden, auch sind viele Kaufinteressenten auf dem Markt zu finden.
e) Wann die Ware gekauft werden kann, ist für den Käufer und Verkäufer ohne Bedeutung.
f) Die auf dem Markt gehandelten Güter unterscheiden sich weder in der Art oder der Ausführung noch in der Qualität.

7. Finden Sie die richtige Ergänzung der nachfolgenden Erklärungen.

a) Nachfrager, die danach streben, für ein Gut einen möglichst niedrigen Preis zu bezahlen, nennt man ….
b) Anbieter, die nach maximalem Gewinn streben, bezeichnet man als ….
c) Je … der Marktpreis, umso höher ist die Nachfrage.
d) Je höher der Marktpreis, umso … ist das Angebot.
e) … nennt man den Preis, bei dem die angebotene und nachgefragte Menge übereinstimmen.
f) Die … ist die zum Gleichgewichtspreis gehörige Menge.
g) Der Gleichgewichtspreis … den Markt, weil zu diesem Preis alle angebotenen Waren verkauft und alle nachgefragten Waren gekauft werden können.
h) Bei einer Marktsituation, bei der die Nachfrage größer als das Angebot ist, spricht man von einem … oder ….
i) Ist in einer Marktsituation das Angebot größer als die Nachfrage, so herrscht ein … oder ….

8. Nach einer Umfrage bei verschiedenen Kaufinteressenten und Anbietern von Vollkornreis konnte bei unterschiedlichen Preisvorgaben das Anbieter- und Nachfrageverhalten ermittelt werden:

Preis (EUR)	Angebot (kg)	Nachfrage (kg)	Absatz (kg)	Umsatz (EUR)
2	0	14	?	?
4	2	12	?	?
6	4	10	?	?
8	6	8	?	?
9	7	7	?	?
10	8	6	?	?

Preis (EUR)	Angebot (kg)	Nachfrage (kg)	Absatz (kg)	Umsatz (EUR)
12	10	4	?	?
14	12	2	?	?
16	14	0	?	?

a) Ermitteln Sie für die einzelnen Preissituationen den Absatz und Umsatz, der am Markt jeweils erzielt wird.
b) Zeichnen Sie ein Koordinatensystem y-Achse: (Preis in EUR) 1 EUR = 0,5 cm
x-Achse: (Menge in kg) 1 kg = 0,5 cm
und tragen Sie den Verlauf der Angebots- und Nachfragekurve ein.
c) Beschriften Sie Gleichgewichtspreis und Gleichgewichtsmenge.
d) Wählen Sie je eine Preissituation im Bereich des Käufer- und Verkäufermarktes und beschriften Sie den Angebots- und den Nachfrageüberhang.
e) Zur Unterstützung der Reisbauern wird ein staatlicher Mindestpreis von 14 EUR vorgeschrieben. Diskutieren Sie die Folgen dieser Maßnahme. Müssen weitere Eingriffe vorgenommen werden?
f) Damit die Grundversorgung der Bevölkerung sichergestellt wird, beschließt die Regierung, dass für 1 kg Reis nur noch ein Höchstpreis von 6 EUR gefordert werden darf. Diskutieren Sie Folgen und notwendige weitere Eingriffe dieser Maßnahme.
g) Suchen Sie nach konkreten Beispielen für staatliche Eingriffe in den Preismechanismus.

9. Die Nachfrage nach einem Gut wird nicht nur vom Preis dieses Gutes bestimmt. Auch andere Faktoren beeinflussen das Nachfrageverhalten wie beispielsweise:
a) Dringlichkeit des Bedürfnisses nach dem Gut
b) Höhe des verfügbaren Einkommens
c) Preise anderer Güter
d) Zukunftserwartungen
e) Güterangebot.

Ordnen Sie die Faktoren des Nachfrageverhaltens den Beschreibungen zu.
1) Nach der Beförderung zum Lagerleiter steigt das Gehalt des kaufmännischen Angestellten Murr um 20 %. Er beschließt, sich ein neues Auto zu kaufen.
2) Die Beförderungskosten für den öffentlichen Nahverkehr stiegen zum Teil um über 30 %. Trotz Umweltbewusstseins fährt Herr Murr nun öfter mit dem Pkw.
3) Herrn Murr wurde wegen Eigenbedarfs gekündigt. Weil der Auszugstermin schon sehr nah ist, gibt er sich mit einer weniger komfortablen Wohnung zufrieden.
4) Beeindruckt von der neuen Technik, kauft sich Herr Murr ein neues Fernsehgerät mit Flachbildschirm.
5) Der gesicherte Arbeitsplatz und die Aussicht auf ein Familienleben mit Kindern verleiten Herrn Murr zum Kauf eines Baugrundstücks.

10. Das Angebot eines Gutes wird ebenfalls nicht nur vom Preis, sondern auch von weiteren Faktoren beeinflusst:
a) Produktionskosten
b) Bedarf des Marktes
c) Gewinnerwartung.
Suchen Sie nach Beispielen für die genannten Faktoren.

11. Das Bekanntwerden der Rinderseuche BSE führte zu einem erheblichen Nachfragerückgang nach Rindfleisch. Beeinflussen andere Faktoren die Nachfrage, führt dies nicht zu einer Bewegung auf der Nachfragekurve, sondern zu einer Verschiebung der Nachfragekurve (Nachfrage 0 zu Nachfrage 1)

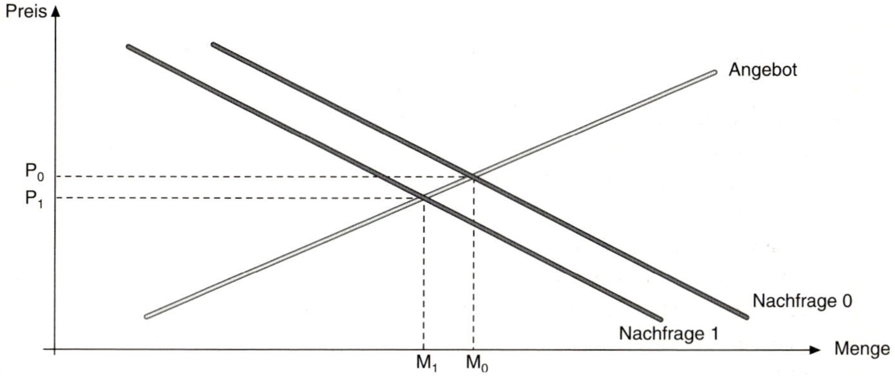

a) Beschreiben Sie die Auswirkungen dieses Nachfragerückgangs auf den Gleichgewichtspreis.
b) Welche Auswirkung hätte nach diesem Modell die Erhöhung des Einkommens durch Lohnerhöhungen auf die Nachfrage nach Konsumgütern, wenn das Angebot gleich bliebe? Wie würden sich die Nachfragekurve und der Gleichgewichtspreis verändern?

12. Der Wohnungsbau wurde durch die Bundesregierung in den neuen Bundesländern mithilfe von Sonderabschreibungsmöglichkeiten gefördert.

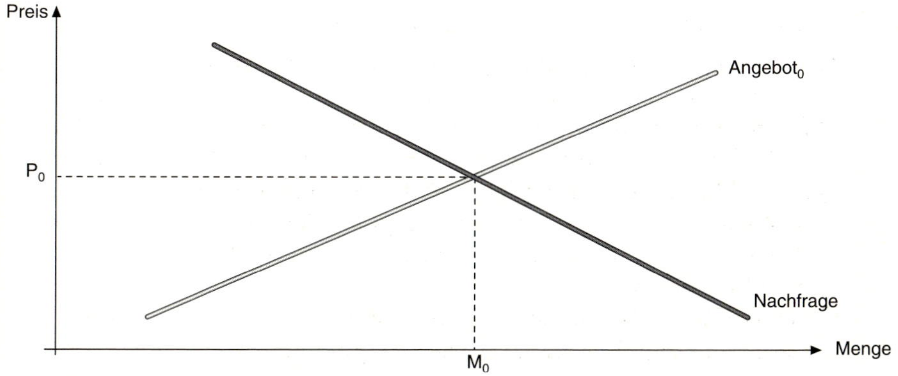

a) Welche Auswirkungen hätte diese Maßnahme bei angenommener gleich bleibender Nachfrage in diesem Modell?
b) Zeichnen Sie die Skizze wie oben und vervollständigen Sie in der Zeichnung die Auswirkungen auf die Angebotskurve und den Gleichgewichtspreis! Beschreiben Sie die Entwicklung zum neuen Gleichgewichtspreis!

13. Finden Sie die richtige Ergänzung.
a) Die Marktform mit wenigen Marktteilnehmern auf der Anbieter- oder Nachfragerseite nennt man ....
b) Als ... bezeichnet man eine Marktform mit vielen Anbietern und Nachfragern.
c) Beherrscht ein einziger Anbieter oder Nachfrager das Marktgeschehen, spricht man von einem ....

14. Um welche Marktform handelt es sich in diesen Beispielen?
a) Mineralölfirmen bieten Benzin an Tankstellen an.
b) Gewerkschaft und Arbeitgeberverband handeln die neuen Tariflöhne aus.
c) Energieversorgungsunternehmen liefern Strom für die Haushalte.
d) Speditionen bieten Unternehmen Transportleistungen in Deutschland an.
e) Alle Bauern einer Region liefern ihre Milch an die einzige Molkerei.

15. Zeichnen Sie sich die Übersicht der neun Marktformen in Ihr Heft und suchen Sie in Ihrer Gruppe oder mit dem Banknachbarn nach weiteren Beispielen.

16. Beschreiben Sie die Nachteile, die sich aus einer Monopolstellung für die Kunden und die Gesamtwirtschaft ergeben können.

2.6 Soziale Marktwirtschaft in der Bundesrepublik Deutschland

Situation

Der Auszubildende Tom hört in der Rede eines Politikers den Satz: „Nur durch eine weitere konsequente Liberalisierung der Marktwirtschaft kann der stotternde Konjunkturmotor wieder in Richtung Wirtschaftswachstum in Fahrt gebracht werden, um die Voraussetzungen für neue Arbeitsplätze unter Beibehaltung eines gesamtwirtschaftlichen Gleichgewichts zu schaffen!" Tom überlegt sich, ob das nicht auch einfacher ausgedrückt werden kann.

Handlungsaufträge

1. Was meint der Politiker mit „Liberalisierung der Marktwirtschaft"?
2. Was bedeutet der Begriff „Konjunktur"?
3. Welche Größen bestimmen ein gesamtwirtschaftliches Gleichgewicht?
4. Mit welchen wirtschafts- und sozialpolitischen Mitteln könnte der Politiker das Ziel eines gesamtwirtschaftlichen Gleichgewichts erreichen?
5. Nehmen Sie kritisch Stellung zu der Aussage des Politikers.

2.6.1 Gesellschaftsordnung und Modelle einer Wirtschaftsordnung

Aufgaben einer Wirtschaftsordnung

Aufgabe einer Wirtschaftsordnung ist es, unter Einbeziehung der anderen Bereiche der Gesellschaftsordnung, die Regeln vorzugeben, nach denen das Wirtschaftsgeschehen einer Volkswirtschaft ablaufen soll. Das heißt, in welcher Art und Weise die einzelnen Wirtschaftssubjekte ihr wirtschaftliches Handeln aufeinander abstimmen, um eine bestmögliche Versorgung der Gesellschaft mit den benötigten Gütern zu gewährleisten.

Eine Wirtschaftsordnung ist die Gesamtheit der Regeln, die für das Zusammenwirken der Wirtschaftssubjekte gelten.

Individualismus und Kollektivismus

Entscheidend für die Wirtschaftsordnung eines Landes ist das Menschenbild einer Gesellschaft, also die Grundeinstellung über das Wesen des Menschen und seine Stellung in der Gesellschaft. Zwei grundlegende weltanschauliche Richtungen lassen sich dabei unterscheiden: Individualismus und Kollektivismus.

- Individualismus: Grundidee des Individualismus ist die absolute Freiheit des Einzelnen. Staat und Gesellschaft sind nur Hilfsmittel zum Erreichen der Ziele des einzelnen Individuums. Gleichzeitig mit dem Streben nach seinem maximalen Nutzen (Bsp: Gewinn, Einkommen, Güter zur Bedürfnisbefriedigung) trägt der Einzelne auch zum Gemeinwohl bei. Auf der **politischen Ebene** mündet der Individualismus in die politische Denkrichtung des Liberalismus (liber = frei), in der die freie Entfaltung der Persönlichkeit vor der Staatsgewalt steht.
- Kollektivismus: Im Gegensatz dazu stehen beim Kollektivismus die Interessen der Gesellschaft vor den Interessen des einzelnen Menschen. Das Denken und Handeln wird vom Kollektiv (Staat, Partei) bestimmt und der Einzelne hat sich unterzuordnen. Auf der politischen Ebene führt die kollektivistische Weltanschauung in die Gesellschaftsform des Sozialismus, Kommunismus.

Idealtypische Modelle der Wirtschaftsordnungen

Auf der wirtschaftlichen Ebene finden die beiden gegensätzlichen Gesellschaftsauffassungen ihren Niederschlag in zwei grundverschiedenen Wirtschaftsordnungen:

- Individualismus → Freie Marktwirtschaft
- Kollektivismus → Zentralverwaltungswirtschaft

Freie Marktwirtschaft

In diesem Modell planen und entscheiden die Wirtschaftssubjekte völlig selbstständig. Die Wirtschaft bleibt sich selbst überlassen – es herrscht Wirtschaftsliberalismus. Entwickelt wurde dieses Modell von den englischen Ökonomen Adam Smith (1723–1790) und David Ricardo (1772–1823).

Die wesentlichen Kennzeichen dieses Modells sind

- das erwerbswirtschaftliche Prinzip
- die freie Marktpreisbildung und
- der freie Wettbewerb

Der Staat greift in keiner Weise in das Wirtschaftsgeschehen ein. Seine Aufgabe besteht lediglich darin, die Voraussetzungen für eine ungestörte Marktwirtschaft zu schaffen und die Aufrechterhaltung der Rechtsordnung zu sichern. Für eine ungehinderte marktwirtschaftliche Ausübung müssen verschiedene ordnungspolitische Rahmenbedingungen wie beispielsweise Privateigentum, Vertragsfreiheit, Gewerbefreiheit, Produktions- und Handelsfreiheit, Konsumfreiheit, Freihandel, freie Berufswahl und freie Wahl des Arbeitsplatzes gewährleistet werden.

Mängel der freien Marktwirtschaft: Das Modell der freien Marktwirtschaft entwickelte sich in seiner ausgeprägtesten Form im Frühkapitalismus des 19. Jahrhunderts. Trotz der großen Erfolge, die der Wirtschaftsliberalismus im Zeitalter der Industrialisierung mit sich brachte (wirtschaftlicher Aufschwung, neue Technologien, Steigerung von Arbeitsproduktivität, Qualität), zeigten sich während dieser Zeit auch die Mängel dieses Systems:

- Güter werden in diesem System nur produziert, wenn die Aussicht auf Gewinn besteht. Kollektivbedürfnisse wie Umweltschutz, Medizinische Versorgung, Bildung usw. werden deshalb nur eingeschränkt berücksichtigt.
- Mit der industriellen Fertigung entstanden wenige Großunternehmen mit einer starken Marktstellung. Die zunehmende Vermögenskonzentration beispielsweise im Bereich Bergbau, Eisen und Stahl erzeugende Industrie und die damit verbundene Marktmacht führten zu einer Beschränkung des Wettbewerbs. Monopolbildung und Kartelle verhinderten eine freie Preisbildung zulasten der Verbraucher.
- Ein Überangebot an Arbeitskräften führte zu einem Absinken des Lohnniveaus auf das Existenzminimum und zu unzumutbaren Arbeitsbedingungen. Übermäßig lange Arbeitszeiten, Kinderarbeit, unzureichender Arbeitsschutz, Massenentlassungen waren die Folge. Die fehlende Absicherung gegen Krankheit, Arbeitslosigkeit und Alter führte zu einer steigenden wirtschaftlichen Abhängigkeit der Arbeiterschaft – die soziale Frage des 19. Jahrhunderts entstand.

Zentralverwaltungswirtschaft

Im Modell der Zentralverwaltungswirtschaft übernimmt der Staat die Ausgleichsfunktion des Marktes. Eine staatliche Planungsbehörde legt zentral fest, welche Güter wo und in welcher Menge produziert werden und welche Arbeitskräfte eingesetzt werden. Ebenso wie die Produktion unterliegt auch die Verteilung der produzierten Güter der staatlichen Kontrolle. Weil eine Preisbildung wegen fehlenden Wettbewerbs nicht möglich ist, werden auch die Preise staatlich festgesetzt. Voraussetzung für eine Zentralverwaltungswirtschaft ist die Aufhebung des Privateigentums an Produktionsmitteln, die Produktion findet also überwiegend in Staatsbetrieben statt.

Die gravierenden Mängel der Zentralverwaltungswirtschaft wie beispielsweise unrealistische Planvorgaben, Bürokratisierung, fehlende Koordinierung der Pläne usw. führten in vielen sozialistisch geprägten Staaten zu einer schlechten Versorgungslage. Gleichzeitig mit einer politischen Neuorientierung entwickelte sich deshalb auch auf der wirtschaftlichen Ebene eine Umorientierung in die Richtung eines marktwirtschaftlichen Systems.

2.6.2 Begriff der sozialen Marktwirtschaft

Die „soziale Marktwirtschaft" ist die Wirtschaftsordnung der Bundesrepublik Deutschland. Geprägt wurde der Begriff der sozialen Marktwirtschaft von dem Wirtschaftwissenschaftler **Alfred Müller-Armack**, der als der „geistige Vater" dieser Wirtschaftsordnung bezeichnet wird. Ihre politische Umsetzung gelang 1948 dem ersten Wirtschaftsminister und späteren Bundeskanzler der Bundesrepublik Deutschland, **Ludwig Erhard** (1897–1977), mit der Währungsreform.

„Sinn der sozialen Marktwirtschaft ist es, das Prinzip der Freiheit auf dem Markt mit dem des sozialen Ausgleichs zu verbinden." (Müller-Armack)

Grundlegende Zielsetzung der sozialen Marktwirtschaft ist somit, die Elemente der freien Marktwirtschaft mit Teilen einer Zentralverwaltungswirtschaft zu verbinden und damit möglichst viel positive Merkmale beider Wirtschaftsordnungen umzusetzen und ihre Nachteile so gering wie möglich zu halten. Die soziale Marktwirtschaft ist also ein Mischsystem, in dem die freiheitlichen Prinzipien wie Privateigentum, Vertragsfreiheit, Gewinnstreben mit dem Prinzip des sozialen Ausgleichs verbunden werden. Zwei grundsätzliche Leitideen bestimmen somit das staatliche Handeln:

- Sicherung eines störungsfreien Wirtschaftsgeschehens in einer marktwirtschaftlichen Ordnung
- Gewährleistung sozialer Gerechtigkeit und sozialer Sicherheit.

Die Elemente der individuellen Freiheit einerseits und der sozialen Gebundenheit andererseits finden sich auch im Grundgesetz der Bundesrepublik Deutschland.

2.6.3 Merkmale der sozialen Marktwirtschaft

Kernelemente der sozialen Marktwirtschaft

Rolle des Staates – aktive Wirtschafts- und Sozialpolitik

„So viel Staat wie nötig, so viel Freiheit wie möglich." So lautet ein Grundgedanke der sozialen Marktwirtschaft. Dies bedeutet, dass der Staat aktiv in das Wirtschaftsgeschehen eingreift, um Fehlentwicklungen einer freien Marktwirtschaft zu korrigieren. Der Staat setzt nicht nur die Rahmenbedingungen für eine marktwirtschaftliche Ordnung, sondern versucht mit wirtschafts- und sozialpolitischen Maßnahmen im Interesse der Allgemeinheit und der sozial Schwachen steuernd tätig zu werden (Vgl. Abschnitt 2.6.5 Wirtschafts- und sozialpolitische Maßnahmen).

Erwerbswirtschaftliches Prinzip mit gemeinwirtschaftlichen Elementen

Der Unternehmer versucht wie in der freien Marktwirtschaft, höchstmöglichen Gewinn zu erwirtschaften. Der Konsument strebt nach möglichst hoher Bedürfnisbefriedigung, indem er versucht, mit seinen Geldmitteln durch Preis- und Qualitätsvergleiche die Güter mit dem höchsten Nutzen zu erwerben – er ist Nutzenmaximierer.

Im Gegensatz zur freien Marktwirtschaft übernehmen allerdings staatliche Unternehmen und öffentliche Einrichtungen die Versorgung mit Gütern und Dienstleistungen, die für eine Volkswirtschaft von lebenswichtigem Interesse sind und von privatwirtschaftlich geführten Unternehmen aus Kostengründen nicht übernommen werden.

BEISPIEL Schulen, Krankenhäuser, Altenpflegeheime, Kommunale Stromversorgung

Freie Marktpreisbildung

Der Markt ist der Steuerungsmechanismus, auf dem die Entscheidungen der Konsumenten und Produzenten koordiniert werden. Angebot und Nachfrage treffen hier aufeinander, Preise bilden sich und sorgen dadurch für einen Ausgleich zwischen Anbietern und Nachfragern. Die Preisbildung ist somit die „unsichtbare Hand", die das Angebots- und Nachfrageverhalten der Wirtschaftsteilnehmer lenkt.

In bestimmten Ausnahmen kann allerdings der Verkaufspreis nicht frei ausgehandelt werden.

BEISPIEL

- Preise für öffentliche Güter (Eintrittspreise in Museen, Gebühren für behördliche Leistungen)
- Garantierte Mindestpreise in der Landwirtschaft oder gesetzlich begrenzte Höchstpreise bei Mieten (sozialer Wohnungsbau)

Freier Wettbewerb

Durch den freien Wettbewerb sind die Marktteilnehmer gezwungen, sich ständig den Gegebenheiten des Marktes anzupassen, er ist praktisch die Antriebskraft einer Volkswirtschaft. Die Unternehmen müssen sich auf die Wünsche der Verbraucher einstellen, um am Markt bestehen zu können. Art, Qualität und Preis der Güter müssen den Vorstellungen der Konsumenten entsprechen. Gewinnstreben und der Druck des Wettbewerbs lassen die Unternehmen in einen Konkurrenzkampf treten, von dem der Verbraucher den Nutzen zieht.

TIPP **Im Rahmen der sozialen Marktwirtschaft ist ein regulierendes Eingreifen des Staates dann vorgesehen, wenn die Unternehmen versuchen, durch Preisabsprachen oder durch Unternehmenskonzentration diesen Wettbewerb zu beeinträchtigen, mehr zu diesem Thema erfahren Sie im Abschnitt 3.5.**

Ordnungspolitische Rahmenbedingungen der sozialen Marktwirtschaft:

Privateigentum

Art 14 GG gewährleistet das Recht auf Privateigentum an Produktionsmitteln und Konsumgütern. Allerdings findet sich gleichzeitig im Art 14 (2) GG die Aussage, dass Eigentum verpflichtet und sein Gebrauch zugleich dem Wohle der Allgemeinheit dienen soll. Nach Art 14 (3) GG ist eine Enteignung zum Wohle der Allgemeinheit zulässig.

BEISPIEL Sozialbindung des Eigentums in der betrieblichen Mitbestimmung

Vertragsfreiheit

Vertragspartner können ihre Verträge frei und unabhängig ausgestalten. Einschränkungen der Vertragsfreiheit sind möglich, besonders durch Vorschriften, mit denen einzelne Teilnehmer des Wirtschaftsgeschehens geschützt werden sollen.

BEISPIEL
- Verträge mit Minderjährigen
- Verträge, die verboten oder sittenwidrig sind (Drogenhandel)
- Verbraucherschutzvorschriften, Vorschriften zu Haustürgeschäften

Tarifautonomie

TIPP **Mehr erfahren Sie im Abschnitt 1.6.**

Gewerbefreiheit, Produktions- und Handelsfreiheit

Das Recht, ein Unternehmen zu gründen und in freier Entscheidung Güter und Dienstleistungen zu produzieren und damit Handel zu betreiben kann beschränkt werden, wenn der Schutz der Allgemeinheit dies erfordert.

BEISPIEL Bestimmte Gewerbebetriebe dürfen nur mit staatlicher Genehmigung und unter staatlicher Aufsicht betrieben werden (Banken, Versicherungen). Die Handwerksordnung schreibt vor, dass nur Personen einen Handwerksbetrieb führen dürfen, die einen Meistertitel besitzen.

Konsumfreiheit

Die Konsumenten sind in ihren Kaufentscheidungen absolut frei und ungebunden. Es gibt wenige Einschränkungen zum Schutz des Einzelnen und der Allgemeinheit.

BEISPIEL Drogen- und Medikamentenkonsum, Besitz und Gebrauch von Waffen

Freihandel

Export und Import müssen grundsätzlich ohne Beschränkung erlaubt sein, Ausnahmen sind beispielsweise staatliche Ein- und Ausfuhrbeschränkungen.

BEISPIEL Kriegswaffen, Agrarprodukte oder Verstöße gegen Verbraucherschutzvorschriften (Lebensmittel).

Freie Berufswahl und freie Wahl des Arbeitsplatzes

Arbeitnehmer können den von ihnen gewünschten Beruf ergreifen und einen Arbeitsplatz nach freier Wahl antreten, der Staat greift aber durch verschiedene Maßnahmen ein, um Fehlentwicklungen auf dem Arbeitsmarkt zu vermeiden.

BEISPIEL Umschulungen, Berufsberatung, Stellenvermittlung.

2.6.4 Wirtschafts- und sozialpolitische Ziele

Hauptziel wirtschaftspolitischer Maßnahmen ist nach dem Stabilitätsgesetz vom 8. Juni 1967 **die Sicherung des gesamtwirtschaftlichen Gleichgewichts**. Um dieses Ziel zu erreichen, wurden vier Unterziele formuliert:

- Preisniveaustabilität
- Hoher Beschäftigungsstand
- Außenwirtschaftliches Gleichgewicht
- Stetiges und angemessenes Wirtschaftswachstum

Eine genaue Festlegung der Ziele ist im Stabilitätsgesetz nicht enthalten. Dazu legt die Bundesregierung dem Bundestag und Bundesrat jedes Jahr den Jahreswirtschaftsbericht vor. Dieser enthält ein Jahresgutachten des Sachverständigenrats (= die so genannten „Fünf Weisen“) und die angestrebten wirtschaftspolitischen Ziele sowie die Maßnahmen zu deren Verwirklichung.

Preisniveaustabilität

Das Preisniveau ist die durchschnittliche Höhe der Preise für Güter und Dienstleistungen in einer Volkswirtschaft. Weil man nicht alle Preise einer Volkswirtschaft messen kann, werden für die Erfassung von Änderungen des Preisniveaus verschiedene so genannte **Warenkörbe** verwendet. Der für die Hauhalte interessante Warenkorb ist der **Warenkorb für die Kosten der Lebenshaltung**. Dazu ermittelt das Statistische Bundesamt für einen Durchschnittshaushalt alle Waren und Dienstleistungen, die eine Familie typischerweise in Anspruch nimmt. Der Wert dieses Warenkorbes wird für ein bestimmtes Basisjahr ermittelt (zuletzt: Basisjahr 1995). Berechnet man für ein späteres Jahr den Warenkorb mit den aktuellen Preisen erneut, so kann man die Preissteigerung ermitteln. Zur Berechnung der Preissteigerungsrate wird der Preis des Warenkorbes im Basisjahr = 100 gesetzt und mit dem aktuellen Jahr verglichen. Die ermittelte Zahl wird auch als **Preisindex der Lebenshaltung** bezeichnet.

BEISPIEL

Basisjahr 1995 100,0 %
Preisindex 2002 111,0 % [ab Jan. 2003: Basisjahr = 2000]
→ Gegenüber dem Basisjahr sind die Preise also um 11 % gestiegen.

Die ermittelte Preissteigerungsrate bezeichnet man auch als **Inflationsrate**. Absolute Preisniveaustabilität liegt vor, wenn die Inflationsrate bei null liegt. Dies bedeutet aber nicht, dass sich die Preise überhaupt nicht verändern. Es ist auch möglich, dass die Preiserhöhungen einzelner Güter durch Preissenkungen anderer Güter ausgeglichen werden. Eine Inflationsrate von 2 bis 3 % wird noch als relativ preisstabil bezeichnet. Steigen die Preise der Güter, so können für einen gleich bleibenden Geldbetrag (Bsp.: 100 EUR) weniger Güter gekauft werden. Die **Kaufkraft** des Geldes sinkt.

Hoher Beschäftigungsstand

Der Beschäftigungsstand wird mithilfe der Arbeitslosenquote ermittelt. Sie gibt an, wie viel % der Erwerbspersonen arbeitslos sind, die arbeitswillig und arbeitsfähig sind und beim Arbeitsamt registriert wurden.

$$\text{Arbeitslosenquote} = \frac{\text{Zahl der registrierten Arbeitslosen} \cdot 100}{\text{Zahl der (abhängigen) Erwerbspersonen}}$$

Die Arbeitslosenquote wird auf zweifache Weise errechnet:

- Erwerbspersonen = alle arbeitswilligen selbstständigen **und** nichtselbstständigen Personen
- Abhängige Erwerbspersonen = **nur** die arbeitswilligen nichtselbstständigen Personen

Innerhalb einer Volkswirtschaft wird wegen saisonaler Schwankungen oder natürlicher Fluktuation (Arbeitsplatzwechsel) immer ein gewisses Maß an Arbeitslosigkeit existieren. Als Vollbeschäftigung, also als hoher Beschäftigungsstand, gilt deshalb schon eine Arbeitslosenquote von 2 bis 3 %.

Außenwirtschaftliches Gleichgewicht

Unter Außenwirtschaft versteht man sämtliche wirtschaftliche Beziehungen der Bundesrepublik Deutschland zu anderen Staaten. Erfasst werden die außenwirtschaftlichen Vorgänge in der **Zahlungsbilanz**. Sie enthält alle grenzüberschreitenden Geld- und Kapitalströme.

Die Zahlungsbilanz gliedert sich auf in die Teilbilanzen

- **Leistungsbilanz**. Diese setzt sich zusammen aus
  - Handelsbilanz (= alle Exporte und Importe von Waren)
  - Dienstleistungsbilanz (= gewährte und erhaltene Dienstleistungen wie Reiseverkehr)
  - Übertragungsbilanz oder Schenkungsbilanz (= die nicht aus Handelsgeschäften bestehenden Zahlungen wie Gastarbeiterüberweisungen, Entwicklungshilfe)
- **Kapitalbilanz** (Kapitalverkehrsbilanz)
  Die Kapitalbilanz beinhaltet Kapitalbewegungen wie beispielsweise Kredite, Devisen und Sorten oder die Veränderung von Forderungen oder Verbindlichkeiten gegenüber dem Ausland.

Zahlungsüberschüsse oder Zahlungsdefizite gegenüber dem Ausland werden über die Devisenbestände ausgeglichen. Dadurch können beispielsweise längerfristige Zahlungsbilanzdefizite dazu führen, dass die Devisenreserven abnehmen und notwendige Importe nicht mehr finanziert werden können. Das Land muss sich im Ausland verschulden und kann evtl. seine internationale Zahlungsfähigkeit verlieren.

Ein Hauptgrund für Zahlungsbilanzungleichgewichte ist ein unausgeglichenes Verhältnis von Exporten und Importen, weshalb dieses Verhältnis als Maßstab für das außenwirtschaftliche Gleichgewicht verwendet wird.

Der **Außenbeitrag** ist die Differenz zwischen Exporten und Importen von Waren und Dienstleistungen:

Ein ausgeglichenes außenwirtschaftliches Gleichgewicht wird noch bei einem positiven Außenbeitrag von höchstens 2 % des Bruttoinlandsprodukts angenommen.

Stetiges und angemessenes Wirtschaftswachstum

Als Maßstab für das allgemeine Wirtschaftswachstum wird das reale Bruttoinlandsprodukt (BIP) herangezogen.

Bruttoinlandsprodukt = Wert aller im Inland produzierten Güter und Dienstleistungen.

Weil das Bruttoinlandsprodukt zu den Marktpreisen ermittelt wird, wirken sich Preissteigerungen in einer Erhöhung des **nominalen Bruttoinlandsproduktes** aus. Um den tatsächlichen Zuwachs des Sozialprodukts erfassen zu können, werden die Preise auf ein Basisjahr bezogen (= reales Bruttoinlandsprodukt).

Stetig bedeutet, dass das Wirtschaftwachstum keinen größeren Schwankungen unterliegen sollte. Als angemessen werden Zuwachsraten von etwa 3 bis 4 % jährlich angesehen.

Das magische Viereck

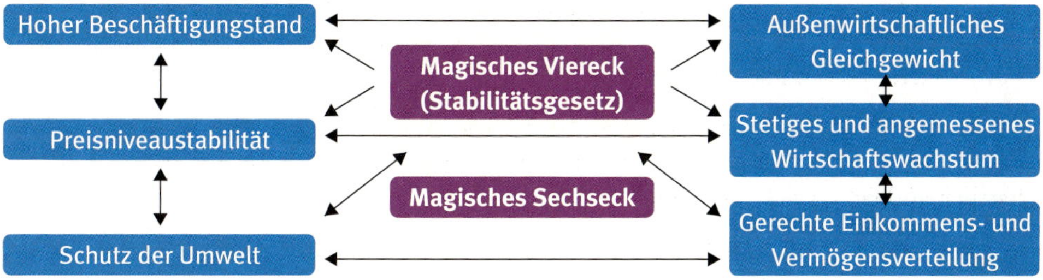

Das Stabilitätsgesetz fordert, diese vier Ziele im Rahmen der Wirtschaftspolitik anzustreben. Eine Rangordnung wurde nicht vorgegeben. Die Erfahrungen zeigen jedoch, dass zwischen den einzelnen Zielen Abhängigkeiten bestehen. Die Verwirklichung eines Zieles führt gleichzeitig zu einer Gefährdung eines anderen Zieles. Die Ziele stehen in Konkurrenz zueinander – es bestehen Zielkonflikte. Man müsste „zaubern" können, um alle vier Ziele gleichzeitig zu verwirklichen. Deshalb nennt man die Kombination dieser vier Ziele auch **„Das magische Viereck"**.

BEISPIEL Preisniveaustabilität – Hoher Beschäftigungsstand als konkurrierende Ziele
Befindet sich die Volkswirtschaft in einer Vollbeschäftigungssituation (hoher Beschäftigungsstand), herrscht ein geringes Angebot an freien Arbeitskräften. Dies führt zu hohen Lohnforderungen. Der starke Anstieg der Löhne erhöht die Produktionskosten. Können die erhöhten Produktionskosten über die Preise auf die Verbraucher abgewälzt werden, weil die gestiegenen Einkommen zu einer höheren Nachfrage führen, ist das Ziel der Preisniveaustabilität gefährdet. Gestiegene Verbraucherpreise können wieder die Gewerkschaften dazu veranlassen, erhöhte Lohnforderungen zu stellen: Eine so genannte Lohn-Preisspirale entsteht.

Es gibt aber nicht nur konkurrierende Ziele, sondern auch sich gegenseitig verstärkende Ziele.

BEISPIEL Wirtschaftswachstum – Hoher Beschäftigungsstand
Ein Anstieg des Wirtschaftswachstums mit höherer Güterproduktion führt zu einem verstärkten Arbeitskräfteeinsatz und somit zu einem höheren Beschäftigungsniveau. Ist allerdings die Steigerung des Bruttoinlandsprodukts durch Rationalisierungsmaßnahmen verursacht, kann dies auch höhere Arbeitslosigkeit auslösen.

Das magische Sechseck

Das Stabilitätsgesetz von 1967 enthält nur die vier oben genannten wirtschaftspolitischen Zielsetzungen. Seit der Einführung des Gesetzes haben sich die wirtschafts- und sozialpolitischen Rahmenbedingungen aber stark verändert, weshalb aus verschiedenen politischen und gesellschaftlichen Richtungen auf weitere Ziele hingewiesen wurde, die in einer modernen Wirtschafts- und Sozialpolitik berücksichtigt werden müssen:

- Gerechte Einkommens- und Vermögensverteilung
- Schutz der Umwelt.

Aus dem magischen Viereck ist mit diesen beiden qualitativen Zielen das magische Sechseck mit seinen gegenseitigen Abhängigkeiten entwickelt worden.

2.6.5 Wirtschafts- und sozialpolitische Maßnahmen des Staates

Die Rolle des Staates in der Wirtschaftsordnung der sozialen Marktwirtschaft bedingt ein aktives Eingreifen in den marktwirtschaftlichen Prozess, wenn der freie Wettbewerb gefährdet ist oder der Schutz des Einzelnen und das Gesamtwohl der Gemeinschaft dies erfordern. Träger der wirtschafts- und sozialpolitischen Maßnahmen, mit denen Wirtschaftsprozesse und soziale Rahmenbedingungen gestaltet, beeinflusst oder stabilisiert werden, sind beispielsweise:

- Staatliche Institutionen (Regierungen und Parlamente des Bundes und der Länder sowie die Verwaltungen der Kommunen, Gerichte, Deutsche Bundesbank)
- Internationale Gremien (Europäische Zentralbank, IWF (Internationaler Währungsfonds) und Weltbank
- Verbände (Gewerkschaften, Unternehmerverbände, Industrie- und Handelskammern)
- Träger der Sozialversicherungen (LVA, BfA und Krankenkassen).

Einkommens-, Vermögens- und Sozialpolitik

Das im Grundgesetz verankerte Sozialstaatsprinzip verpflichtet den Staat, für soziale Sicherheit und soziale Gerechtigkeit innerhalb der Gesellschaft zu sorgen. Die aus einer freien Marktwirtschaft entstandenen Einkommen (Gewinne, Löhne, Zinsen, Mieten) führen häufig zu sozialen Ungerechtigkeiten. Durch Maßnahmen der Einkommensumverteilung und der sozialen Sicherung versucht der Staat, die Folgen für wirtschaftlich benachteiligte oder schutzbedürftige Gesellschaftsmitglieder abzumildern.

- Traditionelle soziale Absicherung durch die gesetzlichen Sozialversicherungen

BEISPIEL Renten-, Kranken-, Arbeitslosen-, Unfall- und Pflegeversicherung.

TIPP **Mehr zu diesen Versicherungen erfahren Sie im Abschnitt 1.8.**

Direkte Einkommensumverteilung durch Zahlung von Transfereinkommen

BEISPIEL
- Sozialhilfe, Wohngeld, Kindergeld, BAFöG, Wohnungsbauförderung
- Einkommenssicherung im Agrarbereich

Indirekte Einkommensumverteilung durch steuerliche Maßnahmen

BEISPIELE
- Kinderfreibeträge, Ausbildungsfreibeträge, Behinderten- oder Altersfreibeträge
- Progression des Einkommensteuertarifs (Niedrige Einkommen werden nur gering besteuert, hohe Einkommen unterliegen einer verhältnismäßig höheren Besteuerung)
- Sonderausgabenabzug und außergewöhnliche Belastungen im Einkommensteuerrecht

Vermögenspolitische Maßnahmen

BEISPIELE
- Staatliche Sparförderung durch Wohnungsbauprämien und Arbeitnehmersparzulagen
- Tarifliche Sparförderung durch Arbeitgeberzuschüsse vermögenswirksamer Leistungen
- Betriebliche Vermögensbeteiligungen durch Ausgabe von Belegschaftsaktien

Wettbewerbspolitik

Zentrales Element der sozialen Marktwirtschaft ist die Wettbewerbspolitik mit ihren Hauptzielen Erhaltung eines funktionsfähigen, fairen Wettbewerbs und Schutz vor Wettbewerbsbeschränkungen.

Gesetzliche Grundlagen im Rahmen der Wettbewerbspolitik sind beispielsweise:

- Gesetz gegen Wettbewerbsbeschränkungen (GWB) gegen die Einschränkung des Wettbewerbs durch Formen der Unternehmenskonzentration wie Kartelle oder Fusionen
- Gesetz gegen den unlauteren Wettbewerb (UWG) für faire Verhaltensweisen im Wettbewerb

TIPP **Mehr zu diesem Themenbereich erfahren Sie im Abschnitt 3.6.**

Strukturpolitik

Unter der Wirtschaftsstruktur einer Volkswirtschaft versteht man den inneren Aufbau und die Aufgliederung einer Wirtschaft. (Verteilung der Beschäftigten auf bestimmte Wirtschaftsregionen, Berufe, Wirtschaftszweige, vorhandene Infrastruktur, Produktionsschwerpunkte usw.)

Mit Strukturpolitik versucht der Staat auf langfristige Veränderungen positiven Einfluss zu nehmen, um die Anpassung an veränderte Bedingungen zu erleichtern und Wirtschaftswachstum zu fördern.

Beispiele

- **Infrastrukturpolitik**
  (Ausbau der Verkehrssysteme, Informationssysteme, Energieversorgung, Bildungseinrichtungen als Grundvoraussetzung für gesamtwirtschaftliche Entwicklung)
- **Umweltschutzpolitik**
  Der Schutz der Umwelt nimmt einen immer größer werdenden Stellenwert sowohl im Bewusstsein der Verbraucher als auch der Unternehmen ein. Trotzdem reicht diese Bewusstseinsveränderung nicht aus, um den Schutz der Natur als öffentliches Gut auch für spätere Generationen zu erhalten. Staatliche Maßnahmen verschiedenster Art sind notwendig geworden, damit der Schutz einer intakten Natur gewährleistet wird:
  - Gesetzliche Verbote (Verbote bei der Verwendung von Rohstoffen)
  - Festlegung von Grenzwerten (Filteranlagen, Kläranlagen)
  - Finanzielle Anreize durch Subventionen, Steuerersparnisse, Umweltsteuern (CO_2-Steuer, Erhöhung der Mineralölsteuer)
- **Sektorale Strukturpolitik**
  Darunter versteht man die Unterstützung einzelner Wirtschaftszweige oder Wirtschaftssektoren wie beispielsweise die Förderung des Steinkohlebergbaus oder der Werften durch Subventionen oder die Unterstützung der Landwirtschaft durch Förderprogramme
- **Regionale Strukturpolitik**
  Ziel dieses Bereiches ist die Unterstützung einzelner Wirtschaftsregionen, die beispielsweise aufgrund ihrer geographischen Lage benachteiligt sind (strukturschwache Räume):
  - Förderung der Randgebiete
  - Förderung von Gebieten in den neuen Bundesländern
  - EU-Förderung durch so genannte Strukturfonds

Konjunkturpolitik

Die Entwicklung der wirtschaftlichen Lage eines Landes (= Konjunktur) verläuft nicht gleichmäßig, sondern unterliegt Schwankungen. Dieses Auf und Ab weist einen typischen Verlauf auf, der untergliedert werden kann. Stärke der Schwankungen und die Dauer kann jedoch in der Realität sehr unterschiedlich sein.

Aufgabe der Konjunkturpolitik ist es, diese Konjunkturschwankungen möglichst gering zu halten, weil sie zu gesamtwirtschaftlichen Ungleichgewichten (hohe Arbeitslosigkeit, hohe Preissteigerungsraten usw.) führen können.

Die Träger der Konjunkturpolitik mit den zur Verfügung stehenden Maßnahmen sind

Staat

- Fiskalpolitische Maßnahmen
- Außenwirtschaftliche Maßnahmen

Europäische Zentralbank, Deutsche Bundesbank

- Geldpolitische Maßnahmen (Vgl. Abschnitt 2.6.6 Geldpolitsche Maßnahmen des ESZB)

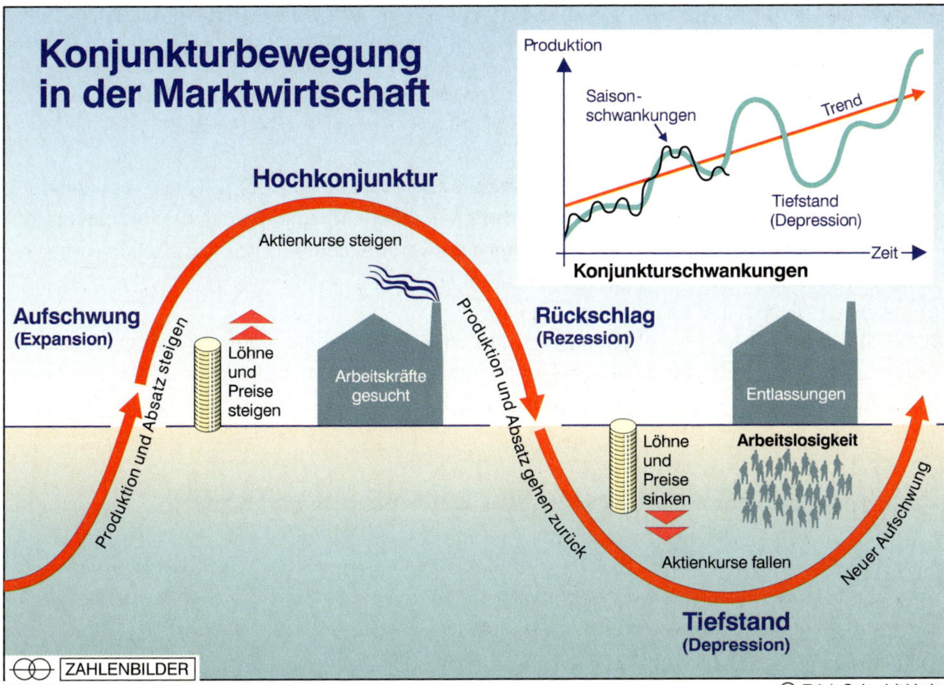

200 350 © Erich Schmidt Verlag

Fiskalpolitik

Fiskalpolitik ist die Einnahmen- und Ausgabenpolitik des Staates (Fiskus = Staatskasse) mit dem Ziel, die Konjunkturschwankungen in Richtung eines gesamtwirtschaftlichen Gleichgewichtes zu beeinflussen. Die zwei Hauptansatzpunkte der Fiskalpolitik sind:

Steuerpolitik | Haushaltspolitik

Steuerpolitik

BEISPIELE Werden die Einkommens- und Körperschaftsteuersätze gesenkt, kann dies zu einer Belebung der Nachfrage bei den privaten Haushalten (Konsum) und bei den Unternehmen führen (Investitionen).
Werden die Abschreibungsmöglichkeiten für Unternehmen verbessert (höhere Abschreibungssätze oder Sonderabschreibungen), kann dies Unternehmen zu Investitionen anregen oder ausländische Investoren anlocken.

Beide Beispiele wirken konjunkturbelebend, wenn eine Phase der Rezession oder Depression überwunden werden soll. Diese Instrumente können auch entgegengesetzt bei einer überhitzten Konjunkturphase konjunkturdämpfend eingesetzt werden, indem Steuersätze erhöht und Abschreibungsmöglichkeiten verschlechtert werden.

Haushaltspolitik

BEISPIEL Erhöht der Staat seine Ausgaben, indem er neue Investitionen tätigt (Baumaßnahmen öffentlicher Gebäude) oder die Einkommen im öffentlichen Dienst anhebt, kann dies die Nachfrage anregen und sich somit belebend auf einen Konjunkturverlauf auswirken.

Damit die fiskalpolitischen Maßnahmen ausgleichend auf den Konjunkturverlauf wirken, werden sie **antizyklisch** eingesetzt, das heißt in einer Phase der Hochkonjunktur verwendet man konjunkturdämpfende Mittel und in einer Phase der Rezession oder Depression konjunkturbelebende.

2.6.6 Das Europäische System der Zentralbanken (ESZB)

Mit der Einführung des EUR übernahm das Europäische System der Zentralbanken (ESZB) mit der Europäischen Zentralbank (EZB) an der Spitze die Verantwortung für die Geld- und Währungspolitik in den Euro-Staaten.

Organisation des ESZB

Das ESZB besteht aus der Europäischen Zentralbank (EZB) in Frankfurt und den nationalen Zentral-/Notenbanken der – derzeit zwölf – Teilnehmerstaaten.

Zentrales Entscheidungsorgan des ESZB ist der **EZB-Rat**. Der EZB-Rat besteht aus sechs Mitgliedern des Direktoriums und den zwölf Präsidenten der nationalen Notenbanken. Der EZB-Rat tagt alle 14 Tage. Jedes Mitglied hat gleiches Stimmrecht. Bei Stimmengleichheit entscheidet die Stimme des Präsidenten.

Das **Direktorium**, das aus dem Präsidenten, dem Vizepräsidenten und vier weiteren Mitgliedern besteht, wird auf Empfehlung des Ministerrats unter Anhörung des Europäischen Parlaments einvernehmlich von den Staats- und Regierungschefs ernannt. Das Direktorium führt die laufenden Geschäfte der EZB und ist für die einheitliche Geldpolitik im ESZB gemäß den Leitlinien des EZB-Rates verantwortlich.

Unabhängigkeit des ESZB

Das Europäische System der Zentralbanken ist von den Regierungen der Teilnehmerländer vollkommen unabhängig. Dazu gehören:

- **Funktionelle Unabhängigkeit.** Oberstes Ziel der EZB ist die Geldwertstabilität. Erst nachrangig darf die Wirtschaftspolitik der Gemeinschaft unterstützt werden. Die Preisstabilität darf dabei aber nicht in Gefahr geraten.
- **Institutionelle Unabhängigkeit.** Die EZB und die nationalen Notenbanken dürfen keine Weisungen von einzelnen Regierungen entgegennehmen. Die EZB darf der Gemeinschaft und den Teilnehmerländern auch keine Kredite zum Ausgleich von Haushaltsdefiziten bereitstellen.
- **Personelle Unabhängigkeit.** Die Mitglieder des EZB-Rates werden für eine Amtszeit von acht Jahren gewählt, sind nicht wiederwählbar und können nur bei schweren Verfehlungen des Amtes enthoben werden.
- **Finanzielle Unabhängigkeit.** Die EZB erhält ihr Kapital und ihre Währungsreserven von den Notenbanken der Teilnehmerländer und nicht von den Regierungen.

Ziele des ESZB

Dazu zählen:

- Preisstabilität. Hauptziel des ESZB ist die Erhaltung der Preisstabilität der neuen europäischen Währung, also die Verhinderung von Inflation. Dabei geht man davon aus, dass

Preisstabilität die Voraussetzung für ein reibungsloses Funktionieren der Wirtschaft ist und nur so auch Wachstum und hohe Beschäftigung erreicht werden können.
- Förderung eines funktionierenden Zahlungsverkehrs
- Verwaltung der Währungsreserven der Teilnehmerländer
- Beratung der EU-Organe und der Mitgliedstaaten im Bereich der Bankenaufsicht und in Fragen der Stabilität des Finanzsystems

Geldpolitik der ESZB

Eine Inflation kann verschiedene Ursachen haben: Lohnpolitik der Tarifpartner, Steuerpolitik des Staates, Anbieter- und Nachfragerverhalten, außenwirtschaftliche Faktoren. Der Einfluss des ESZB auf diese Faktoren ist gering.

Nach den Erfahrungen der Vergangenheit wird die Preisentwicklung langfristig jedoch vorwiegend durch die **Entwicklung der Geldmenge**[1] bestimmt. Eine übermäßige Geldvermehrung ist demnach die Hauptursache für steigende Preise. Dies bedeutet, dass die Geldmenge auf längere Sicht nur im Einklang mit dem Bruttoinlandsprodukt wachsen darf, wenn Preisstabilität erhalten bleiben soll.

Das ESZB gibt deshalb ein **Geldmengenziel** vor, das heißt, die Geldmenge soll nur um einen bestimmten Prozentsatz zunehmen. Zusätzlich setzt man sich ein **Inflationsziel**, das heißt, die Preissteigerungen sollen einen bestimmten Prozentsatz nicht übersteigen. Insbesondere das Geldmengenziel gilt als Signal an Tarifparteien, Staat und Unternehmen für die Entscheidung über Löhne und Preise.

Neben der Kontrolle der Geldmenge zieht das ESZB aber auch die Entwicklung des EUR zum Dollar und Yen, die Konjunkturentwicklung sowie die Lage auf den Finanzmärkten bei seinen geldpolitischen Entscheidungen mit ein.

Geldpolitische Instrumente des ESZB

Eckpfeiler der Preisstabilitätspolitik des ESZB ist die Kontrolle der Geldmenge durch verschiedene geldpolitische Maßnahmen. Grundgedanke ist dabei, dass die Kreditinstitute für die Kreditgewährung Geld benötigen, das sie sich bei anderen Kreditinstituten, aber auch bei den Notenbanken besorgen können. Zu den geldpolitischen Maßnahmen des ESZB zählen:

Offenmarktgeschäfte

Bei den Offenmarktgeschäften verpfänden Kreditinstitute bei den Notenbanken **Wertpapiere** und **Handelswechsel** und erhalten dafür flüssige Mittel für ihren Geldbedarf. Über diese Offenmarktgeschäfte kann der EZB-Rat die **Zinssätze** und die **Liquidität**[2] am Geldmarkt steuern, indem er entscheidet, ob der Refinanzierungsspielraum erweitert oder eingeschränkt werden soll.

---

1. Unter Geldmenge wird hauptsächlich die von der Deutschen Bundesbank so benannte Geldmenge M 3 verstanden. Sie errechnet sich aus Bargeldumlauf, Sichteinlagen, Termineinlagen unter vier Kahren und Spareinlagen mit dreimonatiger Kündigungsfrist.
2. Liquide = flüssig, verfügbar, zahlungsfähig

Die Abwicklung der Offenmarktgeschäfte übernehmen die nationalen Notenbanken, in unserem Land also die Deutsche Bundesbank.

Offenmarktgeschäfte kommen vor als

- als wöchentliche Wertpapierpensionsgeschäfte mit 14-tägiger Laufzeit (Hauptfinanzierungsinstrument)
- als monatliche Wertpapierpensionsgeschäfte mit dreimonatiger Laufzeit (längerfristige Refinanzierungsgeschäfte)

Spitzenfinanzierungsfazilität[1]

Gegen Stellung von Sicherheiten können die Kreditinstitute für einen Tag („über Nacht") unbegrenzt Kredite zu festen Konditionen bei der EZB aufnehmen. Dadurch soll ein starkes Steigen des Zinssatzes für Tagesgeld verhindert werden.

Vereinfachte Darstellung der Offenmarktpolitik als geldpolitische Maßnahme der EZB

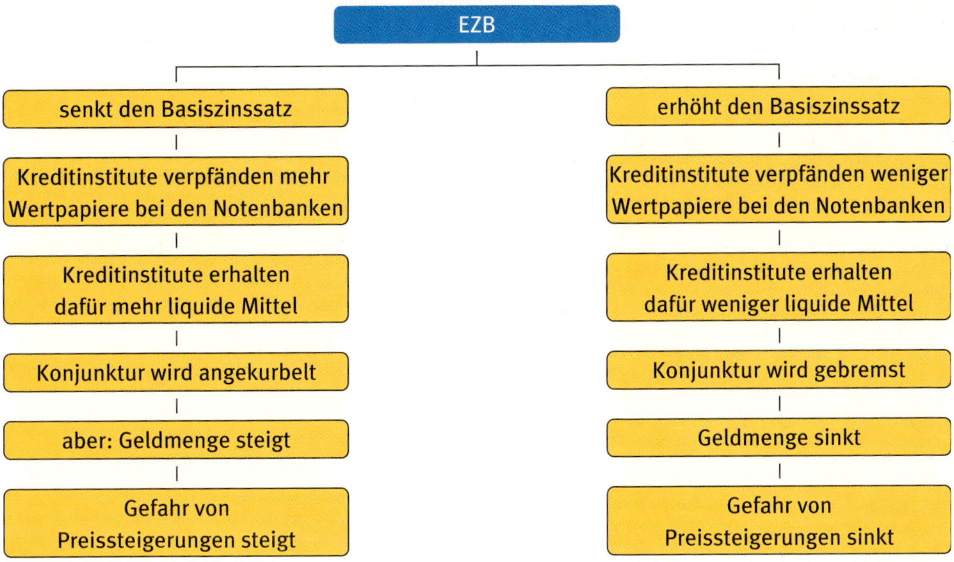

Einlagefazilität

Kreditinstitute können überschüssige Gelder für einen Tag („über Nacht") bei der EZB verzinslich anlegen. Dadurch soll ein starkes Sinken des Zinssatzes für Tagesgeld verhindert werden.

Verzinsliche Mindestreserve

Kreditinstitute müssen maximal 10 % ihrer kurzfristigen Nichtbankeneinlagen als verzinsliche Guthaben bei den nationalen Notenbanken unterhalten. Über die Erhöhung und Sen-

1. Fazilität = laut Duden: Gewandtheit, Leichtigkeit, hier: Gesamtheit der Kreditmöglichkeiten, die einen Kunden zur Deckung eines Kreditbedarfs bei Banken zur Verfügung steht.

kung des Mindestreservesatzes besitzt die EZB die Möglichkeit, auf die Liquidität und damit auf die Geldmenge der Kreditinstitute einzuwirken. Eine Erhöhung des Mindestreservesatzes vermindert den Kreditvergabespielraum der Kreditinstitute und umgekehrt.

TIPP **Erkundigen Sie sich, wie hoch derzeit der Mindestreservesatz ist!**

KERNWISSEN

- Gesellschaftsordnung = Gesamtheit aller Verhaltensregeln, die für den Einzelnen und die Gesellschaft gelten
- Wirtschaftsordnung = Gesamtheit der Regeln, die für das Zusammenwirken der Wirtschaftssubjekte gelten

Individualismus	←	**Menschenbild**	→	Kollektivismus
Liberalismus	←	**Politische Ebene**	→	Sozialismus; Kommunismus
Freie Marktwirtschaft	←	**Wirtschaftliche Ebene**	→	Zentralverwaltungswirtschaft

Freiheitliche Elemente → **Soziale Marktwirtschaft** ← Soziale Elemente

- Erwerbswirtschaftliches Prinzip mit gemeinwirtschaftlichen Elementen
- Freie Marktpreisbildung
- Freier Wettbewerb
- Gewährung von Freiheitsrechten durch die Ordnungspolitik (Privateigentum)
- Eingriffe des Staates bei Fehlentwicklungen einer freien Marktwirtschaft

BEISPIEL Gefährdung des Wettbewerbs
Sicherung der sozialen Gerechtigkeit
Bereitstellung öffentlicher Güter
Umweltschutz, Verbraucherschutz

Wirtschafts- und sozialpolitische Maßnahmen des Staates

- Einkommens-. Vermögens- und Sozialpolitik
- Wettbewerbspolitik
- Strukturpolitik
- Konjunkturpolitik

Europäisches Zentralbankensystem

- Das ESZB besteht aus der EZB und den nationalen Notenbanken.
- Der EZB-Rat besteht aus dem Direktorium und den Präsidenten der nationalen Notenbanken.
- Das ESZB ist von den Teilnehmerländern vollkommen unabhängig.

- Oberstes Ziel der ESZB ist die Erhaltung der Preisstabilität des Euro.
- Die Preisentwicklung ist abhängig von der Entwicklung der Geldmenge.
- Die EZB nimmt über ihre geldpolitischen Instrumente Einfluss auf die Geldmenge.
- Zu den geldpolitischen Instrumenten der EZB zählen die Offenmarktpolitik, die Fazilitäten sowie die Mindestreserve.

ÜBUNGSAUFGABEN

1. Welche Ziele verfolgen in einer freien Marktwirtschaft die Unternehmen und Haushalte?

2. Beschreiben Sie die Mängel einer freien Marktwirtschaft.

3. Vergleichen Sie das Modell der freien Marktwirtschaft mit dem der Zentralverwaltungswirtschaft. Zeigen Sie Vor- und Nachteile beider Modelle auf.

4. Auf welches Wirtschaftsordnungsmodell treffen die folgenden Aussagen zu?
a) Das Privateigentum an Produktionsmitteln ist garantiert.
b) Einfuhren und Ausfuhren werden staatlich überwacht und bedürfen einer Genehmigung.
c) Die Preise bilden sich durch das freie Aufeinandertreffen von Angebot und Nachfrage.
d) Verbraucher entscheiden selbst im Rahmen ihrer Einkommen über die Verteilung der Güter.
e) Der Produktionsplan wird von einer staatlichen Behörde festgelegt.
f) Eine Einschränkung des Wettbewerbs ist durch Monopolbildung möglich.
g) Wenn ein Unternehmer an den Bedürfnissen des Marktes vorbei produziert, scheidet er aus dem Marktgeschehen aus.
h) Die Preise werden von staatlicher Stelle festgelegt.

5. Zeigen Sie die Kernelemente und ordnungspolitischen Rahmenbedingungen der sozialen Marktwirtschaft auf. Worin bestehen die Unterschiede zur freien Marktwirtschaft? Welche Rolle übernimmt der Staat in der sozialen Marktwirtschaft?

6. Nennen und erläutern Sie die vier im Stabilitätsgesetz genannten wirtschaftspolitischen Ziele.

7. Was ist unter dem Oberziel „Gesamtwirtschaftliches Gleichgewicht"zu verstehen?

8. Erläutern Sie die Begriffe a) Warenkorb b) Inflationsrate c) Arbeitslosenquote d) Zahlungsbilanz e) Außenbeitrag f) Bruttoinlandsprodukt.

9. Warum nennt man die Kombination der wirtschaftspolitischen Ziele „magisches Viereck"?

10. Welche zusätzlichen Ziele erweitern dieses magische Viereck zum „magischen Sechseck"?

11. Ein Zitat des ehemaligen Bundeskanzlers Helmut Schmidt lautete, 5 % Inflation sei ihm lieber als 5 % Arbeitslosigkeit. Was meinte er mit dieser Aussage?

12. Als Politiker sollen Sie sich dafür einsetzen, dass ein wirtschaftspolitisches Ziel Ihrer Wahl in einem möglichen neuen Stabilitätsgesetz als vorrangig eingestuft wird. Bilden Sie dazu sechs Gruppen. Jede Gruppe wählt ein wirtschaftspolitisches Ziel und sammelt Argumente für die Vorrangigkeit dieses Zieles. Tauschen Sie anschließend die Argumente aus und diskutieren Sie, welchem Ziel die größte Bedeutung zukommt.

13. Wie beurteilen Sie die gegenwärtige gesamtwirtschaftliche Lage? Informieren Sie sich dazu über die aktuellen Messgrößen der wirtschaftspolitischen Ziele.

14. Nennen Sie verschiedene Schwerpunkte staatlicher Wirtschafts- und Sozialpolitik und beschreiben Sie deren Aufgaben im Rahmen einer sozialen Marktwirtschaft.

15. Zählen Sie die wichtigsten Träger staatlicher Wirtschafts- und Sozialpolitik auf.

16. Suchen Sie Beispiele für
a) direkte Transferzahlungen
b) indirekte Umverteilungen
c) vermögenspolitische Förderungen.

17. Welche Umverteilungs- und Fördermaßnahmen nehmen Sie als Auszubildender in Anspruch?

18. Nennen Sie verschiedene Möglichkeiten staatlicher Umweltschutzpolitik und begründen Sie deren Notwendigkeit.

19. Erläutern Sie die Begriffe „sektorale" und „regionale" Strukturpolitik.

20. Beschreiben Sie mithilfe des Schaubildes „Konjunkturbewegung in der Marktwirtschaft" die Kennzeichen einer Boomphase und einer Phase der Depression.

21. Welche der Maßnahmen wirken konjunkturbelebend (+), welche konjunkturdämpfend (–)?
a) Senkung der Einkommensteuersätze
b) Erhöhung der Mineralölsteuer
c) Senkung der Sozialversicherungsbeiträge
d) Anhebung der Gehälter des öffentlichen Dienstes
e) Gewährung einer Investitionszulage
f) Verbesserung der Abschreibungsmöglichkeit (höhere Abschreibungssätze und Sonderabschreibungen

22. Sie werden mit Ihrer Gruppe beauftragt, dem neuen Wirtschaftminister fünf Vorschläge zu unterbreiten, wie er eine Phase der Rezession mit steigender Arbeitslosigkeit und sinkendem Wirtschaftswachstum überwinden könnte. Stellen Sie die Vorschläge den anderen Gruppen vor und diskutieren Sie die Ergebnisse der einzelnen Gruppen.

23. Suchen Sie nach Möglichkeiten in der Wirtschaftspolitik, wie wirtschaftliches Wachstum unter Beachtung ökologischer Aspekte gefördert werden könnte.

24. Betrachten Sie das Schaubild auf Seite 167:
a) Beschreiben Sie die Phasen eines typischen Konjunkturverlaufes.
b) Welche kurzfristigen Schwankungen und welche langfristige Entwicklungen sind aus dem Schaubild erkennbar?
c) Überlegen Sie sich mögliche Ursachen für diese unterschiedlichen Bewegungen.

25. Wie ist das Europäische System der Zentralbanken (ESZB) aufgebaut?

26. Aus welchen Organen besteht der EZB-Rat?

27. Was versteht man unter der Unabhängigkeit der ESZB?

28. Welche Ziele hat die ESZB?

29. Welche geldpolitischen Instrumente setzt das ESZB ein, um die Geldmenge kontrollieren zu können?

30. Erklären Sie, welche Folgen eine Senkung des Basiszinssatzes auf Konjunktur, Geldmenge und Preisentwicklung haben kann!

31. Welche volkswirtschaftliche Wirkung hat die Vereinbarung zwischen Vater und Sohn in der folgenden Abbildung?

2.7 Der Betrieb in der Gesamtwirtschaft (Lernfeld 2, 7, 10)

SITUATION

Während seiner Ausbildungszeit zur Fachkraft für Lagerwirtschaft lernte der Azubi Tom in der Spedition, in der er ausgebildet wurde, viele Kunden kennen. Da ihn der Aufgabenbereich einer Spedition fasziniert, setzt sich Tom das Ziel, nach seiner Abschlussprüfung ein kleines Fuhrunternehmen zu gründen. Gleichzeitig gibt ihm sein Vater die Möglichkeit, im elterlichen Metallbauunternehmen Einkauf und Lager zu übernehmen, mit dem Hinweis, dass dies wesentlich rentabler für ihn sei.

Handlungsaufträge

1. Von welchen Zielen könnte sich der Azubi in seiner Entscheidung leiten lassen?
2. Welche Art von Leistung wird in den jeweiligen Betrieben erbracht und welche Faktoren sind für die Erbringung der jeweiligen betrieblichen Leistung einzusetzen?
3. Überlegen Sie sich, welche gemeinsamen Aufgabenbereiche trotz der völlig unterschiedlichen Betriebstätigkeit in Unternehmen erkennbar sind.
4. Was meint der Vater mit „rentabler"?
5. Welchen Standort halten Sie für das Fuhrunternehmen für geeignet? Begründen Sie.

2.7.1 Betriebliche Zielsetzungen

Am Beginn jedes wirtschaftlichen Handelns muss immer die Zielsetzung stehen. Diese Zielsetzung richtet sich nach den Aufgaben, die ein Unternehmen jeweils zu erfüllen hat.

Erwerbswirtschaftliche Ziele

Oberstes Ziel von Betrieben, die nach dem erwerbswirtschaftlichen Prinzip geführt werden, ist die Gewinnmaximierung, also eine möglichst hohe Spanne zwischen betrieblichen Aufwendungen und Erträgen anzustreben. Dieses Streben nach einer „finanziellen Entlohnung" ist Antriebsmotor unseres wirtschaftlichen Systems, weil nur dort neue Investitionen vorgenommen werden, wo auch Gewinne erwartet werden. Umgekehrt werden Kapazitäten abgebaut, wenn Gewinne ausbleiben, gleichzeitig können diese frei gewordenen Mittel wieder in „gefragten" Projekten investiert werden. Einzelwirtschaftlich gesehen ist das Gewinnstreben zwar egoistisch, gesamtwirtschaftlich betrachtet ist es dadurch aber außerordentlich wünschenswert und notwendig, dass der Unternehmer mit dem Gewinn erkennt, ob es ihm gelungen ist, bedarfsgerechte Güter anzubieten oder ob er an der Nachfrage „vorbei produziert" (Steuerungsfunktion).

Um das Oberziel der Gewinnmaximierung zu erreichen, können vom Unternehmen „Unterziele" formuliert werden wie beispielsweise

- Kostensenkung (Kostenminimierung)
- Umsatzmaximierung
- Erhöhung des Marktanteils
- Sicherung der Zahlungsfähigkeit
- Verbesserung des Ansehens (Image)
- Ökologische und soziale Ziele

Für das Unternehmen selbst ist die Gewinnerzielung Voraussetzung für das langfristige Überleben. Nur wenn nachhaltig Gewinne erwirtschaftet werden, können die Existenz eines Unternehmens und damit die Arbeitsplätze gesichert werden.

Gemeinwirtschaftliche Ziele

Gemeinwirtschaftliche Betriebe richten ihren Leistungsprozess auf die bestmögliche Deckung des Bedarfs an Sachgütern und Dienstleistungen der Gemeinschaft. Ihre Tätigkeit ist am Gemeinwohl ausgerichtet und hat das oberste Ziel, die soziale Sicherheit der Bevölkerung zu gewährleisten.

BEISPIEL Öffentliche Versorgungseinrichtungen wie Krankenhäuser, Verkehrsbetriebe, Klärwerke, Abfallentsorgung, öffentliche Verwaltungseinrichtungen wie Finanzämter, Gerichte sowie sonstige staatliche Einrichtungen wie Museen

Wird die Kostendeckung mit den Preisen nicht erreicht, sind staatliche Subventionen notwendig, um den Betrieb aufrechtzuerhalten. Ein Beispiel dafür ist die Deutsche Bahn AG.

Genossenschaftliche Ziele

Die Aufgabe von Genossenschaften ist primär nicht auf Gewinnerzielung ausgerichtet, sondern auf die gegenseitige Förderung ihrer Mitglieder (Solidaritätsgedanke). Ziel der Genossenschaften ist es, durch den Zusammenschluss die wirtschaftliche Tätigkeit der einzelnen Genossen zu fördern.

BEISPIEL Einkaufsgenossenschaften (gemeinschaftlicher Einkauf durch Landwirte oder Einzelhändler). Betriebsgenossenschaften (gemeinschaftliche Nutzung von Maschinen wie Mähdreschern)

2.7.2 Betriebswirtschaftliche Produktionsfaktoren

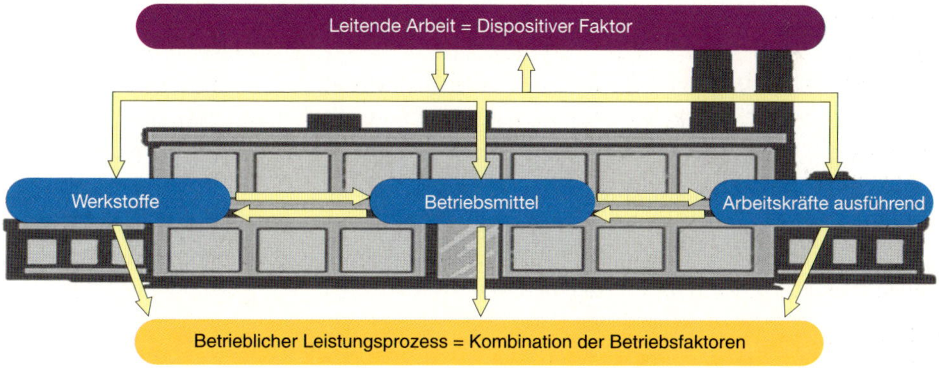

Grundlage für die Produktion von Güter und Dienstleistungen in einer Volkswirtschaft sind die volkswirtschaftlichen Produktionsfaktoren Arbeit, Boden und Kapital. Um den Produktionsprozess auf der betrieblichen Ebene genauer untersuchen zu können, müssen die volkswirtschaftlichen Produktionsfaktoren den betrieblichen Fragestellungen angepasst werden.

BEISPIEL So ist der Faktor Kapital für die Erklärung des betrieblichen Produktionsprozesses zu weit gefasst, weil damit sowohl ein Lkw als auch ein EDV-Programm gemeint sein können.

Ebenso wie in einer Volkswirtschaft besteht der Zweck der Betriebstätigkeit in der Herstellung von Gütern und Dienstleistungen zur Bedürfnisbefriedigung. Dazu müssen die betriebswirtschaftlichen Produktionsfaktoren kombiniert werden:

Werkstoffe

Hierbei handelt es sich um alle Produktionsmaterialien, die im Fertigungsprozess be- und verarbeitet werden und somit die Grundlage für die späteren Fertigerzeugnisse bilden. Sie lassen sich untergliedern in

- *Rohstoffe* als Hauptbestandteil des neuen Produktes, z. B. Bleche in der Fahrzeugherstellung
- *Hilfsstoffe* als Nebenbestandteile des neuen Produktes, z. B. Schrauben oder Lacke bei Pkw
- *Betriebsstoffe* als notwendige Verbrauchsstoffe, die nicht Bestandteil des Produktes selbst werden, z. B. Kraftstoffe, Motoröl, Strom
- *Reparaturmaterial* zur Instandhaltung der Anlagen
- *Fertige Einbauteile*, die von außen bezogen werden, z. B. Türschlösser, Antennen
- *Handelswaren*, die ohne Be- oder Verarbeitung weiter veräußert werden, z. B. Sitzbezüge

Betriebsmittel

beinhalten alle Einrichtungen und Anlagen, mit deren Hilfe die betrieblichen Leistungen erbracht werden.

- Maschinen, Werkzeuge
- Transport- und Lagereinrichtung
- Grundstücke
- Geschäftsausstattung

Arbeitskräfte

können nach der Art ihrer Tätigkeit unterschieden werden.

- **Ausführende Arbeitskräfte** sind die Mitarbeiter, die mithilfe der Werkstoffe und Betriebsmittel die eigentlichen Betriebsleistungen erstellen. Dazu zählen z. B. die Sachbearbeiterin in der Einkaufsabteilung oder der Lkw-Fahrer.
- **Leitende Arbeit** wird häufig sogar als eigener betriebswirtschaftlicher Produktionsfaktor ausgewiesen, weil er für den betrieblichen Produktionsprozess von entscheidender Bedeutung ist. Aufgabe dieses so genannten **dispositiven Faktors** (lat: dispositiv = anordnend, verfügend) ist die Leitung, Planung, Organisation und Überwachung des Betriebsablaufs. Diese Steuerungsfunktion übernimmt die Geschäfts- und Betriebsleitung. Sie gibt Ziele vor, legt die Planung fest (Absatzpläne, Produktionspläne), entscheidet über die Maßnahmen, die zu treffen sind, und überwacht Organisation und Durchführung der Leistungserstellung. Der dispositive Faktor ist somit für die optimale Kombination der Betriebsfaktoren verantwortlich.

Je nach Art des Betriebes bzw. des herzustellenden Produktes werden diese Produktionsfaktoren in unterschiedlichem Maße eingesetzt. Nach dem Einsatz der Produktionsfaktoren unterscheidet man deshalb *anlageintensive (kapitalintensive), arbeitsintensive (lohnintensive), materialintensive* oder *energieintensive Betriebe*.

2.7.3 Arten der Betriebe

Je nachdem, welche Leistungen in einem Betrieb erstellt werden, lassen sich zwei große Gruppen unterscheiden:

Sachleistungsbetriebe | Dienstleistungsbetriebe

Sachleistungsbetriebe

Zielsetzung der Sachleistungsbetriebe ist die Herstellung von Sachgütern. Auf dem Weg vom Rohstoff bis zum fertigen Endprodukt durchlaufen die Sachgüter in der Regel mehrere Produktionsstufen von der Urerzeugung über die Weiterverarbeitung bis zur Verteilung (vgl. volkswirtschaftliche Arbeitsteilung). Entsprechend dieser Produktionsstufen können die Sachleistungsbetriebe auch eingeteilt werden in

- **Gewinnungsbetriebe** zum Abbau der Naturschätze. Dies können sein:
  - Betriebe zum Abbau von Bodenschätzen wie Kohle, Edelmetalle, Kies, Erdgas
  - Betriebe zur Erzeugung von Naturprodukten wie Obstplantagen, Fischzucht.
- **Verarbeitungsbetriebe** zur stufenweisen Umwandlung der gewonnenen Rohstoffe in
  - Grundstoffe (nicht oder nur wenig bearbeitete Werkstoffe)
  - Halbfertige oder fertige Werkstoffe zur Weiterverarbeitung in einer nachfolgenden Produktionsstufe
  - Ge- oder verbrauchsfertige Waren für den Endverbraucher.

  Verarbeitungsbetriebe können in der Organisationsform eines
  - **Handwerksbetriebes** oder
  - **Industriebetriebes** geführt werden.

  Entsprechend der Güterart, die verarbeitet wird, teilt man Industriebetriebe auch ein in
  - **Grundstoffindustrie** (z. B. Energie, Stahlerzeugung)
  - **Investitions**- oder **Produktionsgüterindustrie** (z. B. Lkw, Computer)
  - **Konsumgüterindustrie** (z. B. Nahrungsmittel, Bekleidung)

Dienstleistungsbetriebe

Im Unterschied zu Sachleistungsbetrieben besitzen Dienstleistungsbetriebe keinen Fertigungsbereich im engeren Sinne. Die Leistungserstellung dieser Betriebe liegt in der Bereitstellung von Diensten unterschiedlichster Art. Trotz der Vielfalt im Dienstleistungsbereich lassen sich nach der Art der erbrachten Leistung grundlegende Dienstleistungszweige abgrenzen:

- *Handelsbetriebe* für den Güteraustausch zwischen den am Wirtschaftsgeschehen Beteiligten. Sie lassen sich in drei grundlegende Arten einteilen:

  Einzelhandelsbetriebe übernehmen den Güteraustausch zwischen Hersteller bzw. Großhändler und dem Endverbraucher.

  Großhandelsbetriebe übernehmen den Güteraustausch zwischen Hersteller und Einzelhändler oder Großabnehmer.

  Außenhandelsbetriebe spezialisieren sich auf den Güteraustausch zwischen den einzelnen Staaten.
- *Transport und Verkehrsbetriebe* übernehmen den Transport von Gütern bzw. Personen oder vermitteln derartige Dienstleistungen gegen Entgelt. Dazu werden Transportkapazitäten beschafft und Beförderungsleistungen angeboten.

Koordinierung und Organisation der Grundfunktionen durch Leitung und Verwaltung

Die Hauptaufgaben der Geschäftsleitung bestehen darin, das gesamte Unternehmen zu führen, den Prozess der betrieblichen Leistungserstellung zu planen und die Grundfunktionen optimal zu koordinieren und zu organisieren.

Zur Unterstützung des optimalen Betriebsablaufes ist auch eine gut funktionierende Verwaltung wie beispielsweise der Bereich Rechnungswesen für die Erfassung der Kosten oder der Personalbereich für die Bearbeitung von Personalfragen erforderlich.

Wertekreislauf eines Betriebes

Ähnlich wie im Wirtschaftkreislauf einer Volkswirtschaft kann auch der betriebliche Leistungsprozess als ein Kreislauf von Güter- und Geldströmen gesehen werden.

Güterströme in Form von Produktionsfaktoren fließen von den Beschaffungsmärkten über die betrieblichen Leistungsprozesse zum Absatzmarkt. Entgegengesetzt fließen die Geldmittel vom Absatzmarkt in den Betrieb, um die erforderlichen Geldabflüsse bei der Beschaffung der betrieblichen Produktionsfaktoren wieder ausgleichen zu können (siehe Zusammenfassung).

2.7.5 Betriebliche Kennzahlen

Damit sich ein Unternehmen im Wettbewerb mit Konkurrenten behaupten kann, muss es regelmäßig kontrollieren, ob die betriebliche Tätigkeit erfolgreich verläuft und die gesetzten Ziele erreicht werden. Mit betrieblichen Kennzahlen können die Leistungen eines Unternehmens im Zeitvergleich (z. B. jährlich oder monatlich) oder im Vergleich mit anderen Betrieben (bzw. der Branche) gemessen werden.

Produktivität

Sie erfasst die mengenmäßige Ergiebigkeit einer wirtschaftlichen Tätigkeit (z. B. die Stückzahl hergestellter Pkw-Ersatzteile) bezogen auf die dafür eingesetzten Produktionsfaktoren (z. B. Anzahl der dafür benötigten Arbeitsstunden oder die Mitarbeiterzahl); (vgl. Kapitel 2.2.1).

$$\text{Produktivität} = \frac{\text{Hergestellte Menge}}{\text{Eingesetzte Mittel}} \quad \text{oder} \quad \text{Produktivität} = \frac{\text{Ausbringungsmenge}}{\text{Einsatzmenge}}$$

Als Einsatzmenge kann neben den Arbeitsstunden (Arbeitsproduktivität) auch die Maschinenlaufzeit in Stunden oder die Kosten der insgesamt dafür eingesetzten Betriebsmittel in EUR zugrunde gelegt werden (= Kapitalproduktivität).

Die Produktivität ist nur eine mengenmäßige Verhältniszahl, die nichts darüber aussagt, ob ein Betrieb auch wirtschaftlich und rentabel arbeitet.

Wirtschaftlichkeit

Sie ist das Verhältnis von Ertrag zu Aufwand. Um zufällige Schwankungen auszuschließen, werden für die Berechnung auch die Zahlen der Kosten- und Leistungsrechnung verwendet. Damit wird die wertmäßige Leistung (= Menge · Marktpreis) auf den Wert der eingesetzten Produktionsfaktoren (= Kosten) bezogen.

$$\text{Wirtschaftlichkeit} = \frac{\text{Ertrag}}{\text{Aufwand}}$$ oder $$\text{Wirtschaftlichkeit} = \frac{\text{Leistungen}}{\text{Kosten}}$$

Mit dieser Kennzahl wird auf betrieblicher Ebene das Streben nach dem ökonomischen Prinzip mit ihren Ausprägungen Maximal- und Minimalprinzip als Messgröße erfasst (vgl. Kapitel 2.1.3). Da in dieser Größe aber der Kapitaleinsatz nicht berücksichtigt ist, kann daraus nicht abgeleitet werden, ob das in das Unternehmen investierte Kapital auch rentabel eingesetzt wird.

Rentabilität

Bei der Berechnung der Rentabilität wird der Gewinn in ein prozentuales Verhältnis zum eingesetzten Kapital oder zum Umsatz gesetzt.

$$\text{Rentabilität} = \frac{\text{Gewinn} \cdot 100}{\text{Eingesetztes Kapital}}$$ Dabei wird unterschieden in

$$\text{Eigenkapitalrentabilität} = \frac{\text{Gewinn} \cdot 100}{\text{Eigenkapital}}$$

$$\text{Gesamtkapitalrentabilität} = \frac{(\text{Gewinn} + \text{Fremdkapitalzinsen}) \cdot 100}{(\text{Eigenkapital} + \text{Fremdkapital})}$$

$$\text{Umsatzrentabilität} = \frac{\text{Gewinn} \cdot 100}{\text{Umsatz}}$$

2.7.6 Kriterien der Standortauswahl eines Betriebes

LOP

Gleichzeitig mit der Neugründung eines Unternehmens oder mit der Verlegung eines Betriebsteiles muss genau überlegt werden, welcher Standort geeignet ist. Verschiedenste Aspekte sind bei dieser Entscheidung zu berücksichtigen.

Arbeitskräfte

Ein Aspekt für Standortüberlegungen ist die Gesamtzahl der verfügbaren Arbeitskräfte, die in einer Region direkt oder als Pendler zur Verfügung stehen.

Ebenso müssen auch die Arbeitskosten in die Betrachtung einbezogen werden. Die Höhe des Lohnniveaus und Lohnzusatzkosten wie Arbeitgeberbeiträge zu Sozialversicherungen oder Urlaubsgeld können Grund für eine Betriebsverlagerung sein. Besonders im internationalen Vergleich wird dieses Kriterium als Argument für Betriebsverlegungen von Deutschland in das Ausland angeführt. Neben der Lohnhöhe ist aber auch die Qualifikation der Arbeitskräfte nicht zu vernachlässigen.

Rohstoffe

Rohstoffgewinnende Betriebe wie Bergwerke oder Kiesgruben müssen ihre Standortauswahl nach den natürlichen Gegebenheiten richten. Typisches Beispiel dafür ist das Ruhrgebiet. Rohstoffverarbeitende Betriebe wie die Stahlindustrie siedelten sich aus Transportgründen in der Nähe der Rohstoffgewinnung an. Zulieferbetriebe der Schwerindustrie und andere Industriezweige folgten wegen der kurzen Transportwege und der hohen Bevölkerungsdichte. So lässt sich die Entstehung der großen Industriezentren Europas mit ihren Ballungsräumen erklären.

Absatzmöglichkeiten

Der Standort kann auch von der räumlichen Nähe zum Abnehmer abhängen. Besonders Handwerksbetriebe und Handels- und Dienstleistungsbetriebe wie Einzelhandel, Banken und Versicherungen suchen die Nähe der Kunden, um ihre Absatzmöglichkeiten zu verbessern.

Verkehrsanbindung

Ein Großteil der Industriebetriebe und vor allem Unternehmen mit Leistungen im Transport- und Lagerbereich (Speditionen, Lagerhausgesellschaften, Luftfrachtumschlag), Betriebe, die auf einen schnellen Warentransport angewiesen sind, werden in ihrer Standortentscheidung die Anbindung an vorhandene Verkehrswege und Verkehrsmittel stärker gewichten.

Energieversorgung

Jedes Unternehmen hat einen mehr oder weniger hohen Energiebedarf. Es stellt sich somit bei einer Betriebsansiedlung unmittelbar die Frage nach der Art der Energieversorgung. Welche Energiequellen können genutzt werden und welche Kosten verursachen sie?

Belastung mit Steuern und Abgaben

Im internationalen Vergleich werden häufig die Steuersätze der Ertragssteuern wie Einkommensteuer oder Körperschaftsteuer als Vergleichskriterium herangezogen. Zusätzlich sind aber auch Möglichkeiten der steuerlichen Gestaltung wie beispielsweise Abschreibungen oder die Verrechnung von Verlusten zwischen beteiligten Unternehmen einzubeziehen.

Innerhalb eines Landes kann die Steuerbelastung zwischen Städten und Gemeinden sehr unterschiedlich sein, weil die Kommunen bei Gewerbesteuer und Grundsteuer das Recht haben, die so genannten Hebesätze eigenständig festzulegen. Unterschiede in der Steuerbelastung entstehen auch durch Sonderabschreibungsmöglichkeiten in geförderten Regionen oder durch niedrigere Sozialversicherungsabgaben (Bsp.: verschiedene Beitragsbemessungsgrenzen Ost-West).

Bei den Abgaben für Müllentsorgung und Wasserversorgung bzw. Abwasserbeseitigung sind zwischen den Kommunen ebenfalls erhebliche Preisunterschiede feststellbar, die sich auf die Kostenstruktur eines Unternehmens auswirken können.

Staatliche Förderung

Vielfältige staatliche Fördermaßnahmen auf europäischer, nationaler oder regionaler Ebene können Standortentscheidungen beeinflussen. Fördergelder bei der Ansiedlung in strukturschwachen Räumen, Investitionszulagen, zinsgünstige Existenzgründungsdarlehen, Schaffung von Gründerzentren sind nur wenige Beispiele, mit denen die Ansiedlung von Unternehmen erleichtert werden soll.

Umweltschutz und behördliche Auflagen

Mit der Zunahme des Umweltbewusstseins in der Bevölkerung steigt auch die Bedeutung des Umweltschutzes für die betriebliche Tätigkeit. Politisch umgesetzt wird dieses Umdenken im Verhältnis zur Umwelt durch eine Ausdehnung und Verschärfung der Umweltschutzvorschriften. Konkret führen verschärfte Gesetze und Verordnungen im Umweltbereich zu notwendigen betrieblichen Maßnahmen.

BEISPIEL Einbau von Filteranlagen; Begrenzung des Schadstoffausstoßes; Bau von Klärbecken; Entsorgung von Sondermüll; Maßnahmen gegen Bodenversiegelung

Neben dem Umweltbereich müssen Betriebe noch andere behördliche Auflagen in ihrer Standortauswahl berücksichtigen:

- Bauvorschriften bei Neu- oder Umbauten (Bsp: Flächennutzungspläne)
- Genehmigungsverfahren für Industrieanlagen

KERNWISSEN

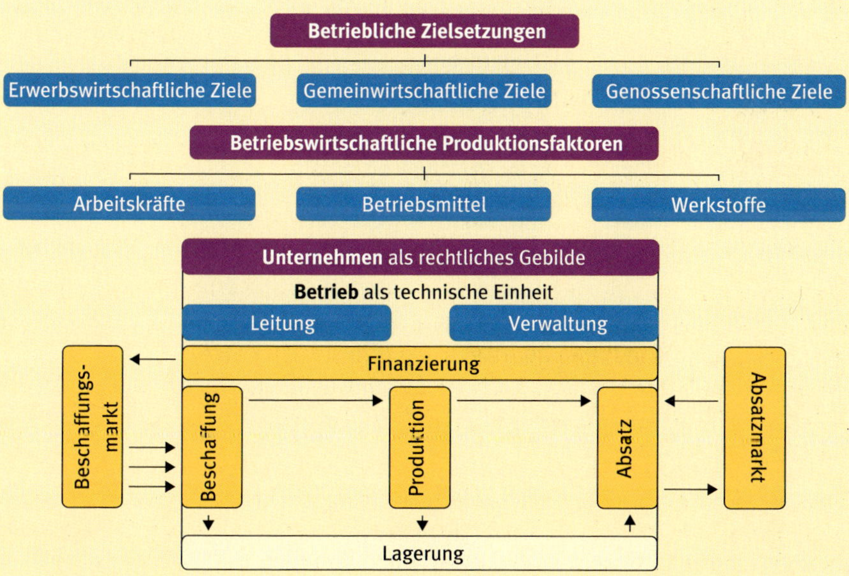

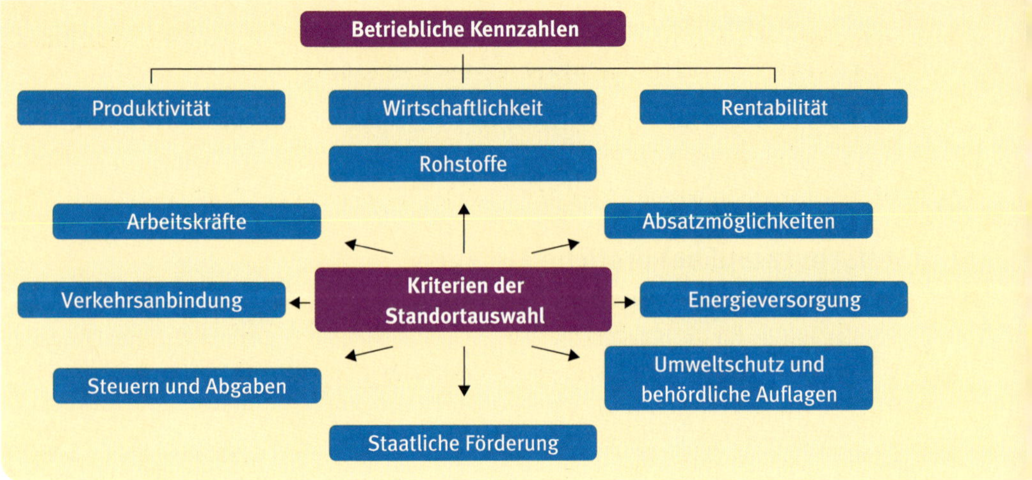

Übungsaufgaben

1. Welche Ziele verfolgen
a) erwerbswirtschaftliche Betriebe?
b) gemeinwirtschaftliche Betriebe?
c) genossenschaftliche Betriebe?

2. Erstellen Sie eine Übersicht, in der Sie die Bedeutung des Gewinns aus verschiedenen Betrachtungswinkeln darstellen.

Der Gewinn bedeutet für		
die Gesamtwirtschaft	**das Unternehmen**	**den Unternehmer**

3. Informieren Sie sich über Beispiele, in denen öffentlich-rechtliche Institutionen in privatwirtschaftliche Unternehmen übergeführt wurden.

4. Beschreiben Sie mögliche Vorteile der Mitgliedschaft in einer Einkaufsgenossenschaft.

5. Beschreiben Sie die betriebswirtschaftlichen Produktionsfaktoren und nennen Sie Beispiele aus Ihrem Ausbildungsbetrieb.

6. Zu welchem Produktionsfaktor zählen die folgenden Beispiele? Notieren Sie sich die Abkürzungen:
AL = Arbeit leitend AA = Arbeit ausführend B = Betriebsmittel W = Werkstoffe
a) Lackieranlage
b) Heckscheibe
c) Schweißroboter
d) Lagerleiter
e) Staplerfahrer
f) Fußmatte
g) Heizöl
h) Geschäftsführer

7. Erläutern Sie anhand eines Beispiels, wie der Produktionsfaktor Arbeit durch den Faktor Betriebsmittel in einem Lager ersetzt werden kann.

8. Was ist der „dispositive Faktor" eines Betriebes und welchen Stellenwert ordnen Sie ihm im betrieblichen Leistungsprozess zu?

9. Welcher Produktionsfaktor überwiegt bei den folgenden Betrieben?
a) Wasserkraftwerke
b) Chemische Grundstoffe
c) Zementwerk
d) Software-Programmierung kaufmännischer Anwendersoftware

10. Worin liegt der Hauptunterschied zwischen Sachleistungsbetrieben und Dienstleistungsbetrieben?

11. Nennen Sie verschiedene Arten von Sachleistungsbetrieben und ordnen Sie diese den Wirtschaftsstufen einer Volkswirtschaft (vgl. volkswirtschaftliche Arbeitsteilung) zu.

12. Nennen Sie verschiedene Dienstleistungszweige. Können Sie diese Betriebe ebenfalls den einzelnen Wirtschaftsstufen einer Volkswirtschaft eindeutig zuordnen?

13. Beschreiben Sie den Leistungsprozess der nachfolgenden Dienstleistungsbetriebe:
a) Rechtsanwaltskanzlei
b) Paket-Express-Service
c) Mobilfunknetzbetreiber
d) Haftpflichtversicherer
e) Kreditinstitut
f) Öffentliche Verwaltung

14. Welcher Dienstleistungszweig oder Sachleistungsbetrieb ist angesprochen?
a) Ölraffinerie
b) Fitness-Studio
c) Omnibusunternehmen
d) Telefonladen
e) Automobilindustrie
f) Salzbergwerk
g) Baumwollspinnerei
h) Notar

15. Nennen Sie die wesentlichen Grundfunktionen eines Betriebes. Zeichnen Sie in einer Skizze die Grundfunktionen auf. Ordnen Sie die unten durcheinander aufgelisteten Beispiele eines Kfz-Herstellers den betrieblichen Grundfunktionen zu und tragen Sie die Beispiele in die Skizze ein.
Suchen Sie weitere Beispiele, die Sie eintragen können.

Endmontage, Werkarbeiter, Schweißroboter, Karosseriebau, Motor, Vertragshändler, Industriemeister, Darlehen, Werbekampagne, Zwischenlager, Lackiererei, Frontscheiben.

Alternative: Suchen Sie statt der oben genannten Beispiele aus der Kfz-Herstellung Beispiele des eigenen Ausbildungsbetriebes und ordnen Sie diese zu.

16. Beschreiben Sie die einzelnen Aufgabenbereiche eines Betriebes und ihre Zusammenhänge im Betriebsablauf.

17. Suchen Sie nach Gemeinsamkeiten und Unterschieden bei den Grundfunktionen von Sach- und Dienstleistungsbetrieben und listen Sie diese in einer Übersicht auf.

18. Ein Automobil-Zulieferbetrieb stellt in einem Zeitraum 25 000 Stück eines Kfz-Ersatzteils her. Dafür müssen 1500 Arbeitsstunden aufgewendet werden. Lohnkosten fallen pro Arbeitsstunde in Höhe von 30 EUR an, die Materialkosten betragen 8 EUR pro Stück, sonstige Kosten werden in Höhe von 115 000 EUR erfasst. Pro Ersatzteil können am Markt 16 EUR erzielt werden. Investiert wurde Eigenkapital in Höhe von 1,6 Mio EUR.

Ermitteln Sie

a) die Arbeitsproduktivität,
b) die Wirtschaftlichkeit,
c) den Gewinn in EUR,
d) die Eigenkapitalrentabilität,
e) die Umsatzrentabilität,
f) die Kennziffern von a) bis e), wenn im Rahmen einer Rationalisierungsmaßnahme in eine neue Maschine investiert wurde und daraufhin nur noch 900 Arbeitsstunden für die gleiche Herstellungsmenge benötigt werden. Die sonstigen Kosten erhöhen sich auf 125 000 EUR, das Eigenkapital, das investiert wurde, stieg auf 1,65 Mio EUR, die übrigen Zahlen bleiben unverändert.

19. Nennen Sie verschiedene Faktoren, die sich auf die Auswahl eines Unternehmensstandortes auswirken können.

20. Suchen Sie im Internet mithilfe verschiedener Suchmaschinen (Bsp.: Google) unter dem Stichwort „Standortfaktoren" nach Städten oder Bundesländern, die für ihren Wirtschaftsstandort werben. Mit welchen Standortfaktoren werden Investoren in diesen Internet-Seiten angelockt?

21. Diskutieren Sie in der Gruppe mögliche Auswirkungen der Telekommunikation auf Standortentscheidungen (nationale und internationale Ebene).

3 Grundlagen des Wirtschaftsrechts

3.1 Die Rechtsordnung

SITUATION

Robert hat vor zwei Monaten eine Ausbildung zum Fachlageristen bei einer Elektrogroßhandlung in Emden begonnen. Kürzlich beobachtete er einen Kollegen, der in einer Ecke im Lager eine Zigarettenpause machte. Da er selbst ein starker Raucher ist, konnte er trotz der Rauchverbotsschilder der Versuchung nicht widerstehen, dort ebenfalls eine Zigarette zu rauchen. Er hatte sich die Zigarette gerade angezündet, als der Lagermeister um die Ecke kam und ihn sofort auf sein Fehlverhalten hinwies. Robert antwortete darauf: „Das tun doch alle, das ist Gewohnheitsrecht!" Der Lagermeister wollte davon nichts wissen und erinnerte Robert daran, dass er sich noch in der Probezeit befinde und was das bedeute, wisse er ja wohl.

HANDLUNGSAUFTRÄGE

1. Klären Sie die folgenden Fragen:
   a) Was hat der Hinweis des Lagermeisters auf die Probezeit zu bedeuten?
   b) Gibt es tatsächlich Gewohnheitsrechte?
2. Diskutieren Sie mit Ihren Mitschülern die Notwendigkeit von Gesetzen und Vorschriften.

3.1.1 Rechtsquellen

Die obige Situation zeigt, dass es im Zusammenleben der Menschen immer wieder zu Konflikten kommen kann. So klar wie in diesem Fall liegen die Verhältnisse allerdings nicht immer. Die Freiheit des Einzelnen (z. B. Roberts Rauchfreiheit) findet immer dort Grenzen, wo die Freiheit der anderen eingeschränkt wird oder wo die Sicherheit gefährdet ist, wie hier im Lager. Das Rauchverbot ist Bestandteil der von den Berufsgenossenschaften erlassenen Unfallverhütungsvorschriften. Sie dienen der Sicherheit am Arbeitsplatz und sind von allen Arbeitnehmern einzuhalten.

Das **Gewohnheitsrecht**, auf das sich Robert beruft, gibt es tatsächlich. Es handelt sich hier um übliches Verhalten, das allgemein als rechtmäßig anerkannt ist. Gewohnheitsrechte sind nicht schriftlich festgehalten. Auch so genannte Sitten, wie z. B. Kleiderordnungen oder Gebräuche, wie z. B. die Vertreibung des Winters durch Osterfeuer in manchen Regionen, sind nicht schriftlich niedergelegt. Sie werden auch als **ungeschriebenes Recht** bezeichnet. Wir beurteilen unser Handeln oder die Handlungen unserer Mitmenschen nach dem, was allgemein als rechtens oder legitim angesehen wird. Dabei orientieren wir uns natürlich auch und vor allem am so genannten **geschriebenen Recht**, den Gesetzen, Verordnungen, Satzungen, Erlassen oder Richtlinien. Auch wenn nicht alle denkbaren Konflikte durch entsprechende Gesetze und Vorschriften zu regeln sind, hat sich im Laufe der Menschheitsgeschichte eine umfangreiche **Rechtsordnung** entwickelt. Man kann sich leicht vorstellen, dass die Auslegung der Gesetze und Rechte zum Streit führen kann. Es ist dann Aufgabe der Gerichte, Recht zu sprechen.

Das Gerichtswesen in Deutschland umfasst die Zweige Ordentliche Gerichtsbarkeit (Zivil- und Strafgericht am Amts- oder Landgericht) sowie die Finanz-, Arbeits-, Sozial- und Verwaltungsgerichtsbarkeit mit den jeweiligen Instanzen. Höchstes Gericht ist das Bundesverfassungsgericht.

Als Rechtsquellen können wir ansehen

- das ungeschriebene Recht (Gewohnheitsrecht)
- das geschriebene Recht (Gesetze und Verordnungen) und
- die jeder Rechtsordnung zugrunde liegenden allgemeinen Rechtsgedanken

Diese **Rechtsquellen** ändern sich ständig, wie sich auch die Gesellschaft verändert. Immer wieder neue Verhältnisse und Bedingungen machten es notwendig und werden es auch in Zukunft notwendig machen, neue Regeln und Vorschriften zu entwickeln.

BEISPIEL Das Internet hat ganz neue Probleme beim Urheberrecht mit sich gebracht. Mittlerweile ist das „Herunterladen" von Musik und Filmen fast zu einer Selbstverständlichkeit geworden, das „Knacken" oder Umgehen des Kopierschutzes gilt als Herausforderung.

3.1.2 Rechtsgebiete

Das geschriebene Recht, also die Gesamtheit der vom Gesetzgeber bzw. den Behörden festgesetzten Rechtsvorschriften und -regeln wird unterschieden in **öffentliches** und **privates** Recht.

Rechtsgebiete

Öffentliches Recht

umfasst u.a.
- Verfassungsrecht
- Verwaltungsrecht
- Strafrecht
- Verfahrens- und Prozessrecht
- Steuerrecht
- Schulrecht

Privates Recht

umfasst u.a.
- Bürgerliches Recht (Bürgerliches Gesetzbuch – BGB)
- Handelssrecht (Handelsgestzbuch – HGB)

Das **öffentliche Recht** regelt die Beziehungen der Bürger zum Staat. Der Staat ist hierbei als Träger der öffentlichen Gewalt den einzelnen Bürgern übergeordnet.

Allerdings soll auch der Bürger vor staatlichem Machtmissbrauch geschützt werden. Dies wird vor allem in den Grundrechten (Art. 1–19) des Grundgesetzes (GG) deutlich. Jedem ist der Artikel 1 GG bekannt: „Die Würde des Menschen ist unantastbar."

Zuwiderhandlungen werden vom Staat verfolgt. So ermittelt beispielsweise die Staatsanwaltschaft bei Straftaten.

Das **private Recht**, auch Zivilrecht genannt, regelt die Rechtsbeziehungen der Privatpersonen oder privaten Einrichtungen untereinander. Die Beteiligten treten sich dabei als gleichberechtigte Partner gegenüber.

Ein Wesensmerkmal des Zivilrechts ist es, dass das Gesetz nur den Rahmen vorgibt, der dann von den Vertragspartnern frei ausgestaltet werden kann **(Vertragsfreiheit)**. Die gesetzlichen Vorschriften werden nur angewendet, wenn die Beteiligten keine einzelvertraglichen Vereinbarungen getroffen haben.

BEISPIEL Die Kfz-Handlung May OHG aus Emden kauft bei der Reifengroßhandlung Franzen KG in Oldenburg einen Posten Sommerreifen. Sie vereinbaren nicht, wer die Beförderungskosten tragen soll. In diesem Fall bestimmt das BGB, dass diese zulasten des Käufers, also der Emder Kfz-Handlung May, gehen.

In Streitfällen entscheiden Gerichte nur, wenn sie angerufen werden, z. B. durch die Klage eines Käufers, der mit der Qualität der Ware nicht zufrieden ist. Hier gilt das Prinzip „Wo kein Kläger, da kein Richter“. Da Gerichtsprozesse oft sehr langwierig sind und zudem mit erheblichen Kosten verbunden sein können, ist es häufig sinnvoll, sich gütlich zu einigen, statt auf seinem Recht zu bestehen.

KERNWISSEN

- Als **Rechtsquellen** unterscheiden wir das ungeschriebene und das geschriebene Recht sowie die der Rechtsordnung zugrunde liegenden allgemeinen Rechtsgedanken.
- Das **öffentliche Recht** regelt die Beziehungen der Bürger zum Staat. Es handelt sich um ein Über-/Unterordnungsverhältnis.
- Das **private Recht** regelt die Rechtsbeziehungen privater Personen oder Einrichtungen untereinander. Es handelt sich um ein Verhältnis gleichberechtigter Partner.

ÜBUNGSAUFGABEN

1. Nennen Sie Beispiele ungeschriebenen Rechts.

2. Schildern Sie zu erwartende technische oder gesellschaftliche Entwicklungen, die sich auch auf unser Rechtsempfinden und schließlich unsere Rechtsordnung auswirken könnten.

3. Was versteht man unter dem
a) öffentlichen Recht und
b) dem privaten Recht?
Ordnen Sie die folgenden Rechtsgebiete zu:
Bürgerliches Recht, Verfassungsrecht, Verwaltungsrecht, Steuerrecht, Handelsrecht, Strafrecht, Schulrecht, Verfahrens- und Prozessrecht.

3.2 Möglichkeiten rechtlicher Bindung (Lernfeld 11)

SITUATION

Seit Beginn seiner Ausbildung zum Fachlageristen hat Robert von seiner Ausbildungsvergütung etwas zurückgelegt. Jetzt hat er endlich genügend Geld zusammen, um sich einen DVD-Player kaufen zu können. Freudestrahlend erzählt er es seiner Freundin. Diese ist skeptisch und sagt: „Du weißt doch, dass deine Eltern meinen, du solltest für ein ordentliches Fahrrad sparen und ohne Einwilligung deiner Eltern kannst du keinen DVD-Player kaufen, weil du erst 17 Jahre alt bist.“

HANDLUNGSAUFTRAG

Klären Sie die rechtliche Situation von 17-Jährigen im Hinblick auf ihre Fähigkeit rechtswirksam Geschäfte abschließen zu können.

3.2.1 Rechtssubjekte

Natürliche Personen

Robert ist juristisch gesehen eine natürliche Person. Er ist seit seiner Geburt **rechtsfähig**. Dies bedeutet, dass er Rechte hat. Er kann z. B. erben. Er hat aber auch Pflichten. Er müsste z. B. für sein Erbe Steuern zahlen. Die Rechtsfähigkeit natürlicher Personen endet mit dem Tod.

Juristische Personen

Personenvereinigungen, wie z. B. Vereine haben auch eine Rechtspersönlichkeit. Durch ihre Organe (z. B. Vereinsvorstand) können sie tätig werden. Sie können Verträge schließen, Rechte erwerben und Pflichten eingehen. Sie erlangen die **Rechtsfähigkeit**, indem sie sich in ein entsprechendes öffentliches Register eintragen lassen. (Der Verein z. B. führt dann den Zusatz „e.V.“ – eingetragener Verein.) Die Rechtsfähigkeit endet mit Erlöschen der Vereinigung bzw. des Vereins.

Unterschieden werden

Juristische Personen

des privaten Rechts

- nicht wirtschaftliche Vereine z. B. Sportvereine
- wirtschaftliche Vereine z. B. Kapitalgesellschaften
- Stiftungen von Vereinen oder Einzelpersonen

des öffentlichen Rechts

- Körperschaften, wie z.B. Bund, Länder und Gemeinden und Kammern
- Anstalten, wie z.B. Schulen, Rundfunk- und Fernsehanstalten
- Staatliche Stiftungen

Geschäftsfähigkeit

- Juristische Personen sind von Anfang an voll geschäftsfähig.
- Natürliche Personen sind
  - in den ersten 7 Lebensjahren **geschäftsunfähig.**
  - ab ihrem 7. Geburtstag bis zur Vollendung des 18. Lebensjahres **beschränkt geschäftsfähig.**
  - ab ihrem 18. Geburtstag **voll geschäftsfähig.**
  - wenn ihre freie Willensbildung durch vorübergehende oder dauernde Geistesstörung eingeschränkt bzw. unterbunden ist, unabhängig vom Alter **beschränkt bzw. vollständig geschäftsunfähig.**

Geschäftsunfähige können keine rechtsgültigen Verträge abschließen. Ein 6-jähriges Mädchen ist rechtlich nicht in der Lage, eine Tafel Schokolade am Kiosk zu kaufen. Bei beschränkt Geschäftsfähigen, zu denen auch der 17-jährige Robert zählt, ist der Sachverhalt etwas komplizierter.

Grundsätzlich benötigen **beschränkt Geschäftsfähige** für Rechtsgeschäfte die **Zustimmung ihrer gesetzlichen Vertreter.** Allerdings gibt es eine Reihe von **Ausnahmen.** Sie benötigen nicht die Zustimmung,

- wenn der angestrebte Vertrag **nur einen rechtlichen Vorteil** für den beschränkt Geschäftsfähigen bringt: die Annahme eines Geschenkes, das zu keiner Gegenleistung verpflichtet.
- wenn die Verträge mithilfe des **Taschengeldes** erfüllt werden können. Dabei ist nicht die Höhe des Taschengeldes von Bedeutung sondern die Tatsache, dass es wirklich zur freien Verfügung überlassen worden ist.
- wenn Verträge im Zusammenhang mit einem **Arbeitsverhältnis** geschlossen werden, das der beschränkt Geschäftsfähige mit Zustimmung der gesetzlichen Vertreter eingegangen war. Beispiel: Eröffnung eines Gehaltskontos

Liegt in Fällen, die nicht unter die o.a. Ausnahmen fallen, keine Genehmigung der gesetzlichen Vertreter vor, so ist der von einem beschränkt Geschäftsfähigen abgeschlossene Vertrag zunächst **schwebend unwirksam.** Erteilt der gesetzliche Vertreter nachträglich seine Zustimmung, wird der Vertrag wirksam. Wird die Zustimmung verweigert, ist der Vertrag unwirksam.

Im Ausgangsfall des 17-jährigen Robert kommt es also darauf an, ob die Eltern ihm die Ausbildungsvergütung – sein erstes selbst verdientes Geld – zur freien Verfügung überlassen haben. Ist dies der Fall, braucht er sie nicht mehr zu fragen, ob er sich den DVD-Player kaufen darf.

3.2.2 Rechtsobjekte

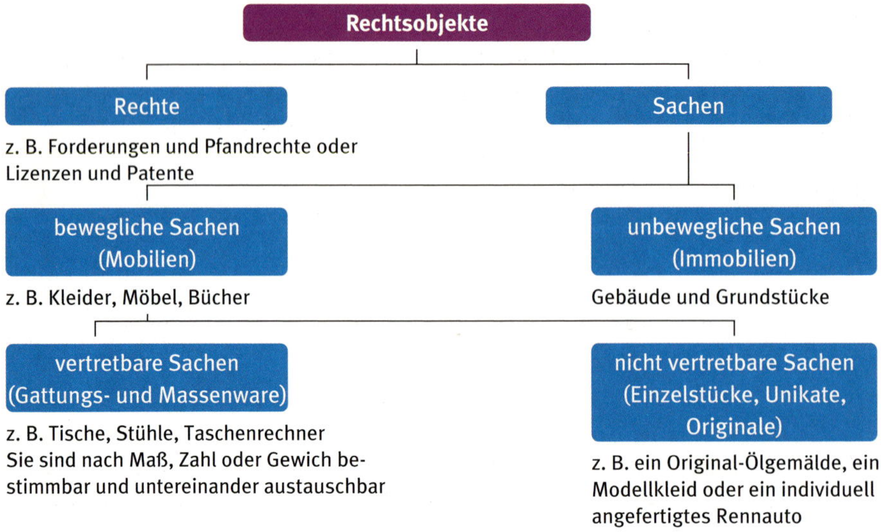

Die in der vorangegangenen Übersicht unterteilten Rechts**objekte** sind Gegenstand der von den Rechts**subjekten** geschlossenen Rechtsgeschäfte.

Tiere werden den Sachen zugeordnet, auch wenn es sich um Lebewesen handelt.

3.2.3 Besitz und Eigentum

BEISPIEL Mehmet ist stolz auf sein neues Auto.
Weil er nicht genügend Geld gespart hatte, musste er einen Bankkredit in Anspruch nehmen. Die Bank verlangte, dass er ihr den Kfz-Brief überließe. Außerdem musste er eine Kaskoversicherung abschließen, damit die Bank abgesichert sei, falls er das Auto zu Schrott führe. Dies alles kostet viel Geld. Mehmet meint aber: „Hauptsache ist, dass ich mit dem Auto fahren kann. Man sieht ihm ja nicht an, dass es noch nicht bezahlt ist."

Weil Mehmet mit dem Auto fahren kann, hat er die tatsächliche Herrschaft darüber. Er ist **Besitzer** des Autos.

- Der **Besitzer** einer Sache hat die **tatsächliche Herrschaft** über die Sache.

Die Bank kann zwar nicht mit dem Auto fahren. Wenn Mehmet aber seinen Kredit nicht zurückzahlen kann, ist sie berechtigt, mithilfe des Kfz-Briefes das Auto zu verkaufen. Sie hat die rechtliche Herrschaft über das Auto, sie ist **Eigentümerin**.

- Der **Eigentümer** einer Sache hat die **rechtliche Herrschaft** über die Sache.

Ähnlich verhält es sich bei Mietern und Vermietern. Der Vermieter ist Eigentümer der Wohnung, während der Mieter Besitzer ist. Sollte aber die Wohnung dem Bewohner selbst gehören, spricht man von einer Eigentumswohnung.

Meistens sind Eigentümer und Besitzer die gleiche Person. Wenn Frauke ein Kleid gekauft und mit nach Hause genommen hat, ist sie Eigentümerin und Besitzerin des Kleides. Im täglichen Leben werden diese Begriffe oft nicht exakt auseinander gehalten.

Übertragung von Eigentum und Besitz

Mehmet ist **Besitzer** des Autos **(bewegliche Sache)** geworden, nachdem ihm das Auto vom Händler übergeben worden ist.

Der Mieter einer Wohnung **(unbewegliche Sache)** wird **Besitzer** der Wohnung, indem ihm die Wohnung vom Vermieter zur Nutzung überlassen wird. Er erhält z. B. den Schlüssel.

- Das **Eigentum** an **beweglichen Sachen** wird durch **Einigung und Übergabe** übertragen.

BEISPIEL Der Verkäufer einer Hose und der Kunde werden sich einig, dass die Hose an den Käufer verkauft werden soll **und** wird dann dem Käufer die Hose übergeben, ist er Eigentümer der Hose, auch wenn er sie noch nicht bezahlt haben sollte.

- Bei **unbeweglichen Sachen**, wie Häusern und Grundstücken, wird das **Eigentum** durch **Auflassung und Eintragung** im Grundbuch übertragen.

Mit Auflassung ist die Einigung über die Eigentumsübertragung gemeint. Die Eintragung im Grundbuch erfolgt, nachdem der Verkäufer die Übertragung bewilligt und der Käufer die Eintragung beantragt hat. Dies erfordert eine notarielle Beurkundung.

Wenn jemand eine Sache verkauft, ohne Eigentümer zu sein, kann der Käufer dennoch das Eigentum an der Sache erwerben, wenn er davon ausgehen konnte, dass der Verkäufer Eigentümer ist **(gutgläubiger Erwerb)**. Dies ist z. B. grundsätzlich zu vermuten, wenn der Verkäufer ein Kaufmann ist. Handelt es sich jedoch um gestohlene oder verloren gegangene Sachen, kann kein Eigentum erworben werden.

Rechte und Pflichten

Ein **Eigentümer** kann grundsätzlich mit seinem Eigentum machen, was er will. Er kann es verkaufen, benutzen, verändern oder gar vernichten. Er darf allerdings nicht in die Eigentumsrechte anderer eingreifen. Das Eigentum bringt auch eine soziale Verpflichtung mit sich (GG, Art. 14). In diesem Artikel wird das Eigentumsrecht ausdrücklich geschützt und mit der Verpflichtung verknüpft, dass der Gebrauch des Eigentums zugleich dem Wohle der Allgemeinheit zu dienen hat. Das Eigentum eines Fabrikanten z. B. bezieht sich auch auf die in der Fabrik vorhandenen Arbeitsplätze. Der Eigentümer von Geld darf seine Macht nicht missbrauchen, indem er sein Geld zu einem Wucherzins verleiht.

TIPP **Lesen Sie im Grundgesetz den Artikel 14 im „Original" nach.**

Ein Besitzer kann die ihm überlassene Sache nutzen. Er ist jedoch verpflichtet, pfleglich damit umzugehen und dem Eigentümer die Sache vereinbarungsgemäß wieder zurückzugeben.

3.2.4 Rechtsgeschäfte

Zustandekommen

Das Zustandekommen von Rechtsgeschäften setzt Willenserklärungen voraus. Seinen Willen kann man auf verschiedene Weise zum Ausdruck bringen:

Willenserklärung

durch

ausdrückliche Äußerung

- mündlich
- schriftlich
- telefonisch
- per Fax
- elektronisch (Internet)

Beispiel:
„Ich möchte diesen Pullover kaufen!“

schlüssiges Handeln

Beispiele:
- Einsteigen in den Zug oder Bus
- Hochheben der Hand bei einer Versteigerung

Schweigen

- auf einen Antrag gilt meist als Ablehnung, z. B. §§ 146, 147 BGB;
- dagegen unter Kaufleuten, die in regelmäßigem Geschäftsverkehr stehen, als Annahme (§ 362 HGB)

Arten der Rechtsgeschäfte

Grundsätzlich werden einseitige und zweiseitige Rechtsgeschäfte unterschieden.

- Bei **einseitigen Rechtsgeschäften** ist lediglich die Willenserklärung einer Partei nötig. Wenn die Willenserklärung vom Empfänger zur Kenntnis genommen werden muss, sprechen wir von einem **empfangsbedürftigen** einseitigen Rechtsgeschäft. Typisches Beispiel hierfür ist die Kündigung.
- Beispiel für ein **nicht empfangsbedürftiges** einseitiges Rechtsgeschäft ist das Testament. Das Testament erlangt Gültigkeit, ohne dass die Erben überhaupt etwas davon wissen müssen.
- **Zweiseitige Rechtsgeschäfte** sind wesentlich häufiger. Jeder Vertrag ist ein zweiseitiges Rechtsgeschäft, bei dem sich zwei Partner einigen, gewissermaßen „vertragen“ müssen. Die Willenserklärungen der Vertragspartner müssen übereinstimmen.

In seltenen Fällen führt ein Vertrag nur für einen Partner zu Verpflichtungen, wie z. B. beim Schenkungsvertrag oder bei der Übernahme einer Bürgschaft. Normalerweise führen Verträge aber für beide Partner zu Verpflichtungen. Sie begründen ein **Schuldverhältnis.** So schuldet z. B. beim Kaufvertrag der Lieferer die Ware und der Kunde das Geld.

Formvorschriften

Grundsätzlich ist die Abgabe einer Willenserklärung an keine besondere Form gebunden. Bei einigen Rechtsgeschäften sind gesetzlich bestimmte Formvorschriften einzuhalten. Dies kann mit der Bedeutung der Rechtsgeschäfte zusammenhängen (z. B. Berufsausbildungsvertrag) oder der Beweisbarkeit (z. B. Arbeitsverträge gemäß dem sog. Nachweisgesetz). Es ist auch möglich, dass damit übereilte Entschlüsse verhindert werden sollen (z. B. Abzahlungsgeschäfte).

- **Schriftform** (unterschriebene Urkunde) wird u. a. bei Schuldversprechen, Bürgschaftserkärungen von Privatpersonen, Ausbildungsverträgen oder beim Testament vorgeschrieben.
- **Öffentliche Beglaubigung,** (vom Notar beglaubigte Unterschriften auf einer Urkunde) wird z. B. bei Anmeldungen zur Eintragung in das Handels- oder Vereinsregister gefordert.
- **Notarielle Beurkundung** (Ein Notar fertigt eine Verhandlungsniederschrift an, die den Betroffenen vorgelesen, von ihnen genehmigt und unterschrieben wird. Der Notar unterschreibt seinerseits.) Beispiele: Grundstücksverkäufe, Eheverträge, Schenkungsversprechen

Nichtigkeit von Rechtsgeschäften

Nicht alle abgeschlossenen Rechtsgeschäfte sind rechtsgültig. Wenn ein Rechtsgeschäft z. B. schwere Mängel aufweist, ist es von Anfang an nichtig. Folgende Rechtssituationen sind denkbar:

Rechtssituationen	nichtig wegen:	Beispiele
Eine Willenserklärung wurde von einem Geschäftsunfähigen abgegeben.	**Geschäftsunfähigkeit (§ 105,1 BGB)**	Der 6-jährige Tim kauft sich ein ferngesteuertes Auto.
Ein Vertrag wurde im Zustand vorübergehend eingeschränkter Geistestätigkeit abgeschlossen.	**vorübergehender Geschäftsunfähigkeit (§ 105,2 BGB)**	Walter verkauft im Vollrausch seine teure Armbanduhr für eine Runde Bier.
Das Rechtsgeschäft wurde nur zum Scherz abgeschlossen.	**Scherzgeschäft (§ 118 BGB)**	Wilhelm bietet an einem Kegelabend seinem Tischnachbarn an, jede Woche dessen Rasen zu mähen, wenn dieser „alle Neune“ schaffe.
Das Rechtsgeschäft wurde nur zum Schein abgeschlossen.	**Scheingeschäft (§ 117 BGB)**	Um Grunderwerbssteuer zu sparen, vereinbart Richard einen offiziellen Grundstückspreis, der nur der Hälfte des tatsächlichen Wertes entspricht.
Zwingende Formvorschriften wurden nicht eingehalten.	**Formmangels (§ 125 BGB)**	Gunter kauft von Margot ein Haus. Sie fertigen einen einfachen schriftlichen Kaufvertrag aus.
Das Rechtsgeschäft verstößt gegen die guten Sitten.	**Verstoß gegen die guten Sitten (§ 138 BGB)**	Unter Ausnutzung der Zwangslage eines wohnungslosen Ausländers verlangt der Vermieter Krause den dreifachen Mietpreis für eine Wohnung.
Das Rechtsgeschäft verstößt gegen ein Gesetz.	**Verstoß gegen Gesetz (§ 138 BGB)**	Rudolf kauft von einem Dealer 2 g Heroin.

TIPP Schlagen Sie die angegebenen Paragrafen im Bürgerlichen Gesetzbuch (BGB) nach.

Anfechtbarkeit von Rechtsgeschäften

Während bei den zuvor beschriebenen Fällen die Rechtsgeschäfte von Anfang an keine Rechtskraft hatten, sind auch Fälle möglich, bei denen ein Rechtsgeschäft später angefochten wird, um es rückwirkend ungültig werden zu lassen:

Rechtssituationen	anfechtbar wegen:	Beispiele
Eine Willenserklärung wurde irrtümlich abgegeben.	**Irrtums in der Erklärung (§ 119 BGB)**	Am Telefon wird einem Kunden versehentlich ein falscher Preis für eine Ware genannt.
Die Willenserklärung wurde durch einen Übermittlungsfehler verfälscht.	**Irrtums in der Übermittlung (§ 119 BGB)**	Ein Händler bestellt ein bestimmtes Ersatzteil per Fax. Bei der Übertragung der Bestellung wird die Teilenummer so verstümmelt, dass ein anderes Teil geliefert wird.
Bei Abgabe der Willenserklärung bestand ein Irrtum über die Eigenschaft der zum Kauf stehenden Sache.	**Irrtums über wesentliche Eigenschaften einer Sache (§ 119 BGB)**	Eine Auszubildende kauft ein Modearmband in der Meinung, ein echtes Goldarmband erworben zu haben.
Das Rechtsgeschäft kommt aufgrund arglistiger Täuschung zustande.	**arglistiger Täuschung (§ 123 BGB)**	Dem Käufer eines Gebrauchtwagens wurde verheimlicht, dass es sich bei diesem Wagen um ein Unfallfahrzeug handelt.
Das Rechtsgeschäft kommt durch widerrechtliche Gewaltandrohung zustande.	**widerrechtlicher Drohung (§ 123 BGB)**	Ein vermögender Rentner wird durch Bedrohung mit der Pistole dazu gezwungen, ein bestimmtes Testament zu schreiben.

Bei Anfechtung wegen Irrtums, die unverzüglich nach Entdeckung zu erfolgen hat, muss der Anfechtende damit rechnen, dass er einen eventuellen Schaden ersetzen muss, der durch seinen Irrtum entstanden ist (z. B. erhöhte Frachtkosten).

Anfechtungen wegen arglistiger Täuschung oder widerrechtlicher Drohung müssen innerhalb eines Jahres nach Kenntnis der Täuschung bzw. Wegfall der Zwangslage erfolgen.

Für alle Anfechtungsgründe gilt: **Nach 10 Jahren ist keine Anfechtung mehr möglich**.

3.2.5 Wichtige Vertragsarten

Auch wenn uns das nicht bewusst ist, schließen wir täglich Verträge ab oder bemühen uns, Verträge zu erfüllen.

BEISPIEL Der Kauf des Brötchens in der Kantine am Morgen ist ein Kaufvertrag. Mit der Arbeit an unserem Arbeitsplatz versuchen wir unsere Verpflichtungen aus dem Dienstvertrag zu erfüllen. Selbst das Ausleihen eines Rasenmähers an einen Nachbarn stellt einen Leihvertrag dar und wenn wir zum Geburtstag etwas geschenkt bekommen, liegt ein Schenkungsvertrag zugrunde.

Diese Verträge des täglichen Lebens werden zumeist mündlich geschlossen. In der folgenden Übersicht sind die wichtigsten Vertragstypen zusammengestellt:

Veräußerungsverträge

Vertragsart	Vertragsinhalt	Beispiele
Kaufvertrag	Veräußerung von Sachen oder Rechten gegen Entgelt	Heinrich kauft im Elektrogeschäft einen CD-Player.
Schenkungsvertrag	Unentgeltliche Zuwendung von Sachen oder Rechten	Der Opa schenkt seinem Enkel eine Briefmarkensammlung.
Tauschvertrag	Gegenseitige Überlassung von Rechten oder Sachen	Tausch zweier Tageszeitungen mit den Nachbarn

TIPP **In Abschnitt 3.3 erfahren Sie mehr über den Kaufvertrag.**

Betätigungsverträge

Vertragsart	Vertragsinhalt	Beispiele
Dienstvertrag	Leistung von Diensten gegen Entgelt (z. B. Lohn)	Karl schließt einen Arbeitsvertrag als Lagerist mit einem Großhändler.
Gesellschaftsvertrag	Verpflichtung von Gesellschaftern zur Zusammenarbeit, um ein gemeinsames Ziel zu erreichen	Gründung eines Einzelhandelsbetriebes für Kfz-Zubehör durch den Kfz-Meister Werner und den Einzelhandelskaufmann Klaus
Werkvertrag	Entgeltliche Erbringung von Leistungen mit Erfolgsgarantie	Ein Schneider fertigt ein Kleid für Maren an. Den Stoff hat Maren selbst mitgebracht.
Werklieferungsvertrag[1]	Entgeltliche Herstellung eines Werkes einschließlich der Lieferung des notwendigen Materials	Ein Schneider fertigt ein Kleid für Maren an. Den Stoff hat er selbst zur Verfügung gestellt.
Maklervertrag	Entgeltliche Vermittlung von Vertragsabschlüssen	Ein Maklerbüro vermittelt den Abschluss eines Mietvertrages zwischen Wolfgang und einem Vermieter.

[1] Bei vertretbaren Sachen gilt das Kaufvertragsrecht, bei nicht vertretbaren Sachen das Werkvertragsrecht.

Überlassungsverträge

Vertragsart	Vertragsinhalt	Beispiele
Mietvertrag	Entgeltliche Überlassung von Sachen zum Gebrauch	Vermietung einer Wohnung an den 20-jährigen Wolfgang
Pachtvertrag	Entgeltliche Überlassung von Sachen zum Gebrauch und Genuss der Früchte bzw. Erträge	Pachtung eines Obstgartens mit dem Recht, das Obst selber verwerten zu dürfen
Darlehensvertrag	Überlassung von Geld oder Sachen mit der Verpflichtung zur späteren Rückgabe von Sachen gleicher Menge, Art und Güte	Gerd borgt sich von einem Mitschüler mehrere Blätter Papier und verpflichtet sich, in der nächsten Woche von einem neuen Block eine entsprechende Blätterzahl zurückzugeben.
Leihvertrag	Unentgeltliche Überlassung von Sachen zum Gebrauch	Gerda leiht sich in der Bibliothek ein Buch aus.

Kernwissen

- **Natürliche Personen** sind von Geburt an rechtsfähig. Die Geschäftsfähigkeit wird nach dem Lebensalter in geschäftsunfähig (bis 6 J.), beschränkt geschäftsfähig (bis 17 J.) und geschäftsfähig (ab 18 J.) unterteilt.
- **Juristische Personen** sind Personenvereinigungen mit eigener Rechtspersönlichkeit. Sie sind rechtsfähig und durch ihre Organe geschäftsfähig.
- **Rechtsobjekte** sind Rechte, bewegliche und unbewegliche sowie vertretbare und nicht vertretbare Sachen.
- **Besitzer** einer Sache haben die **tatsächliche** Herrschaft über diese Sache.
- **Eigentümer** einer Sache haben die **rechtliche** Herrschaft über diese Sache.
- Das **Eigentum** an beweglichen Sachen wird durch Einigung und Übergabe **übertragen**. Bei unbeweglichen Sachen erfolgt die Eigentumsübertragung durch Auflassung und Eintragung im Grundbuch.
- *Einseitige* **Rechtsgeschäfte** kommen durch die Willenserklärung einer Person zustande. Sie sind entweder **empfangsbedürftig** (z. B. Kündigung) oder **nicht empfangsbedürftig** (z. B. Testament).
- Grundsätzlich sind Rechtsgeschäfte an keine bestimmte **Form** gebunden. Bei einigen Rechtsgeschäften ist allerdings
  - die Schriftform (z. B. Bürgschaftserklärung),
  - öffentliche Beglaubigung (z. B. Anmeldung ins Handelsregister) oder
  - notarielle Beurkundung (z. B. Grundstückskäufe) vorgeschrieben.
- Rechtsgeschäfte können **nichtig** sein wegen
  - Geschäftsunfähigkeit (evtl. nur vorübergehend),
  - mangelnder Ernsthaftigkeit (Schein- und Scherzgeschäfte),
  - Formmangels oder
  - Verstoßes gegen Gesetze oder die guten Sitten.

- Rechtsgeschäfte können **angefochten** werden wegen Irrtums, arglistiger Täuschung oder widerrechtlicher Drohung.
- Wichtige **Vertragsarten** sind
  - Veräußerungsverträge wie Kaufvertrag, Schenkungsvertrag und Tauschvertrag,
  - Betätigungsverträge wie Dienstvertrag, Gesellschaftsvertrag, Maklervertrag, Werk- und Werklieferungsvertrag,
  - Überlassungsverträge wie Mietvertrag, Pachtvertrag, Darlehens- und Leihvertrag.

ÜBUNGSAUFGABEN

1. Wann beginnt bzw. endet die Rechtsfähigkeit und Geschäftsfähigkeit bei
a) natürlichen Personen?
b) juristischen Personen?

2. Unter welchen Umständen können beschränkt Geschäftsfähige gültige Rechtsgeschäfte abschließen?

3. Nennen Sie Beispiele für folgende Rechtsobjekte:
a) Rechte,
b) bewegliche und unbewegliche Sachen,
c) vertretbare und nicht vertretbare Sachen.

4. Wodurch unterscheiden sich Besitz und Eigentum?

5. Wie wird das Eigentum übertragen bei
a) beweglichen Sachen?
b) unbeweglichen Sachen?

6. Welche Rechte und Pflichten haben Besitzer und Eigentümer?

7. Wie kommen Rechtsgeschäfte zustande?

8. Welche Arten von Rechtsgeschäften werden unterschieden?

9. Welche Formvorschriften sind bei Rechtsgeschäften einzuhalten?

10. Wie sind folgende Fälle hinsichtlich der Nichtigkeit oder Anfechtbarkeit von Rechtsgeschäften zu beurteilen?
a) Ein Elektrohändler verkauft eine Musikanlage als neu, obwohl sie bereits benutzt worden ist.
b) Ein Schüler fordert einen Mitschüler auf, ihm seinen Walkman für 5 Euro zu verkaufen, andernfalls würde er ihn auf dem Nachhauseweg verprügeln.
c) Der Großhandelsbetrieb Sanitär und Technik GmbH und der 18-jährige Helmut schließen einen mündlichen Ausbildungsvertrag, den sie per Handschlag besiegeln.
d) Nachdem Walter reichlich Alkohol genossen hat, unterschreibt er einen Vertrag, in dem er sich verpflichtet, einen Zuschuss zu Rudis neuem Wagen zu zahlen.
e) Renate benötigt dringend Geld. Ihr wird ein Darlehen angeboten, das mit 25 % zu verzinsen ist.

f) Hubert bestellt für seinen Sportverein 51 statt 15 neue Trikots.
g) Die 5-jährige Marina kauft sich von dem Geld, das ihr die Oma zum Geburtstag geschenkt hat, am Kiosk eine Tüte Süßigkeiten.
h) Norbert bescheinigt Helmut wahrheitswidrig, dass er ihm einen Computer für 1000 Euro verkauft hat, damit Helmut diesen Betrag steuerlich geltend machen kann.

11. Welche Rechtsfolgen hat es, wenn
a) ein Rechtsgeschäft schwere Rechtsmängel aufweist?
b) ein rechtsgültig zustande gekommenes Rechtsgeschäft später begründet angefochten wird?

12. Worin besteht der grundsätzliche Unterschied zwischen Veräußerungs- und Überlassungsverträgen?

13. Zu welcher Vertragskategorie gehört der Arbeitsvertrag und welche Grundpflichten ergeben sich für Arbeitgeber und Arbeitnehmer aus dem Arbeitsvertrag?

14. Erklären Sie den Unterschied zwischen einem
a) Werkvertrag und einem Werklieferungsvertrag.
b) Mietvertrag und einem Pachtvertrag.
c) Darlehensvertrag und einem Leihvertrag.

3.3 Der Kaufvertrag (Lernfeld 1,11)

SITUATION

Auf dem Weg zu seinem Ausbildungsbetrieb kommt Werner an einem Kiosk vorbei. Heute nimmt er sich wie jeden Morgen eine Tageszeitung vom Stapel, legt den entsprechenden Geldbetrag auf den Tresen, grüßt die Verkäuferin und geht weiter zum Betrieb.

HANDLUNGSAUFTRÄGE

Klären Sie, ob hier ein Kaufvertrag zu Stande gekommen ist, welche Verpflichtungen sich für beide Seiten daraus ergeben und wie diese Verpflichtungen erfüllt worden sind.

3.3.1 Antrag und Annahme

Werner hat beim täglichen Kauf der Tageszeitung noch nie darüber nachgedacht, ob er einen Kaufvertrag mit der Kioskbesitzerin geschlossen hat. Und dennoch ist es so. Abschluss und Erfüllung des Kaufvertrages fallen hier zeitlich zusammen. Da der Kaufvertrag ein **zweiseitiges Rechtsgeschäft** ist, gilt:

- Ein Kaufvertrag kommt durch **zwei übereinstimmende Willenserklärungen** zu Stande, die **Antrag** und **Annahme** genannt werden.

In diesem Fall besteht der Antrag darin, dass die Verkäuferin den Zeitungsstapel auslegt und damit deutlich macht, dass die Zeitungen zum Verkauf stehen. Die Annahme durch Werner besteht darin, dass er eine Zeitung vom Stapel genommen hat. Die Erfüllung des Vertrages erfolgt unmittelbar: Die Zeitung wird von Werner gleich mitgenommen, das Geld legt er auf den Tresen.

3.3.2 Informationen vor Kaufabschluss

Da Werner sich jeden Morgen diese Zeitung kauft, brauchte er nicht lange zu überlegen. Beabsichtigt er jedoch, sich z. B. einen neuen CD-Player zu kaufen, muss er zuvor klären: Welches Gerät ist für mich das richtige? Wo bekomme ich das Gerät meiner Wahl am günstigsten?

Die Beantwortung dieser Fragen ist nicht einfach, wenn man an die Vielzahl der Modelle mit unterschiedlichen Leistungsmerkmalen denkt. Werner weiß auch, dass er sich nicht allein auf die Werbeprospekte verlassen kann.

TIPP **Unabhängige Informationen über Produkte und Leistungen geben die *Verbraucherzentralen*, die es in allen größeren Städten gibt. Dort liegen auch die Tests aus, die z. B. von der *Stiftung Warentest* als unabhängiges Institut laufend durchgeführt und veröffentlicht werden.**

Auch Werner hat sich einen Test über CD-Player besorgt und sich für ein Modell entschieden, das seinen Bedürfnissen entspricht und nicht zu teuer ist. Das nächste Problem besteht für ihn nun darin, ein Geschäft zu finden, bei dem er dieses Gerät am günstigsten bekommen kann. Dabei will er nicht nur auf den Preis schauen, sondern auch berücksichtigen, welchen Service (z. B. bei Reparaturen) das Geschäft bietet.

Anfrage

Bei den täglichen Einkäufen im Einzelhandel werden die Kaufverträge überwiegend mündlich geschlossen und die Erfüllung (Lieferung u. Bezahlung) erfolgt unmittelbar. Im Geschäftsverkehr unter Kaufleuten ist dies nicht der Fall. Häufig kommen neue Geschäftsverbindungen zwischen Kaufleuten durch eine Anfrage zu Stande.

- Eine Anfrage ist **unverbindlich**, sie verpflichtet den Anfragenden nicht zum Kauf.

Anfragen sind **an keine Form gebunden**. Wird nach dem Preis, den Liefer- und Zahlungsbedingungen für ein bestimmtes Produkt gefragt, sprechen wir von einer **speziellen Anfrage**. Möchte sich der Anfragende einen Überblick über das Sortiment eines Lieferers verschaffen, liegt eine **allgemeine Anfrage** vor. (Anforderung von Preislisten und Katalogen, Bitte um Vertreterbesuch)

3.3.3 Angebot

Der Anfragende erhält zumeist als Reaktion auf seine Anfrage ein Angebot.

- Ein Angebot ist die Willenserklärung gegenüber einer bestimmte Person oder Firma, unter den angegebenen Bedingungen Waren zu liefern oder Leistungen zu erbringen.

Zeitungsanzeigen mit so genannten Sonderangeboten sind im rechtlichen Sinne keine Angebote, weil sie sich nicht an bestimmte Personen richten. Auch Schaufensterauslagen sind Anpreisungen und keine Angebote. Das Angebot ist an keine Form gebunden.

Verbindlichkeit von Angeboten

Angebote müssen **unverzüglich** angenommen werden, andernfalls ist der Anbieter nicht mehr an sein Angebot gebunden. Ausnahme: Der Anbieter legt eine Gültigkeitsdauer ausdrücklich fest. („Das Angebot gilt bis zum 31. März d.J.") Fehlt eine solche Frist, sind folgende Regeln üblich: Schriftliche Angebote müssen innerhalb einer Woche angenommen werden, mündliche Angebote während des Gesprächs.

Gelegentlich finden sich in Angeboten Klauseln wie *„... biete Ihnen freibleibend an ...", „Das Angebot ist unverbindlich.", „Preise freibleibend" oder „solange der Vorrat reicht".* In diesen Fällen ist das Angebot teilweise (z. B. der Preis) oder ganz unverbindlich. Der Lieferer behält sich also vor, bestimmte Bedingungen zu ändern. Ebenfalls nicht an sein Angebot gebunden ist der Anbieter, wenn in einer Bestellung die Bedingungen des Angebotes abgeändert worden sind oder wenn er sein Angebot rechtzeitig widerruft. Der Widerruf muss jedoch spätestens mit dem Angebot beim Kunden eintreffen.

Wesentliche Bestandteile eines Angebotes

Wie bereits im Abschnitt „Rechtsgebiete" (Punkt 3.1.2.) dargestellt, geben die Gesetze (BGB u. HGB) einen Rahmen vor, der durch vertragliche Vereinbarungen ausgestaltet werden kann. In der nachfolgenden Tabelle sollen daher der gesetzlichen Regelung mögliche vertragliche Regelungen gegenübergestellt werden.

Angebotsinhalte	gesetzliche Regelungen	mögliche vertragliche Regelungen
Art, Beschaffenheit und Güte der Ware	mittlere Art und Güte	kann wie folgt bestimmt werden: ■ nach Augenschein ■ nach Proben oder Mustern ■ gemäß Beschreibung oder Abbildung ■ Handelsmarken oder Güteklassen
Menge	Angabe in handelsüblichen Maßeinheiten	Mindest- oder Höchstbestellmengen
Preis	bezieht sich auf Maßeinheit	Preisabzüge wie Skonto oder Rabatt[1]
Verpackungskosten	zulasten des Käufers	im Preis enthalten (z. B. brutto für netto oder Preis einschließlich Verpackung)

[2] **Skonto** ist ein Preisnachlass für vorzeitige Zahlung. (Beispiel für eine entsprechende Zahlungsbedingung: „Bei Zahlung innerhalb 10 Tagen 3 % Skonto oder innerhalb 30 Tagen ohne Abzug").
Rabatt ist ein Preisnachlass, der aus unterschiedlichen Anlässen gewährt wird, z. B. Mengenrabatt bei Abnahme größerer Mengen. Durch die Aufhebung von Rabattgesetz und Zugabeverordnung können die Vertragspartner Preisnachlässe frei vereinbaren.

Angebotsinhalte	gesetzliche Regelungen	mögliche vertragliche Regelungen
Versandkosten	■ Übergabekosten zulasten des Verkäufers ■ Transportkosten zulasten des Käufers (bei Versandkauf: „unfrei") „Warenschulden sind Holschulden"	Lieferungsbedingungen: ■ ab Werk oder Lager ■ ab Versandstation (ab hier, unfrei) ■ frei Empfangsstation (frei dort, frachtfrei) ■ frei Haus oder Lager
Lieferzeit	Lieferung sofort	■ Lieferung innerhalb eines bestimmten Zeitraumes ■ Lieferung bis zu einem bestimmten Termin ■ Fixkauf (genau bestimmter Liefertermin)
Zahlungsbedingungen	sofortige Zahlung Kunde hat Zahlung auf seine Kosten und Gefahr zu leisten. „Geldschulden sind Schickschulden"	■ Anzahlung ■ Vorauszahlung ■ Zahlung Zug um Zug ■ Zahlungsziel ■ Ratenzahlung
Erfüllungsort	■ für die Warenschuld = Wohnsitz des Verkäufers ■ für die Geldschuld = Wohnsitz des Käufers	nur ein Erfüllungsort, meist Wohnsitz des Verkäufers
Gerichtsstand	wie Erfüllungsort Bei Abzahlungsgeschäften ist der Gerichtsstand immer der Wohnsitz des Käufers	Kaufleute können einen Gerichtsstand vereinbaren.

Gefahrenübergang

Am Erfüllungsort geht mit der Übergabe der Ware die Gefahr der zufälligen Vernichtung bzw. Verschlechterung der Ware auf den Käufer über.

BEISPIEL Swantje hat für ihre Oma zum Geburtstag eine Vase in einem Porzellanladen gekauft. Als sie mit der als Geschenk verpackten Vase den Laden verlassen hat, stolpert sie und fällt hin. Die Vase geht dabei kaputt. Swantje kann jetzt vom Verkäufer keinen Ersatz des Schadens mehr verlangen.

Auch im internationalen Güterverkehr sind die Aufteilung der Beförderungskosten und der Gefahrenübergang in den so genannten Incoterms geregelt. Die Abkürzung „fob" (free on board) z. B. bedeutet, dass die Kosten bis zur Übernahme der Ware an Bord des Schiffes vom Verkäufer übernommen werden. Die Gefahr geht an den Käufer über, wenn die Ware über der Reling schwebt.

Im Fachkundebuch finden Sie eine ausführliche Darstellung der INCOTERMS! LOP

Allgemeine Geschäftsbedingungen (AGB)

Wie man sich leicht vorstellen kann, kommt es täglich zu einer Vielzahl von Verträgen. Müssten jedesmal die vertraglichen Regelungen neu vereinbart werden, würde dies sehr viel Zeit kosten. Die Vertragsbedingungen sind daher im Laufe der Zeit vereinheitlicht und in den so genannten **Allgemeinen Geschäftsbedingungen** zusammengefasst worden.

- Allgemeine Geschäftsbedingungen sind für eine Vielzahl von Verträgen vorformulierte Vertragsbedingungen, die nach Anerkennung durch den Vertragspartner Gegenstand des Vertrages werden.

In fast jedem Wirtschaftszweig, wie Banken, Handel, Transportwesen oder Industrie sind typische, regelmäßig wiederkehrende Probleme des Geschäftsverkehrs in für diese Branche entsprechenden AGB geregelt worden. Es sind tausende solcher spezieller AGB im Umlauf. Weil die AGB wegen ihres Umfanges oft klein gedruckt auf der Rückseite von Verträgen zu finden sind, spricht man auch vom „Kleingedruckten".

Hierin liegt eine gewisse Gefahr für Verbraucher, die sich kaum die Mühe machen, diese AGB durchzulesen. Um den Verbraucher jedoch vor AGB-Regelungen zu schützen, die ihn **unangemessen benachteiligen,** sind im BGB (§§ 305 ff.) entsprechende Regelungen aufgenommen worden (ehemaliges AGB-Gesetz).

TIPP **Mehr über die AGB erfahren Sie im Abschnitt 3.6**

3.3.4 Widerspruchsrecht bei Haustür- und Abzahlungsgeschäften

Ebenfalls zum Schutz des Verbrauchers gibt es ein Widerspruchsrecht bei Haustür- und Abzahlungsgeschäften (§§ 312 ff., 491 ff. BGB). Der Kunde muss bei Vertragsabschluss ausdrücklich darauf hingewiesen werden. Er unterschreibt den Vertrag (1. Unterschrift) und die Widerrufsbelehrung (2. Unterschrift). Er hat jetzt die Möglichkeit, **binnen zwei Wochen** den Vertrag zu widerrufen, also rückgängig zu machen.

3.3.5 Abschluss

Wie bereits unter dem Punkt „Antrag und Annahme" (3.3.1) beschrieben, kommt ein Kaufvertrag durch zwei übereinstimmende Willenserklärungen zu Stande. Es müssen also zwei rechtsverbindliche Erklärungen vorliegen, die Antrag und Annahme genannt werden.

BEISPIEL Ein Einzelhändler schickt eine Anfrage an einen Großhändler. Dieser macht daraufhin dem Einzelhändler ein verbindliches Angebot. Der Einzelhändler bestellt gemäß Angebot.

Antrag ist in diesem Fall das (verbindliche) Angebot, Annahme die Bestellung. Die Anfrage spielt hier keine Rolle, da sie unverbindlich ist. Wenn der Großhändler ein unverbindliches Angebot gemacht hätte, wäre der Kaufvertrag erst durch eine Bestellungsannahme oder Lieferung zu den Bestellbedingungen zu Stande gekommen. Antrag ist in diesem Fall die Bestellung, Annahme die Bestellungsannahme bzw. die Lieferung gemäß Bestellung.

Verpflichtungsgeschäft

Durch den Abschluss eines Kaufvertrages verpflichten sich beide Vertragspartner zu bestimmten Leistungen.

Verpflichtungen aus Kaufverträgen

Verkäufer

- Lieferung der Ware
- Übertragung des Eigentums
- Annahme des Kaufpreises

Käufer

- Annahme der Ware
- Zahlung des Kaufpreises

Erfüllungsgeschäft

Das durch den Abschluss des Kaufvertrages entstandene Schuldverhältnis erlischt, indem die Vertragspartner ihre Verpflichtungen erfüllen.

Der Verkäufer erfüllt, indem er:	Der Käufer erfüllt, indem er:
■ die Ware – rechtzeitig – einwandfrei und – an den richtigen Ort liefert; ■ das Eigentum auf den Käufer überträgt; ■ den Kaufpreis annimmt.	■ die Ware annimmt und ■ den Kaufpreis rechtzeitig zahlt.

Bei den alltäglichen Kaufverträgen (wie der Kauf einer Zeitung) fallen Verpflichtungsgeschäft und Erfüllungsgeschäft zeitlich zusammen. Es kann aber auch ein längerer Zeitraum dazwischen liegen.

BEISPIEL Barbara bestellt einen Pkw mit ganz bestimmten Ausstattungsmerkmalen. Mit der Lieferung des Wagens kann sie erst nach 3 Monaten rechnen.

Der Kaufvertrag ist hier bereits zu Stande gekommen, als Barbara das Auto bestellt und der Händler die Bestellung angenommen hat. Das zustande kommen des Kaufvertrages ist nicht von der späteren Erfüllung abhängig.

3.3.6 Arten des Kaufvertrages

Folgende Arten der Kaufverträge lassen sich unterscheiden

nach dem Lieferzeitpunkt:

Sofortkauf	Lieferung muss unmittelbar nach Abschluss erfolgen.	Klausel lautet: „Lieferung sofort“
Terminkauf	Lieferung innerhalb einer bestimmten Frist oder zu einem bestimmten Termin	„Lieferung im Juni“ oder „Lieferung bis Ende Mai“
Fixkauf	Lieferung hat an einem genau bestimmten Zeitpunkt zu erfolgen.	„Lieferung am 10.10.d.J.“
Kauf auf Abruf	Käufer bestimmt den Zeitpunkt der Lieferung später. Käufer ruft Teilmengen nach und nach ab.	Bauunternehmer kauft Baustoffe, die er nach Bedarf nach und nach abruft.

nach Art und Beschaffenheit der Ware:

Kauf auf Probe	Ware kann zunächst ausprobiert werden. Nur, wenn der Käufer die Ware behalten will, kommt der Kaufvertrag zustande.	Kunde lässt sich einen Fernseher liefern, den er ausprobieren möchte, ehe er sich für den Kauf entscheidet.
Kauf nach Probe	Käufer bestellt nach ihm vorliegenden Mustern oder Proben. Die gelieferte Ware muss diesen Mustern entsprechen.	Ein Textileinzelhändler bestellt Stoffe nach ihm vorliegenden Stoffmustern.
Kauf zur Probe	Es wird zunächst eine kleine Menge zum Ausprobieren gekauft. Bei Gefallen wird dann eine größere Menge bestellt.	Ein Weinhändler bestellt von verschiedenen Weinsorten je eine Flasche. Nach dem Probieren bestellt er größere Mengen von den Weinsorten, die ihm gefallen haben.
Gattungskauf	Die Ware wird nur der Art nach bestimmt (gleichartige, vertretbare Ware). Die Lieferung hat dann in mittlerer Art und Güte zu erfolgen.	Ein Bäcker bestellt eine bestimmte Menge Mehl.
Stückkauf	Es wird eine ganz bestimmte Ware gekauft (nicht vertretbar).	Ein Politiker kauft einen Maßanzug.
Bestimmungskauf (Spezifikationskauf)	Käufer behält sich die nähere Bestimmung der gekauften Ware (Form, Farbe, Motive) für einen späteren Zeitpunkt vor.	Ein Bekleidungswerk kauft Stoffe und bestimmt je nach Bedarf später die Farbe oder das Muster des Stoffes.
Ramschkauf	Kauf eines bestimmten Warenpostens zu einem Pauschalpreis ohne Zusicherung einer bestimmten Beschaffenheit und Güte für die einzelnen Waren.	Auf einer Versteigerung wird ein Posten Textilien gekauft.

nach dem Zahlungszeitpunkt:

Kauf gegen Anzahlung	Käufer muss bereits vor der Lieferung einen Teil des Kaufpreises zahlen.	Ein dem Verkäufer unbekannter Käufer bestellt ein Elektrogerät. Der Verkäufer verlangt zur Sicherheit eine Anzahlung.
Barkauf	Die Ware ist bei Lieferung zu zahlen.	Kauf von Lebensmitteln im Supermarkt
Zielkauf	Die Zahlung hat innerhalb einer bestimmten Frist nach Lieferung zu erfolgen.	Zahlungsbedingung: „Zahlung innerhalb 30 Tagen ohne Abzug“
Abzahlungskauf (Ratenkauf)	Die Bezahlung erfolgt in mehreren Raten, häufig nach einer Anzahlung.	Möbelstück wird in fünf gleichen Monatsraten bezahlt.
Kommissionskauf	Einzelhändler verkauft die ihm vom Großhändler überlassenen Waren im eigenen Namen und auf Rechnung des Großhändlers. Zahlung erfolgt erst, wenn der Einzelhändler die Ware verkauft hat.	Ein Fahrradgroßhändler überlässt einem Einzelhändler Fahrräder in Kommission.

3.3.7 Störungen bei der Erfüllung des Kaufvertrages (Lernfeld 1)

Wir hatten bereits festgestellt, dass das durch den Kaufvertrag entstandene Schuldverhältnis erlischt, wenn die Vertragspartner ihre Verpflichtungen erfüllen. Leider kommt es immer wieder vor, dass dies nicht oder nur unvollständig geschieht. Die folgende Tabelle zeigt, welche Störungen bei der Erfüllung des Kaufvertrages vorkommen können:

Verpflichtung des a) Verkäufers	Ereignis	Störungsart
Lieferung einwandfreier Ware	Die gelieferten Waren weisen Mängel auf.	**Mangelhafte Lieferung**
Rechtzeitige Lieferung der Ware	Die Ware wird nicht innerhalb der vereinbarten Lieferzeit geliefert.	**Nicht-Rechtzeitig-Lieferung (Lieferungsverzug)**
b) Käufers		
Annahme der gelieferten Ware	Der Kunde verweigert die Annahme der ordnungsgemäß und rechtzeitig angelieferten Ware.	**Annahmeverzug**
Rechtzeitige Bezahlung der Ware	Der Kunde kann oder will die Ware nicht bezahlen.	**Nicht-Rechtzeitig-Zahlung (Zahlungsverzug)**

Mangelhafte Lieferung

LOP

Mängelarten

Grundsätzlich wird zwischen **Sach- und Rechtsmangel** unterschieden. Von einem **Rechtsmangel** (§ 435 BGB) ist z. B. die Rede, wenn ein Händler die gekaufte Ware nicht, weiterverkaufen kann, weil Dritte (z. B. Erfinder) Rechte an dieser Ware geltend machen. Im Hinblick auf die Ansprüche des Käufers bei Mängeln sind Sach- und Rechtsmängel gleichgestellt. Deshalb wird im Folgenden nur noch auf Sachmängel eingegangen.

Folgende **Sachmängel** werden unterschieden:

nach ihrer Erkennbarkeit:

offener Mangel	Kratzer am Lack eines Autos
versteckter Mangel	Ein CD-Player funktioniert nach einer Woche Nutzung nicht mehr.
arglistig verschwiegener Mangel	Der Verkäufer verschweigt dem Käufer eines Gebrauchtwagens, dass dieser bei einem früheren Unfall beschädigt worden ist.

bezüglich des Zustands der Ware:

Mangel in der Güte bzw. Qualität	Der gelieferte Teppich weist nicht die erforderliche Anzahl von Knoten pro qm auf.
Mangel in der Beschaffenheit	Die Porzellanvase ist zerbrochen.

bezüglich der Art und Menge:

Falsch-(Aliud-)Lieferung	Statt Stühle mit Armlehnen werden Stühle ohne Armlehnen geliefert.
Manko-Lieferung (Quantitätsmangel)	Statt 100 Luftfilter werden nur 90 geliefert.

Zusammenfassend kann gemäß § 434 BGB festgestellt werden: **Ein Sachmangel** liegt vor, wenn die **Kaufsache nicht** die **vertragsmäßige Beschaffenheit** aufweist.

Vielfach wird aber zwischen Verkäufer und Käufer nicht ausdrücklich vereinbart, welche Beschaffenheit erwartet werden kann. Im § 434 BGB findet sich hierzu folgende Regelung: Die Sache ist frei von Sachmängeln, wenn sie

- sich für die gewöhnliche Verwendung eignet, also **funktionsfähig** ist. Ein CD-Player muss z. B. das störungsfreie Abspielen von CDs ermöglichen.
- den durch Verkaufsgespräch oder Werbung **erweckten Erwartungen entspricht**. Wird z. B. eine Jacke als absolut regendicht angepriesen, so kann der Käufer erwarten, dass selbst bei starken Regenfällen keine Nässe durchdringt.

Ein Sachmangel liegt auch bei unsachgemäßer Montage oder mangelhafter Montageanleitung (sog. IKEA-Klausel) vor.

Ansprüche und Rechte des Käufers bei Mängeln

- **Nacherfüllung**
  Der Käufer hat grundsätzlich ein Recht auf Nacherfüllung (§§ 437 Ziff. 1 u. 439 BGB).
  Je nach Mangel und Sache kann die Nacherfüllung bestehen aus:
  - Reparatur des Kaufgegenstandes oder
  - Umtausch der mangelhaften in mangelfreie Ware oder
  - Umtausch der falschen in die richtige Ware oder
  - Nachlieferung zu wenig gelieferter Ware

  Die entstehenden Kosten (z. B. auch für den Rücktransport der reklamierten Ware) hat der Verkäufer zu tragen. Er kann die vom Käufer gewählte Art der Nacherfüllung nur ablehnen, wenn diese mit unverhältnismäßig hohen Kosten verbunden ist (§ 439 (3) BGB).

BEISPIELE Die Reparatur eines Toasters wäre teurer als ein neuer Toaster. Der Umtausch eines bereits mehrere Monate genutzten Rasenmähers in einen gleichwertigen Rasenmäher wäre teurer als dessen Reparatur.

- **Rücktritt vom Kaufvertrag**
  Der Käufer kann vom Kaufvertrag zurücktreten, wenn
  - er dem Verkäufer eine angemessene Frist zur Nacherfüllung gesetzt hat **und**
  - diese Frist ergebnislos abgelaufen ist (§ 437 Ziff. 2 BGB).

  Auf die **Nachfrist** kann allerdings nach § 440 BGB verzichtet werden, wenn
  - der Verkäufer eine Nacherfüllung ablehnt,
  - die Nacherfüllung fehlgeschlagen ist (z. B. zwei vergebliche Reparaturversuche) oder
  - die Nacherfüllung für den Käufer nicht zumutbar ist.

  Beim Rücktritt wird die reklamierte Ware zurückgegeben und der Kaufpreis erstattet. Problematisch ist dies allerdings, wenn die Ware bereits längere Zeit genutzt worden ist. Unter bestimmten Bedingungen muss es sich der Käufer dann gefallen lassen, dass er nicht den vollen Kaufpreis zurückerhält (§ 346 [1] BGB).
  Wenn der Mangel nur gering ist, hat der Käufer kein Rücktrittsrecht (§ 323 (5) BGB).

- **Minderung des Kaufpreises**
  Wie beim Rücktritt ist Voraussetzung für die Minderung eine erfolglos abgelaufene Nachfrist. Im Gegensatz zum Rücktritt kann die Minderung auch bei geringfügigen Mängeln in Anspruch genommen werden (§ 441 BGB).

- **Schadenersatz**
  Der Käufer kann Schadenersatz verlangen,
  - wenn der Lieferer vorsätzlich oder fahrlässig seine Lieferpflichten verletzt hat **und**
  - ein Schaden eingetreten ist **und**
  - eine angemessene Nachfrist erfolglos verstrichen ist (§§ 280 u. 281 BGB).

  Die **Pflicht** kann auch durch die Erfüllungsgehilfen des Lieferers (z. B. Fahrer) verletzt worden sein. Eine Nachfrist muss nicht gesetzt werden, wenn der Lieferer die Leistung verweigert.
  Ein **Schaden** ist z. B. einem Einzelhändler in Höhe des entgangenen Gewinns entstanden, der die mangelhafte Ware nicht verkaufen konnte. Wird die mangelhafte Ware zu

einem erheblich niedrigeren Preis verkauft, entsteht ein Schaden in Höhe des Mindererlöses. Der Käufer wird in diesen Fällen
- **Schadenersatz neben der Leistungserfüllung** verlangen.

Will der Kunde die Ware überhaupt nicht mehr haben und sind ihm z. B. Mehrkosten bei der Ersatzbeschaffung bei einem anderen Lieferer entstanden, wird er
- **Schadenersatz statt der Leistung** verlangen.

LOP

Verjährung von Mängelansprüchen

Der Käufer kann nicht unbegrenzt lange warten, wenn er seine Rechte aus mangelhafter Lieferung in Anspruch nehmen will.

MERKE **Die Verjährungsfrist für Mängelansprüche beträgt grundsätzlich zwei Jahre nach Übergabe der Ware (§ 438 BGB).**

Nach Ablauf dieser Frist kann der Käufer die zuvor beschriebenen Ansprüche nicht mehr geltend machen. Abweichend von dieser Frist gelten längere Verjährungsfristen, und zwar eine

- **3-jährige Verjährungsfrist**, wenn der Mangel vom Verkäufer arglistig verschwiegen wurde

BEISPIEL Der Verkäufer eines Gebrauchtwagens verschweigt wider besseres Wissen, dass es sich um ein Unfallfahrzeug handelt. (§ 438 (3) BGB)

- **5-jährige Verjährungsfrist** bei Bauwerken und Sachen für Bauwerke.

Aber auch eine **Verkürzung** der Verjährungsfrist ist möglich. Beim Handel mit **gebrauchten Gegenständen** darf die Frist auf **ein Jahr** reduziert werden (§ 475 (2) BGB).

Beim Handel mit neuen Sachen darf gegenüber Verbrauchern (also Privatpersonen) die Frist vertraglich nicht verkürzt werden.

Unabhängig von den Verjährungsfristen kann der Verkäufer oder Hersteller eine mehrjährige **Garantie** für die Ware oder Teile der Ware geben. Ein Autohersteller gibt z. B. eine 5-jährige Garantie gegen Durchrostung der Fahrzeuge.

Will der Käufer seine Rechte in Anspruch nehmen, muss er grundsätzlich beweisen, dass die Ware mangelhaft geliefert wurde. Für Verbraucher gilt nach § 476 BGB eine Ausnahme:

Wenn der Mangel innerhalb von **sechs Monaten** nach Übergabe der Ware reklamiert wird, liegt die **Beweislast** beim Verkäufer. In diesem Fall wird nämlich grundsätzlich davon ausgegangen, dass der Mangel bereits von Anfang an vorhanden war.

Kaufleute sind verpflichtet, angelieferte Ware **unverzüglich** zu prüfen. Offene Mängel sind unverzüglich, versteckte Mängel unverzüglich nach Entdeckung zu rügen. Kaufleute, die Ansprüche ihrer Kunden wegen mangelhafter Lieferung erfüllt haben, haben ihrerseits **Rückgriffsansprüche** gegen ihre Lieferanten oder den Hersteller, die frühestens zwei Monate nach dem Zeitpunkt der Inanspruchnahme durch die Kunden verjähren, jedoch spätestens nach fünf Jahren (§§ 478 u. 479 BGB).

TIPP **Vergleichen Sie die Ausführungen im Fachkundebuch – Lernfeld 1 – zum Umgang mit beanstandeter Ware!**

Nach dem **Produkthaftungsgesetz** hat der Verbraucher gegenüber dem Hersteller eines Produktes grundsätzlich einen Schadenersatzanspruch, wenn durch den Fehler des Produktes jemand getötet oder verletzt wird oder eine Sache beschädigt worden ist. Auf das Verschulden des Herstellers kommt es hierbei nicht an.

Lieferungsverzug (Nicht-Rechtzeitig-Lieferung)

Voraussetzungen

- Die Lieferung muss **fällig** sein.
  Dies ist der Fall, wenn der Verkäufer nicht in der vereinbarten Zeit geliefert hat. Ist keine Lieferzeit vereinbart worden, hätte er sofort liefern müssen.
- Der Verkäufer muss **gemahnt** worden sein.
  Dies ist nicht nötig beim Fixkauf oder wenn der Verkäufer selbst erklärt, dass er nicht liefern kann. Mit der Mahnung wird dem Lieferer eine **angemessene Nachfrist** gesetzt (§ 286 BGB).
- Den Verkäufer muss **Verschulden** treffen.
  Wenn der Verkäufer z. B. bei Entgegennahme des Auftrages nicht genügend geprüft hat, ob er überhaupt rechtzeitig liefern kann. Auch das Verhalten seiner Mitarbeiter kann dem Verkäufer angelastet werden.

BEISPIEL Ein Lkw-Fahrer verursacht in betrunkenem Zustand einen Unfall, bei dem die Ware vernichtet wird.

Kein Verschulden liegt bei so genannter **höherer Gewalt** vor. Dies wäre der Fall, wenn in das Lager des Verkäufers der Blitz einschlägt und es niederbrennt (§ 276 BGB).
Achtung: Der Verkäufer kommt auch **ohne Verschulden** in Verzug, wenn es sich bei der Ware um Gattungsware handelt. In diesem Fall wird davon ausgegangen, dass der Verkäufer sich die Ware anderweitig hätte beschaffen können.

Rechte des Käufers

Der Käufer könnte

- **auf Lieferung bestehen.**
  Selbstverständlich kann der Käufer weiter auf Lieferung bestehen. Dies wird er tun, wenn er die Ware nirgendwo sonst bekommen oder so günstig bekommen kann.

- **vom Vertrag zurücktreten** (§ 323 BGB).
  Wenn für den Käufer die Lieferung nicht mehr von Interesse ist, weil z. B. die Saison für ein bestimmtes Produkt vorbei ist, kann es sinnvoll sein, zurückzutreten. Eine spätere Lieferung braucht er dann nicht mehr anzunehmen. Eventuell erbrachte Leistungen (z. B. Vorauszahlung des Käufers oder eine bereits erbrachte Teillieferung) müssen zurückgegeben werden.
  Ein Rücktritt ist allerdings **ausgeschlossen**, wenn
  – die Pflichtverletzung des Lieferers nur gering ist,
  – der Käufer selbst die Verantwortung für die ausbleibende Lieferung trägt.
  Nach § 325 BGB schließt der Rücktritt eine Schadenersatzforderung nicht aus.
- **Schadenersatz wegen Leistungsverzögerung verlangen** (§ 280 BGB).
  Ist dem Käufer durch die verspätete Lieferung ein Schaden entstanden, weil die Ware z. B. nicht wie geplant im Weihnachtsgeschäft verkauft werden konnte oder weil der Käufer seinerseits Kunden nicht rechtzeitig beliefern konnte, so wird er einen Ersatz dieses Schadens verlangen.
- **Schadenersatz statt der Leistung verlangen** (§ 281 BGB).
  Mit dieser Forderung verliert der Käufer den Anspruch auf Lieferung. Er wird sich aber dafür entscheiden, wenn er sich die Ware z. B. bei einem anderen Lieferer teurer beschaffen musste.
- **Ersatz vergeblicher Aufwendungen verlangen** (§ 284 BGB).
  Dies könnte sinnvoll sein, wenn der Käufer z. B. in Erwartung der Lieferung Lagerraum angemietet hatte und ihm dadurch vergebliche Aufwendungen in Höhe der Lagermiete entstanden sind.

Der Schadenersatzanspruch kann sich auf einen **konkreten Schaden** (z. B. die Preisdifferenz beim Deckungskauf) oder auf einen abstrakten Schaden beziehen. Beim **abstrakten Schaden** ist der Nachweis schwierig zu führen.

BEISPIEL Dem Käufer sind durch die verspätete oder ausgebliebene Lieferung Kunden verloren gegangen. Weil die Höhe des Schadens schwer festzustellen ist (häufig ist dies nur in einem gerichtlichen Verfahren möglich), wird in der Praxis oft eine **Vertragsstrafe** (Konventionalstrafe) vereinbart. Sie wird fällig, sobald der Verkäufer im Verzug ist.

Annahmeverzug

Voraussetzungen

- Die Lieferung muss **fällig** sein.
  Ist ein bestimmter Liefertermin fest vereinbart worden, ist dies eindeutig bestimmbar. Ist kein genauer Termin vereinbart, muss der Verkäufer zuvor dem Käufer rechtzeitig die Lieferung ankündigen.
- Die Ware muss **ordnungsgemäß angeliefert** werden.
  Der Verkäufer hat die Ware zur richtigen Zeit am richtigen Ort in der vereinbarten Menge, Art und Beschaffenheit bzw. Qualität angeliefert.

- Der Käufer hat die Annahme der ordnungsgemäß angelieferten Ware **abgelehnt.** Auch wenn Abholung vereinbart ist, gerät der Käufer in Annahmeverzug, wenn er die Ware nach Aufforderung nicht abholt.

Rechte des Verkäufers

- **Rücktritt vom Vertrag**
  Er wird dieses Recht in Anspruch nehmen, wenn
  - er die Ware anderweitig günstig verkaufen kann oder
  - der Wert der Ware nur gering ist oder
  - er aus Kulanzgründen einen guten Kunden nicht verlieren will.
- **Bestehen auf Abnahme**
  Wenn der Verkäufer die Ware anderweitig nicht oder nur mit großen Verlusten verkaufen kann, wird er dieses Recht wählen.
- **Selbsthilfeverkauf**
  Hieran sind einige **Verpflichtungen** geknüpft:
  - Der Käufer muss vom Verkauf (z. B. Versteigerung) benachrichtigt werden. (Er könnte z. B. mitsteigern!)
  - Ein eventueller Mehrerlös ist nach Abzug der Kosten an den Käufer auszuzahlen. Wird ein Mindererlös erzielt, hat der Verkäufer Anspruch auf Ersatz durch den ursprünglichen Käufer.

  Beim so genannten **Notverkauf** verderblicher Ware entfällt die Benachrichtigungspflicht (§ 373 HGB).

Zahlungsverzug (Nicht-Rechtzeitig-Zahlung)

Voraussetzungen

Ein Schuldner (Käufer) gerät in Zahlungsverzug (§ 286 BGB), wenn

- die Zahlung **fällig** ist. Dies ist der Fall, wenn ein kalendermäßig genau festgelegter Zahlungstermin (z. B. „zahlbar bis 30. Juni d.J.“) überschritten ist, ohne dass der Schuldner gezalt hätte.
- der Schuldner **gemahnt** worden ist. Dies ist nicht notwendig, wenn
  - die Zahlung kalendermäßig genau bestimmt ist (s. o.) oder
  - der Schuldner von sich aus die Leistung verweigert oder
  - nach Fälligkeit und Zugang der Rechnung **30 Tage** vergangen sind.
    Ist der Schuldner Verbraucher, muss er in der Rechnung besonders darauf hingewiesen werden.

Rechte des Gläubigers (Verkäufers)

Der Gläubiger könnte

- **auf Zahlung bestehen.** Außer dem nicht bezahlten Forderungsbetrag stehen ihm die Erstattung der Mahnkosten und Verzugszinsen zu. Die Höhe der Verzugszinsen betragt 5 % (bei Verbrauchern) bzw. 8 % (bei Kaufleuten) über dem gültigen Basiszinssatz (§ 288 BGB). Der Basiszinssatz wird von der Deutschen Bundesbank bekannt gegeben. Um seine Forderung durchzusetzen, wird der Gläubiger dem Schuldner Mahnungen in bestimmten Zeitabständen und stets verschärften Ton schicken. Sollte er damit keinen Erfolg haben, wird er beim zuständigen Amtsgericht einen Mahnbescheid gegen den Schuldner beantragen.

Nach Setzen einer angemessenen Nachfrist (Ausnahmen s. o.) könnte der Gläubiger

- **vom Vertrag zurücktreten.** Er kann die Rückgabe der Ware verlangen.
- **Schadenersatz (statt Leistung) verlangen.** Entstehen beim anderweitigen Verkauf der vom Kunden zurückgegebenen Waren Kosten oder/und ein Mindererlös, muss der ursprüngliche Käufer den Schaden ersetzen.

KERNWISSEN

- Der **Kaufvertrag ist ein zweiseitiges Rechtsgeschäft**, das durch zwei übereinstimmende Willenserklärungen zu Stande kommt. Die Willenserklärungen können mündlich, schriftlich oder durch schlüssiges Handeln abgegeben werden.
- Durch **Anfragen** können **unverbindlich** und **formlos** Informationen eingeholt werden über
  a) das Sortiment und die Leistungsfähigkeit eines Lieferers **(allgemeine Anfrage)**.
  b) Preise und Lieferbedingungen für bestimmte Produkte **(spezielle Anfrage)**.
- **Angebote** sind grundsätzlich verbindliche Willenserklärungen gegenüber **bestimmten** Personen/Personengruppen, unter den angebotenen Bedingungen Waren zu liefern oder Leistungen zu erbringen.
- Die **Bindung** des Anbietenden an sein Angebot dauert bei **unbefristeten Angeboten**, die
  a) mündlich abgegeben werden, solange wie das Gespräch,
  b) schriftlich abgegeben werden, ca. 1 Woche.
- **Befristete Angebote** sind bis zum Ablauf der Frist bindend.
  Angebote mit so genannten Freizeichnungsklauseln sind ganz oder teilweise unverbindlich. Die Bindung an das Angebot erlischt auch, wenn das Angebot abgelehnt wird, die Bestellung verspätet eintrifft oder vom Angebot abweicht oder das Angebot rechtzeitig widerrufen wurde.
- **Inhalte des Angebotes** sind Angaben über
  - Art, Beschaffenheit und Güte der Ware,
  - Menge und Preis,
  - Verpackungs- und Versandkosten,
  - Lieferzeit und Zahlungsbedingungen,
  - Erfüllungsort und Gerichtsstand.
- Mit der Übergabe der Ware am Erfüllungsort geht die **Gefahr** des zufälligen Untergangs oder Verschlechterung **auf den Käufer** über.
- **Allgemeine Geschäftsbedingungen** sind vorformulierte vereinheitlichte Vertragsbedingungen, die durch Anerkennung des Vertragspartners Bestandteil eines Vertrages werden.
- Bei **Haustür- und Abzahlungsgeschäften** hat der Kunde ein **Widerspruchsrecht** innerhalb von zwei Wochen nach Abschluss des Vertrages.

- Durch den **Abschluss** des Kaufvertrages **verpflichtet** sich
  a) der **Verkäufer**, die Ware rechtzeitig an den rechten Ort und einwandfrei zu liefern sowie das Eigentum an der Ware zu übertragen und den Kaufpreis anzunehmen.
  b) der **Käufer**, die Ware anzunehmen und zu bezahlen.
- **Arten des Kaufvertrages** werden unterschieden
  a) nach dem **Lieferzeitpunkt**: Sofortkauf, Terminkauf, Fixkauf, Kauf auf Abruf.
  b) nach **Art und Beschaffenheit** der Ware: Kauf auf, nach und zur Probe, Gattungs- und Stückkauf, Bestimmungskauf, Ramschkauf.
  c) nach dem **Zahlungszeitpunkt:** Kauf gegen Anzahlung, Barkauf, Zielkauf, Abzahlungs- und Kommissionskauf.
- **Störungen bei der Erfüllung des Kaufvertrages:**
  a) Pflichtverletzungen des Verkäufers

Störungen	Voraussetzungen	Rechte des Käufers
Mangelhafte Lieferung	Die Ware weist Mängel auf. (Mängelarten und Mängelansprüche siehe unten)	■ Nacherfüllung (Reparatur, Umtausch, oder Nachlieferung) ■ nach ergebnisloser Nachfrist für Nacherfüllung ■ Rücktritt vom Kaufvertrag ■ Minderung des Kaufpreises ■ Schadenersatz bei Pflichtverletzung durch Lieferer und entstandenem Schaden
Nicht-Rechtzeitig-Lieferung (Lieferungsverzug)	■ Fälligkeit der Lieferung ■ Anmahnung der Lieferung (wenn Liefertermin kalendermäßig nicht genau bestimmt) ■ Verschulden des Lieferers (außer bei Gattungsware)	■ auf Lieferung bestehen oder ■ Lieferung und Schadenersatz wegen Leistungsverzögerung verlangen ■ Schadenersatz statt der Leistung verlangen ■ Rücktritt vom Kaufvertrag ■ Ersatz vergeblicher Aufwendungen

- **b) Pflichtverletzungen des Käufers**

Störungen	Voraussetzungen	Rechte des Verkäufers
Annahmeverzug	■ Fälligkeit der Lieferung ■ Ordnungsgemäße Anlieferung der Waren ■ Ablehnung der Warenannahme	■ Rücktritt vom Vertrag oder ■ auf Abnahme der Ware bestehen oder ■ einen Selbsthilfeverkauf vornehmen
Nicht-Rechtzeitig-Zahlung (Zahlungsverzug)	Zahlungstermin ist a) kalendermäßig genau festgelegt: Käufer hat zu diesem Zeitpunkt nicht gezahlt. b) kalendermäßig nicht genau festgelegt: Käufer zahlt nicht innerhalb von 30 Tagen nach Fälligkeit.	■ auf Zahlung bestehen und die Kosten des Mahnverfahrens sowie Verzugszinsen (5 % bzw. 8 % über Basiszinssatz) verlangen. nach Ablauf angemessener Nachfrist: ■ Rücktritt vom Vertrag oder/und ■ Schadenersatz

- **Mängelarten:**
  Rechtsmangel: Kaufsache ist mit Rechten Dritter behaftet.
  Sachmangel: Kaufsache weist nicht die vertragsmäßige Beschaffenheit auf.
  - Nach der Erkennbarkeit werden offene und versteckte Mängel unterschieden.
  - Bezüglich des Zustandes der Ware werden Quailitätsmängel und Mängel in der Beschaffenheit unterschieden.
  - Wurden falsche Waren geliefert, liegt eine sog. Aliud-Lieferung vor.
  - Wurde zu wenig geliefert, sprechen wir von einer Manko-Lieferung oder einem Quantitätsmangel.
- **Verjährung von Mängelansprüchen**
  - 2 Jahre nach Übergabe der Ware
  - 5 Jahre bei Bauwerken und Sachen für Bauwerke
  - 3 Jahre bei arglistig verschwiegenen Mängeln
  - 1 Jahr möglich bei gebrauchten Gegenständen

ÜBUNGSAUFGABEN

1. Ist der Kaufvertrag an eine bestimmte Form gebunden?

2. Fritz möchte ein Motorrad kaufen. Welche Überlegungen sollte er vor diesem Kauf anstellen?

3. Welchen Zweck erfüllen Anfragen?

4. Wie lange ist ein Anbieter an sein Angebot gebunden, das er
a) in einem Gespräch macht?
b) in schriftlicher Form einem Kunden zuleitet?

5. Wodurch kann die Bindung an ein Angebot ganz oder teilweise eingeschränkt werden?

6. Welche Möglichkeiten gibt es, Art und Güte von Waren genau zu bestimmen?

7. Was versteht man unter Skonto und Rabatt?

8. Begründen Sie, welche Lieferungsbedingung für den Lieferer bzw. den Kunden am günstigsten ist?

9. Was ist mit folgenden Sätzen gemeint:
„Warenschulden sind Holschulden." und
„Geldschulden sind Schickschulden."?

10. Welche Zahlungsbedingung ist aus Sicht des Käufers am günstigsten?

11. Erklären Sie an einem Beispiel, welche Folgen der Gefahrenübergang am Erfüllungsort haben kann.

12. Welchen Zweck erfüllen Allgemeine Geschäftsbedingungen?

13. In welchen Fällen ist ein Kaufvertrag zustande gekommen?
a) Ein Einzelhändler richtet eine spezielle Anfrage an einen Großhändler, der daraufhin ein verbindliches Angebot zuschickt.
b) Jens stellt ein Paket Nudeln aus einem Einkaufswagen auf das Kassenband, bezahlt und steckt die Nudeln in seine Tragetasche.
c) Ein Kunde bestellt Waren aufgrund eines verbindlichen Angebotes, ändert aber die Lieferungsbedingungen von „ab Werk" in „frei Haus" ab.
d) Der Einzelhändler K. bestellt Waren ohne zuvor ein Angebot erhalten zu haben. Der Lieferer schickt daraufhin eine Auftragsbestätigung.
e) Jenny bestellt einen Kleinwagen beim Autohändler. Mit der Lieferung des Autos wird in sechs Wochen gerechnet.
f) Ein Händler bestellt aufgrund eines Angebotes mit der Klausel „Preise unverbindlich". Der Anbieter liefert daraufhin die Waren zu den Bedingungen seines Angebotes.

14. Warum wird dem Verbraucher bei Haustür- und Abzahlungsgeschäften ein Widerspruchsrecht eingeräumt?

15. Welche Pflichten ergeben sich aus dem Kaufvertrag
a) für den Verkäufer und
b) für den Käufer?

16. Unterscheiden Sie „Kauf auf Probe", „Kauf zur Probe" und „Kauf nach Probe"?

17. Warum ist der Kauf auf Abruf für den Käufer vorteilhaft?

18. Was versteht man unter einem Fixkauf und wo ist er angebracht?

19. Tammo möchte sich einen Motorroller kaufen. Zahlt er bar, kostet der Roller 2 000 EUR. Außerdem bietet der Händler folgende Ratenkaufbedingungen an: Anzahlung 600 EUR und vier Monatsraten à 400 EUR. Wie sollte Tammo sich entscheiden? Gibt es weitere Finanzierungsmöglichkeiten?

20. Entscheiden Sie, welche Mangelart vorliegt.
a) Ein Schrank ist an der Seite verkratzt.
b) In einer Dose Erbsensuppe findet sich ein Nagel.
c) Statt Rotwein wird Weißwein geliefert.
d) Statt der bestellten 100 Luftfilter werden 110 geliefert.
e) Die gelieferten Stoffe sind minderwertiger als die Muster, nach denen bestellt wurde.
f) Das Besteck ist an einigen Stellen verrostet.

21. Sind die Rügefristen eingehalten worden?
a) Wolfram bringt einen beschädigten Pullover 8 Monate nach Kaufdatum zurück.
b) Waltraud reklamiert einen gebrauchten Pkw 14 Monate nach Kaufdatum wegen eines Motorschadens.
c) Die Kfz-Werkstatt rügt defekte Fußmatten einen Monat nach Anlieferung.
d) Ein Kunde der Kfz-Werkstatt reklamiert kurz vor Ablauf von 2 Jahren nach Kauf ein defektes Autoradio. Die Kfz-Werkstatt nimmt das Radio zurück und reklamiert ihrerseits diesen Mangel bei ihrem Lieferer nach 1 Monat.

22. Was wird unter Nacherfüllung verstanden? Nennen Sie entsprechende Beispiele für die Formen der Nacherfüllung.

23. Unter welchen Voraussetzungen und in welchen Fällen kann ein Kunde
a) vom Kaufvertrag zurücktreten,
b) Minderung oder
c) Schadenersatz verlangen?

24. In welchem Fall wird ein Kunde bei nicht rechtzeitiger Lieferung das Recht des Rücktritts vom Vertrag in Anspruch nehmen?

25. Welche Pflichten hat ein Lieferer beim Annahmeverzug, wenn er einen Selbsthilfeverkauf durchführen (lassen) will?

26. Befindet sich der Käufer mit seiner Zahlung in Verzug, wenn er bei folgenden Fällen am 15. März noch nicht gezahlt hat?

	Rechnungsdatum (Lieferzeitpunkt)	**Zahlungsbedingung**	**Lösung (ja/nein)**
a)	18. Februar	zahlbar nach Lieferung	?
b)	20. Februar	Zahlung bis 28. Februar	?
c)	25. Februar	sofort	?
d)	10. März	zahlbar bis Ende März	?

27. Wie viel Verzugszinsen kann ein Verkäufer bei nicht rechtzeitiger Zahlung berechnen und ab wann stehen sie ihm zu?

28. In welchem Fall sollte der Verkäufer die Waren zurückverlangen, wenn der Kunde nicht rechtzeitig gezahlt hat?

29. Welche Möglichkeite wird ein Verkäufer ergreifen, der auf Zahlung besteht, weil der Käufer die gelieferten Waren längst weiterverkauft hat?

3.4 Unternehmungsformen

SITUATION

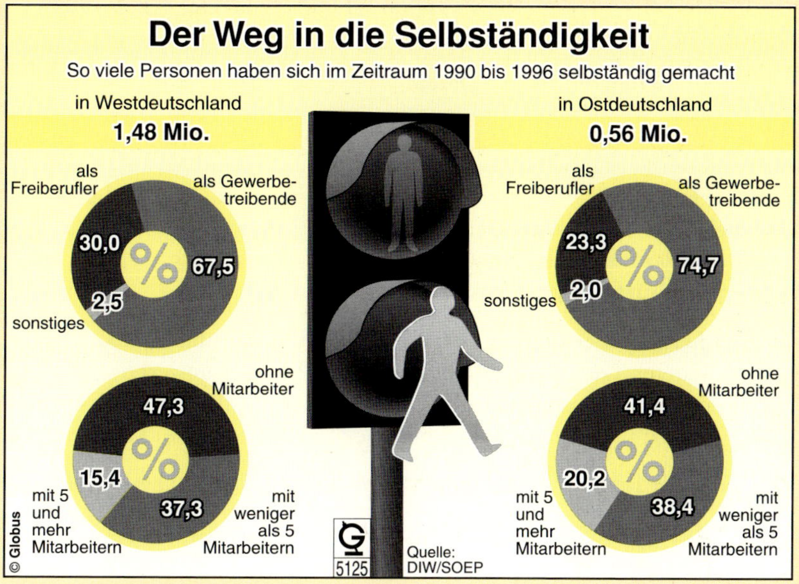

HANDLUNGSAUFTRÄGE

1. a) Wie viele Personen haben sich nach oben stehender Abbildung von 1990 bis 1996 in Deutschland selbstständig gemacht?
   b) Welche Formen der Selbstständigkeit haben sie dabei in den alten und neuen Bundesländern am meisten gewählt?
2. Sicher haben Sie sich schon einmal überlegt, sich nach Ihrer Ausbildung selbstständig zu machen. Was spricht dafür, was spricht dagegen? Schreiben Sie die Argumente auf und diskutieren Sie darüber mit Ihren Mitschülern.
3. Überlegen Sie, welches Gewerbe sich für Sie im Moment anzumelden lohnen könnte.

3.4.1 Überlegungen auf dem Weg zur Selbstständigkeit

Gründe für die Selbstständigkeit

Die Gründe, sich selbstständig zu machen und ein eigenes Gewerbe anzumelden, können vielschichtig sein:

- bestehende oder drohende Arbeitslosigkeit
- staatliche Fördermittel für Existenzgründung
- Unabhängigkeit von einem Arbeitgeber
- Erwartung höheren Einkommens

- Erkennen einer Marktlücke
- höheres Ansehen

TIPP **Lassen Sie sich von der IHK die Broschüre „Hilfen für Existenzgründer" senden und informieren Sie sich näher über Existenzgründungen. Die Adresse finden Sie im Branchen-Fernsprechbuch.**

Ein eigenes Gewerbe liegt vor, wenn es sich um eine selbstständige, auf Dauer angelegte und nach außen in Erscheinung tretende Tätigkeit handelt und die Absicht besteht, einen Gewinn zu erzielen.

Kaufmann – Nichtkaufmann

Erfordert das neu gegründete Unternehmen nach Art und Umfang einen in kaufmännischer Weise eingerichteten Geschäftsbetrieb, so liegt ein **Handelsgewerbe** vor. Wer ein solches Handelsgewerbe betreibt, ist **Kaufmann** (§ 1 HGB). Die pflichtgemäße Eintragung in das **Handelsregister** hat nur noch rechtsbekundende (deklaratorische) Wirkung.

Die Tätigkeit freier Berufe (Steuerberater, Arzt, Kunstmaler usw.) gilt dabei nicht als Handelsgewerbe.

Land- und forstwirtschaftliche Unternehmen mit kaufmännisch eingerichtetem Geschäftsbetrieb können sich in das Handelsregister eintragen lassen, müssen es aber nicht.

Unternehmen, die zwar ein Gewerbe ausüben, jedoch nach Art und Umfang keinen kaufmännischen Geschäftsbetrieb erfordern (Kleingewerbetreibende), sind nach dem Gesetz **Nichtkaufleute**.

BEISPIEL Zeitschriftenkiosk, Würstchenbude.

Durch Eintragung der Firma in das **Handelsregister** besteht für sie die Möglichkeit, die Kaufmannseigenschaft freiwillig zu erwerben. Die Eintragung hat somit rechtserzeugende (konstitutive) Wirkung. Mit der Eintragung übernehmen sie alle Rechte und Pflichten eines vollkaufmännischen Unternehmens.

BEISPIEL Recht, eine Firma zu führen; unverzügliche Rügepflicht bei Mängeln an der gekauften Ware.

Firma

Die **Firma** ist im juristischen Sinn der Name des Kaufmanns, unter dem er sein Unternehmen führt und seine Unterschrift abgibt. Das Recht, eine Firma zu führen, haben danach alle Kaufleute sowie alle Kleingewerbetreibenden, die in das Handelsregister eingetragen sind.

Die Firma ist wichtiger Werbeträger und Visitenkarte des Unternehmens. Deshalb soll ein wohlklingender, einprägsamer Firmenname gewählt werden. Nach neuem Recht ist bei allen Unternehmungsformen als Name der Firma ein Personenname, ein Sachname, aber auch ein Fantasiename oder eine Mischform hieraus möglich.

Jedoch sind bei der Firmenbildung folgende Vorschriften zu beachten:

- Die Firma muss zur Kennzeichnung des Kaufmanns geeignet sein und Unterscheidungskraft besitzen (§ 18 HGB). Damit soll eine Irreführung oder eine Verwechslungsgefahr mit anderen bereits bestehenden Firmen vermieden werden. Beispiel: Gründung einer neuen Firma mit dem Namen „adidas".
- Die Gesellschaftverhältnisse müssen ersichtlich sein. Der Firmenname muss einen Zusatz zur Rechtsform der Firma enthalten. Beispiel: e. K., OHG, KG, AG. Auf allen Geschäftsbriefen der Gesellschaft müssen die Rechtsform und der Sitz der Gesellschaft, das Registergericht und die Nummer, unter der die Gesellschaft in das Handelsregister eingetragen ist, angegeben werden.
- Die Haftungsverhältnisse müssen offen gelegt sein. Beispiel: Aus der Firmenbezeichnung Schmidt & Co. lassen sich nicht die Rechtsform und die Haftungsverhältnisse erkennen.

Firmen können sein

Personenfirmen	Sachfirmen	Fantasiefirmen	Mischformen
Beispiel:	**Beispiel:**	**Beispiel:**	**Beispiel:**
■ Hans Müller OHG	■ Bautenschutz GmbH	■ Gigakauf KG	■ Mega-Maier e. K.
■ Schubert & Ott KG	■ Asphalt AG	■ Immergut GmbH	■ F&F Transport OHG

Anmeldung der Unternehmung

Die Unternehmensgründung ist bei der zuständigen Ordnungsbehörde durch eine **Gewerbeanmeldung** anzuzeigen. Die Ordnungsbehörde meldet die Gewerbeanmeldung weiter

- an die zuständige Kammer (IHK, HWK)
- an das zuständige Finanzamt
- an die zuständige Berufsgenossenschaft
- an die gesetzliche Krankenkasse, sofern Arbeitnehmer beschäftigt werden
- an das Gewerbeaufsichtsamt
- an das Amtsgericht, sofern das zu gründende Unternehmen in das Handelsregister eingetragen werden soll.

3.4.2 Überlegungen bei der Wahl der Rechtsform der Unternehmung

Vor der Gründung ist zu entscheiden, welche Rechtsform das Unternehmen haben soll. Dafür sind folgende Fragen zu klären:

- **Firmenname.** Unter welchem Namen soll das Unternehmen auf den Markt kommen?
- **Eigentumsverhältnisse.** Möchte der Gründer als alleiniger Eigentümer das Unternehmen führen oder noch weitere Eigentümer in das Unternehmen aufnehmen?

- **Kapitalaufbringung.** Ist ein Mindestkapital vorgeschrieben? Wie viel Eigenkapital ist vorhanden und wie viel Fremdkapital ist zusätzlich erforderlich? Das Eigenkapital kann aufgebracht werden in Form
  - von Barmitteln (Bargeld, Bankguthaben)
  - von Sachwerten (Grundstücke, Gebäude, Maschinen)
  - von Rechten (Patente, Konzessionen, Lizenzen).

  Das Fremdkapital wird häufig in Form eines Bankkredits aufgenommen.
- **Haftung.** Sollen der oder die Eigentümer nur mit ihrem Anteil am Eigenkapital oder auch mit ihrem Privatvermögen für die Verbindlichkeiten des Unternehmens haften?
- **Geschäftsführung/Vertretung.** Wie viel und welche Personen sollen bei der Geschäftsführung mitwirken? Soll die Geschäftsführung auf bestimmte Eigentümer beschränkt werden?
- **Gewinn- und Verlustverteilung.** Wie wird ein erzielter Gewinn oder Verlust unter den Eigentümern aufgeteilt oder wird er – wenigstens zum Teil – im Unternehmen einbehalten?
- **Entnahme- und Einlagerechte.** Haben der oder die Eigentümer das Recht, dem Unternehmen jederzeit Kapital zuzuführen oder zu entnehmen?
- **Veröffentlichungspflicht.** Ist der Unternehmer bei der gewählten Rechtsform verpflichtet, den Jahresabschluss (Bilanz, Gewinn- und Verlustrechnung) zu veröffentlichen?
- **Steuerbelastung.** Welcher Steuer unterliegt das Unternehmen bei der gewählten Rechtsform?

Der Unternehmer ist bei der Wahl der Rechtsform frei. Die Wahl der Rechtsform sollte jedoch anhand der Fragen wohl überlegt sein.

Kernwissen

- Kaufmann ist, wer ein Handelsgewerbe betreibt.
- Hat ein Gewerbebetrieb keinen nach Art und Umfang eingerichteten Geschäftsbetrieb, ist er Nichtkaufmann.
- Nichtkaufleute werden durch Eintragung in das Handelsregister zu Kaufleuten.
- Die Firma ist der Name des Kaufmanns, unter dem er sein Unternehmen führt und seine Unterschrift abgibt.
- Die Firmenart kann eine Personenfirma, Sachfirma, Fantasiefirma oder eine Mischform davon sein.
- Aus dem Firmennamen muss die Rechtsform der Firma erkennbar sein.
- Die Unternehmensgründung ist beim zuständigen Ordnungsamt durch eine Gewerbeanmeldung anzuzeigen.
- Vor der Wahl der Rechtsform sind zu klären: Firmenname, Eigentumsverhältnisse, Kapitalaufbringung, Haftung, Geschäftsführung/Vertretung, Ergebnisverteilung.

Übungsaufgaben

1. Ihnen kommt die Idee, in Ihrer Stadt einen Fahrradkurierdienst als Gewerbe anzumelden.
a) Wohin müssen Sie sich wenden?
b) Werden Sie durch die Anmeldung automatisch zum Kaufmann?
c) Was müssen Sie als Nichtkaufmann tun, um Kaufmann zu werden?

2. Um sich bekannt zu machen, suchen Sie einen passenden Firmennamen?
a) Welche Möglichkeiten haben Sie?
b) Welche Vorschriften müssen Sie aber bei der Wahl des Firmennamens beachten?
c) Überlegen Sie sich einige Firmennamen und diskutieren Sie diese mit Ihren Mitschülern!

3. Neben der Wahl des Firmennamens müssen Sie noch weitere Fragen klären. Welche sind das?

4. Arbeitsauftrag: Besorgen Sie sich bei Ihrer Gemeinde-/Stadtverwaltung das Formular „Gewerbeanmeldung“, um Ihren „Fahrradkurierdienst“ als Gewerbe anzumelden!
a) Füllen Sie das Formular aus!
b) Stellen Sie fest, welche Stellen einen Durchschlag der Gewerbeanmeldung erhalten!

3.4.3 Einzelunternehmung

- **Gesetzliche Grundlage:** Handelsgesetzbuch (HGB)
- **Kennzeichen:** Eine einzelne natürliche Person ist Eigentümer der Unternehmung. Sie trägt allein das unternehmerische Risiko, fällt Entscheidungen und übernimmt dafür die Verantwortung. Die Einzelunternehmung ist die häufigste Rechtsform in Deutschland und ist besonders für kleinere Unternehmen geeignet.
- **Firma:** Hat der Einzelunternehmer nach Art und Umfang einen in kaufmännischer Weise eingerichteten Geschäftsbetrieb, ist er Kaufmann und damit verpflichtet, eine Firma im Handelsregister anzumelden. Der frei wählbare Firmenname muss den Zusatz „eingetragener Kaufmann“, „eingetragene Kauffrau“ oder eine erkennbare Abkürzung („e. K.“, „e. Kfm.“) beinhalten.

Beispiel Peter Strunner e.K., Moltobene e.Kfr., Walk&Bike eingetragene Kauffrau.

- **Kapital:** Die Höhe des Kapitals, das der Unternehmer in das Unternehmen einbringen muss, ist nicht vorgeschrieben.
- **Geschäftsführung und Vertretung:** Die Geschäftsführung und Vertretung liegen allein beim Einzelunternehmer. Als Kaufmann kann er Mitarbeitern Prokura und Handlungsvollmacht erteilen.

- **Haftung:** Der Einzelunternehmer haftet für alle Schulden des Unternehmens alleine, persönlich und unbeschränkt mit seinem Geschäfts- und Privatvermögen.
- **Ergebnisverteilung:** Der durch den Geschäftsbetrieb erzielte Gewinn steht dem Einzelunternehmer allein zu, wie er auch einen Verlust alleine zu tragen hat.

Vorteile und Nachteile der Einzelunternehmung:

Vorteile	Nachteile
■ alleinige Entscheidungsbefugnis ■ schnelle Entscheidungsmöglichkeit ■ alleiniger Gewinnanspruch	■ alleinige Haftung mit Geschäfts- und Privatvermögen ■ Gefahr von Fehlentscheidungen ■ alleinige Verlustübernahme ■ Existenz des Unternehmens hängt von einer Person ab ■ begrenzte Kapitalaufbringung durch nur eine Person ■ begrenzte Kreditwürdigkeit bei Kreditaufnahme durch alleinige Haftung

3.4.4 Personengesellschaften

FR

Sind mindestens zwei Personen als Gesellschafter und Eigentümer an einem Unternehmen beteiligt, handelt es sich um eine **Personengesellschaft**.

Für die Gründung einer Personengesellschaft spricht:

- die Haftung, das Risiko sowie ein möglicher Verlust wird auf mehrere Personen verteilt
- die Eigenkapitalbasis und die Kreditaufnahmemöglichkeit vergrößern sich
- der Arbeitsanfall und das Fachwissen ist auf mehrere Personen verteilt
- die Existenz des Unternehmens ist bei Tod oder Ausscheiden eines Gesellschafters weniger gefährdet, als wenn nur ein Eigentümer vorhanden wäre

Personengesellschaften eignen sich besonders für Klein- und Mittelbetriebe.

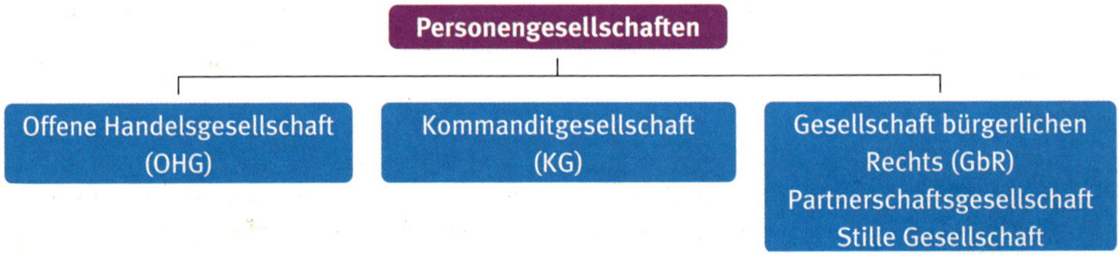

Die beiden wichtigsten Personengesellschaften sind die **Offene Handelsgesellschaft** und die **Kommanditgesellschaft**.

Offene Handelsgesellschaft (OHG)

- **Gesetzliche Grundlage:** Handelsgesetzbuch (HGB) §§ 105–160, Bürgerliches Gesetzbuch (BGB) §§ 705–740

TIPP **Schlagen Sie bei der Bearbeitung der einzelnen Punkte auch in den angegebenen Gesetzestexten nach! Sie können damit auch das Erfassen schwieriger Texte üben!**

- **Kennzeichen:** Eine OHG ist eine Gesellschaft, deren Zweck auf den Betrieb eines Handelsgewerbes unter gemeinschaftlicher Firma gerichtet ist. Ihre Gesellschafter sind gleichberechtigte Personen, die unbeschränkt mit ihrem Geschäfts- und Privatvermögen für die Schulden der OHG haften.
  Die Gesellschafter der OHG können natürliche oder juristische Personen sein. Das bedeutet, dass nicht nur natürliche Personen, sondern auch andere Offene Handelsgesellschaften oder Gesellschaften mit beschränkter Haftung Gesellschafter der OHG sein können.
  Die Gesellschafter erstellen einen Gesellschaftsvertrag, in dem die Rechte und Pflichten der Gesellschafter geregelt sind.
- **Firma:** Die OHG ist bei dem Amtsgericht, in dessen Bezirk die OHG ihren Firmensitz hat, in das Handelsregister einzutragen.
  Der Firmenname der OHG muss den Zusatz „offene Handelsgesellschaft", meist abgekürzt „OHG", enthalten.

BEISPIEL Megatrend OGH, Peter & Paul OHG, Franz Meier OHG.

- **Kapital:** Die Höhe des Kapitals, das die Gesellschafter in die OHG einbringen, ist nicht vorgeschrieben.
  Die Kapitaleinlage kann in Form von Geld, Grundstücken, Gebäuden, Maschinen, Patenten usw. erfolgen. Für jeden Gesellschafter wird dazu ein Kapitalkonto geführt. Jeder Gesellschafter ist damit anteilig am Gesellschaftsvermögen der OHG beteiligt. Über das Vermögen können die Gesellschafter aber nur gemeinschaftlich verfügen.

TIPP **Schlagen Sie in Ihrem Buchführungsbuch im Kapitel Bilanzen nach und stellen Sie fest, wie eine Eröffnungsbilanz aussieht, bei der die Gesellschafter Geld, Grundstücke, Gebäude, Maschinen und Patente in die OHG einbringen!** BWP

- **Geschäftsführung:** Die Geschäftsführung bezieht sich auf das Innenverhältnis der Gesellschafter.

Nach dem Gesetz sind alle Gesellschafter der OHG zur Geschäftsführung berechtigt und verpflichtet.

Geht es um Handlungen, die der gewöhnliche Betrieb des Handelsgewerbes mit sich bringt, kann jeder einzelne Gesellschafter alleine tätig werden.

BEISPIEL Waren einkaufen und verkaufen, Zahlungen an Lieferanten leisten.

Zur Vornahme von Handlungen, die darüber hinausgehen, ist ein Beschluss sämtlicher Gesellschafter erforderlich.

BEISPIEL Errichtung einer neuen Filiale, Kauf eines Grundstücks.

Vertraglich kann Art und Umfang der Geschäftsführung beliebig geregelt werden. So kann der Gesellschaftsvertrag zum Beispiel bestimmen,

- dass die Geschäftsführung nur von einem Gesellschafter ausgeübt wird
- dass ein oder mehrere Gesellschafter von der Geschäftsführung ausgeschlossen sind
- dass die Befugnis eines Gesellschafters auf einen bestimmten Geschäftsbereich beschränkt ist (z. B. Beschaffung).

Der Bestellung eines Prokuristen müssen alle geschäftsführenden Gesellschafter zustimmen.

- **Vertretung:** Nach dem Gesetz kann **jeder** Gesellschafter die OHG **nach außen** gegenüber einem Dritten (unternehmensfremde Person) **allein** vertreten. Das bedeutet, dass Vertragsabschlüsse eines Gesellschafters mit Dritten die OHG an den Vertrag binden. Damit soll für den Dritten sichergestellt sein, dass Vereinbarungen und Verträge auch mit nur einem Gesellschafter rechtswirksam werden.

BEISPIEL Einstellung eines neuen Mitarbeiters, Kauf eines Firmenwagens.

Diese alleinige Vertretungsmacht erstreckt sich auf alle gewöhnlichen und ungewöhnlichen Geschäfte, nicht jedoch auf den Kernbereich des Unternehmens.

BEISPIEL Verkauf des gesamten Unternehmens, Aufnahme eines weiteren Gesellschafters.

Wird von der Einzelvertretung abgewichen, muss dies in das Handelsregister eingetragen werden.

BEISPIEL Gesellschafter dürfen nur gemeinschaftlich vertreten, Gesellschafter darf nur mit einem Prokuristen zusammen die OHG vertreten, Gesellschafter ist von der Vertretung ausgeschlossen.

- **Haftung:** Die Gesellschafter haften den Gläubigern für alle Verbindlichkeiten der Gesellschaft als Gesamtschuldner. Dies bedeutet:
- Jeder Gesellschafter haftet persönlich und **unbeschränkt** mit seinem Geschäfts- und Privatvermögen.
- Ein Gläubiger kann **unmittelbar** von jedem Gesellschafter die Befriedigung seiner gesamten Ansprüche verlangen, d. h., er kann direkt eine Zwangsvollstreckung in das Vermögen eines Gesellschafters erwirken, wenn er eine Forderung gegen die OHG hat.
- Alle Gesellschafter haften **gesamtschuldnerisch** (solidarisch), d. h., ein Gläubiger kann seine Forderung gegenüber dem Gesellschafter B geltend machen, auch wenn die Forderung aus einem Geschäft mit dem Gläubiger A entstanden ist.

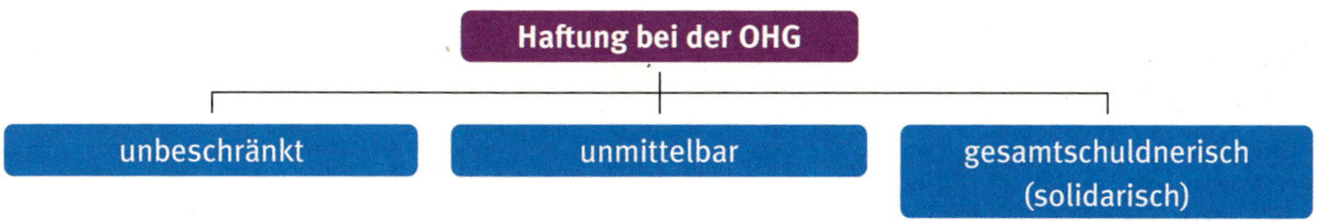

- **Ergebnisverteilung:** Nach dem Gesetz erhält jeder Gesellschafter vom Jahresgewinn 4 % auf seine Einlage (Kapitalanteil), der Rest wird nach Köpfen auf die Gesellschafter verteilt. FR

BEISPIEL Jahresgewinn 38 000 EUR, Einlagen: Gesellschafter A: 150 000 EUR
Gesellschafter B: 250 000 EUR

	4 % auf die Einlage	Restgewinn	Gesamtanteil am Gewinn	neue Einlage
Gesellschafter A:	6 000 EUR	11 000 EUR	17 000 EUR	167 000 EUR
Gesellschafter B:	10 000 EUR	11 000 EUR	21 000 EUR	271 000 EUR
	16 000 EUR	22 000 EUR	38 000 EUR	438 000 EUR

Die Gewinnverteilung wird in der Praxis meist vertraglich geregelt, um zum Beispiel die erbrachte Arbeitsleistung der Gesellschafter zu berücksichtigen. Sehr häufig erfolgt auch die Verteilung des Gewinns im Verhältnis der Kapitaleinlagen der Gesellschafter.

Im Gesellschaftsvertrag ist außerdem auch meist das Recht auf Entnahme des Gewinns und des Kapitals der Gesellschafter aus der OHG geregelt. Erhalten doch die Gesellschafter für ihre Arbeitsleistung in der OHG keinen Lohn, sondern leben vom erzielten Gewinn.

TIPP **Erkundigen Sie sich bei einer Ihnen bekannten OHG, wie die Gewinnverteilung geregelt ist!**

Vorteile und Nachteile der OHG:

Vorteile	Nachteile
■ kein Mindestkapital vorgeschrieben	■ direkte, unbeschränkte, gesamtschuldnerische Haftung
■ Verteilung des Unternehmerrisikos	■ Meinungsverschiedenheiten der Gesellschafter verzögern notwendige Entscheidungen
■ erhöhte Kreditwürdigkeit durch Vollhaftung mehrerer Gesellschafter	■ Verringerung des Haftungsvolumens bei hohen Kapitalentnahmen durch die Gesellschafter
■ Leichte Umwandlung einer Einzelunternehmung zu einer OHG durch Aufnahme neuer Gesellschafter	■ keine Kontrolle der Gesellschafter durch ein Aufsichtsorgan
■ Kenntnisse mehrerer Gesellschafter verbessern und erleichtern die Geschäftsführung	■ Gewinn wird aufgeteilt

Kommanditgesellschaft (KG)

- **Gesetzliche Grundlagen:** Bürgerliches Gesetzbuch (BGB) §§ 705–740, Handelsgesetzbuch (HGB) §§ 161–177 a
- **Kennzeichen:** Die KG ist wie die OHG eine Gesellschaft, in der die Gesellschafter als Firma ein Handelsgewerbe betreiben. An der KG müssen jedoch beteiligt sein
- mindestens ein Gesellschafter als **Vollhafter** (Komplementär), der mit seinem Geschäfts- und Privatvermögen haftet und
- mindestens ein Gesellschafter als **Teilhafter** (Kommanditist), der nur mit seiner Einlage, d. h. seinem Geschäftsvermögen haftet.

- **Firma:** Der Firmenname der Kommanditgesellschaft muss den Zusatz „Kommanditgesellschaft“, meist abgekürzt „KG“, enthalten. Beispiele: Giga 3000 KG, Fritz & Franz KG, Wilhelm Hild KG.
- **Kapital:** Für die Komplementäre gelten die gleichen Regelungen wie für die Gesellschafter bei der OHG. Für die Kommanditisten sind ebenfalls eigene Kapitalkonten in Höhe des Haftungskapitals zu führen. Das Haftungskapital der Kommanditisten sowie jede Veränderung sind im Handelsregister einzutragen.
- **Geschäftsführung und Vertretung:** Nach dem HGB sind nur die Komplementäre verpflichtet und berechtigt, die Geschäfte zu führen. Sie haben dabei im wesentlichen dieselben Rechte und Pflichten wie die Gesellschafter der OHG. So kann jeder einzelne geschäftsführende Komplementär die Gesellschaft nach außen einzeln vertreten. Auch vertraglich bestehen dieselben Gestaltungsmöglichkeiten wie für die Gesellschafter der OHG.

TIPP **Überlegen Sie an dieser Stelle noch einmal die Rechte, Pflichten sowie die Gestaltungsmöglichkeiten eventuell unter Verwendung des HGB!**

Die Kommanditisten haben weder das Recht noch die Pflicht zur Geschäftsführung und Vertretung. Ihnen steht auch nicht das Recht zu, den gewöhnlichen geschäftlichen Entscheidungen der Komplementäre zu widersprechen, ausgenommen, es handelt sich um den Kernbereich des Unternehmens. Beispiel: Verkauf der KG. Der Kommanditist hat aber das Recht, eine Abschrift des Jahresabschlusses (Bilanz, Gewinn und Verlustrechnung) zu verlangen und dessen Richtigkeit unter Einsicht der Bücher und Papiere zu prüfen.

Sind an einer Kommanditgesellschaft viele Kommanditisten beteiligt, so kann der Gesellschaftsvertrag vorsehen, dass ein Beirat gebildet wird, der neben oder anstelle der Kommanditisten deren Zustimmungs- und Kontrollrechte wahrnimmt.

Da Kommanditisten von der Geschäftsführung ausgeschlossen sind, unterliegen sie nicht dem Wettbewerbsverbot. Durch Gesellschaftervertrag können Kommanditisten aber jederzeit Prokura erhalten.

- **Haftung: Komplementäre** haften wie Gesellschafter der OHG unmittelbar, unbeschränkt und solidarisch. **Kommanditisten** haften bis zur Höhe der Kapitaleinlage, die im Gesellschaftervertrag vereinbart wurde und im Handelsregister eingetragen ist. Vor der Eintragung der Einlage in das Handelsregister haftet der Kommanditist wie ein Komplementär.

Tritt ein Kommanditist in eine bestehende Kommanditgesellschaft ein, so haftet er mit seiner Kapitaleinlage auch für die vor seinem Eintritt entstandenen Verbindlichkeiten der Gesellschaft.

TIPP **Achten Sie als Kommanditist stets darauf, dass Sie als Kommanditist mit Ihrer Einlage umgehend in das Handelsregister eingetragen werden. Ansonsten haften Sie im Falle eines Konkurses der KG wie ein Vollhafter!**

Hat der Kommanditist seine Einlage noch nicht voll geleistet, haftet er trotzdem mit seiner vollen Haftungssumme. Beispiel: Vereinbarte Einlage 100 000 EUR, bisherige Einzahlung 60 000 EUR, Haftung bei Konkurs der KG 100 000 EUR.

- **Ergebnisverteilung:** Nach dem Gesetz erhalten alle Komplementäre und Kommanditisten vom Jahresgewinn zunächst 4 % Zinsen auf ihre Kapitaleinlage, der Rest wird im angemessenen Verhältnis, d. h. im Verhältnis der Kapitalanteile, auf alle Gesellschafter verteilt. FR

BEISPIEL Jahresgewinn 150 000 EUR, Kapitaleinlage Komplementär A 500 000 EUR, Kapitaleinlage Kommanditist B 300 000 EUR.

	Kapitalanteil	4 % Zinsen	Anteil Restgew.	Gesamtanteil am Gewinn	neues Kapital
Komplementär A	500 000	20 000	73 750	93 750	593 750
Kommanditist B	300 000	12 000	44 250	56 250	356 250
	800 000	32 000	118 000	150 000	950 000

In der Praxis wird die Gewinnverteilung meist vertraglich geregelt.

Dem Kommanditisten werden die Gewinnanteile nur so lange auf seinem Kapitalkonto gutgeschrieben, bis die vereinbarte Kapitaleinlage erreicht ist. Danach werden die Gewinnanteile einem Verrechnungskonto des Kommanditisten gutgeschrieben. Der Kommanditist hat nur Anspruch auf Entnahme des ihm zustehenden Gewinns, wenn die vertraglich vereinbarte Kapitaleinlage voll eingezahlt ist.

Am Verlust nimmt der Kommanditist nur bis zum Betrage seiner Kapitaleinlage teil.

Rechte und Pflichten des Kommanditisten

Rechte	Pflichten
■ Gewinnanteilsrecht ■ Kontrollrecht ■ Widerspruchsrecht	■ Kapitaleinlage ■ Verlustbeteiligung ■ Haftung bis zur Höhe der Einlage

Vorteile und Nachteile der KG gegenüber der OHG:

Vorteile	Nachteile
■ Erweiterung der Kapitalbasis der Gesellschaft durch Aufnahme von Kommanditisten, ohne die Entscheidungsrechte der Komplementäre einzuschränken ■ Haftungsbegrenzung für die Kommanditisten ■ Beteiligungsmöglichkeit für den Kommanditisten an einem Unternehmen ohne Mitarbeiterverpflichtung ■ geeignet für Familienunternehmen, die ihre Geschäftsführungs- und Vertretungsbefugnis nicht aufteilen wollen (Kinder werden Kommanditisten, Vater bleibt Komplementär)	■ Kreditwürdigkeit der KG sinkt, je mehr Gesellschafter Kommanditisten sind, die nur mit ihrer Kapitaleinlage haften

Gesellschaft bürgerlichen Rechts (GbR)

Mindestens zwei Personen schließen sich zum Erreichen eines bestimmten Zwecks zu einer Gesellschaft des bürgerlichen Rechts zusammen. GbR sind Arbeitsgemeinschaften in der Bauwirtschaft, Kreditkonsortien zur Gewährung eines Großkredits, aber auch Fahrgemeinschaften zum Arbeitsplatz oder Tippgemeinschaften beim Toto oder Lotto.

Der Gesellschaftsvertrag ist formfrei, d. h., er kann mündlich, aber auch schriftlich erfolgen.

Die Gesellschaft des bürgerlichen Rechts ist keine Handelsgesellschaft und darf deshalb auch keine Firma führen.

In der Praxis kommen GbR häufig vor, ohne dass ihre Gesellschafter wissen, dass eine Gesellschaft vorliegt. Jeder kann sich aber ausmalen, wie wichtig die meist mündlich getroffenen Vereinbarungen sein können, wenn z. B. eine Tippgemeinschaft einen großen Gewinn erzielt, der verteilt werden soll.

GbR sind meist nicht auf Dauer, sondern nur für einen bestimmten Zeitraum und Zweck angelegt.

Die Rechtsgrundlagen der GbR finden sich im BGB §§ 705–740.

Partnerschaftgesellschaft

In der Partnerschaftgesellschaft schließen sich Angehörige von Freien Berufen zur gemeinschaftlichen Ausübung ihres Berufes zusammen. Sie üben dabei kein Handelsgewerbe aus. Beispiele: Rechtsanwälte bilden eine Gemeinschaftskanzlei, Ärzte eine Gemeinschaftspraxis, Architekten ein gemeinschaftliches Architekturbüro.

Gesetzliche Grundlage ist das Gesetz über Partnerschaftsgesellschaften Angehöriger Freier Berufe.

Stille Gesellschaft

Bei der Stillen Gesellschaft beteiligt sich eine Person mit einer Kapitaleinlage am Handelsgewerbe eines Kaufmanns. Der Kaufmann kann Einzelunternehmer oder eine Personengesellschaft sein.

Der stille Gesellschafter tritt nach außen nicht in Erscheinung und wird auch nicht in das Handelsregister eingetragen. Für einen Außenstehenden ist somit nicht erkennbar, ob an einem Unternehmen ein stiller Gesellschafter beteiligt ist.

Mit der Aufnahme eines stillen Gesellschafters hat der Kaufmann die Möglichkeit, das Eigenkapital seines Unternehmens zu erhöhen. Je nach Gesellschaftsvertrag ist der stille Gesellschafter am Gewinn, gegebenenfalls aber auch am Verlust der Gesellschaft beteiligt.

Die Stille Gesellschaft ist im HGB §§ 230–237 geregelt.

KERNWISSEN

Übersicht über Einzelunternehmung, OHG und KG

	Einzelunternehmung	OHG	KG
Kennzeichen	Einzelkaufmann	Personengesellschaft mit mindestens zwei Gesellschaftern	Personengesellschaft mit mindestens einem Komplementär und einem Kommanditisten
Firma	Zusatz: e.K., e.Kfm., e.Kfr.	Zusatz: OHG	Zusatz: KG
Kapital	kein Mindestkapital vorgeschrieben	kein Mindestkapital vorgeschrieben	kein Mindestkapital vorgeschrieben
Gründung	formfrei	durch formfreien Gesellschaftervertrag	durch formfreien Gesellschaftervertrag
Geschäftsführung und Vertretung	Inhaber zur Geschäftsführung verpflichtet und berechtigt	jeder Gesellschafter allein = Einzelvertretungsbefugnis	jeder Komplementär allein = Einzelvertretungsbefugnis
Teilhafter und ihre Recht	keine Teilhafter vorhanden	keine Teilhafter vorhanden	Widerspruchsrecht, Kontrollrecht, Gewinnanteilsrecht
Haftung	unbeschränkt mit Geschäfts- und Privatvermögen	mit Geschäfts- und Privatvermögen, unbeschränkt, unmittelbar und solidarisch	Komplementär: unbeschränkt mit Geschäfts- und Privatvermögen Kommanditist: beschränkt in Höhe der Einlage
Gewinnverteilung/Verlustverteilung	fällt allein dem Eigentümer zu	4 % auf die Kapitaleinlage, Rest nach Köpfen, Verlust nach Köpfen	4 % auf die Kapitaleinlage, Rest in angemessenem Verhältnis, Verlust in angemessenem Verhältnis

ÜBUNGSAUFGABEN

1. Erarbeiten Sie allein oder in vier Gruppen in der Klasse
a) die Vorteile der Einzelunternehmung
b) die Nachteile der Einzelunternehmung
c) die Vorteile von Personengesellschaften
d) die Nachteile von Personengesellschaften
Tragen Sie Ihre jeweiligen Ergebnisse vor und diskutieren Sie darüber.

2. Übernehmen Sie in Arbeitsgruppen aus der oben stehenden Übersicht über Einzelunternehmung, OHG und KG die Inhalte der einzelnen Kästchen auf je ein DIN A5-Blatt. Sie benötigen dazu 36 leere Blätter.

Sammeln und mischen Sie diese Blätter.

Ordnen Sie anschließend die Blätter an einer Pinnwand oder Magnettafel, sodass wieder die abgebildete Übersicht entsteht.

Vorschlag: Jeder Schüler zieht ein DIN-A5-Blatt, heftet es an die richtige Stelle und gibt vor der Klasse eine kurze Erklärung. Die übrigen Schüler prüfen die Richtigkeit.

3. Ein Bekannter erzählt Ihnen, er könnte in die Kommanditgesellschaft seines Vaters als Komplementär oder auch als Kommanditist einsteigen und fragt Sie, was er machen soll. Erklären Sie ihm die Rechte und Pflichten, die er als Komplementär bzw. als Kommanditist hat und sagen Sie ihm, wie Sie sich entscheiden würden.

4. Erstellen Sie für eine OHG die Eröffnungsbilanz, wenn die Gesellschafter bei der Gründung folgende Einlagen leisten:

Gesellschafter A:	40 000 EUR Bankguthaben
Gesellschafter B:	Gebäude im Wert von 300 000 EUR
Gesellschafter C:	Fahrzeug im Wert von 60 000 EUR

5. Angenommen, die OHG aus Aufgabe 4 erzielt im ersten Geschäftsjahr einen Gewinn von 100 000 EUR.

a) Wie viel EUR erhält jeder vom Gewinn, wenn die gesetzliche Gewinnverteilung gilt?

b) Wie viel EUR erhält jeder vom Gewinn, wenn im Gesellschaftervertrag vereinbart wird, dass der Gewinn im Verhältnis der Kapitaleinlagen auf die Gesellschafter verteilt werden soll.

c) Für welche der beiden Lösungen werden bei der Erstellung des Gesellschaftervertrags die Gesellschafter A und C sein, für welche Lösung stimmt der Gesellschafter B? Mit Begründung.

6. Welche Unternehmungsform/Gesellschaftsform schlagen Sie in den folgenden Fällen vor?

a) Zwei Tiefbauunternehmen bauen gemeinsam einen Straßentunnel für ein Autobahnteilstück.

b) Zwei Rechtsanwälte eröffnen gemeinsam eine Kanzlei.

c) Eine Privatperson beteiligt sich an einer Einzelunternehmung, ohne selbst in Erscheinung treten zu wollen.

3.4.5 Kapitalgesellschaften

Abgrenzung

Personengesellschaften

- Gründung durch mindestens zwei Personen
- üblicherweise natürliche Personen
- Geschäftsführung und Vertretung durch Gesellschafter
- meist starke Bindung zwischen Gesellschaftern und Unternehmen
- Haftung der Gesellschafter mit Geschäfts- und Privatvermögen (Ausnahme: Kommanditisten)
- Gläubiger wenden sich an die Gesellschafter
- einkommensteuerpflichtig sind die Gesellschafter

Kapitalgesellschaften

- Gründung durch eine oder mehrere Personen
- juristische Personen
- Geschäftsführung und Vertretung nicht durch Anteilseigner, sondern durch eigene Leitungsorgane (Geschäftsführer, Vorstand)
- meist geringe persönliche Verbindung zwischen Anteilseignern und Unternehmen
- Haftung der Anteilseigner auf die Einlage beschränkt
- Gläubiger wenden sich an die juristische Person
- körperschaftsteuerpflichtig ist die Unternehmung

Kapitalgesellschaften

- GmbH (Gesellschaft mit begrenzter Haftung)
- AG (Aktiengesellschaft)
- KGaA (Kommanditgesellschaft auf Aktien)

In der Praxis kommen vorwiegend Gesellschaften mit beschränkter Haftung und Aktiengesellschaften vor.

Gesellschaft mit beschränkter Haftung (GmbH)

Handelsregister-Bekanntmachungen

Für die in ( ) gesetzten Angaben des Geschäftszweigs und der Anschrift keine Gewähr.

Neueintragungen:

HRB 4817–21.1.1999 – **Getränke Wimmer GmbH, 84160 Frontenhausen** (Gartenstr. 7). Gegenstand des Unternehmens: Handel mit Getränken aller Art. Stammkapital: 25 000 EUR. Geschäftsführer: Wimmer Helmut, geb. 13.9.1961, Frontenhausen; Wimmer Günter, geb. 2.3.1965, Frontenhausen. GmbH mit Gesellschaftsvertrag vom 16. Dezember 1998. Ist nur ein Geschäftsführer bestellt, so vertritt er die Gesellschaft allein. Sind mehrere Geschäftsführer bestellt, so wird die Gesellschaft entweder durch zwei Geschäftsführer oder durch einen Geschäftsführer zusammen mit einem Prokuristen vertreten. Jedoch vertreten die Geschäfsführer Wimmer Helmut und Wimmer Günter stets einzeln. Sie sind befugt, die Gesellschaft bei der Vornahme von Rechtsgeschäften mit sich selbst oder als Vertreter eines Dritten uneingeschränkt zu vertreten. Nicht eingetragen: Bekanntmachungsblatt ist der Bundesanzeiger.

Quelle aus DA vom 26.1.1999

- **Gesetzliche Grundlagen:** Gesetz betreffend die Gesellschaften mit beschränkter Haftung (GmbHG), Handelsgesetzbuch (HGB), Gesetz über die Rechnungslegung von bestimmten Unternehmen und Konzernen (PublG)
- **Kennzeichen:** Die GmbH kann zu jedem gesetzlich zulässigen Zweck durch eine oder mehrere Personen (= Gesellschafter) gegründet werden. Dazu zählen wirtschaftliche, wissenschaftliche, kulturelle, sportliche, gemeinnützige Zwecke.

  Die Haftung der Gesellschafter ist auf die Höhe der vertraglich vereinbarten Stammeinlage beschränkt. Betreibt eine GmbH bereits vor der Eintragung in das Handelsregister Geschäfte, so haften die Gesellschafter für diese Geschäfte persönlich und gesamtschuldnerisch.

  Für die Verbindlichkeiten der Gesellschaft haftet den Gläubigern nur das Gesellschaftsvermögen.

  Die GmbH entsteht mit der Eintragung in das Handelsregister, Abteilung B. Der Anmeldung ist auch ein Gesellschaftsvertrag in notarieller Form sowie eine Namensliste aller Gesellschafter mit ihren Unterschriften und ihren jeweils übernommenen Stammeinlagen beizufügen.
- **Firma:** Die Firma muss die Bezeichnung „Gesellschaft mit beschränkter Haftung“, meist abgekürzt „GmbH“, enthalten. Als Firmenname ist eine Personen-, Sach- oder Phantasiefirma möglich.
- **Kapital:** Das **Mindeststammkapital** einer GmbH beträgt 25 000 EUR. Die **Mindeststammeinlage** eines jeden Gesellschafters beträgt 100 EUR. Mit ihrer Stammeinlage erwerben die Gesellschafter ihren Geschäftsanteil. Die einzelnen Stammeinlagen müssen durch 100 teilbar sein, können aber unterschiedlich hoch sein.

  Vor der Anmeldung der Gesellschaft zum Handelsregister muss jeder Gesellschafter mindestens 25 % seiner Stammeinlage eingebracht haben und der Gesamtbetrag der geleisteten Stammeinlagen muss mindestens 12 500 EUR betragen.

BEISPIEL Stammkapital der gegründeten GmbH: 25 000 EUR

Gesellschafter	A	B	C
Stammeinlage: davon eingebracht:	15 000 EUR 10 000 EUR	5 000 EUR 1 250 EUR	5 000 EUR 1 250 EUR

Die Anmeldung der GmbH ist möglich, da jeder der drei Gesellschafter mindestens 25 % seiner Stammeinlage geleistet hat und die gesamten geleisteten Einlagen die erforderlichen 12 500 EUR erreichen.

Bei einer **Einmann-GmbH** muss der alleinige Gesellschafter mindestens 12 500 EUR einzahlen und für den nicht eingezahlten Rest eine Sicherheit bestellen.

Zahlt ein Gesellschafter seinen rückständigen Geschäftsanteil trotz erneuter Aufforderung nicht ein, kann er seines Geschäftsanteils für verlustig erklärt werden **(Kaduzierung)**.

Im Gesellschaftsvertrag kann bestimmt werden, dass die Gesellschafter zur Kapitalbeschaffung die Einforderung weiterer Einzahlungen (Nachschüsse) beschließen können. Die **Nachschusspflicht** kann auf einen bestimmten Betrag beschränkt oder unbeschränkt sein. Möchte ein Gesellschafter seiner unbeschränkten Nachschusspflicht nicht nachkommen, kann er sich dadurch befreien, dass er innerhalb eines Monats nach der Aufforderung zur Einzahlung seinen Geschäftsanteil der Gesellschaft zur Verfügung stellt **(Abandonrecht)**. Kommt der Gesellschafter seiner beschränkten Nachschußpflicht nicht nach, ist Kaduzierung möglich.

GmbH-Anteile sind im Gegensatz zu Aktien nicht wertpapierrechtlich verbrieft und damit nicht börsenfähig. Sie können aber vererbt und veräußert werden. Für die Übertragung ist eine notarielle Beurkundung erforderlich.

Das Stammkapital ist in der Bilanz als gezeichnetes Kapital auszuweisen.

Gesellschafterversammlung: Die Gesellschafterversammlung ist das oberste Geschäftsorgan der GmbH und entspricht der Hauptversammlung der Aktiengesellschaft. Die Gesellschafter der GmbH bilden die Gesellschafterversammlung und haben je 50 EUR Geschäftsanteil eine Stimme. Beschlüsse erfordern die einfache Mehrheit der abgegebenen Stimmen. Für Änderungen des Gesellschaftervertrages ist eine $^3/_4$ Mehrheit und notarielle Beurkundung erforderlich.

Eine Gesellschafterversammlung kann unterbleiben, wenn die Gesellschafter mit schriftlicher Stimmabgabe einverstanden sind.

Zu den Aufgaben der Gesellschafterversammlung gehören:

- Bestellung, Abberufung und Entlassung von Geschäftsführern
- Maßregeln zur Prüfung und Überwachung der Geschäftsführung
- Feststellung des Jahresabschlusses und die Verwendung des Ergebnisses (Gewinns)
- Einforderung von Einzahlungen auf die Stammeinlagen sowie von Nachschüssen
- Bestellung von Prokuristen und Handlungsbevollmächtigten.

Rechte der Gesellschafter	Pflichten der Gesellschafter
■ Mitwirkungsrecht durch Teilnahme an der Gesellschafterversammlung und Stimmrecht ■ Informationsrecht in Form der Einsichtnahme in Bücher und Belege ■ Anspruch auf Gewinnanteil ■ Anspruch auf Anteil am Liquidationserlös bei Auflösung der GmbH	■ Einzahlung der vereinbarten Stammeinlage ■ Zahlung von Verzugszinsen bei verspäteter Einzahlung ■ Nachschusspflicht bei vertraglicher Vereinbarung ■ Übernahme von Geschäftsführung, wenn vertraglich vereinbart ■ Wettbewerbsverbot, wenn vertraglich vereinbart

Aufsichtsrat: Die Gesellschafterversammlung kann im Gesellschaftsvertrag einen Aufsichtsrat bestimmen. Bei mehr als 500 Arbeitnehmern muss ein Aufsichtsrat bestellt werden. Der Aufsichtsrat hat die Aufgabe, die Geschäftsführung zu überwachen.

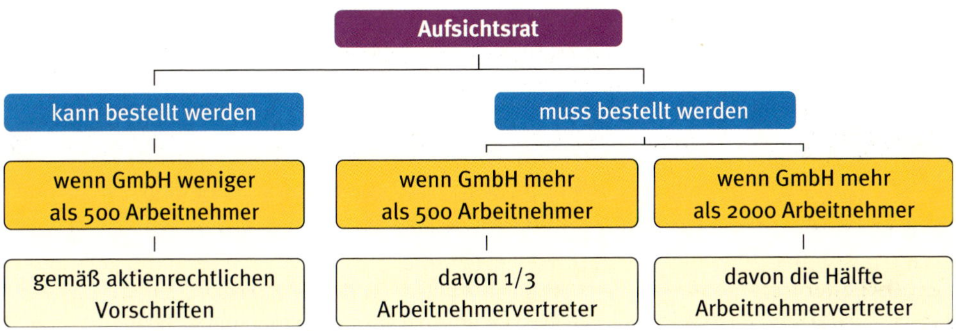

Geschäftsführung: Die Bestellung der Geschäftsführung erfolgt im Gesellschaftsvertrag oder durch Beschluss der Gesellschafter. Die GmbH muss einen oder mehrere Geschäftsführer haben. Dies kann nur eine natürliche, unbeschränkt geschäftsfähige Person sein. Als Geschäftsführer können Gesellschafter oder dritte Personen eingesetzt werden.

Die **Vertretung** der GmbH erfolgt

- bei Einzelvertretung durch einen Geschäftsführer allein
- bei Gesamtvertretung durch alle Geschäftsführer gemeinsam oder
- durch mindestens zwei Geschäftsführer oder einen Geschäftsführer zusammen mit einem Prokuristen.

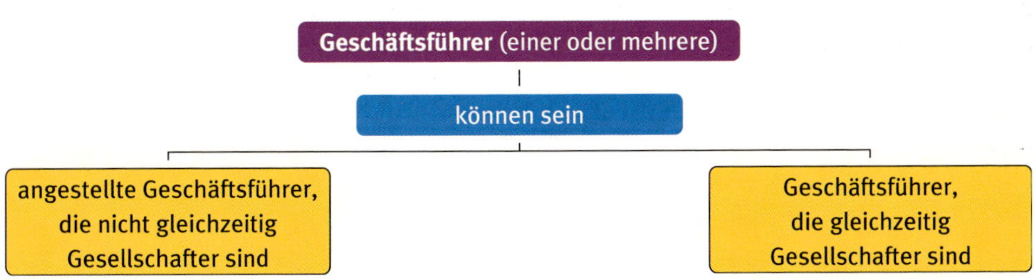

Zu den Aufgaben des Geschäftsführers als Leitungsorgan der GmbH zählen	
im Innenverhältnis	**im Außenverhältnis**
■ das Unternehmen entsprechend den Weisungen der Gesellschafter und des Gesellschaftsvertrags managementsmäßig zu führen ■ den Geschäftsbetrieb zu organisieren und zu überwachen ■ den Jahresabschluss vorzubereiten und erstellen ■ Gesellschafterversammlungen einzuberufen ■ den Gesellschaftern auf Verlangen Auskünfte zu erteilen ■ Steuererklärungen für die GmbH abzugeben	■ die GmbH gegenüber Dritten in allen gerichtlichen und außergerichtlichen Angelegenheiten zu vertreten

Die Geschäftsführer sind Angestellte der GmbH und erhalten ein Gehalt. Bei Verletzung ihrer Aufgaben haften sie für den entstandenen Schaden solidarisch.

- **Haftung:** Die Gesellschafter haften nur bis zur Höhe ihrer Stammeinlage für die Verbindlichkeiten der GmbH. Gegenüber Dritten haftet somit nur das Gesellschaftsvermögen der GmbH.
- **Ergebnisverteilung:** Der Jahresüberschuß ist im Verhältnis der Gesellschaftsanteile zu verteilen. Im Gesellschaftsvertrag können andere Regelungen vereinbart werden. So kann der Jahresüberschuss auch verwendet werden:
  - zur Bildung von Gewinnrücklagen oder eines Gewinnvortrages
  - zur Zahlung von Tantiemen an die Geschäftsführer und die Aufsichtsratsmitglieder.

Bei Verlusten werden die freiwilligen Rücklagen aufgelöst und Nachschüsse gefordert.

Vorteile und Nachteile der GmbH:

Vorteile	Nachteile
■ Gründung mit wenig Kapital möglich ■ Haftung auf die Stammeinlage beschränkt ■ geringere Veröffentlichungspflicht als bei der AG ■ mehr Mitverwaltungsrecht der Gesellschafter als die Aktionäre bei der AG	■ geringe Kreditwürdigkeit ■ möglicherweise Nachschusspflicht ■ Gesellschaftsanteile nicht an der Börse handelbar

Nach der Einzelunternehmung ist die GmbH in Deutschland die am meisten gewählte Unternehmungsform. Man trifft sie häufig als Familienunternehmen oder als Ein-Mann-GmbH an. Sie erlaubt große Handlungsfreiheit bei beschränkter Haftung. Für Gläubiger kann diese Haftungsbeschränkung aber auch nachteilig sein.

Aktiengesellschaft (AG)

- **Gesetzliche Grundlagen:** Aktiengesetz (AktG), Handelsgesetzbuch (HGB)
- **Kennzeichen:** Die Aktiengesellschaft ist eine Gesellschaft mit eigener Rechtspersönlichkeit (= juristische Person). Für die Verbindlichkeiten der Gesellschaft haftet den Gläubigern nur das Gesellschaftsvermögen.

Die Aktiengesellschaft hat ein in Aktien zerlegtes Grundkapital.

An der Gründung und Feststellung des Gesellschaftsvertrages (= Satzung) müssen sich eine oder mehrere Personen (= Aktionäre) beteiligen, welche auch die Aktien gegen ihre Einlagen übernehmen.

1 = Einlage
2 = Aktie

Der Aktionär als Eigentümer der Aktie ist somit im Nennwert der Aktie am Grundkapital beteiligt und Miteigentümer an der AG. Seine Haftung beschränkt sich auf den Nennwert seiner Aktien.

Die Rechte des Aktionärs sind:

- Recht auf Anteil am Bilanzgewinn in Form einer Dividende
- Recht am Liquidationserlös bei Auflösung der AG
- Recht auf Teilnahme an der Hauptversammlung und Ausübung des Stimmrechts. Jede Aktie verkörpert eine Stimme.
- Recht auf Bezug neuer Aktien bei einer Kapitalerhöhung der AG
- Anspruch auf Auskunftserteilung bei der Hauptversammlung
- **Firma:** Der Firmenname muss die Bezeichnung „Aktiengesellschaft" oder die Abkürzung „AG" enthalten. Auch bei der AG kann als Firmenname eine Personenfirma, Sachfirma oder Fantasiefirma gewählt werden.
- **Kapital:** Die Summe der Nennwerte aller ausgegebenen Aktien ergibt das Grundkapital der AG. Die Höhe des Grundkapitals wird in der Satzung festgelegt.

Der Mindestnennbetrag je Aktie beträgt 1 EUR. Der Einlagebetrag muss mindestens dem Nennwert der Aktie entsprechen. Liegt der Einlagebetrag über dem Nennwert der Aktie ist das Aufgeld (Agio) in die Kapitalrücklage einzustellen.

Hinweis: Nach dem Stückaktien-Gesetz müssen Aktien von börsennotierten Aktiengesellschaften ab 1. Januar 2002 auf Euro lauten oder als nennwertlose Aktien (= Stückaktien) einen Prozentanteil am Unternehmen ausweisen. Über 80 % der Aktiengesellschaften haben die Umstellung auf Stückaktien bereits beschlossen.

Vom Nennwert einer Aktie ist der Kurs einer Aktie, den diese an der Börse kostet, zu unterscheiden. In der Regel liegt der Börsenkurs einer Aktie weit über ihrem Nennwert.

TIPP Schlagen Sie im Wirtschaftsteil einer Tageszeitung nach und stellen Sie Nennwert und Kurs folgender Aktiengesellschaften fest: Siemens AG, Deutsche Telekom AG, BMW AG, Bayer AG, Deutsche Bank AG.

Die Aktie ist ein Wertpapier. Aktien der großen Aktiengesellschaften können an der Börse gekauft und verkauft werden (börsenfähige Aktien). In den meisten Fällen sind Aktien Inhaberpapiere, d. h., die Aktie lautet nicht auf den Namen des Aktionärs (= Namensaktie), sondern der jeweilige Inhaber der Aktie ist Miteigentümer an der Aktiengesellschaft. Dies erleichtert den börsenmäßigen Kauf und Verkauf von Aktien.

Der Mindestnennbetrag des Grundkapitals beträgt 50 000 EUR.

- Organe

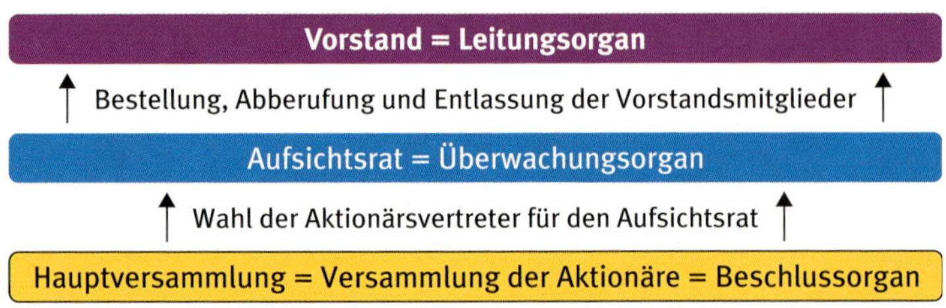

Vorstand. Der Vorstand besteht aus mindestens einer natürlichen Person und wird für jeweils fünf Jahre vom Aufsichtsrat bestellt. Sind mehrere Vorstände bestellt, kann der Aufsichtsrat einen Vorstandsvorsitzenden ernennen.

TIPP Suchen Sie im Wirtschaftsteil einer Tageszeitung die Vorstandsvorsitzenden großer deutscher Aktiengesellschaften. Sie finden sicher täglich mehrere genannt.

Zu den Aufgaben des Vorstandes gehören:

- Geschäftsführung und Vertretung
- vierteljährige Berichterstattung an den Aufsichtsrat
- Erstellung des Jahresabschlusses mit dem Lagebericht
- Einberufung der Hauptversammlung.

Die Vorstandsmitglieder sind Angestellte der AG. Sie erhalten ein festes Gehalt sowie einen Anteil am Gewinn.

Aufsichtsrat. Der Aufsichtsrat besteht aus mindestens drei und höchstens 21 Mitgliedern und muss durch 3 teilbar sein. Die Zahl der Mitglieder hängt ab von der Höhe des Grundkapitals. Die Aufsichtsratsmitglieder werden von der Hauptversammlung und der Belegschaft für jeweils vier Jahre gewählt.

Nach dem Mitbestimmungsgesetz von 1976 setzt sich der Aufsichtsrat in Aktiengesellschaften mit mehr als 2 000 Beschäftigten paritätisch aus der gleichen Anzahl von Mitgliedern der Aktionäre und der Arbeitnehmer zusammen.

Ein Aufsichtsrat darf nicht zugleich Vorstand, Prokurist oder Generalbevollmächtigter in derselben AG sein.

Sehr häufig sind aber Vorstandsmitglieder großer Aktiengesellschaften im Aufsichtsrat anderer Aktiengesellschaften vertreten. Beispiel: Der Vorstandsvorsitzende der Deutschen Bank AG ist gleichzeitig Aufsichtsratsvorsitzender der Daimler Chrysler AG. Erklärung: Die Deutsche Bank ist Hauptaktionärin bei der Daimler Chrysler AG und kann so in der Hauptversammlung ihren Vorstandsvorsitzenden in den Aufsichtsrat der Daimler Chrysler AG wählen.

Zu den Aufgaben des Aufsichtsrates gehören:

- Bestellung, Abberufung und Entlassung des Vorstandes
- Überwachung der Geschäftsführung des Vorstandes
- Prüfung des Jahresabschlusses, des Lageberichtes und des Vorschlages zur Verwendung des Bilanzgewinns

Hauptversammlung. Die Hauptversammlung ist die Versammlung der Aktionäre. Zur jährlich einmal stattfindenden Hauptversammlung werden die Aktionäre eingeladen. Ihnen steht je Aktie ein Stimmrecht zu. Für gewöhnliche Beschlüsse der Hauptversammlung ist die einfache Mehrheit, für satzungsändernde Beschlüsse ist eine qualifizierte Mehrheit (3/4-Mehrheit) erforderlich.

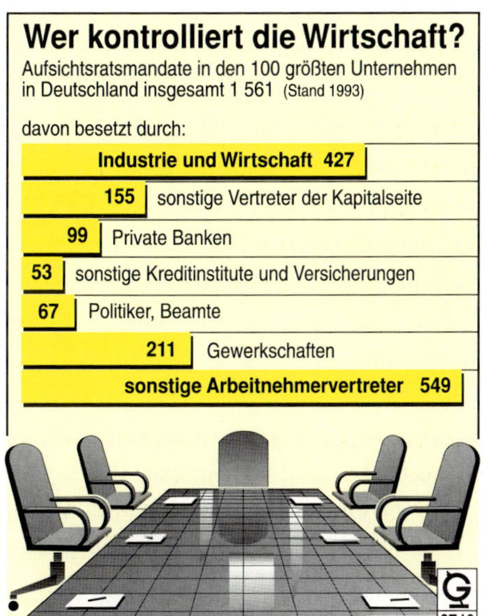

BEISPIEL Beschluss über Kapitalerhöhung, Auflösung der Gesellschaft, Fusion.

Zu den Aufgaben der Hauptversammlung gehören:

- Bestellung der Aktionärsvertreter für den Aufsichtsrat
- Beschluss über die Verwendung des Bilanzgewinns (Ausschüttung oder Rücklagenbildung)
- Entlastung des Vorstandes und des Aufsichtsrates
- Beschlussfassung über Satzungsänderungen
- Bestellung der Abschlussprüfer.
- **Gewinnverwendung:** Jahresüberschuss (= Saldo aus Erträgen und Aufwendungen in der Gewinn- und Verlustrechnung)
  - Einstellung in die gesetzliche Rücklagen
  - Einstellung in freiwillige Gewinnrücklagen durch den Vorstand bis zur Hälfte des Jahresüberschusses

  = Bilanzgewinn

Die Hauptversammlung beschließt, welcher Anteil des Bilanzgewinns als weitere Rücklagen in der Aktiengesellschaft zur Stärkung des Kapitals und damit zur Erweiterung des Unternehmens verbleiben soll und welcher Anteil des Bilanzgewinns an die Aktionäre ausgeschüttet werden soll.

Die Anteile der Aktionäre am Bilanzgewinn richten sich nach dem jeweiligen Aktiennennbetrag. Den auf die einzelne Aktie entfallenden Gewinnanteil nennt man **Dividende**.

BEISPIEL Ein Kunde hat über die Börse 200 Commerzbank-Aktien zum Kurs von 25 EUR erworben und erhält pro Aktie eine Dividende von 0,75 EUR.

- **Vorteile und Nachteile der Aktiengesellschaft:** Die Aktiengesellschaft ist die geeignete Unternehmungsform für Großunternehmen der Industrie, des Handels, der Banken und Versicherungen mit hohem Kapitalbedarf. Aktiengesellschaften können sich leichter als andere Unternehmen Kapital beschaffen durch Ausgabe neuer Aktien wie auch durch die Ausgabe von Anleihen (Fremdkapital).

Durch den niedrigen Nennwert ist die Kapitalbeteiligung an Aktiengesellschaften durch Aktienkauf auch für den „kleinen Anleger" erleichtert worden. Auch das Risiko der Kapitalbeteiligung ist gering, da die Aktien jederzeit über die Börse wieder verkauft werden können (jedoch: Kursrisiko!). In den letzten Jahren hat die Zahl der Kleinaktionäre deutlich zugenommen.

BEISPIEL

- Viele Kleinanleger kauften Aktien der Deutschen Telekom AG bei deren Privatisierung.
- 80 % der Aktien der Volkswagen AG sind in Streubesitz (Volksaktien)
- Die Aktienanlage der privaten Haushalte nahm 1997 gegenüber dem Vorjahr um nahezu 50 % auf 220 Milliarden EUR zu. (Quelle: Schul/Bank Informationsdienst für Schule und Lehrer, 8/98, Hrsg.: Bundesverband deutscher Banken)

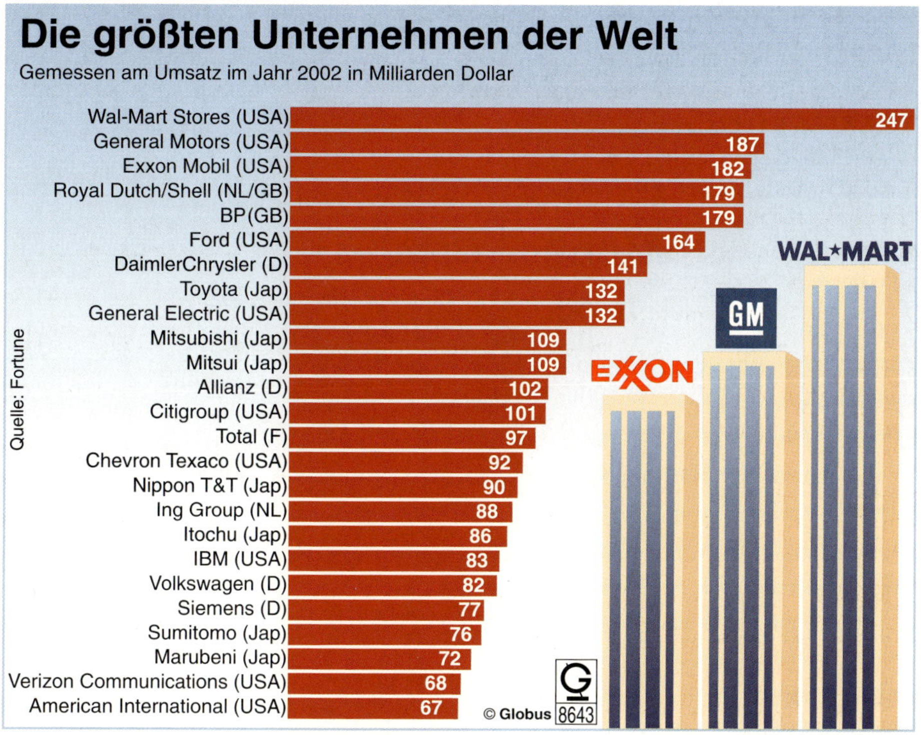

Von den gesamten Unternehmen in Deutschland werden knapp 1 % in der Rechtsform der AG geführt. In den Aktiengesellschaften sind jedoch ca. 20 % aller Arbeitnehmer beschäftigt und werden ca. 20 % der Gesamtumsätze aller Unternehmen in Deutschland erzielt.

Vorteile	Nachteile
■ Haftung des Aktionärs auf den Nennwert der Aktie beschränkt ■ leichter Verkauf der Aktie über die Börse ■ keine persönliche Bindung zwischen Aktionären und der Gesellschaft ■ breite Streuung des Eigentums an der Gesellschaft durch Stückelung des Kapitals in viele kleine Kapitalanteile ■ einfache Kapitalbeschaffung durch Ausgabe junger Aktien an der Börse ■ Trennung von Unternehmensleitung und Kapital ■ die starke Marktstellung ermöglicht hohe soziale Leistungen für die Mitarbeiter ■ die weitgehenden Mitbestimmungsrechte schaffen soziale Sicherheit für die Mitarbeiter ■ die starke Marktstellung ermöglicht Investitionen in Forschung und Entwicklung ■ die Unternehmensgröße schafft häufig weltweite Konkurrenzfähigkeit	■ hohe formale Anforderungen bei der Gründung ■ hohe Publizitätspflichten ■ ausgeweitete Rechnungslegungs- und Prüfungsvorschriften ■ weitreichende Mitbestimmung durch die Arbeitnehmer bremst die Entscheidungsfähigkeit

Seit 1994 ist es möglich, „Kleine Aktiengesellschaften" zu gründen. Für sie gelten vereinfachte Vorschriften

- bei der Gründung (ein Gründer genügt)
- bei der Gewinnverwendung
- bei der Hauptversammlung
- bei der Mitbestimmung.

Kommanditgesellschaft auf Aktien (KGaA)

Die Kommanditgesellschaft auf Aktien ist eine Sonderform der Aktiengesellschaft. Mindestens ein Gesellschafter haftet den Gläubigern der Gesellschaft unbeschränkt. Dieser Gesellschafter entspricht dem Komplementär der Kommanditgesellschaft. Er übernimmt die Geschäftsführung und Vertretung der Gesellschaft vergleichbar dem Vorstand bei der AG. Er wird nicht vom Aufsichtsrat gewählt und ist auch nicht absetzbar.

Durch die persönliche Haftung des Komplementärs erhöht sich die Kreditwürdigkeit der Gesellschaft.

Die übrigen Gesellschafter (= Kommanditaktionäre) entsprechen ihrer Rechtsstellung nach den Aktionären der AG.

In der Praxis hat die KGaA nur geringe Bedeutung.

Kernwissen

	GmbH	AG
Kennzeichen	Kapitalgesellschaft mit 1 und mehr Personen	Kapitalgesellschaft mit 1 und mehr Personen
Firma	Zusatz: GmbH	Zusatz: AG
Kapital	Stammkapital mind. 25 000 EUR Mindeststammeinlage je Gesellschafter 100 EUR	Grundkapital mind. 50 000 EUR Mindestnennwert je Aktie 1 EUR, nennwertlose Aktien seit EUR-Einführung möglich
Gründung	notarielle Beurkundung des Gesellschaftervertrages	notarielle Beurkundung der Satzung
Geschäftsführung und Vertretung	durch den Geschäftsführer oder durch die Geschäftsführer gemeinsam	durch alle Vorstandsmitglieder gemeinsam
Teilhafter und ihre Rechte	Gesellschafter: Stimmrecht in Gesellschafterversammlung, Informationsrecht, Anspruch auf Gewinnanteil	Aktionäre: Stimmrecht in der Hauptversammlung, Informationsrecht, Anspruch auf Gewinnanteil (Dividende)

	GmbH	AG
Haftung	beschränkt auf das Gesellschaftsvermögen, Gesellschafter haften in Höhe ihrer Stammeinlage	beschränkt auf das Gesellschaftsvermögen, Aktionäre haften in Höhe ihrer Aktieneinlage
Gewinnverteilung/Verlustverteilung	im Verhältnis der Gesellschaftsanteile	im Verhältnis der Aktiennennbeträge
Organe	■ Geschäftsführer, einer oder mehrere ■ Aufsichtsrat, bei mehr als 500 Arbeitnehmern ■ Gesellschafterversammlung, je 50 EUR Geschäftsanteil eine Stimme	■ Vorstand, einer oder mehrere ■ Aufsichtsrat, mind. 3 Mitglieder ■ Hauptversammlung, je Aktie eine Stimme

ÜBUNGSAUFGABEN

1. Erstellen Sie mithilfe des nachfolgenden Lückentextes eine Zusammenfassung zur GmbH.

a) Die GmbH kann von … oder … Personen gegründet werden.
b) Die Haftung der Gesellschafter ist auf die Höhe der vertraglich vereinbarten … beschränkt.
c) Das … einer GmbH beträgt 25 000 EUR. Die Mindeststammeinlage eines Gesellschafters beträgt … EUR.
d) Die Gesellschafter können im Gesellschaftsvertrag zur Kapitalbeschaffung eine beschränkte oder unbeschränkte … beschließen.
e) Zu den Organen der GmbH zählen die … als Beschlussorgan, der Aufsichtsrat als …organ und der/die … als …organ.
f) Zu den Aufgaben der Gesellschafterversammlung gehört die Bestellung, Abberufung und Entlassung von …
g) Zu den Aufgaben des Aufsichtsrats gehört die Überwachung der …
h) Zu den Aufgaben der Geschäftsführung gehört die … und …
i) Der Jahresüberschuss ist im Verhältnis der … an die … zu verteilen.

2. Max Weber, ein gelernter Kfz-Mechaniker mit Meisterprüfung in Ihrem Heimatort, eröffnet eine Reparaturwerkstatt in der Rechtsform einer GmbH. Er spezialisiert sich auf Pannenbehebung, Unfallinstandsetzung, Scheibenwechsel.

a) Welche Firmennamen könnte Max Weber wählen? Nennen Sie Beispiele.
b) Suchen Sie mit Ihren Mitschülern nach Firmennamen, die die Firma mit Ihrer Tätigkeit werbewirksam zum Ausdruck bringen.

ÜBUNGSAUFGABEN

1. Welche Unternehmen in der Rechtsform der Genossenschaften sind Ihnen bekannt?

2. Ergänzen Sie die bereits für die Personen- und Kapitalgesellschaften erstellte Zusammenfassung für die Genossenschaften. Verwenden Sie dieselben Kennzeichen wie bei AG und GmbH.

3. Worin unterscheiden sich die Aufgaben der Hauptversammlung bei der AG und der Generalversammlung bei der Genossenschaft?

4. Worin unterscheiden sich Geschäftsguthaben und Geschäftsanteil bei der Genossenschaft?

5. Worin besteht der Solidargedanke der Genossenschaften? Schlagen Sie dazu im Duden die Bedeutung der Begriffe solidarisch und Solidarität nach.

6. Diskutieren Sie, ob ein Unternehmen heute noch allein nach dem Solidarprinzip führbar ist.

7. Aus welchen zwei Gründen entscheiden sich viele Unternehmensgründer für die Rechtsform der GmbH & Co. KG?.

8. Spielen Sie Unternehmensberater. Zu Ihnen kommen Kunden, die ein Unternehmen gründen wollen und dabei die jeweils aufgeführten Vorstellungen haben. Schlagen Sie den Kunden die passende Unternehmungsform vor und geben Sie Ihnen auch eine kleine Erklärung. Die Aufgabe ist auch als Rollenspiel ausbaubar..

a) „Alleiniger Inhaber – Haftung auch mit dem Privatvermögen – vorhandenes Kapital 12500 EUR“.

b) „Unternehmensgründung zusammen mit einem Freund – beide sollen die Geschäftsführung erhalten – vorhandenes Kapital zusammen 15000 EUR“.

c) „Unternehmensgründung zusammen mit der Freundin – beide sollen die Geschäftsführung erhalten – vorhandenes Kapital zusammen 30000 EUR – Haftung soll auf die Einlage beschränkt bleiben

d) „Beteiligung an einem Unternehmen mit 10000 EUR, ohne selbst mitarbeiten zu müssen – Verzinsung der Einlage mit 4 % – angemessener Gewinnanteil – Recht, Bücher einsehen zu dürfen“

e) „Alleiniger Inhaber – Haftung nur mit der Einlage – vorhandenes Kapital 40000 EUR – Kapitalgesellschaft“

f) „Alleiniger Inhaber – Haftung nur mit der Einlage – vorhandenes Kapital 30000 EUR – Personengesellschaft“

g) „Drei Geschwister mit Erbschaft 250000 EUR – Haftung auf Einlage beschränkt – eigene Mitarbeit denkbar – spätere Kapitalerhöhung durch Aufnahme weiterer Gesellschafter denkbar – Beschaffung des Kapitals auf dem Kapitalmarkt – in ferner Zukunft auch Gang an die Börse denkbar“

h) „30 Weinbauern – gemeinsame Herstellung und Vermarktung des Weins – Haftungsgrenze bei Geschäftsguthaben – gemeinsame Wahrnehmung wirtschaftlicher Interessen“

3.5 Unternehmenszusammenschlüsse (Lernfeld 11)

SITUATION

Dingolfinger Geschäftsleute gründen Werbegemeinschaft

Der Werbegemeinschaft gehören Handelsunternehmen, Handwerks-, Industrie- und Gastronomiebetriebe, Banken an. Es können aber auch städtische Behörden und andere Institutionen wie Rechtsanwaltskanzleien, Arztpraxen oder Architekturbüros Mitglied der Werbegemeinschaft sein.

Ziel ist, durch allgemein ansprechende Maßnahmen und Aktionen das allgemeine Wohlergehen zu fördern und dadurch die Anziehungskraft der Stadt Dingolfing zu erhalten und zu stärken. Gedacht ist dabei unter anderem an gemeinsame Werbeaktionen, die Abstimmung der Ladenöffnungszeiten, die Durchführung von verkaufsoffenen Sonntagen, die Veranstaltung von Nikolausmärkten, Straßenfesten.

Die Mitgliedschaft können natürliche und juristische Personen sowie sonstige Personenzusammenschlüsse erwerben, die ihren Wohn- bzw. Geschäftssitz oder eine Filiale in der Stadt Dingolfing und deren Einzugsgebiet haben.

Die Werbegemeinschaft wird als eingetragener Verein (e.V.) im Vereinsregister angemeldet.

Die Werbegemeinschaft bezweckt keinen wirtschaftlichen Geschäftsbetrieb und ist nicht auf Gewinnerzielung ausgerichtet.

Fusion Thyssen-Krupp im Zeichen von Rekordgewinnen

Mit Rekordgewinnen gehen die beiden Ruhr-Giganten Thyssen und Krupp in die Fusion zu Deutschlands fünftgrößtem Industriekonzern. Die Vorstände der beiden Unternehmen, Schulz und Cromme, berichteten am Dienstag über Einzelheiten der Verschmelzung und über das Ergebnis des abgelaufenen Geschäftsjahres.

Die Vorstände nennen als Fusionsziele „in Kerngeschäftsfeldern Führungspositionen im Weltmarkt zu belegen und höhere Rendite“. Schulz: „Gemeinsam werden wir technologische Spitzenpositionen besetzen und international in Wachstumsmärkten expandieren“.

Die Synergieeffekte[3)] bezifferte er auf rund eine halbe Milliarde EUR. Die fusionsbedingte Personalanpassung mit einem Verlust von 2 000 Arbeitsplätzen halte sich in Grenzen.

Auf zwei außerordentlichen Hauptversammlungen soll die Verschmelzung der beiden Unternehmen beschlossen werden. Für März 1999 sind die Börseneinführung und der Aktienumtausch in die neue Thyssen-Krupp-Aktie geplant.

HANDLUNGSAUFTRÄGE

1. Stellen Sie aus den beiden Berichten fest, welche Ziele
   a) die Dingolfinger Geschäftsleute
   b) die Unternehmen Thyssen und Krupp verfolgen.
2. Suchen Sie weitere Beispiele für Zusammenschlüsse von Unternehmen.
3. Stellen Sie fest, welche Form des Zusammenschlusses dabei jeweils vorliegt.

3. Synergie = das Zusammenwirken von Kräften

Zu einer funktionierenden Marktwirtschaft gehört der Wettbewerb. Der Wettbewerb zwingt die Unternehmen als Anbieter, auf die Wünsche der Nachfrager (Kunden, Verbraucher, Konsumenten) einzugehen und die Güter und Dienstleistungen herzustellen, die nach Art, Qualität und Preis den Vorstellungen der Kunden entsprechen.

Der Wettbewerb führt somit zum Konkurrenzkampf um die Kunden mit friedlichen Mitteln. Solche erlaubten Mittel sind heute der Preis, die Produktqualität, die Konditionen (Rabatt, Skonto, Lieferung frei Haus usw.), Garantien, Serviceleistungen, Werbung.

TIPP **Suchen Sie in Ihrer Tageszeitung nach Werbeanzeigen und Werbeprospekten. Stellen Sie fest, welche Branchen/Unternehmen besonders stark im Wettbewerb zueinander stehen und dies durch auffällige Werbemaßnahmen zum Ausdruck bringen. Führen Sie diese Überlegung auch für die Werbung im Fernsehen durch.**

Nutznießer des Wettbewerbs sind somit die Kunden. Sie können unter den verschiedenen Angeboten das preisgünstigste auswählen, Produkte auf dem neuesten Stand der Technik erwerben, mit dem Anbieter über Liefer- und Zahlungsbedingungen verhandeln.

Um sich dem Wettbewerb und damit dem Konkurrenzdruck zu entziehen, schließen sich Unternehmen immer häufiger zusammen. Damit nimmt die Zahl der kleinen Anbieter am Markt ab und dem Nachfrager stehen wenige große Anbieter am Markt gegenüber.

Unternehmenszusammenschlüsse können in sehr lockerer Form, z. B. als Werbegemeinschaften erfolgen, sie können aber auch bis zu einer Fusion (= Verschmelzung) führen, bei der sich zwei bisher selbstständige Unternehmen zu einem neuen Unternehmen zusammenschließen, wie die Fusion Thyssen-Krupp zeigt.

TIPP **Welche Unternehmenszusammenschlüsse fallen Ihnen spontan ein? Schreiben Sie sich diese kurz auf, um sie später als Beispiele für die folgenden Themen verwenden zu können.**

3.5.1 Arten der Unternehmenszusammenschlüsse

Vergleicht man, aus welchen Branchen die sich zusammenschließenden Unternehmen stammen, so können drei verschiedene Arten von Zusammenschlüssen unterschieden werden.

	Horizontale Zusammenschlüsse	Vertikale Zusammenschlüsse	Diagonale (anorganische) Zusammenschlüsse
Kennzeichen	zwei oder mehrere Unternehmen der gleichen Branche und derselben Wirtschaftsstufe schließen sich zusammen	zwei oder mehrere Unternehmen der gleichen Branche aber aus verschiedenen Wirtschaftsstufen schließen sich zusammen	zwei oder mehrere Unternehmen verschiedener Branchen und/oder verschiedener Wirtschaftsstufen schließen sich zusammen
Beispiele	Automobilhersteller A fusioniert mit Automobilhersteller B, Kreditinstitut C kauft Kreditinstitut D	Stahlwerk E schließt sich zusammen mit Maschinenfabrik F	Chemiewerk G kauft Elektronikunternehmen H und Brauerei K

3.5.2 Ziele der Unternehmenszusammenschlüsse

Allgemeine Ziele von Unternehmenszusammenschlüssen können sein,

- den Wettbewerb zu beschränken oder ganz auszuschalten
- die Marktmacht zu erhöhen
- das wirtschaftliche Risiko zu senken
- die Kosten zu senken
- die eigene Wettbewerbsfähigkeit zu erhalten oder zu verbessern
- den Gewinn zu erhöhen
- den Umsatz zu steigern.

In den einzelnen betrieblichen Teilbereichen werden durch Kooperation und Konzentration spezielle Ziele angestrebt:

im Beschaffungsbereich	im Produktionsbereich	im Absatzbereich	im Bereich Finanzierung und Investition	im Verwaltungsbereich
■ bessere Einkaufsbedingungen ■ sichere Lieferung ■ günstigere Einkaufspreise ■ einheitliche Liefer- und Zahlungsbedingungen	■ höhere Produktivität ■ bessere Kapazitätsauslastung ■ höhere Stückzahlen ■ niedrigere Produktionskosten durch Massenfertigung ■ gemeinsame Forschung und Entwicklung ■ gemeinsame Normung und Typung ■ Stilllegung von unrentablen Produktionsbereichen	■ Verminderung des Wettbewerbs ■ gemeinsame Werbung ■ gemeinsame Marktforschung ■ einheitliche Liefer- und Zahlungsbedingungen ■ einheitlicher Kundendienst ■ gemeinsame Vertriebseinrichtungen ■ gemeinsame Ausnutzung von Marktchancen, z. B. auf Auslandsmärkten	■ breitere Kapitalbasis ■ bessere Kreditwürdigkeit ■ günstigere Möglichkeit der Kapitalbeschaffung ■ Nutzung von Steuervorteilen	■ gemeinsame Datenverarbeitung ■ gemeinsame Verwaltungseinrichtungen ■ gemeinsames Rechnungswesen ■ Austausch betrieblicher Erfahrungen ■ gemeinsame Aus- und Weiterbildung

3.5.3 Formen der Kooperation

Erfolgen Zusammenschlüsse in sehr lockerer Form aufgrund vertraglicher Vereinbarungen, so spricht man von **Kooperation**. Bei einer Kooperation behalten die betreffenden Unternehmen ihre **wirtschaftliche** und **rechtliche Selbstständigkeit**.

Wichtige Formen der Kooperation sind

- Interessengemeinschaften
- Gemeinschaftsunternehmen
- Arbeitsgemeinschaften
- Kartelle
- Konsortien
- Syndikate

Interessengemeinschaft

Unternehmen, die rechtlich selbstständig bleiben, schließen sich vertraglich zusammen, um gemeinsame Interessen (= Ziele) zu verfolgen. Als Rechtsform wird eine BGB-Gesellschaft (GbR), aber auch ein eingetragener Verein (e.V.) gewählt.

Gemeinsame Interessen können sein:

- Werbung und Öffentlichkeitsarbeit
- Durchführung von Marktuntersuchungen
- Aus- und Weiterbildung der Mitarbeiter
- gemeinsame Nutzung der Datenverarbeitungsanlage

BEISPIEL

- Werbegemeinschaft Dingolfing e.V.
- Bundesverband der Deutschen Industrie e.V.
- Förderwerk des deutschen Einzelhandels e.V.

Arbeitsgemeinschaft (ARGE)

Unternehmen, die rechtlich selbstständig bleiben, schließen sich vertraglich für die Dauer der Durchführung eines gemeinsamen Auftrages – meist als BGB-Gesellschaft – zusammen. In der Regel liegen Großaufträge vor, die von einzelnen Unternehmen nicht zu bewältigen sind. Nach Ausführung des Auftrages endet meist auch wieder die Arbeitsgemeinschaft.

BEISPIEL

- Bau eines Staudammes
- Errichtung eines Flughafens
- Bau eines Autobahnabschnittes

Konsortien

Ein Konsortium liegt vor, wenn sich Kreditinstitute vorübergehend zusammenschließen, um neu herausgegebene Wertpapiere (Aktien, Schuldverschreibungen) zu übernehmen und an die Kunden weiterzuverkaufen. Hohe Finanzkraft und Risikoverteilung stehen dabei im Vordergrund.

BEISPIEL Platzierung der Telekom-Aktie am Markt, d. h. Verkauf der Telekom Aktie an viele Kleinanleger

Gemeinschaftsunternehmen (Jointventures)

Gemeinschaftsunternehmen werden von zwei oder mehr voneinander unabhängigen Unternehmen gegründet mit dem Ziel, Aufgaben im gemeinsamen Interesse der Gesellschafterunternehmen auszuführen. Gemeinschaftsunternehmen stehen unter der gemeinsamen Leitung der Gesellschafterunternehmen.

Die Gründung von Gemeinschaftsunternehmen ist häufig bei Investitionen im Ausland anzutreffen, insbesondere in Staaten, die eine Beteiligung von Ausländern an nationalen Unternehmen untersagen und eine Zusammenarbeit mit einheimischen Unternehmen fordern. Gemeinschaftsunternehmen sind bekannt unter dem Namen Jointventures.

BEISPIEL Siemens und Fujitsu wollen mit einem Jointventure namens Fujitsu Siemens Computers, an dem sich beide Unternehmen zur Hälfte beteiligen, unter die drei führenden Anbieter im Weltmarkt für PCs, Notebooks, Server und Großrechner rücken.
Das neue Unternehmen soll einen Umsatz von sechs Milliarden Euro erreichen und rund 9 600 Mitarbeiter beschäftigen. Zur Entwicklung, Herstellung und zum Vertrieb der Produkte wird ein gemeinsames Unternehmen mit Holding-Sitz in den Niederlanden gegründet.

Kartelle

Kartelle sind Absprachen zwischen Unternehmen derselben Branche, z. B. über Preise, Absatz- und Geschäftsbedingungen, Produktionsmengen. Die Unternehmen bleiben zwar rechtlich selbstständig. Im Bereich, der Gegenstand der Kartellabsprache ist, verlieren sie aber ihre wirtschaftliche Selbstständigkeit und müssen sich den Kartellbedingungen unterwerfen.

Hauptziel von Kartellverträgen ist die Marktbeherrschung durch Beschränkung oder gar Beseitigung des Wettbewerbes.

Europäischer Gerichtshof verhängt Bußgeld wegen unerlaubter Preisabsprachen

Der Europäische Gerichtshof bestätigte ein Bußgeld von 110 000 Euro gegen die Neue Maxhütte (NMH). Die EU-Kommission hatte 1994 gegen die NMH und 16 weitere europäische Unternehmen, darunter auch die Thyssen Stahl AG, die Krupp Hoesch Stahl AG sowie die Preussag Stahl AG, wegen unerlaubter Preisabsprachen Bußgelder in Höhe von 104 Millionen Euro erlassen.

Die von der Gerichtsentscheidung betroffenen Unternehmen hatten vertrauliche Informationen ausgetauscht. Die Stahlfirmen wollten die Märkte untereinander aufteilen. Gegen den Erlass hatten die Stahlunternehmen geklagt. Der Europäische Gerichtshof bestätigte zwar die Rechtsmäßigkeit, setzte jedoch die Strafen herab. Das Bußgeld der NMH wurde um 27 % reduziert.

Quelle: Dingolfinger Anzeiger vom 12. März 1999, Seite 9

Damit Berlin nicht im Lkw-Verkehr erstickt, hat das Bundeskartellamt ein Rationalisierungskartell betreffend die Großbaustelle am Potsdamer Platz genehmigt:

Die Firma Baustellenlogistik GmbH koordiniert die Baustellenlogistik für die Unternehmen, die den Potsdamer Platz bebauen. Dadurch werden täglich bis zu 2 200 Lkw-Fahrten eingespart.

Das Gesetz gegen Wettbewerbsbeschränkungen (Kartellgesetz) vom 1. Januar 1999 bestimmt in § 1, dass Vereinbarungen zwischen miteinander im Wettbewerb stehenden Unternehmen, Beschlüsse von Unternehmensvereinigungen und aufeinander abgestimmte Verhaltensweisen, die eine Verhinderung, Einschränkung oder Verfälschung des Wettbewerbs bezwecken oder bewirken, verboten sind.

Zu den **verbotenen Kartellen** zählen:

Preiskartell	Absprache der Verkaufspreise unter den beteiligten Unternehmen
Submissionskartell	Absprache vor öffentlichen Ausschreibungen z. B. über Preise, Fertigstellungstermine
Quotenkartell	Unternehmen sprechen die Herstellungsmengen untereinander ab
Gebietskartell	Unternehmen sprechen miteinander die Absatzgebiete ab

Nach dem Kartellgesetz sind **Kartelle** nur **zulässig**, wenn sie nicht den Wettbewerb beeinträchtigen oder ein **übergeordnetes wirtschaftliches Interesse** besteht. Zu diesen zulässigen Kartellen gehören:

Anmeldekartelle: Sie werden durch Anmeldung bei der Kartellbehörde freigestellt, sofern die Kartellbehörde nicht innerhalb einer Frist von drei Monaten seit Eingang der Anmeldung widerspricht.

Beispiele

Normen-/Typenkartell	Absprachen über Normen und Typen, z. B. einheitliche Zahlungsverkehrsvordrucke.
Konditionenkartell	Absprachen über Liefer- und Zahlungsbedingungen, Serviceleistungen.

Spezialisierungskartelle	Vereinbarungen, die die Rationalisierung wirtschaftlicher Vorgänge durch Spezialisierung zum Gegenstand haben.
Mittelstandskartelle	Vereinbarungen zur Verbesserung der Wettbewerbsfähigkeit kleiner und mittlerer Unternehmen.

Erlaubniskartelle. Sie können auf Antrag von der Kartellbehörde vom Verbot freigestellt werden

BEISPIELE

Strukturkrisenkartell	Absprachen zwischen Unternehmen, die von einer Strukturkrise betroffen sind, z. B. zur Anpassung der Kapazitäten an den Bedarf.
Rationalisierungskartell	Absprachen zur Rationalisierung wirtschaftlicher Vorgänge, wenn dadurch die Befriedigung des Bedarfs verbessert wird.
Ministererlaubnis	Vereinbarungen, bei denen die Beschränkung des Wettbewerbs ausnahmsweise aus Gründen der Gesamtwirtschaft und des Gemeinwohls per Erlass des Wirtschaftsministers genehmigt wird.

Die legalisierten Kartelle unterliegen der **Missbrauchsaufsicht**. Die Kartellbehörden können die Erlaubnis widerrufen oder die Unternehmen zwingen, den eventuellen Missbrauch der Erlaubnis abzustellen.

Syndikat

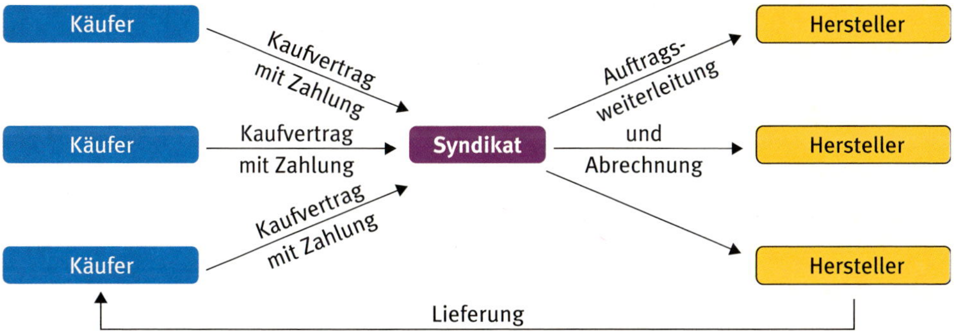

Unternehmen der gleichen Branche vereinbaren den Verkauf ihrer Produkte über ein gemeinsames Unternehmen (= Verkaufskontor, = Syndikat), das meist in der Rechtsform einer GmbH geführt wird.

Diese Zentralisierung des Absatzes hat für die angeschlossenen Unternehmen Vorteile und Nachteile.

Vorteile	Nachteile
■ straffe Absatzorganisation ■ starke Marktposition gegenüber Konkurrenten und Käufern ■ gemeinsame Werbung ■ gemeinsame Absatzpolitik	■ starke Abhängigkeit vom Syndikat ■ fehlender Kontakt zum Kunden

Syndikate kommen besonders in Wirtschaftszweigen vor, die weitgehend standardisierte Produkte haben (Kohle, Eisen, Stahl).

Legt das Syndikat Produktionsquoten und Verkaufspreise fest, so wird der Wettbewerb eingeschränkt.

3.5.4 Formen der Konzentration

Konzentration liegt vor, wenn Unternehmen ihre **rechtliche** und/oder **wirtschaftliche Selbstständigkeit aufgeben** und einer zentralen Leitung unterstellt werden.

Man unterscheidet zwei Formen der Konzentration:

Konzern	Trust/Fusion
Zusammenschluss von Unternehmen, die ihre rechtliche Selbstständigkeit (Unternehmensform) behalten, ihre wirtschaftliche Selbstständigkeit aber aufgeben und unter einer einheitlichen Konzernleitung geführt werden.	Zusammenschluss von Unternehmen, die ihre rechtliche und wirtschaftliche Selbstständigkeit aufgeben und sich zu einem neuen Unternehmen vereinigen.

Konzern

Konzerne treten in zwei Formen auf:

- **Unterordnungskonzern.** Im Unterordnungskonzern kauft ein Unternehmen ein oder mehrere Unternehmen auf und stellt diese Unternehmen unter seine Leitung. Man spricht in diesem Fall von einem **Mutter-Tochter-Verhältnis**. Die Konzernmutter als herrschendes Unternehmen bindet die Tochterunternehmen durch einen Beherrschungsvertrag oder einen Gewinnabführungsvertrag.
- **Beherrschungsvertrag:** Die Leitung der Tochterunternehmen wird dem Mutterunternehmen übertragen.
- **Gewinnabführungsvertrag:** Die Gewinne der Tochterunternehmen werden an das Mutterunternehmen abgeführt.
- **Gleichordnungskonzern:** Beim Gleichordnungskonzern tauschen zwei oder mehr Unternehmen, die rechtlich selbstständig bleiben, ihre Kapitalbeteiligungen gleichmäßig aus, ohne neues Kapital aufbringen zu müssen. Man spricht von **Schwesterunternehmen** mit gleichgewichtigem gegenseitigem Einfluss. Die Leitung des Konzerns wird miteinander abgestimmt.

- **Holding:** Eine Holding-Gesellschaft wird häufig als Dachgesellschaft im Konzern gegründet. Sie verwaltet die angeschlossenen Konzernunternehmen ohne selbst Produktions- und Absatzaufgaben zu übernehmen.

Gleichordnungskonzern mit Holding

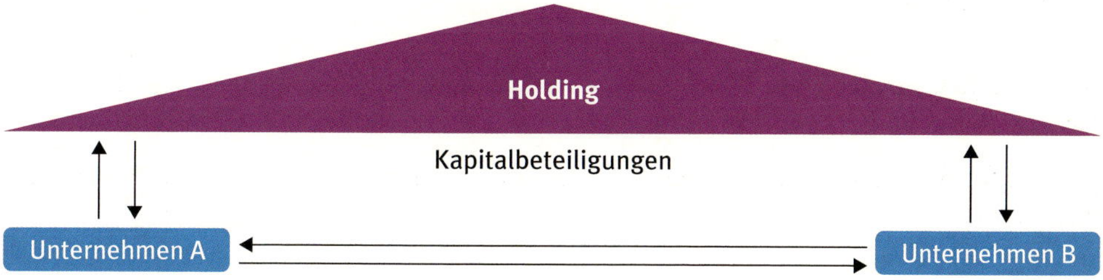

Unterordnungskonzern

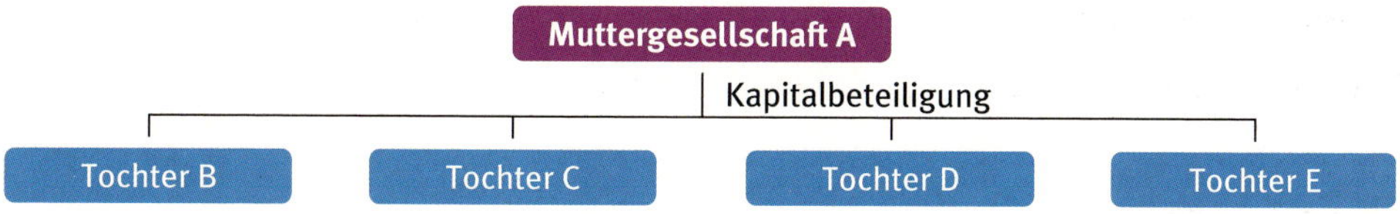

Trust/Fusion

Ein **Trust** ist ein Zusammenschluss von zwei oder mehr Unternehmen, die dabei ihre rechtliche und wirtschaftliche Selbstständigkeit aufgeben. Nach der Fusion besteht nur noch ein rechtlich selbstständiges Unternehmen.

Die **Fusion** kann erfolgen

- durch **Aufnahme**. Ein schwächeres Unternehmen wird durch ein stärkeres Unternehmen aufgekauft. Das Vermögen des schwächeren Unternehmens wird auf das stärkere Unternehmen übertragen. Die Firma des übertragenden Unternehmens wird gelöscht, die Firma des stärkeren aufnehmenden Unternehmens wird weitergeführt.
- durch **Neubildung**. Aus zwei oder mehr Unternehmen wird ein neues Unternehmen gegründet, auf das die Vermögen der sich vereinigenden Unternehmen übertragen werden. Eine neue Firma entsteht, die Firmen der übertragenden Unternehmen erlöschen.

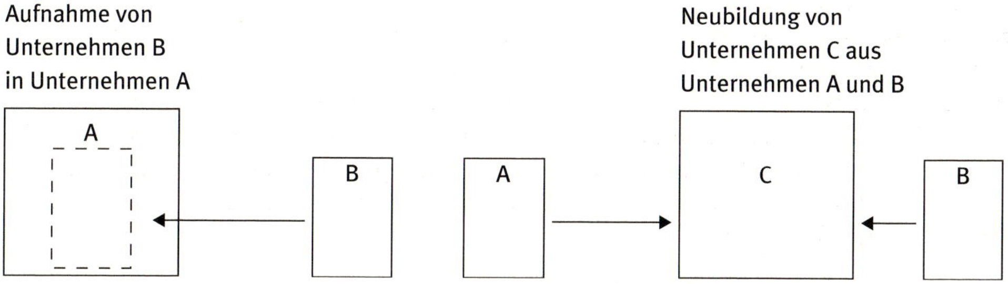

Kernwissen

- Zu einer funktionierenden Marktwirtschaft gehört der Wettbewerb mit friedlichen Mitteln.
- Unternehmenszusammenschlüsse können zu einer Einschränkung des Wettbewerbs führen.
- Nach der Art der Zusammenschlüsse unterscheidet man horizontale, vertikale und diagonale Zusammenschlüsse.
- Zu den Zielen der Unternehmenszusammenschlüsse gehören Wettbewerbsbeschränkung, Erhöhung der Marktmacht, Risiko- und Kostensenkung, Verbesserung der eigenen Wettbewerbsfähigkeit, Steigerung des Gewinns.
- Unternehmenszusammenschlüsse können als Kooperation oder Konzentration erfolgen.
- Kooperation liegt vor, wenn Unternehmen aufgrund vertraglicher Vereinbarungen zusammenarbeiten.
- Formen der Kooperation sind Interessengemeinschaften, Arbeitsgemeinschaften, Konsortien, Gemeinschaftsunternehmen, Kartelle und Syndikate.
- Die Zusammenarbeit kann im Beschaffungs-, Produktions-, Absatz-, Finanz- und Verwaltungsbereich erfolgen.
- Zu den verbotenen Kartellen gehören unter anderem Preis-, Quoten- und Gebietskartelle.
- Unternehmen der gleichen Branche können über ein Syndikat den Verkauf ihrer Produkte durchführen lassen.
- Konzentration liegt vor, wenn Unternehmen ihre wirtschaftliche und/oder rechtliche Selbstständigkeit verlieren.
- Formen der Konzentration sind der Konzern und der Trust/Fusion.
- Man unterscheidet Unterordnungs- und Gleichordnungskonzerne.
- Eine Fusion kann durch Aufnahme und durch Neubildung erfolgen.

Übungsaufgaben

1. Welche Ziele verfolgen Unternehmen, wenn sie sich mit anderen Unternehmen zusammenschließen?
2. Erklären Sie den Unterschied zwischen horizontalen, vertikalen und diagonalen Zusammenschlüssen von Unternehmen und nennen Sie dazu auch ein treffendes Beispiel.
3. Unterscheiden Sie die Begriffe Kooperation und Konzentration im Rahmen von Unternehmenszusammenschlüssen.
4. Nennen Sie die verschiedenen Formen der Kooperation sowie der Konzentration.
5. Unterscheiden Sie die Kartellarten nach verbotenen, Anmelde- und Erlaubniskartellen.
6. Erklären Sie, warum in Deutschland bestimmte Kartelle verboten sind.
7. Erklären Sie die beiden Konzernarten.

8. Erklären Sie die beiden Möglichkeiten der Fusionierung.

9. Gruppenarbeit: Erstellen Sie je Arbeitsgruppe eine programmierte Aufgabe zum Thema Zusammenschlüsse von Unternehmen! Tauschen Sie die Aufgaben aus, lösen Sie die Aufgaben und versuchen Sie dabei auch Mängel in der Aufgabenstellung zu beheben.

10. Diskutieren Sie die nachfolgenden Argumente für und gegen den Zusammenschluss von Unternehmen. Suchen Sie nach treffenden Beispielen aus der Praxis, die Ihnen zu den jeweiligen Argumenten einfallen.

Stichwort	Argumente gegen Zusammenschlüsse von Unternehmen	Argumente für Zusammenschlüsse von Unternehmen
Wettbewerb	durch Zusammenschlüsse wird der Wettbewerb eingeschränkt	ohne Zusammenschlüsse könnten kleine Unternehmen am Markt/Weltmarkt nicht mehr bestehen, sodass der Wettbewerb auch nicht mehr gegeben ist
Preise	durch Preisabsprachen oder durch Monopolstellung eines Anbieters steigen die Preise	durch Massenfertigung von Konzernen kann preiswert produziert werden
Arbeitsmarkt	durch Zusammenschlüsse werden Arbeitskräfte eingespart	Scheiden kleine Unternehmen aus dem Wettbewerb, droht für die Beschäftigten Entlassung
Technischer Fortschritt	bei fehlender Konkurrenz verzichten die Unternehmen auf technische Neuerungen, Qualitätsverbesserungen, Produktinnovationen	Forschungsvorhaben, neue Entwicklungen sind nur bei Großunternehmen oder in Kooperation möglich
Markt, Staat und Gesellschaft	wirtschaftliche Macht führt oft auch zu politischer Macht	Unternehmen mit hohen Umsätzen und Gewinnen sind auch gute Steuerzahler und bieten häufig überdurchschnittliche soziale Leistungen an ihre Arbeitnehmer

3.6 Maßnahmen zur Erhaltung des Wettbewerbs

SITUATION

TOP-Prämie. Tragbarer CD/MP3-Player für ein Zeitschriften-ABO

Sie bestellen von einem Zeitschriftenwerber an der Haustür eine Fernsehillustrierte für ein Jahr. Am nächsten Tag stellen Sie fest, dass der Ladenpreis weit darunter liegt.

Handlungsaufträge

1. Aus welchen Gründen haben Sie den Abonnementsvertrag abgeschlossen?
2. Was können Sie machen, um den Abonnementsvertrag wieder aufzulösen?
3. Nennen Sie weitere Beispiele, wo Sie nach Abschluss des Vertrages noch ein Widerrufsrecht haben.

Damit in unserem Wirtschaftssystem der Wettbewerb funktionieren kann, müssen zwei Voraussetzungen erfüllt sein:

- Jeder Wettbewerber muss auf dem Markt seine Leistung ungehindert anbieten und für sie werben können.
- Jeder Käufer muss auf dem Markt die Leistung wählen können, die ihm nach Preis, Qualität und Leistung als die günstigste erscheint.

Der Wettbewerb ist somit gestört,

- wenn Wettbewerber mit unlauteren Mitteln andere Wettbewerber daran hindern, ihre Leistungen anbieten zu können
- wenn Wettbewerber ihre Leistungen den Käufern wahrheitswidrig anbieten.

Das Ziel der staatlichen Wettbewerbspolitik ist deshalb, mit geeigneten Maßnahmen für einen **funktionsfähigen** und **fairen** Wettbewerb zu sorgen. Der Gesetzgeber hat dazu zahlreiche Gesetze und Verordnungen erlassen.

Ziele staatlicher Wettbewerbspolitik in der sozialen Marktwirtschaft

funktionsfähiger Wettbewerb

Beispiel:
- Gesetz gegen Wettbewerbsbeschränkungen

fairer Wettbewerb

Beispiel:
- Gesetz gegen den unlauteren Wettbewerb
- Gesetz zur Modernisierung des Schuldrechts
- Preisangabenverordnung
- Produkthaftungsgesetz

3.6.1 Gesetz gegen Wettbewerbsbeschränkungen

Ein freier und wirksamer Wettbewerb hat den größten Nutzeffekt für die Gesamtwirtschaft und ist auch für den Verbraucher am vorteilhaftesten. Aus diesem Grund sollen durch das Gesetz

- die künstliche Entstehung von Marktmacht verhindert werden.
- der Missbrauch bestehender Marktmacht verhindert werden.

Das Gesetz unterscheidet dazu verschiedene Tatbestände der Wettbewerbsbeschränkung:

- **Kartellvereinbarungen:** Vereinbarungen zwischen miteinander im Wettbewerb stehenden Unternehmen, Beschlüsse von Unternehmensvereinigungen und aufeinander abgestimmte Verhaltensweisen, die eine Verhinderung, Einschränkung oder Verfälschung des Wettbewerbs bezwecken oder bewirken sind verboten (§ 1 GWB).

TIPP **Lesen Sie noch einmal die verschiedenen Kartellarten in Abschnitt 3.5.3 nach.**

- **Vertikalvereinbarungen:** Dem Hersteller ist es verboten, dem Handel eine feste Preisvorgabe zu machen, welchen Preis er vom Kunden zu verlangen hat (Preisbindung der zweiten Hand). Ausnahme: Verlagsartikel wie Zeitungen und Bücher.

Hersteller von Markenartikeln dürfen sich aber mit unverbindlichen Preisempfehlungen an den Verbraucher wenden. Dem Handel bleibt somit ein Preisspielraum. Missbräuchlich ausgesprochene Preisempfehlungen (Mondpreise) können vom Bundeskartellamt jedoch für unzulässig erklärt werden.

- **Zusammenschlusskontrolle (Fusionskontrolle):** Beim Bundeskartellamt sind Unternehmenszusammenschlüsse anzumelden, wenn im letzten Geschäftsjahr vor dem Zusammenschluss die beteiligten Unternehmen insgesamt weltweit Umsatzerlöse von mehr als 500 Millionen EUR und mindestens ein beteiligtes Unternehmen im Inland Umsatzerlöse von mehr als 25 Millionen EUR erzielt haben.

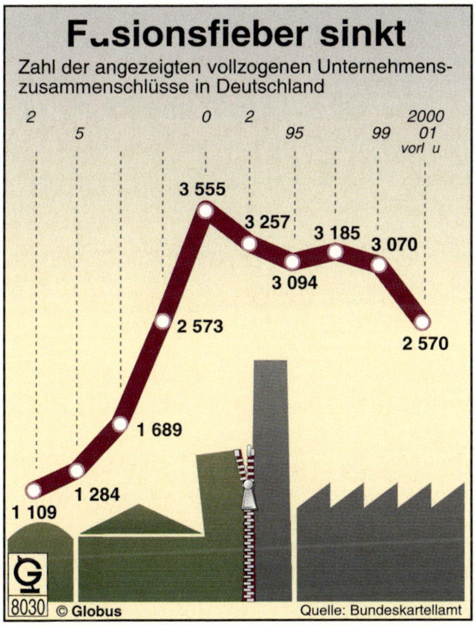

Der Zusammenschluss ist vom Bundeskartellamt zu untersagen, wenn dadurch eine marktbeherrschende Stellung begründet oder verstärkt wird, es sei denn, die beteiligten Unternehmen weisen nach, dass durch den Zusammenschluss auch Verbesserungen der Wettbewerbsbedingungen eintreten, die die Nachteile der Marktbeherrschung überwiegen.

- **Missbrauchsaufsicht:** Als marktbeherrschend gelten Unternehmen, die keinem wesentlichen Wettbewerb ausgesetzt sind oder im Verhältnis zu ihren Mitbewerbern eine überragende Marktstellung besitzen. Marktbeherrschung wird vermutet, wenn ein Unternehmen einen Marktanteil von mindestens einem Drittel hat.
  Das Bundeskartellamt kann Unternehmen, die eine solche Stellung auf dem Markt ausnutzen, ihr missbräuchliches Verhalten untersagen und Verträge für unwirksam erklären.

BEISPIEL Die Deutsche Telekom AG ist verpflichtet, ihr Telekommunikationsnetz gegen angemessenes Entgelt auch anderen Kommunikationsgesellschaften zur Verfügung zu stellen.

3.6.2 Gesetz gegen den unlauteren Wettbewerb (UWG)

Durch dieses Gesetz soll verhindert werden, dass sich Anbieter durch unfaire Praktiken gegenüber Mitkonkurrenten und Verbrauchern ungerechtfertigte Vorteile verschaffen.

Generalklausel. Wer im geschäftlichen Verkehre zu Zwecken des Wettbewerbs Handlungen vornimmt, die gegen die guten Sitten verstoßen, kann auf Unterlassung und Schadenersatz in Anspruch genommen werden (§ 1 UWG).

TIPP **Lesen Sie den Gesetzestext im Gesetz gegen den unlauteren Wettbewerb (UWG) nach.**

Dazu zählen folgende Handlungen:

- **Irreführende Angaben:** Wer über die Beschaffenheit, den Ursprung, die Herstellungsart, die Preise oder die Bezugsquelle von Waren oder über die Menge der Vorräte falsche Angaben macht, kann auf Unterlassung der Angaben in Anspruch genommen werden (§ 3 UWG).

BEISPIEL Ein Sportgeschäft bietet in einer Zeitungsbeilage ein Skimodell zu günstigstem Preis an, hat aber nur 3 Paar Ski dieses Modells vorrätig (Lockvogelangebot).

- **Strafbare Werbung:** Wer wissentlich unwahre Angaben über die geschäftlichen Verhältnisse oder die angebotenen Waren macht, wird mit Freiheitsstrafe bis zu einem Jahr oder mit Geldstrafe bestraft (§ 4 UWG).

BEISPIEL Ein Händler bietet Hosen, Jacken, Taschen, Uhren als Markenware an, obwohl er weiß, dass die Ware imitiert ist. (Imitation = Nachbildung, Nachahmung).

- **Sonderveranstaltungen:** Sonderveranstaltungen, die den Eindruck besonderer Kaufvorteile hervorrufen, sind im Einzelhandel nicht zulässig. Zulässig sind nur Jubiläumsverkäufe alle 25 Jahre (§ 7 UWG).
- **Räumungsverkauf:** Ein Räumungsverkauf darf nur durchgeführt werden
  - infolge eines Feuer-, Wasser- oder Sturmschadens,
  - zur Durchführung eines genehmigungspflichtigen Umbauvorhabens
  - wegen der Aufgabe des gesamten Geschäftsbetriebes (§ 8 UWG).

BEISPIEL Ein Händler führt einen Räumungsverkauf wegen Geschäftsaufgabe durch und eröffnet vier Wochen später am selben Ort ein Geschäft mit gleichem Warensortiment.

- **Anschwärzung:** Wer zu Zwecken des Wettbewerbs über Konkurrenten Tatsachen behauptet, die diese anschwärzen, kann auf Unterlassung oder Schadenersatz verklagt werden, wenn die Behauptungen nicht wahr sind (§ 14 UWG).

BEISPIEL Ein Gastwirt bringt bei seinen Gästen das Gerücht in Umlauf, dass ein Konkurrent am Ort minderwertige, abgelaufene Produkte verarbeitet und seinen Gästen anbietet, obwohl dies nicht erweislich wahr ist.

- **Geschäftliche Verleumdung:** Wer wissentlich unwahre Angaben über die Konkurrenz verbreitet, die dieser schaden können, wird mit Freiheitsstrafe bis zu einem Jahr oder mit Geldstrafe bestraft (§ 15 UWG).

BEISPIEL Ein Hotelier behauptet von seinem Konkurrenten, dass dieser in seinem Haus nebenbei ein Bordell betreibt, obwohl er weiß, dass diese Tatsache nicht der Wahrheit entspricht.

- **Verrat von Geschäftsgeheimnissen:** Wer als Angestellter, Arbeiter oder Auszubildender zu Zwecken des Wettbewerbs, aus Eigennutz, zugunsten eines Dritten oder in der Absicht, den Inhaber des Geschäftsbetriebs zu schädigen ein Geschäftsgeheimnis verrät, wird mit Freiheitsstrafe bis drei Jahre oder mit Geldstrafe bestraft (§ 17 UWG).

BEISPIEL Ein Auszubildender, der sich mit seinem Chef gestritten hat, informiert bei einem Bewerbungsgespräch in einem anderen Unternehmen über die Preiskalkulation und andere Geschäftspraktiken seines bisherigen Arbeitgebers.

3.6.3 Verbraucherschutz nach dem Gesetz zur Modernisierung des Schuldrechts im BGB

Im Rahmen des neuen Schuldrechts – gültig seit 1. Januar 2002 – wurden viele der vorhandenen Sondergesetze, die dem Verbraucherschutz dienen, in das BGB integriert und aufeinander abgestimmt. Dazu zählen unter anderem das Widerrufsrecht bei Haustürgeschäften und bei Fernabsatzverträgen sowie die Informationspflicht und das Widerrufsrecht bei Verbraucherdarlehensverträgen und Teilzahlungsgeschäften. Auch das AGB-Gesetz wurde mit kleinen Änderungen in das BGB eingefügt.

Widerrufs- und Rückgaberecht bei Haustürgeschäften (BGB § 312)

Ein Haustürgeschäft liegt vor, wenn zwischen einem Unternehmen und einem Verbraucher ein Vertrag über eine entgeltliche Leistung, z. B. Kauf von Ware, geschlossen wird

- im Bereich der Privatwohnung oder am Arbeitsplatz
- bei einer Freizeitveranstaltung
- auf der Straße oder in Verkehrsmitteln.

Da anzunehmen ist, dass bei vielen dieser Verträge der Verbraucher sich zum Vertragsabschluss hat überrumpeln lassen, mit raffinierten Methoden dazu überredet wurde und auch die Tragweite seiner Entscheidung oft nicht erkennen konnte, steht dem Verbraucher ein Widerrufsrecht nach § 355 BGB oder ein Rückgaberecht nach § 356 BGB zu

Das Widerrufsrecht gilt aber nicht,

- wenn dabei ein Versicherungsvertrag abgeschlossen wird
- wenn dem Vertragsabschluss eine Bestellung des Verbrauchers vorausgeht
- wenn die Leistung, z. B. die Warenübergabe, sofort erfolgt und das Entgelt 40,00 EUR nicht übersteigt
- wenn die Willenserklärung des Verbrauchers von einem Notar beurkundet worden ist.

Widerrufs- und Rückgaberecht bei Fernabsatzverträgen (BGB § 312 b bis e)

Fernabatzverträge sind Verträge über die Lieferung von Waren oder die Erbringung von Dienstleisungen, die zwischen einem Unternehmer und einem Verbraucher unter ausschließlicher Verwendung von Fernkommunikationsmitteln abgeschlossen werden (§ 312b BGB). Fernkommunikationsmittel sind dabei Briefe, Kataloge, Telefonanrufe, Telekopien, E-Mails sowie Rundfunk, Tele- und Mediendienste.

Dem Verbraucher steht ein Widerrufsrecht nach § 355 BGB oder ein Rückgaberecht nach § 356 BGB zu.

Das Widerrufsrecht bei Fernabsatzverträgen besteht unter anderem nicht,

- wenn die gelieferten Waren genau nach den Wünschen des Kunden angefertigt wurden
- wenn gelieferte Audio-, Videoaufzeichnungen oder Software vom Verbraucher entsiegelt wurde
- wenn es sich bei der Lieferung um Zeitungen, Zeitschriften oder Illustrierte handelt
- wenn der Vertrag in der Form einer Versteigerung geschlossen wurde.

Sofern der Vertragsabschluss mithilfe eines Tele- oder Mediendienstes erfolgt (Vertrag im elektronischen Geschäftsverkehr), muss der Unternehmer

- bei Telefongesprächen seine Identität und den geschäftlichen Zweck des Vertrags bereits zu Beginn des Gesprächs ausdrücklich offen legen
- den Verbraucher über die Einzelheiten des Vertrages informieren
- dem Verbraucher die Möglichkeit verschaffen, die Vertragsbedingungen und die Allgemeinen Geschäftsbedingungen bei Vertragsabschluss abzurufen und in wiedergabefähiger Form zu speichern.

Widerrufsrecht und Rückgaberecht bei Verbraucherverträgen (BGB § 355, 356)

- **Widerrufsrecht:** Wird einem Verbraucher ein Widerrufsrecht eingeräumt, so ist er an seine Willenserklärung, die er bei Vertragsabschluss gemacht hat, nicht mehr gebunden, wenn er fristgerecht widerruft. Die Widerrufsfrist beträgt zwei Wochen. Der Widerruf muss schriftlich erfolgen, er braucht aber keine Begründung zu enthalten.

Zur Wahrung der Widerrufsfrist genügt die rechtzeitige Absendung. Die Widerrufsfrist beginnt zu dem Zeitpunkt, zu dem der Verbraucher über sein Widerrufsrecht belehrt wurde. Wird ein schriftlicher Kaufvertrag geschlossen, so beginnt die Widerrufsfrist erst zu laufen, wenn der Verbraucher die Vertragsurkunde erhalten hat. Bei Lieferung von Waren beginnt die Widerrufsfrist nicht vor dem Tag des Eingangs der Ware beim Verbraucher. Ist der Fristbeginn streitig, trifft die Beweislast den Unternehmer.

BEISPIEL

Vertragsabschluss des Haustürgeschäfts:	4. Oktober
Belehrung über das Widerrufsrecht:	4. Oktober
Erhalt des Kaufvertrags per Postsendung:	10. Oktober
Erhalt der Ware per Kurierdienst:	16. Oktober
Letzter Tag der Widerrufsfrist:	30. Oktober

Aus Beweisgründen sollte der Widerruf als Einschreiben mit Rückschein gesendet werden.

- **Rückgaberecht:** Das Widerrufsrecht kann durch ein Rückgaberecht mit gleicher Frist ersetzt werden. Dem Verbraucher muss dafür das Rückgaberecht im Verkaufsprospekt eingeräumt worden sein. Das Rückgaberecht kann durch Rücksendung der Ware per Post oder – wenn eine Rücksendung per Post nicht möglich ist – durch ein Rücknahmeverlangen ausgeübt werden.

Gestaltung rechtsgeschäftlicher Schuldverhältnisse durch Allgemeine Geschäftsbedingungen (BGB § 305 ff.)

BEISPIEL Auszug aus Allgemeinen Geschäftsbedingungen:

Eine vereinbarte Lieferzeit gilt als annähernd und bis zu einem Zeitraum von zwei Wochen als nicht überschritten. Sie beginnt mit dem Tage der Absendung der Auftragsbestätigung. Die Lieferzeit verlängert sich angemessen beim Eintritt eines unvorhersehbaren Hindernisses. Dies gilt insbesondere bei Betriebsstörungen – sowohl in unserem als auch in fremden Betrieben, von denen die Herstellung und der Transport abhängig ist – verursacht etwa durch Krieg, Streik, Aussperrung, Aufruhr, Kohle- und Energiemangel, Versagen der Verkehrs- und Transportmittel, Arbeitseinschränkungen sowie bei allen sonstigen Fällen höherer Gewalt.

Dem Abschluss von Verträgen mit Handelsgeschäften, Banken, Versicherungen, Reiseveranstaltern, Transportunternehmen liegen in der Regel die jeweiligen **Allgemeinen Geschäftsbedingungen** zu Grunde. Es handelt sich dabei um vorformulierte Vertragsbedingungen, die der Anbieter dem Kunden als **Kleingedrucktes** auf der Vertragsrückseite weitergibt oder in den Geschäftsräumen zur Einsicht aushängt. Wer liest das schon?

TIPP **Besorgen Sie sich die Allgemeinen Geschäftsbedingungen Ihres Ausbildungsbetriebes oder eines Lieferanten Ihres Ausbildungsbetriebes und lesen Sie sich diese einmal durch. Vergleichen Sie diese Allgemeinen Geschäftsbedingungen mit den Vorschriften im BGB und im HGB.**

Die Allgemeinen Geschäftsbedingungen vereinfachen zwar für beide Vertragspartner den Abschluss von Verträgen. Sie begrenzen aber meist auch das Risiko des Anbieters

- durch Einschränkung seiner Vertragspflichten bei
- gleichzeitiger Einschränkung der Rechte des Käufers.

Die gesetzlichen Vorschriften im BGB schützen den Verbraucher vor **unangemessenen Benachteiligungen** durch die Allgemeinen Geschäftsbedingungen, indem sie bestimmte Klauseln verbieten. Dazu zählen unter anderem:

- Kleingedrucktes gehört nicht automatisch zum Vertrag. Das Unternehmen muss ausdrücklich auf die AGB hinweisen.
- Persönliche Absprachen haben Vorrang vor abweichenden AGB.
- Bei Verträgen, die eine Lieferung innerhalb von vier Monaten vorsehen, ist eine Preiserhöhung nicht erlaubt. Beispiel: keine Preiserhöhung innerhalb einer viermonatigen Lieferfrist beim Autokauf.
- Der Lieferer darf die Rechte des Käufers bei einem Lieferungsverzug nicht einschränken.
- Der Lieferer darf die gesetzlichen Gewährleistungsansprüche des Käufers nicht völlig ausschließen.
  Dem Kunden steht zumindest ein Recht auf Nachbesserung oder Ersatzlieferung zu. Alle damit zusammenhängenden Kosten muss der Lieferer tragen.
- Eine Verkürzung der gesetzlichen Gewährleistungspflicht ist nicht gestattet.

3.6.4 Preisangabenverordnung

Damit der Verbraucher beim Einkauf die Möglichkeit des Preisvergleichs hat, sind Unternehmen verpflichtet, die **Preise** für Waren und Dienstleistungen **einschließlich Umsatzsteuer** und **sonstiger Preisbestandteile**, z. B. Lieferkosten, Montagekosten, anzugeben oder auszuzeichnen.

Waren in Schaufenstern, in Schaukästen, auf Verkaufsständern sind durch Preisschilder oder durch Beschriftung an der Ware auszuzeichnen. Die Preise bei Waren in Katalogen sind bei den Warenabbildungen und -beschreibungen anzugeben. Die Preisauszeichnung bei Dienstleistungsbetrieben wie Friseure, Kinos, Kreditinstitute erfolgt durch Preisverzeichnisse.

Bei nach Gewicht verkaufter Ware ist auch der Preis für 1 Kilogramm oder 1 Liter anzugeben, damit ein Preisvergleich möglich ist.

Preis EUR/kg	Einwaage	Betrag
4,49 EUR/kg	0,260 kg	1,19 EUR

3.6.5 Produkthaftungsgesetz

Durch das Produkthaftungsgesetz haben Verbraucher einen **Schadenersatzanspruch** gegenüber dem Hersteller eines fehlerhaften Produktes, wenn das Produkt nicht die Sicherheit bietet, die man unter Berücksichtigung aller Umstände berechtigterweise vom Produkt erwarten kann.

BEISPIEL Durch ein defektes Haushaltsgerät entsteht ein Zimmerbrand mit Rauchvergiftung

Bei einem Schadensfall muss der Hersteller nachweisen, dass der Schaden nicht durch das Produkt entstanden ist. Andernfalls haftet er für Folgeschäden, unabhängig davon, ob ein Verschulden vorliegt.

3.6.6 Verbraucherberatung

Grundregeln für ein überlegtes Verbraucherverhalten:

Planen → Informieren → Kaufen

Über 50 % des Bruttoinlandsproduktes konsumieren Verbraucher. Sie treten meist als Nachfrager am Markt auf und befinden sich häufig in der schwächeren Position.

Zu einem fairen Wettbewerb gehören deshalb Verbraucher mit Marktübersicht, überlegtem Kaufverhalten und Kenntnis über ihre Verbraucherrechte.

Aus diesem Grund bieten **Verbraucherschutzverbände** und **Verbraucherzeitschriften** den Verbrauchern Hilfen, indem sie

- Preis- und Leistungsvergleiche durchführen, auswerten und veröffentlichen
- über Verbraucherrechte informieren und Ratschläge zu vernünftigem Verbraucherverhalten geben
- neue Gesetze und Urteile zum Verbraucherschutz veröffentlichen
- Verkäufertricks und Verbraucherfallen veröffentlichen und davor warnen.

Verbraucherzentralen

Verbraucherzentralen sind eingetragene Vereine, die sich um eine verbraucherorientierte Gesetzgebung bemühen und die Verbraucher durch Informationsveranstaltungen, Broschüren, Testberichte aufklären. In vielen Städten unterhalten sie Beratungsstellen und beraten auch telefonisch. Mitgliedern gewähren sie Rechtsschutz.

TIPP **Stellen Sie im Telefonbuch Ihrer Stadt fest, wo sich die nächste Verbraucherzentrale befindet und fordern Sie Material an. Suchen Sie im Internet zum Thema Verbraucherzentralen.**

Stiftung Warentest

Die Stiftung Warentest wurde 1964 auf Beschluss des Bundestages gegründet und führt vorwiegend vergleichende Tests von Waren und Dienstleistungen durch, die unter anderem in den Zeitschriften „Test" und „Finanztest" monatlich veröffentlicht werden. Außerdem erscheinen Testjahrbücher und zahlreiche Sonderhefte. Die Testergebnisse werden häufig auch in anderen Zeitungen und Zeitschriften publiziert.

BEISPIEL Test: Sonnenschutzmittel. So schützen Sie Ihre empfindliche Haut.

TIPP **Kaufen Sie sich eine Ausgabe der Zeitschrift „Test" der Stiftung Warentest und ordnen Sie die einzelnen Beiträge nach Preis-/Leistungsvergleichen, Tipps und Ratschlägen, neuen Gesetzen und aktuellen Urteilen/Rechtslage, Warnungen, allgemeinen Informationen, z. B. zu den Themen Gesundheit oder Umweltschutz.**

KERNWISSEN

- Ziel einer staatlichen Wettbewerbspolitik ist ein funktionsfähiger und fairer Wettbewerb.
- Der Wettbewerb ist gestört, wenn Wettbewerber gehindert werden, ihre Leistungen anzubieten und Verbraucher unter verschiedenen Angeboten nicht frei wählen können.
- Zu den Maßnahmen zum Verbraucherschutz gehören verschiedene Gesetze und die Verbraucherberatung.
- Die wichtigsten Verbraucherschutzgesetze und -verordnungen sind
  - Gesetz gegen Wettbewerbsbeschränkungen (Kartellgesetz)
  - Gesetz gegen den unlauteren Wettbewerb
  - Preisangabenverordnung
  - Produkthaftungsgesetz.
- Über das Gesetz zur Modernisierung des Schuldrechts wurde das Widrrufsrecht bei Haustürgeschäften, Fernabsatzverträgen, Verbraucherdarlehensverträgen und Teilzahlungsgeschäften in das BGB übernommen. Die Widerrufsfrist beträgt in allen Fällen 14 Tage.
- Das Kartellgesetz regelt die Kartell- und Vertikalvereinbarungen, die Fusionskontrolle und die Missbrauchsaufsicht.
- Das Gesetz gegen den unlauteren Wettbewerb beinhaltet Verhaltensweisen im Wettbewerb, die gegen die guten Sitten verstoßen und deshalb zu unterlassen und schadenersatzpflichtig sind.
- Verbraucherberatung findet statt durch die Verbraucherzentralen und durch die Testzeitschriften und Testberichte der Stiftung Warentest.

ÜBUNGSAUFGABEN

1. Welche zwei Grundvoraussetzungen müssen erfüllt sein, damit es zu einem funktionsfähigen Wettbewerb kommt?

2. Nennen Sie je ein Beispiel für
a) eine verbotene Kartellvereinbarung
b) eine verbotene Vertikalvereinbarung
c) eine anzeigepflichtige Fusion
d) ein marktbeherrschendes Unternehmen.

3. Stellen Sie fest, ob die folgenden Anzeigen des Fahrradhauses Fuchs erlaubt oder verboten sind. Mit Begründung und Angabe der jeweiligen gesetzlichen Vorschriften mit Paragrafen.
a) „Sensationell: Mountainbike 24 Gänge, Alurahmen, Federgabel, Markenprodukt, 199 EUR". Fuchs hat davon 3 Stück zum Verkauf vorrätig.
b) „Wir sind das größte Fachgeschäft am Platz". Fuchs verkauft doppelt so viel Fahrräder im Jahr als der nächstgrößte Händler am Ort.
c) „Wir verwenden nur Originalersatzteile". Tatsächlich werden auch Billigimporte aus Südostasien eingebaut.
d) „Der Maler kommt! Räumungsverkauf wegen Umbau! Enorme Preisnachlässe!"
e) „Kaufen Sie nicht bei der Konkurrenz. Dort erhalten Sie nur billige Importräder!"
f) „10 Jahre Fahrradhaus Fuchs. Alle Artikel zum Jubiläum um 20 % gesenkt!"
g) „Bei uns erhalten Sie bei Barzahlung 10 % Rabatt!"
h) „Wir verzichten auf eine Preisauszeichnung. Wir sprechen die Preise mit Ihnen ab!"
i) „Beim Kauf eines Fahrrades schenken wir Ihnen einen Fahrradhelm im Wert von 30 EUR!"
j) „Rennräder mit günstiger Finanzierung! Zahlbar in 12 bis 24 Monatsraten!"

4. a) Was versteht man unter Allgemeinen Geschäftsbedingungen?
b) Warum ist gesetzlich geregelt, wie die Allgemeinen Geschäftsbedingungen gestaltet werden dürfen?

5. Herr Weber, 35 Jahre, 75 kg schwer, kauft sich ein neues Fahrrad. Bei erster Benutzung bricht die Vordergabel. Herr Weber stürzt vom Rad und bricht sich den Arm. Wie ist die Rechtslage?

6. In welcher Form führen Verbraucherverbände und die Stiftung Warentest Verbraucherschutz und Verbraucherberatung durch?

4 Zahlungen im logistischen Prozess

SITUATION

Aus dem EU-Land Polen kommt ein Lkw-Fahrer zu Ihnen, um für seine Firma Ware abzuholen. Sie stellen bei der Eingabe der Daten in den PC fest, dass Sie die Ware an diese Firma nur gegen sofortige Bezahlung abgeben dürfen. Der Fahrer hat auch Geld dabei, doch leider nur polnische Zloty, die Sie aber als Fremdwährung nicht annehmen können. Der Fahrer muss also zuerst zu einer nahe gelegenen Sparkasse, um das Geld in Euro einzutauschen. Danach erhält er Ware gegen Geld.

HANDLUNGSAUFTRAG

Beschreiben Sie anhand der geschilderten Situation, welche Funktion das Geld hier übernimmt.

4.1 Aufgaben des Geldes

In der heutigen arbeitsteiligen Wirtschaft können wir uns gar nicht vorstellen, wie unsere Vorfahren ohne Geld auskommen konnten. Früher wurden benötigte Waren gegen selbst hergestellte Waren getauscht. Es war somit erforderlich, den entsprechenden Tauschpartner zu finden, was nicht immer leicht war. Diese Situation hatten wir auch nach dem 2. Weltkrieg, als das bis dahin geltende Geld (Reichsmark) für die Menschen nichts mehr wert war!

Heutzutage finden wir diese Tausch- oder Naturalwirtschaft vielleicht noch bei Naturvölkern und im Freundes- und Bekanntenkreis.

Auch stellen wir ja nicht mehr irgendein Produkt selbst her, das wir auf einen Markt anbieten könnten, sondern wir Menschen stellen unsere Arbeitskraft zur Verfügung und erhalten dafür einen Lohn in Form von Geld. Für dieses Geld können wir uns sofort oder später alle zum Leben erforderlichen Güter und Dienstleistungen kaufen.

Ein Leben ganz ohne Geld ist für uns gar nicht mehr vorstellbar.

Das Geld übernimmt somit in unserer heutigen, arbeitsteiligen Gesellschaft verschiedene Aufgaben:

Aufgaben des Geldes

Zahlungs- und Tauschmittel	Wertaufbewahrungsmittel	Wertübertragungsmittel	Wertmaßstab	Kreditmittel
Benötigte Waren und Dienstleistungen werden gekauft und Schulden (= Verbindlichkeiten) bezahlt.	Geld kann beispielsweise auf Spar- oder anderen Konten bis zu einem späteren Zeitpunkt für Anschaffungen angespart werden.	Der Wert des Geldes kann auf andere durch ein Geschenk, Spende oder Erbschaft übertragen werden.	Die Werte und Preise für ein Gut werden in Geld ausgedrückt und dadurch können wir sie miteinander vergleichen.	Kreditinstitute können angesparte Gelder, für die sie an die Sparer Zinsen zahlen, beispielsweise für den Hausbau, als Kredit verlangen.

4.2 Die verschiedenen Erscheinungsformen des Geldes

Geld hat in unserer Wirtschaft mehrere Erscheinungsformen:

Das Bargeld in Form von Münzen und Noten (Euro und Cent) ist unser gesetzliches Zahlungsmittel. Die Noten werden von der Deutschen Bundesbank und die Münzen von der Bundesregierung (sog. Münzregal) in Abstimmung mit der Europäischen Zentralbank (EZB) herausgegeben.

TIPP **Zum Thema Euro erfahren Sie mehr in Kapitel 4.3**

Buch- oder Giralgeld auf Konten bei Kreditinstituten entsteht dadurch, dass wir Geld auf unseren Konten einzahlen, um es für Zahlungsvorgänge, z. B. Überweisungen zur Verfügung zu haben. Es wird von einem Konto zum anderen Konto übertragen. Es ist kein gesetzliches Zahlungsmittel, aber da wir uns jederzeit das Guthaben auf einem Konto in Bargeld auszahlen lassen können, sprechen wir auch von einem Bargeld-Ersatz.

Zahlen wir mit Scheck, Wechsel, BankCard oder Kreditkarte, so stellt dies Geldersatzmittel (so genannte Geldsurrogate) dar. Mit diesen können wir bei ihrer Einlösung entweder über Buchgeld verfügen oder uns den Betrag in Bargeld auszahlen lassen. So lange dienen sie als Geldersatz.

Seit dem 1. Januar 2002 ist der Euro gesetzliches Zahlungsmittel in den Staaten der Europäischen Union (EU), sofern sie Mitglied der EWU (Europäischen Währungsunion) sind. Schweden und Dänemark haben die Einfuhr des Euros abgelehnt. Großbritannien macht die Einführung von einem noch durchzuführenden Referendum abhängig.

Die am 1. Mai 2004 neu beigetretenen Staaten können den Euro erst dann einführen, wenn sie die dafür erforderlichen Bedingungen erfüllen (Maastrichter Vertrag 1991).

4.3 Die Einführung des Euro

Mit der Einführung des **Euro** als alleiniges gesetzliches Zahlungsmittel wurde mit der Ausgabe der neuen Banknoten und Münzen begonnen. Die Euro-Banknotenserie besteht aus sieben unterschiedlichen Werten. Die Banknotenserie beginnt mit der 5 Euro-Banknote und endet mit der 500 Euro-Banknote. FR

TIPP **Weitere Informationen zu den Euro-Banknoten und Euro-Münzen erhalten Sie im Internet, z. B. unter http://www.ecb.de sowie http://www.bundesbank.de**

Die Euro-Banknotenscheine zeigen jeweils unterschiedliche Fenster und Portale auf der Vorderseite und auf der Rückseite verschiedene Brücken. Jede der sieben verschiedenen

Banknoten symbolisiert eine Epoche der europäischen Kulturgeschichte. Die Bezeichnung Euro erscheint in griechischer und lateinischer Schrift.

Die Geldscheine unterscheiden sich hinsichtlich der Größe, Farbe, tastbarer Elemente, Erkennbarkeit und Lesbarkeit der Ziffern. Durch das Prinzip „Sehen/Kippen/Fühlen“ kann auch der Laie in einem ersten Schritt die Echtheit der Banknoten prüfen. Alle Banknoten weisen noch weitere Sicherheitsmerkmale wie z. B. Sicherheitsfaden, Kinegram (Sicherheitsfolie), Mikroschriften und fluoreszierende Stellen auf. Schließlich sind auf den Scheinen noch Sicherheitsmerkmale versteckt, die nur durch spezielle Geräte überprüft werden können.

Für das Staatsgebiet der Bundesrepublik Deutschland werden die Banknoten von der Europäischen Zentralbank (EZB) Sitz in Frankfurt am Main und der Deutschen Bundesbank ebenfalls mit Sitz in Frankfurt ausgeben. In allen europäischen Staaten, die an der Währungsunion teilnehmen, haben die Euro-Banknoten dasselbe Aussehen.

Insgesamt acht verschiedene Euro-Münzen sind im Umlauf. Die Münzfolge umfasst die drei kleinen Münzen im Wert von 1 Euro-Cent, 2 Euro-Cent und 5 Euro-Cent; die drei mittleren Münzen: 10 Euro-Cent, 20 Euro-Cent und 50 Euro-Cent und die zwei großen Münzen 1 Euro und 2 Euro. Die Euro-Cent- und Euro-Münzen sind unterschiedlich in Größe, Gewicht, Farbe, Material, Rändelung und Dicke.

Im Gegensatz zu den Euro-Banknoten sind die Euro-Münzen nur auf der Vorderseite einheitlich gestaltet. Auf ihr ist der Münzwert und Europa in unterschiedlich stilisierter Form zu sehen. Die ersten drei Münzen zeigen auf der Vorderseite die europäische Union auf der Weltkugel. Die übrigen Münzen stellen die 15 EU-Länder als ein gemeinsamer Bund von Nationen dar.

Die Rückseite der Euro-Münzen sind von Staat zu Staat mit unterschiedlichen Symbolen versehen. Die Bundesrepublik Deutschland verwendet auf der Rückseite der 1- und 2-Euro-Münze den Bundesadler, bei den drei mittleren Euro-Cent-Münzen das Brandenburger Tor und bei den drei kleinen Münzen einen Eichzweig. Eingerahmt werden diese Symbole von einem Kranz mit 12 Europa-Sternen.

Das Recht, Münzen zu prägen (Münzregal) verbleibt bei den einzelnen Mitgliedstaaten, die an der Währungsunion teilnehmen. Die Ausgabe der Euro-Münzen erfolgt durch die einzelnen Länder, die der Währungsunion angehören. Die Europäische Zentralbank (EZB) muss dies jedoch jeweils genehmigen, da es unter anderem zu ihren Aufgaben gehört, die umlaufende Euro-Geldmenge zu überwachen und zu steuern.

TIPP **Mehr über die Europäische Zentralbank erfahren Sie im Kapitel 2.6.6**

4.4 Zahlungsmittel und Zahlungsformen (Lernfeld 11)

Jahr	Scheck	ec-cash	ELV und POZ	Kredit-karten	Handels-karten	Rechnung/ Sonst.	unbar	bar
1994	8,3	0,8	1,7	3,3	0,4	6,8	21,3	78,7
1996	6,5	2,0	4,0	3,4	0,5	6,0	22,4	77,6
1997	3,5	2,5	8,0	3,5	0,5	5,5	23,5	76,5
1998	2,5	3,3	10,1	3,5	0,6	4,8	24,8	75,2
1999	1,3	4,0	12,1	3,8	0,9	4,6	26,7	73,3
2000	0,5	5,0	13,5	4,2	1,4	4,4	29,0	71,0
2001	0,1	5,4	15,8	4,5	1,4	4,0	31,2	68,8
2002	0,0	6,2	17,1	4,8	1,4	3,7	33,2	66,8

Anteil verschiedener Zahlverfahren am Umsatz des Einzelhandels
Quelle: Eurohandelsinstitut (www.ehi.org), diverse Konferenzunterlagen des EHI
Quelle: www.bundesbank.de/bargeld/download/muenzgeldentwicklung. S. 113

SITUATION

In Ihrem Ausbildungsbetrieb, der Firma Manderscheid Lagerlogistik GmbH, fallen verschiedene Zahlungsvorgänge an:

a) Briefmarkenkauf für die Poststelle
b) Thekenverkauf von Einwegpaletten
c) Haftpflichtversicherung für den Firmenwagen
d) Bestellung und Zahlung der Eintrittskarte für die Verpackungsmesse in Paris
e) Klaus Gross, Fernfahrer der Firma Manderscheid Lagerlogistik GmbH, sitzt auf einer Autobahn-Raststätte in Lyon, Frankreich, fest, da er die Geldtasche mit sämtlichem Bargeld und Zahlkarten verloren hat. Veranlassen Sie, dass er schnellstens zu Bargeld für Tanken, Übernachtung, Mautgebühr etc. kommt.

HANDLUNGSAUFTRAG

Sie sind mit der Abwicklung dieser Zahlungsvorgänge vertraut.
Wie und wo würden Sie die entsprechenden Zahlungen schnell und kostengünstig vornehmen?

4.4.1 Barzahlung

Die Barzahlung durch Übergabe von Münzen und Banknoten ist nach wie vor weit verbreitet. Insbesondere die Geschäfte des täglichen Bedarfs, Einkaufen von Waren (Lebensmittel) und Dienstleistungen (Fahrkartenautomat), werden mit **Bargeld** getätigt.

Die Bargeldzahlung mit Münzen ist dabei begrenzt, um zeitraubende Verzögerungen bei der Abwicklung des Zahlungsvorgangs zu vermeiden. Niemand ist verpflichtet, Münzen im Wert von mehr als 100,00 EUR oder mehr als 50 Stück anzunehmen.

Als Beweis für seine Zahlung kann der Kunde eine **Quittung** verlangen (§ 368 BGB). Ein Kassenbon, ein Kassenzettel, Kontoauszug oder eine auf einem besonderes Quittungsvordruck vermerkte Zahlung gelten als Zahlungsbeleg. Wird eine schriftlich erstellte Rechnung bar bezahlt, so kann der Quittungsvermerk auf der Rechnung erfolgen.

Weitere Formen der Barzahlung sind der „**Minuten-Service**" der Postbank und die Barzahlung mittels **Express-Brief**. Diese Formen der Barzahlung kommen in Betracht, wenn weder der Zahler noch der Zahlungsempfänger über ein Konto verfügen und eine unmittelbare Barzahlung nicht möglich ist. Zum Beispiel wohnt der Zahler in München und der Zahlungsempfänger in Frankfurt/Oder.

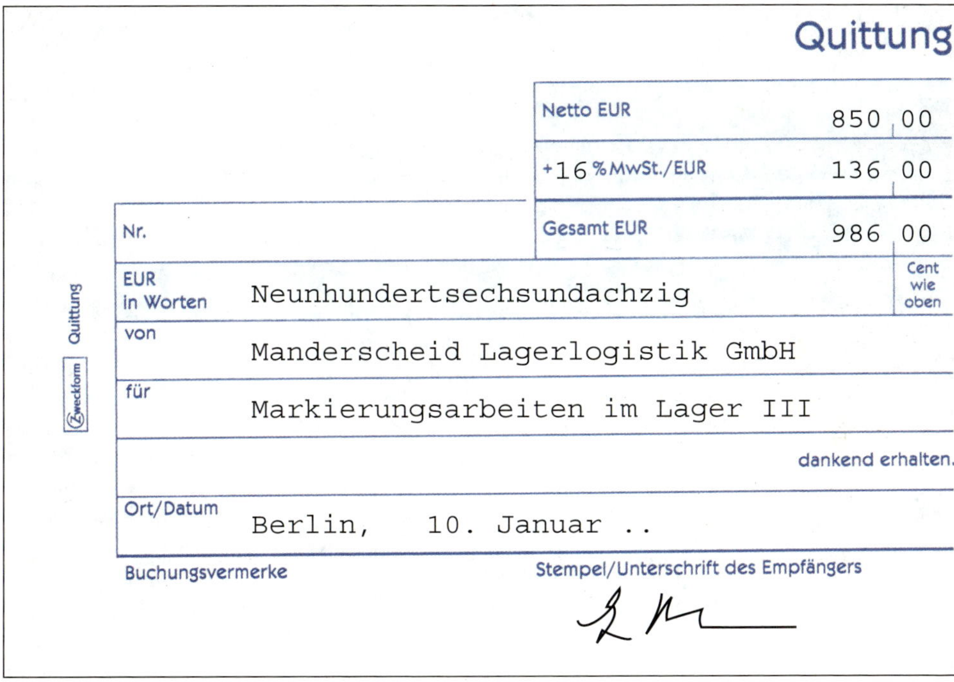

Quittung

Netto EUR	850,00
+16 % MwSt./EUR	136,00
Gesamt EUR	986,00

Nr.

EUR in Worten: Neunhundertsechsundachzig (Cent wie oben)

von: Manderscheid Lagerlogistik GmbH

für: Markierungsarbeiten im Lager III

dankend erhalten.

Ort/Datum: Berlin, 10. Januar ..

Buchungsvermerke

Stempel/Unterschrift des Empfängers

Zweckform Quittung

Minuten-Service

In Kooperation mit dem Finanzdienstleister Western Union bietet die Postbank den Minuten-Service für die schnelle Übermittlung (Transfer) von Bargeld an. Der Minuten Service (Money transfer) kann darüber hinaus in über 190 Länder mit insgesamt mehr als 135 000 Serviceagenturen genutzt werden.

Der Zahler füllt nebenstehendes Auftragsformular (Postbank Minuten Service) aus und zahlt in einer Filiale der Postbank den zu übermittelnden Geldbetrag am Schalter **bar** ein. Der Auftrag wird nun mit einer individuellen Geldtransferkontrollnummer (MTCN) versehen. Diese Nummer und gegebenfalls ein Codewort übermittelt der Einzahler telefonisch dem Zahlungsempfänger. Mit diesen Informationen und unter Vorlage eines gültigen Ausweisdokuments bekommt der Zahlungsempfänger den vereinbarten Betrag durch die Serviceagentur (Banken, Hotels, Tankstellen, Tabakläden usw.) in der jeweiligen Landeswährung bar ausbezahlt. Ein Vorteil dabei ist, dass viele Serviceagenturen nicht an die üblichen Banköffnungszeiten gebunden sind und teilweise rund um die Uhr über das Geld verfügt werden kann. Vor allem in Situationen in denen man plötzlich ohne Geld dasteht wird man diesen Service nutzen.

Einen ähnlichen Service bietet MoneyGram in Kooperation mit Reisebüros, Wechselstuben und Sparkassen an. Auch hier kann Bargeld innerhalb von Minuten in über 160 Ländern übermittelt werden.

Bitte füllen Sie den Auftrag in Druckbuchstaben aus.
Please complete the form in block letters.

WESTERN UNION | MONEY TRANSFER

Postbank Minuten-Service Einzahlung

Postbank

To send money
Geldversand mit Fa. Western Union Financial Services GmbH

Betrag Amount

Betrag: Euro, Cent

Hinweis
Ab 12.500 Euro besteht Meldepflicht gemäß Außenwirtschaftsverordnung. Infos unter 08 00 -12 34 111.

Betrag in Buchstaben Amount in words

Empfänger Receiver

Name Last name

Vorname First name

Straße, Hausnummer Street, number

Postleitzahl Postal Code

Ort City, town

Land Country

Codewort codeword (max. 15 Zeichen)

Absender Sender

Name Last name

Vorname First name

Straße, Hausnummer Street, number

Postleitzahl Postal Code

Ort City, town

Land Country

Telefon privat: Phone home: Vorwahl Area Code | Rufnummer Number

geschäftlich: Phone office: Vorwahl Area Code | Rufnummer Number

Hinweis **Note**

Der Betrag wird bei einer Western Union Agentur in der Regel in bar ausgezahlt. Nähere Informationen erhalten Sie unter 0180-30 40 500 (0,09 €/Minute).

Es gelten die Bedingungen auf der Rückseite des Auftrags und das Preisverzeichnis der Deutschen Postbank AG, das bei den Einzahlungsstellen eingesehen werden kann.

Bitte die nachfolgenden Felder nicht ausfüllen.
Do not write in this area.

Kann der Empfänger sich ausweisen?
Will the receiver have a valid identification?

☐ ja yes ☐ nein no

Falls nein, bitte erkundigen Sie sich, ob im Zielland eine Auszahlung ohne Ausweis möglich ist.
If not, please make sure whether payment in the country of destination is possible without identification.

Geldtransferkontrollnummer* Money transfer control number*

Agent Deutsche Postbank AG, Niederlassung Saarbrücken
Faxnummer: 06 81 / 39 92 63

Kassenkennzahl

Einlieferungsnummer

Ländercode

Betrag: Euro, Cent

Entgelt: Euro, Cent

Erhaltener Gesamtbetrag: Euro, Cent

Annahmedatum und -uhrzeit

Einlieferungsort

Angenommen: Unterschrift

Operatornummer

Geldtransferkontrollnummer*

ank copy

TIPP **Besorgen Sie sich das aktuelle Heft „Leistungen und Preise" der Deutschen Post World Net und das Preis- und Leistungsverzeichnis der Deutschen Postbank AG.**

Express-Brief

Mit einem Express-Brief kann Bargeld bis zu 500,00 EUR versandt werden. Der Express-Brief wird bei der Postfiliale aufgegeben und über das Netz des Postunternehmens DHL versandt. Die Zustellung erfolgt am nächsten Werktag. Gegen ein zusätzliches Entgelt kann der „Service Schnell“ vereinbart werden, der u. a. auch eine Zustellung an Sonn- und Feiertagen garantiert. Grundsätzlich werden die Gebühren nach dem Gewicht der Briefsendung ermittelt und müssen bar am Schalter eingezahlt werden. Eine Freimachung mit Briefmarken ist nicht möglich.

4.4.2 Halbbare Zahlung

Bei dieser Zahlungsform hat entweder der Zahlungsempfänger noch der Zahlungspflichtige ein Konto bei einem Kreditinstitut (Banken, Sparkassen, Postbank).

Zahlschein (Einzahlung)

Ein Zahlschein wird dann verwendet, wenn der Zahlungspflichtige **Bargeld** am Schalter eines Kreditinstituts einzahlt und der Zahlungsempfänger den Betrag auf seinem Konto gutgeschrieben (**Buchgeld**) bekommt. Die Einzahlung mittels Zahlschein kann dabei bei allen Geldinstituten vorgenommen werden.

Sehr unterschiedlich sind dabei die Gebühren, die die jeweiligen Kreditinstitute für diese Dienstleistung berechnen. Ein Preisvergleich zwischen den einzelnen Instituten lohnt allemal.

In der betrieblichen Praxis des Warenversands wird der Zahlschein in Verbindung mit der besonderen Versendungsform „Nachnahme“ verwendet. Betriebe aus dem Bereich Teleshopping, Versandhäuser und kleinere Händler vereinbaren diese Zahlungsbedingung, um sich gegen Forderungsverluste zu schützen. Der Auftraggeber füllt einen besonderen Durchschreibesatz für ein Post-Paket mit Nachnahme aus. Post-Pakete mit Nachnahme werden nur gegen Bezahlung des auf der Sendung angegebenen Nachnahmebetrags dem Empfänger ausgehändigt, da es ein besonderes Inkassoverfahren darstellt. Die Frachtpost veranlasst dann, dass der Betrag dem Versender auf seinem Konto gutgeschrieben wird. Der Höchstbetrag für ein Nachnahme-Postpaket beträgt zur Zeit 3 500,00 EUR, für Nachnahme-Briefpost 1 600,00 EUR.

Barscheck

Bei der Zahlung mit einem Barscheck muss der Zahler über ein Konto bei einem Kreditinstitut verfügen. Der Zahler stellt einen Scheck aus. Der Zahlungsempfänger (Scheckinhaber) kann diesen Scheck bei dem Kreditinstitut des Zahlers (Scheckaussteller) bar einlösen. Mit der Barauszahlung des Scheckbetrages an den Scheckinhaber wird gleichzeitig das Konto des Zahlers belastet (Lastschrift). Der Zahler zahlt also mit **Buchgeld** und der Zahlungsempfänger erhält **Bargeld.**

Die Postbank bietet ihren Kunden die Möglichkeit die Zahlungsanweisung zu nutzen. Der Kunde weist damit die Postbank an, einen bestimmten Betrag von seinem Postbankgirokonto abzubuchen und **bar** an den Zahlungsempfänger auszuzahlen. Mit der Zahlungsanweisung kann sich der Kontoinhaber z. B. Bargeld durch den Postboten ins Haus bringen lassen. Die **Zahlungsanweisung zur Verrechung (ZzV)** wird von Unternehmen und staatlichen Einrichtungen verwendet, wenn jeden Tag umfangreiche Zahlungen an viele verschiedene Empfänger zu leisten sind und von denen man keine Kontoverbindung hat. Hierzu zählt z. B. Rückerstattung von Kfz.-Steuern; Bezahlung des Schaden durch die Kfz.-Haftpflicht-Versicherung an den Geschädigten. Eine Zahlungsanweisung zur Verrechnung (ZzV) kann bis zu einem Betrag von 1500,00 EUR vom Zahlungsempfänger bei jedem Postamt bar eingelöst werden.

TIPP **Die aktuellen Gebühren erfahren Sie in Ihrem Preis- und Leistungsverzeichnis der Deutschen Postbank AG.**

4.4.3 Bargeldlose Zahlung

Um den bargeldlosen Zahlungsverkehr zu nutzen, muss der Zahlungspflichtige und der Zahlungsempfänger über ein Girokonto bei einem Kreditinstitut verfügen. Im Gegensatz zur Barzahlung und halbbaren Zahlung wird bei dieser Form des Zahlungsverkehrs nur Buchgeld bewegt. Buchgeld (Giralgeld) sind jederzeit fällige Guthaben bei Kreditinstituten (Sichteinlagen). Buchgeld ist also eine zwingende Voraussetzung, um die Instrumente des bargeldlosen Zahlungsverkehrs zu nutzen. Veranlasst der Zahlungspflichtige z. B. eine Überweisung von seinem Girokonto auf ein anderes Konto, so wird das Konto des Zahlungspflichtigen mit dem zu zahlenden Betrag belastet (Lastschrift) und der Zahlungsempfänger bekommt den Überweisungsbetrag auf seinem Konto gutgeschrieben (Gutschrift). Die zunehmende Bedeutung des bargeldlosen Zahlungsverkehrs spiegelt sich auch in dieser Geldmenge wider. Der rechnerische Bestand an Giralgeld übersteigt um ein Vielfaches den Bargeldumlauf.

BEISPIEL Zum 31.03.04 betrugen der Bargeldumlauf 104,4 Mrd. EUR und die Sichteinlagen zum gleichen Zeitpunkt 643,5 Mrd. EUR

Die Abwicklung des bargeldlosen Zahlungsverkehrs erfolgt in der Bundesrepublik Deutschland über die entsprechenden Gironetze der einzelnen Bankengruppen: Gironetz der Deutschen Bundesbank, Gironetz der Postbank, Sparkassengironetz, Genossenschaftsring (z. B. Volks- und Raiffeisenbanken) und Gironetze der Großbanken. Diese Netze sind wiederum untereinander verknüpft.

Weitere Rahmenbedingungen für den bargeldlosen Zahlungsverkehr sind:

- die Verwendung von standardisierten Zahlungsvordrucken
- die Verwendung von Bankleitzahlen in den Vordrucken
- Abkommen und Vereinbarungen zwischen den Spitzenverbänden der Kreditinstitute über den beleglosen elektronischen Zahlungsverkehr
- Einsatz der elektronischen Datenverarbeitung bis hin zur Nutzung des Internets (Electronic Banking).

Der Service, den die verschieden Banken, Sparkassen und die Postbank ihren Kunden mit dem Girokonto bieten, hat jedoch seinen Preis. Die Gebühren für die vielfältigen Nutzungsmöglichkeiten des Girokontos sind bei den einzelnen Kreditinstituten unterschiedlich hoch. Trotz aller Schwierigkeiten sollte man bei der Einrichtung eines Girokontos auf einen Preisvergleich nicht verzichten.

TIPP **Auszubildende zahlen z. B. keine Kontoführungsgebühren. Informationen bieten Verbraucherberatungsstellen, örtliche Tageszeitungen und Preisagenturen.**

Überweisung

Durch die Überweisung beauftragt der Kontoinhaber sein Kreditinstitut, einen bestimmten Betrag von seinem Girokonto abzubuchen und auf ein anderes Konto zu übertragen. Der Kontoinhaber füllt dazu den unten stehenden Überweisungsvordruck aus. Der Vordruck besteht in der Regel aus zwei Teilen, dem Original (Deckblatt) und einem Durchschlag für den Auftraggeber. Das Original verwendet das beauftragte Kreditinstitut als Buchungsbeleg. Die Daten des Überweisungsauftrags werden elektronisch erfasst und beleglos an das Kreditinstitut des Zahlungsempfängers weitergeleitet. Der Durchschlag dient dem Auftraggeber als Beleg. Der Zahlungsempfänger erhält somit keinen besonderen Gutschriftsbeleg (Gutschrift) mehr. Der Zahlungsempfänger kann nur mithilfe seines Kontoauszugs feststellen wer welchen Betrag überwiesen hat.

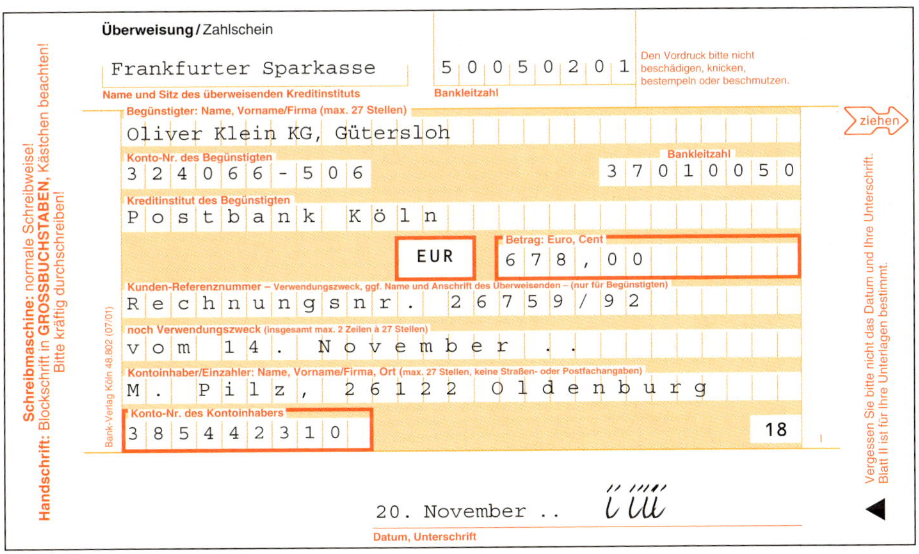
Überweisung / Zahlschein

Schreibmaschine: normale Schreibweise! Handschrift: Blockschrift in GROSSBUCHSTABEN, Kästchen beachten! Bitte kräftig durchschreiben!

Frankfurter Sparkasse
Name und Sitz des überweisenden Kreditinstituts

5 0 0 5 0 2 0 1
Bankleitzahl

Den Vordruck bitte nicht beschädigen, knicken, bestempeln oder beschmutzen.

Begünstigter: Name, Vorname/Firma (max. 27 Stellen)
Oliver Klein KG, Gütersloh

Konto-Nr. des Begünstigten
324066-506

Bankleitzahl
37010050

Kreditinstitut des Begünstigten
Postbank Köln

EUR

Betrag: Euro, Cent
678,00

Kunden-Referenznummer – Verwendungszweck, ggf. Name und Anschrift des Überweisenden – (nur für Begünstigten)
Rechnungsnr. 26759/92

noch Verwendungszweck (insgesamt max. 2 Zeilen à 27 Stellen)
vom 14. November ..

Kontoinhaber/Einzahler: Name, Vorname/Firma, Ort (max. 27 Stellen, keine Straßen- oder Postfachangaben)
M. Pilz, 26122 Oldenburg

Konto-Nr. des Kontoinhabers
38544231O

18

Bank-Verlag Köln 48.802 (07/01)

ziehen

Vergessen Sie bitte nicht das Datum und Ihre Unterschrift. Blatt II ist für Ihre Unterlagen bestimmt.

20. November ..
Datum, Unterschrift

Überweisungsvordruck

Viele Firmen, die direkt an den Endverbraucher liefern, fügen den Sendungen bereits vorbereitete Überweisungträger bei, sodass der Kunde nur noch seine Kontonummer, sein Kreditinstitut und die Unterschrift mit Datum eintragen muss. Ein besonderer Beleg für den Auftraggeber ist dabei teilweise nicht mehr vorgesehen. Der Kunde kann dann nur mittels seines Kontoauszugs die Zahlung (Lastschrift) beweisen.

Mit Sammelüberweisungen (Zahlungen von Löhnen und Gehältern) können mehrere Überweisungsaufträge gleichzeitig ausgeführt werden. Das spart Zeit (nicht jede einzelne Überweisung muss z. B. unterschrieben werden) und Kosten. Kosteneinsparungen bringt auch der Einsatz von Eletronic-Banking.

Überweisungen ins Ausland sind problemlos möglich. Erforderlich ist auf dem Überweisungsträger die IBAN (internationale Kontonummer mit Bankleitzahl) des Zahlungsempfängers und SWIFT/BIC (internationaler Bank-Identitätscode) der Empfängerbank. Innerhalb der Europäischen Union bewegen sich die Kosten auf der Höhe der Inlandsgebühren (Euro-Überweisung). Die einzelnen Kreditinstitute verwenden dafür besondere Formulare. Überweisungsaufträge bis 12 500,00 EUR bzw. Beträge bis zum entsprechenden Gegenwert in jeweiligen Fremdwährung werden mittels „Euro-Überweisung" durchgeführt. Überweisungen von mehr als 12 500,00 EUR sind mit einem „Zahlungsauftrag im Außenwirtschaftsverkehr" abzuwickeln. Auslandsüberweisungen von Privat zu Privat sind auch per Kreditkarte möglich. Voraussetzung ist, dass Zahler und Empfänger über eine entsprechende Kreditkarte (z. B. VISA) bzw. Debitkarte (BankCard) verfügen.

Weitere Serviceleistungen werden von den einzelnen Kreditinstituten in unterschiedlicher Art und Weise angeboten (z. B. Terminierung von Überweisungsaufträgen, Eilüberweisung, telegrafische Überweisung).

Dauerauftrag und Lastschriftverfahren

Überweisungen über gleich bleibende, regelmäßig wiederkehrende Beträge (z. B. Miete, Einzahlungen auf das Sparbuch) an denselben Zahlungsempfänger zu einem bestimmten Zeitpunkt können mittels **Dauerauftrag** erledigt werden. Der Kunde (Zahler) füllt einmal einen entsprechende Vordruck seines Kreditinstituts aus und beauftragt damit das Kreditinstitut, regelmäßig von seinem Girokonto einen bestimmten Geldbetrag zu überweisen. Der Zahlungspflichtige spart Zeit, Wege und vor allen Dingen muss er sich keine Termine merken. Der Kunde kann jederzeit einen Dauerauftrag ändern bzw. widerrufen. Ein vom Kreditinstitut bereits ausgeführter Auftrag kann jedoch nicht rückgängig gemacht werden.

Für regelmäßig wiederkehrende Zahlungen deren Höhe sich aber ständig ändern (z. B. Telefongebühren, Rechnungen über Strom, Gas und Wasser, Versicherungsprämie) kann der Zahlungspflichtige das Lastschriftverfahren benutzen. Bei diesem Instrument des bargeldlosen Zahlungsverkehr ermächtigt der Zahlungspflichtige

- schriftlich den Zahlungsempfänger, von seinem Girokonto den jeweils fälligen
- Betrag abbuchen zu lassen **(Einzugsermächtigung)** oder
- der Zahlungspflichtige beauftragt sein Kreditinstitut, von einem bestimmten
- Zahlungsempfänger vorgelegte Lastschriften einzulösen **(Abbuchungsauftrag)**.

Abbuchungsauftrag und Einzugsermächtigung kann der Zahlungspflichtige jederzeit widerrufen. Einer im Einzugsermächtigungsverfahren vorgenommene Lastschrift kann der Zahlungspflichtige widersprechen. Mit seinem Widerspruch wird die Belastung rückgängig gemacht, d. h., der zuvor von seinem Girokonto abgebuchte Betrag wird wieder gutgeschrieben. Lag der Lastschrift ein Abbuchungsauftrag zugrunde, so kann der Zahlungspflichtige die Abbuchung vom Konto nicht mehr rückgängig machen. Ihm bleibt nur die Möglichkeit, den Abbuchungsauftrag gegenüber seinem Kreditinstitut zu widerrufen, um weitere Abbuchungen zu vermeiden.

Zeitgemäß und vorteilhaft ist die Bezahlung der Rechnung durch Abbuchen von einem Girokonto.

Auch bei dieser Zahlungsweise wird Ihnen die Rechnung – wie gewohnt – zugesandt. Der Rechnungsbetrag wird jedoch frühestens am 10. Tag nach Absendung abgebucht, sodass dadurch die Höhe der Kontobelastung im Voraus bekannt ist.

Ein Rücktritt von dem Verfahren ist jederzeit möglich.

Falls Sie die Abbuchung wünschen, füllen Sie bitte die nachstehende Einzugsermächtigung aus und senden Sie die Karte unterschrieben und mit den Absenderangaben versehen an die für Sie zuständige Niederlassung.

Der Rechnungsbetrag wird erstmals abgebucht, wenn auf der Rechnung ein entsprechender Hinweis enthalten ist.

Einzugsermächtigung
– Bitte nur die hellen Felder ausfüllen –

für Fernmeldekontonummer (siehe Rechnung): 349010007249

Hiermit wird die Deutsche Telekom widerruflich ermächtigt die Rechnungsbeträge von dem nachstehend angegebenen Girokonto abzubuchen.

Girokonto-Nr.: 4223789008

Bankleitzahl des Geldinstituts: 80550101

Name und Anschrift des Geldinstituts: Sparkasse Wittenberg

Das Girokonto wird bei dem Geldinstitut unter folgender Bezeichnung geführt (Name des Kontoinhabers): P. Henze

15. Januar .. Henze

(Unterschrift des Kontoinhabers, Datum)

☒ Dauerauftrag
☐ Auslandsdauerauftrag
an die

HYPOBANK
Bayerische Hypotheken- und Wechsel-Bank Aktiengesellschaft

Kontonummer des Auftraggebers: D 4 3 6 0 1 2 7
DA-Nummer: 001
AKZ P.Ber.: 1 1
AKZ: 1 = Eröffnung, 2 = Änderung

Währung: EUR
Betrag: 010 3 6 0 ▲ 7 5
Termin-SL: 011 0
Datum der ersten Ausführung: 012 1 5 ▲ 0 4 ▲ . .
Datum der letzten Ausführung: 013 ▲ ▲

Auftraggeber – Name: 014 Gebäudereinigung GbR-WGK

Verwendungszweck: 015 Abfall-Grundgebühr

Empfänger – Name: 016 Umweltamt Wittenberg

Bankleitzahl und: 017 10010010
Kreditinstitut des Empfängers: Postbank Berlin

Kontonummer des Empfängers: 018 173063
Preis: 019 ▲
vwl: 020 (90 = ohne Sparzulage)
Abschöpfungsbetrag: 024

Ausführung jeweils am ☐ monatlich ☐ 1/4 jährlich ☒ 1/2 jährlich ☐ jährlich ☐

☒ **Eröffnung:**
Ich/Wir beauftrage(n) Sie, vorstehenden Dauerauftrag bis zu einem schriftlichen Widerruf auszuführen, soweit ein entsprechendes Guthaben bzw. eingeräumter Kredit vorhanden ist. Bei einem Widerruf oder einer Änderung muss der Auftrag schriftlich spätestens zehn Arbeitstage vor dem jeweiligen Termin vorliegen.

☐ **Änderung** (soweit nicht auf dem Stammblatt vorgenommen):
Ich/Wir beauftrage(n) Sie, ab oben stehendem ersten Ausführungsdatum (Feld 012) den unter obiger DA-Nummer laufenden Dauerauftrag nach den angegebenen Änderungsdaten auszuführen.

Bearbeitet

Datum/Kundenunterschrift: 20. Februar .. Weiß GbR-WGK

Vereinfachte Darstellung der Abwicklung des Lastschriftverfahrens

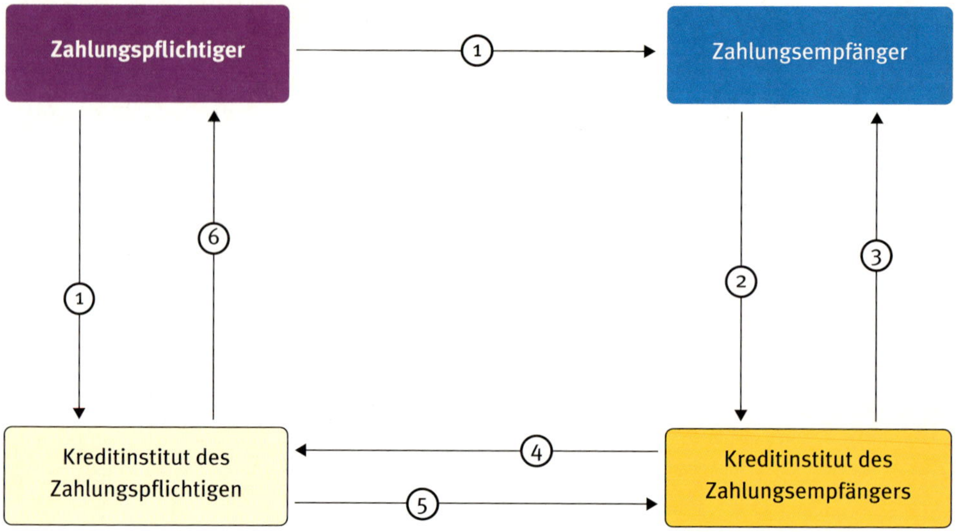

① Der Zahlungspflichtige erteilt seinem Kreditinstitut einen Abbuchungsauftrag oder erteilt dem Zahlungsempfänger eine Einzugsermächtigung.

② Der Zahlungsempfänger reicht die Lastschrift bei seinem Kreditinstitut ein.

③ Das Kreditinstitut schreibt den Betrag – Eingang vorbehalten (E.v.) – auf dem Girokonto des Zahlungsempfängers gut.

④ Das Kreditinstitut des Zahlungsempfängers leitet die Lastschrift an das Kreditinstitut des Zahlungspflichtigen weiter.

⑤ Das Kreditinstitut des Zahlungspflichtigen schreibt dem Kreditinstitut des Zahlungsempfängers den Betrag gut.

⑥ Auf dem Kontoauszug kann der Zahlungspflichtige feststellen, welcher Betrag durch die Lastschrift abgebucht wurde.

Der Scheck

Wesen des Schecks

Der Scheck ist ein besonderes Wertpapier, das eine Anweisung des Kontoinhabers an seine Bank ist, eine bestimmte Summe aus seinem Guthaben oder eingeräumten Kredit an den Überbringer des Schecks zu zahlen.

Ist auf dem Scheck nichts Besonderes vermerkt, wird er dem Überbringer in bar ausgezahlt werden (Barscheck).

Um einen Scheck beispielsweise an den Empfänger zu übersenden, kann er mit dem Vermerk „Nur zur Verrechnung“ versehen werden. Er wird dann nur dem Konto des Empfängers gutgeschrieben. Auch jeder andere Scheck kann auf Wunsch einem Konto des Scheckeinreichers gutgeschrieben werden (Verrechnungsscheck).

Der Scheck stellt ein Zahlungsmittel in Form einer Schuldverschreibung dar. Mit Einlösung des Schecks durch den Scheckinhaber wird die Schuld des Ausstellers endgültig getilgt.

Bei Einkäufen braucht der Händler die Zahlung mit Scheck nur dann anzunehmen, wenn dies vorher vereinbart war.

Bestandteile des Schecks

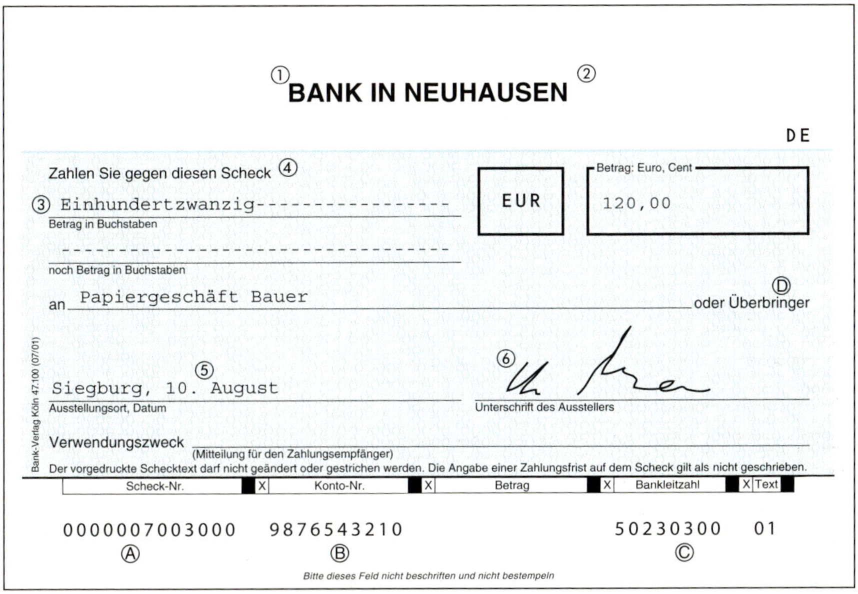

① BANK IN NEUHAUSEN ②

DE

Zahlen Sie gegen diesen Scheck ④

③ Einhundertzwanzig-----------------

Betrag in Buchstaben

noch Betrag in Buchstaben

EUR

Betrag: Euro, Cent

120,00

an Papiergeschäft Bauer oder Überbringer Ⓓ

⑤ Siegburg, 10. August

Ausstellungsort, Datum

⑥ Unterschrift des Ausstellers

Verwendungszweck (Mitteilung für den Zahlungsempfänger)

Der vorgedruckte Schecktext darf nicht geändert oder gestrichen werden. Die Angabe einer Zahlungsfrist auf dem Scheck gilt als nicht geschrieben.

Bank-Verlag Köln 47.100 (07/01)

Scheck-Nr. X Konto-Nr. X Betrag X Bankleitzahl X Text

0000007003000 Ⓐ 9876543210 Ⓑ 50230300 Ⓒ 01

Bitte dieses Feld nicht beschriften und nicht bestempeln

Im Scheckgesetz sind für die Gültigkeit eines Schecks folgende Bestandteile vorgeschrieben:

① Name des Kreditinstitutes, das zahlen soll (= Bezogener)

② Zahlungsort (= Geschäftssitz des Kreditinstitutes)

③ Unbedingte Anweisung, eine bestimmte Geldsumme zu zahlen (Betrag in Buchstaben),

④ die Bezeichnung Scheck im Text der Urkunde (= Scheckklausel)

⑤ Ort und Tag der Ausstellung des Schecks

⑥ handschriftliche Unterschrift des Ausstellers.

Fehlt eine dieser Bestandteile, ist der Scheck ungültig. Neben diesen gesetzlichen gibt es noch einige kaufmännische Bestandteile, wie **A** Schecknummer, **B** Kontonummer, **C** Bankleitzahl und **D** die Überbringerklausel.

Der Scheck darf nur ausgestellt werden, wenn das Konto des Ausstellers das Guthaben aufweist oder ein Kreditrahmen vereinbart wurde (Guthabenklausel). Ist kein Guthaben oder Kreditrahmen vorhanden, dann muss die Bank diesen Scheck nicht einlösen.

Vorlegefristen

Schecks sind bei Sicht zahlbar, eine Zahlungsfrist bei vordatierten Schecks ist nicht verbindlich. Sie müssen aber innerhalb bestimmter Vorlegefristen dem bezogenen Kreditinstitut vorgelegt werden:

Die Fristen betragen bei

- im Inland ausgestellten Schecks 8 Tage,
- im europäischen Ausland und Mittelmeerraum ausgestellten Schecks 20 Tage und
- im außereuropäischen Ausland ausgestellten Schecks 70 Tage.

Bei später vorgelegten Schecks kann, muss aber das Kreditinstitut diesen Scheck nicht mehr einlösen.

Scheckeinlösung

Wird ein Scheck innerhalb dieser Fristen vorgelegt und weist das Konto kein entsprechendes Guthaben und keinen Kreditrahmen aus, dann muss sich der Scheckinhaber die Nichteinlösung durch einen „Nicht-bezahlt-Vermerk“ auf dem Scheck bestätigen lassen.

Der Scheckinhaber kann nun auf den Scheckaussteller Rückgriff (Regress) nehmen und neben der Schecksumme alle entstandenen Kosten zzgl. Zinsen verlangen. Notfalls muss er diese Forderungen vor Gericht einklagen.

Scheckverlust

Bei Scheckverlust muss das bezogene Kreditinstitut sofort benachrichtigt und der Scheck gesperrt werden, damit er nicht unberechtigt eingelöst werden kann.

TIPP **Bei Verlust von Scheck-Formularen lassen Sie diese sofort durch einen Anruf bei Ihrem Kreditinstitut sperren! Die Telefonnummer erhalten Sie von Ihrem Kreditinstitut (24-Stunden-Service).**

Arten des Schecks

Schecks werden nach der Art ihrer Einlösung, dem Zahlungsempfänger bzw. der Art der Übertragung und nach dem bezogenen Kreditinstitut unterschieden.

Nach der Art der Einlösung: Schecks können sofort in bar eingelöst oder zur Gutschrift auf das Konto eingereicht werden.

- **Barschecks:** Der Scheckbetrag wird dem Überbringer bei dem bezogenen Kreditinstitut in bar ausgezahlt, wenn er es wünscht. Bei Vorlage bei einem anderen Kreditinstitut wird der Scheck dem Konto des Vorlegers gutgeschrieben.
- **Verrechnungsschecks:** Jeder Barscheck lässt sich durch das Anbringen des Vermerks „Nur zur Verrechnung“ auf der Vorderseite zu einem Verrechnungsscheck machen. Auch das nachträgliche Anbringen dieses Vermerkes durch den Scheckempfänger ist möglich, um bei Verlust seine Barauszahlung zu verhindern. Rückgängig lässt sich dieser Vermerk aber nicht mehr machen, die Streichung „gilt als nicht erfolgt“, wie es im Scheckgesetz heißt.

Dieser Vermerk ist auch wichtig, wenn der Aussteller zur Begleichung einer Schuld den Scheck dem Empfänger per Post übersenden will, aber bei Verlust oder Diebstahl der Postsendung wissen will, wer den Scheckbetrag erhalten hat.

Nach dem Zahlungsempfänger bzw. Art der Übertragung:

- **Inhaberschecks:** Durch den Zusatz „oder Überbringer“ auf den Scheckvordrucken ist der Scheck ein Inhaberpapier, d. h., die Bank ist berechtigt, an jeden, der den Scheck zur Auszahlung vorlegt, auszuzahlen. Eine Streichung dieser Überbringerklausel gilt als nicht erfolgt, d. h., die Bank muss die Streichung nicht beachten und kann den Scheck einlösen! Eine Angabe des Namens des Scheckempfängers ist deshalb nicht erforderlich, da auch kein Übergabevermerk in irgendeiner Form erfolgen muss.
- **Namens-/Orderscheck:** In besonderen Fällen, bei hohen Summen, im Auslandszahlungsverkehr oder wenn es wichtig ist zu erfahren, wer den Scheck einlöste, kann ein spezielles Scheckformular (Scheckvordruck)verwendet werden, der Orderscheck. Dieser hat anstelle des Vermerkes „oder Überbringer“ den Zusatz „oder Order“. Der Scheckempfänger kann diesen Scheck nur durch ein sog. Indossament (Weitergabevermerk) auf der Rückseite des Schecks an einen Dritten übertragen. Das Kreditinstitut ist in allen Fällen verpflichtet, die Legitimation des Vorlegers zu prüfen. Daher sind die Kreditinstitute nicht sehr an dieser Scheckart interessiert.

Nach dem bezogenen Kreditinstitut: Ein Scheck ist entweder auf eine Bank, eine Sparkasse, eine Kreditgenossenschaft oder die Postbank bezogen. Diese erfüllen aber alle die gleichen Aufgaben.

Bestätigter LZB-Scheck: In besonderen Fällen, wie bei Versteigerung von Grundstücken oder Gebäuden, ist es erforderlich, sofort eine größere Summe Bargeld zu zahlen. Um nicht einen Koffer voller Geld mitnehmen zu müssen, können Landeszentralbanken, Zweigstellen der Deutschen Bundesbank, Schecks mit einen Bestätigungsvermerk versehen, durch den die Deutsche Bundesbank die Haftung für die Einlösung dieses Schecks übernimmt. Der Scheck wird von ihr bzw. der Landeszentralbank eingelöst, wenn er innerhalb von acht Tagen nach Ausstellung zur Zahlung vorgelegt wird. Dieser Scheck ist so gut wie Bargeld!

BankCard mit EC-Funktion

Der Electronic-Cash-Karte als Multifunktionskarte dient dazu, noch stärker im täglichen Zahlungsverkehr bargeldlos zu zahlen.

Die BankCard ist eine multifunktionale Karte geworden. Mit ihr kann ein Kontoinhaber, der von der Bank als kreditwürdig angesehen wurde und diese Karte erhielt,

- in Verbindung mit der PIN-Nummer (Geheimzahl) an den Geldautomaten der Kreditinstitute jederzeit Bargeld abheben,
- Rechnungen in Verbindung mit der PIN-Nummer bzw. ohne diese Nummer, dann aber durch eine Unterschrift unter ein besonderes Formular zur Abbuchung von seinem Konto, bei Einkäufen bezahlen (Electronic Cash),
- Kontoauszüge ausdrucken lassen,
- in den meisten europäischen Ländern und Ländern des Mittelmeerraumes Bargeld bei Kreditinstituten und an Geldautomaten in der betreffenden Landeswährung abheben.

- Durch den integrierten Chip lässt sich die Karte auch als **Geldkarte** verwenden, indem sie an besonderen Terminals der Kreditinstitute aufgeladen und das auf dem auf der Vorderseite aufgebrachten Chip gespeicherte Guthaben ohne PIN und/oder Unterschrift zur Zahlung von Einkäufen, Parkgebühren oder U- Bahn-Fahrkarten usw. verwendet werden kann.

Die BankCard im Überblick

Das Unterschriftenfeld
Nach Erhalt Ihrer BankCard unterschreiben Sie auf diesem Feld der Karte. Die Jahreszahlen auf dem Unterschriftsfeld zeigen, bis wann Ihre Karte gültig ist. (Beispiel: 05 = gültig bis Ende 2005)

Der Chip
Der Chip enthält die Geldkarte, das elektronische Portmonee Ihrer Karte. Darin lassen sich Beträge bis zu 200 EUR speichern.

Maestro
Weltweit bargeldlos bezahlen oder Geld am Automaten abheben – überall wo Sie das Maestrozeichen finden.

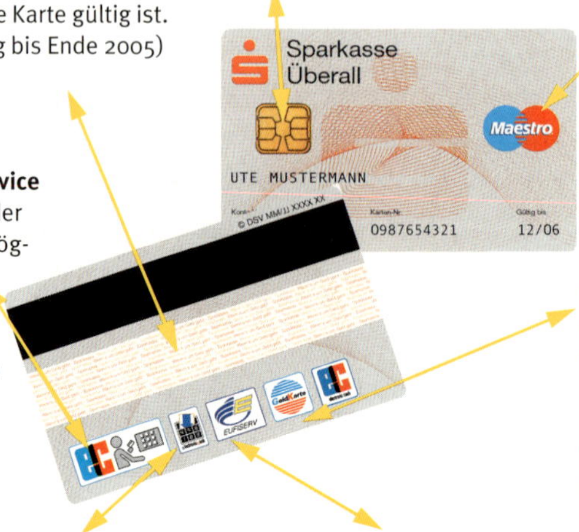

Geldautomaten-Service
Mit Ihrer Karte und der PIN haben Sie die Möglichkeit, an Geldautomaten abzuheben. So sind Sie unabhängig von den Öffnungszeiten der Banken.

GeldKarte
Bis zu 200 EUR können Sie in Ihre elektronische Geldbörse laden und damit an Automaten oder in Geschäften kleinere Beträge bezahlen. Ihre PIN benötigen Sie für das Bezahlen nicht.

Electronic Cash
In Deutschland bezahlen Sie an den Kassen mit diesem Logo bargeldlos mit der ec-Karte. Einfach den Betrag bestätigen und die PIN eingeben.

edc-Service (electronic debit card)
Im europäischen Ausland können Sie in Geschäften mit diesem Symbol mit Ihrer Karte und der PIN an automatisierten Kassen bezahlen.

Electronic-Banking-Systeme und Kreditkarten

BankCard als Electronic-Cash-Karte (Point of Sale-Banking / POS-System)

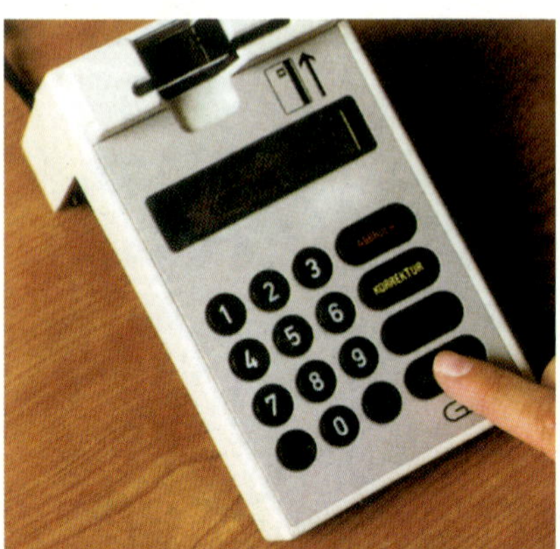

Wie oben beschrieben, kann die BankCard mit EC-Funktion zur bargeldlosen Zahlung verwendet werden, da sie sowohl mit einem Chip als auch einem Magnetstreifen, auf dem alle wichtigen Daten gespeichert sind, versehen ist. Jeder, der von seinem Kreditinstitut als kreditwürdig eingestuft wird und über 18 Jahre alt ist, kann eine solche Karte erhalten.

Damit kann an einem Geldautomaten nach Eingabe der PIN (Persönliche Identifikations-Nummer) Geld abgehoben werden.

In vielen Geschäften, Tankstellen usw. stehen die mit Electronic Cash gekennzeichneten POS-Terminals, über die dann mit Hilfe der EC-Karte/BankCard und der PIN bargeldlos die Einkäufe bezahlt werden. Der Rechnungsbetrag wird sofort vom Konto des Karteninhabers abgebucht.

Inland *Ausland*

BankCard und Lastschriftverfahren (POZ-System)

Einige Geschäfte, die die Gebühr für die Terminals, die Telefonleitung und den Einzug sparen wollen, lassen sich vom Kunden nach Vorlage der BankCard eine Einzugsermächtigung für den Einkauf unterschreiben und buchen dann später den Rechnungsbetrag vom Konto des Kunden ab. Bei diesem POZ-System (Point of Sale, ohne Zahlungsgarantie oder elektronisches Lastschriftverfahren = ELV) tritt neben der Vorlage der Karte, deren Daten per PC abgerufen werden, anstelle der Geheimnummer, die viele Karteninhaber meist vergessen haben, die Unterschrift.

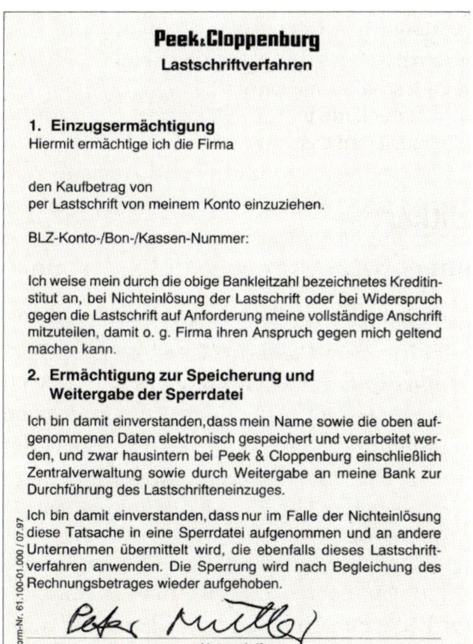

Peek&Cloppenburg
Lastschriftverfahren

1. Einzugsermächtigung
Hiermit ermächtige ich die Firma

den Kaufbetrag von
per Lastschrift von meinem Konto einzuziehen.

BLZ-Konto-/Bon-/Kassen-Nummer:

Ich weise mein durch die obige Bankleitzahl bezeichnetes Kreditinstitut an, bei Nichteinlösung der Lastschrift oder bei Widerspruch gegen die Lastschrift auf Anforderung meine vollständige Anschrift mitzuteilen, damit o. g. Firma ihren Anspruch gegen mich geltend machen kann.

2. Ermächtigung zur Speicherung und Weitergabe der Sperrdatei

Ich bin damit einverstanden, dass mein Name sowie die oben aufgenommenen Daten elektronisch gespeichert und verarbeitet werden, und zwar hausintern bei Peek & Cloppenburg einschließlich Zentralverwaltung sowie durch Weitergabe an meine Bank zur Durchführung des Lastschrifteneinzuges.

Ich bin damit einverstanden, dass nur im Falle der Nichteinlösung diese Tatsache in eine Sperrdatei aufgenommen und an andere Unternehmen übermittelt wird, die ebenfalls dieses Lastschriftverfahren anwenden. Die Sperrung wird nach Begleichung des Rechnungsbetrages wieder aufgehoben.

Unterschrift

Form-Nr. 61.100-01.000 / 07.97

ELV-Verfahren des POZ-Systems

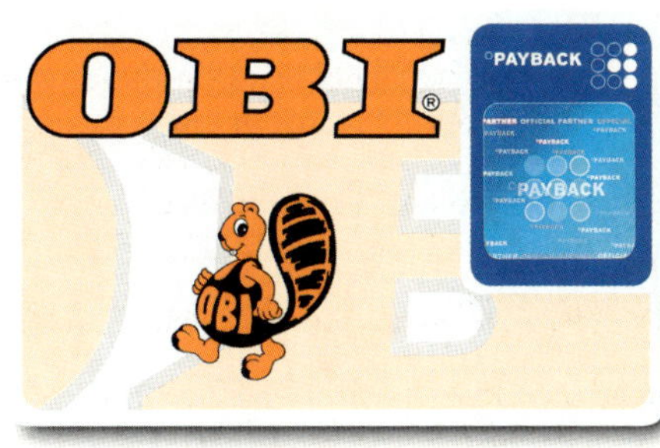

Kundenkarten

Um die Kunden an eine bestimmte Einkaufskette zu binden, bieten verschiedene Einzel-, Großhändler und Dienstleistungsunternehmen ihren kreditwürdigen Kunden eine Kundenkarte an. Nach Angabe von persönlichen Daten und der Bankverbindung erhält der Kunde diese Karte und kann bargeldlos bei dem Unternehmen einkaufen. In mehreren Fällen erhält er einen Barzahlungsnachlass oder sonstige Vergünstigungen. Dies gilt auch in Verbindung mit der Barzahlung. Die Gutschrift der Punkte oder des Rabatts erfolgt aber auf dem Kundenkonto.

BEISPIEL Kaufhof, Karstadt, Electronic Conrad, IKEA und anderen.

Wobei hier diese Kundenkarte sowohl als Debit-Karte, d. h. mit sofortiger Abbuchung vom Konto des Inhabers, als auch als Kreditkarte, d. h., die Abbuchung erfolgt in der Regel nur einmal monatlich, ausgegeben werden kann. Die Firmen wollen ihre Kunden als Stammkunden an sich binden und gleichzeitig Kosten des Zahlungsverkehrs sparen.

Kreditkarten

In Deutschland sind alle wichtigen Kreditkartenorganisationen vertreten und geben an Personen mit einem bestimmten Jahreseinkommen und geprüfter Kreditwürdigkeit in der Regel gegen Zahlung einer Jahresgebühr ihre Kreditkarte aus. Wobei bei Master Card und Visa diese Karte in der Regel mit dem Namen des Kreditinstituts des Kunden versehen ist, bei dem auch die Karte beantragt wird.

Die Kreditkarte kann von dem Kreditkartenkunden zur Bezahlung von Rechnungen von Vertragsunternehmen, wie Hotels, Restaurants, Tankstellen usw. im In- und Ausland verwendet werden. Der Karteninhaber ist somit stets zahlungsfähig, ohne Bargeld, einen Scheck oder eine Geldkarte zu haben. Die Zahlung an das Kreditkartenunternehmen erfolgt mittels Lastschrifteinzug meist einmal im Monat vom Konto des Kunden.

Die Bezahlung einer Rechnung erfolgt durch die Unterschrift auf einem Leistungsbeleg. Dieser Beleg wird an das Kreditkartenunternehmen zur Abrechnung gesandt, und das Vertragsunternehmen erhält diesen Betrag abzüglich einer Umsatzprovision (zwischen 2 und 7 Prozent) nach ca. einem Monat gutgeschrieben. Der Karteninhaber erhält von seinem Kreditkartenunternehmen monatlich eine genaue Aufstellung aller Transaktionen und wird mit dem Endbetrag per Lastschriftverfahren belastet.

Bei Verlust oder Diebstahl muss sofort die ausgebende Stelle, das Kreditkartenunternehmen oder eine Organisation informiert werden, und der Inhaber haftet nur bis zur Höhe eines bestimmten Betrages.

TIPP **Bei Verlust Ihrer Kredit- oder Kundenkarte rufen Sie sofort bei der Kreditkartenorganisation an, damit sie gesperrt wird! Telefonnummer müssen Sie dort erfragen!**

In manchen Fällen ist die Karte mit gewissen Vorteilen, wie Miles-and-more-Punkten, besseren Guthabenzinsen, Versicherungen usw. ausgestattet.

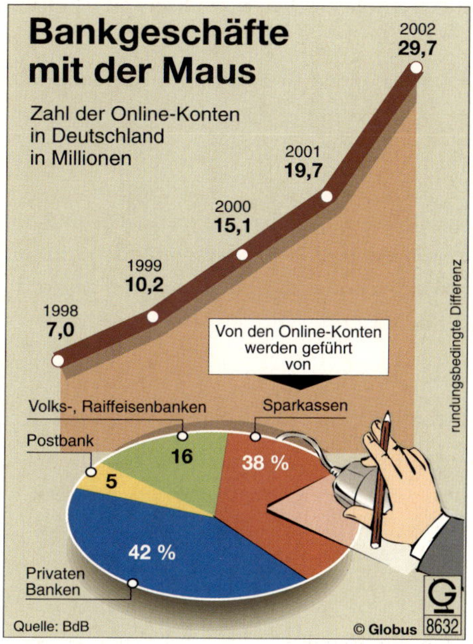

Ein weiterer, wenn auch teurer Vorteil ist, dass mit der Karte in Verbindung mit einer Geheimnummer (PIN) weltweit an Automaten Geld abgehoben werden kann.

HomeBanking

Inzwischen ist es nicht nur Geschäftsleuten, sondern auch dem privaten Bankkunden möglich, seine Bankgeschäfte (Kontoführung, Überweisung, Wertpapiergeschäfte usw.) zu jeder Zeit telefonisch oder per Datenübertragung per Modem/ISDN über die Telefonleitung zu erledigen. Der Kunde spart sich die Zeit, die Bank aufzusuchen, und ist dabei an keine bestimmten Zeiten mehr gebunden. Er bestimmt, wann er zum Telefonhörer greift oder den Computer einschaltet. Es gibt vor allem zwei technische Möglichkeiten für den privaten Bankkunden, mit seiner Bank zu kommunizieren:

HomeBanking
- TelefonBanking
- Electronic-Banking

TelefonBanking: Hier kommuniziert der Bankkunde mit seiner Bank schnell über Telefon. Bei Anruf überprüft die Bank die Angaben des Kunden zur Kontonummer und ein vereinbartes Kennwort oder eine PIN-Nummer. Danach kann der Kunde je nach Vereinbarung seine Kontostände aller Anlage- und Kreditkonten abrufen, Umbuchungen auf und Überweisungen von seinen Konten vornehmen. Auch Daueraufträge oder Lastschriftaufträge erteilen, ändern oder löschen. Bei Vereinbarung kann er auch Wertpapierkauf- oder -verkaufaufträge(Order) erteilen. Weiter kann er alle von der Bank zur Verfügung gestellten Formulare anfordern. Er kann also alle Bankgeschäfte bequem von zu Hause führen.

In vielen Fällen bieten die Banken hier besondere telefonische Zugangsmöglichkeiten, meist kostet es nur die Ortsgebühr.

Electronic-Banking: Dies geschieht zwar auch über die Telefonleitung, doch es ist der Zugang über einen Internet-Anbieter (Provider) erforderlich. Aber auch direkt per Modem ist dies weltweit bei einigen Banken möglich. In allen Fällen wird ein Computer mit Modem oder Internet-Zugang benötigt, womit die Signale des Computer des Bankkunden über die Telefonleitung zum Computer der Bank gesandt werden. Auch hier sind mehrere Sicherheitsvorkehrungen zu treffen, damit die zu übertragenden Daten nicht von anderen verwendet werden können. Beispielsweise erhält der Bankkunde neben der PIN eine Anzahl von TANs (Transaktionsnummern), mit denen er seine Aufträge kennzeichnen muss. Eventuell ist noch ein weiterer Sicherheitscode mit der Bank vereinbart. Ansonsten sind alle Bankgeschäfte wie beim TelefonBanking möglich.

Der Vorteil beim Electronic-Banking ist, dass die Banken meist Vorzugskonditionen für die Kontoführung einräumen, da der Kunde ja alle Transaktionen selbst vornimmt. Hinzu kommt für den Bankkunden, dass er alle Vorgänge im Computer speichern und auch ausdrucken kann.

Eine weitere Form des Electronic-Banking, den beleglosen **Datenträgeraustausch,** nutzen fast ausschließlich Unternehmen, die entweder die Daten der Überweisungen oder anderer Zahlungsgeschäfte per Datenfernübertragung zur Bank senden bzw. die Daten auf Diskette oder Ähnlichem speichern und der Bank auf dem Postweg oder durch Boten zusenden.

TIPP **Bevor Sie sich für eine Bank für Homebanking entscheiden, vergleichen Sie die Kosten und Gebühren.**

KERNWISSEN

- Funktionen (Aufgaben des Geldes) sind:
  - Zahlungs- und Tauschmittel
  - Wertaufbewahrungsmittel
  - Wertübertragungsmittel
  - Wertmaßstab
  - Kreditmittel
- Ab 2002 ist der **Euro gesetzliches Zahlungsmittel** in der Bundesrepublik Deutschland.
- Bei der **Barzahlung** zahlt der Zahler mit Banknoten oder Münzen (Bargeld) und der Zahlungsempfänger erhält Bargeld. Die Barzahlung wird überwiegend im privaten Bereich eingesetzt.
- Bei der **halbbaren Zahlung** hat entweder der Zahler oder nur der Zahlungsempfänger ein Girokonto. Bei der halbbaren Zahlung wird Bargeld in Buchgeld oder Buchgeld in Bargeld umgewandelt. Für die halbbare Zahlung werden der Zahlschein, der Barscheck und die Zahlungsanweisung verwendet.
- Bei der **bargeldlosen Zahlung** haben Zahler und Zahlungsempfänger ein Girokonto. Es wird Buchgeld von einem Konto auf ein anderes Konto übertragen. Dem Zahlungspflichtigen wird sein Konto belastet (Lastschrift) und der Zahlungsempfänger erhält auf seinem Konto eine Gutschrift.
- Formen des bargeldlosen Zahlungsverkehrs sind Überweisung, Verrechnungsscheck, Dauerauftrag, Lastschrift-Verfahren, Sammelüberweisungen und Kreditkarten.

- Über die **Gironetze der beteiligten Banken** wird der bargeldlose Zahlungsverkehr schnell und kostengünstig abgewickelt. Dabei gewinnt der beleglose elektronische Zahlungsverkehr immer mehr an Bedeutung.
- Der Scheck ist eine unbedingte Zahlungsanweisung auf eine bestimmte Geldsumme.
- Bestandteile des Schecks: Es gibt gesetzliche und kaufmännische Bestandteile. Wenn ein gesetzlicher Bestandteil fehlt, dann ist der Scheck ungültig.
- Der Scheck muss innerhalb der Vorlegefristen beim bezogenen Kreditinstitut vorgelegt werden. Er ist bei Sicht fällig.
- Barschecks werden bei Vorlage bar ausgezahlt, Verrechnungsschecks werden dem Konto des Einreichers gutgeschrieben.
- Bei Verlust eines Schecks muss dem Kreditinstitut das sofort mitgeteilt werden, um den Scheck zu sperren.
- Im Ausland kann man mit der Multifunktionskarte BankCard fast überall bargeldlos bezahlen und an Geldautomaten Bargeld bekommen. Dies gilt auch für die Kreditkarten.
- Im Inland kann die BankCard auch für weitere Geldgeschäfte verwendet werden, wie bargeldlose Zahlung an Terminals (POZ-/POS-Systeme) in Geschäften, Barabhebung an Geldautomaten, bei Verwendung als Geldkarte Zahlung in Parkhäusern usw.
- Inhaber von Kreditkarten können bei vielen Geschäften, z. B. Tankstellen, mit der betreffenden Karte bargeldlos bezahlen.
- Homebanking (TelefonBanking, Electronic-Banking) ermöglicht die Erledigung der Bankgeschäfte von zu Hause.

ÜBUNGSAUFGABEN

1. Ordnen Sie die nachfolgenden Beispiele den Funktionen (Aufgaben) des Geldes zu:
a) Durch einen Unfall auf dem Weg zur Arbeit ist das Auto völlig demoliert worden. Um schnell ein neues Auto zur Verfügung zu haben, müssen Sie einen Kredit aufnehmen.
b) Zum guten Zwischenprüfungsergebnis erhalten Sie von Ihrem Großvater einen Betrag von 250,00 EUR als Zuschuss zu Ihrem Urlaub in der Türkei.
c) Sie wollen einen neuen Computer kaufen und sparen dafür monatlich von Ihrer Ausbildungsvergütung 150,00 EUR.
d) Sie besitzen eine Briefmarkensammlung, haben aber das Interesse daran verloren. Für das Geld, das Ihnen der Briefmarkenhändler zahlen will, könnten Sie sich einen neuen Drucker kaufen.

2. Beschreiben Sie den Ablauf der Barzahlung.

3. Welche verschiedene Formen der Barzahlung werden unterschieden?

4. Welche Nachteile hat der Barzahlungsverkehr?

5. Herr Hugo Manderscheid, Am Bächelchen 13, 70188 Stuttgart, will seinem Enkelsohn Siegfried Sieger, der auf Klassenfahrt in 18069 Rostock, Kahler Damm 5 ist, 130,00 EUR senden.
Welche Form der Bezahlung sollte Herr Manderscheid wählen? Begründen Sie Ihre Wahl!

6. Herr Manderscheid will das Geld mit dem Postbank Minuten-Service übermitteln. Ist dies sinnvoll?

7. Senden Sie dem in Frankreich gestrandeten Fernfahrer Ihrer Firma, Herr Gross (siehe Situation auf Seite 274, Adresse: 34 – Rue Generale, F-69005 Lyon, Frankreich) Bargeld in Höhe von Euro 250,00 mit dem „Minuten Service" der Postbank und füllen Sie das entsprechende Formular aus. Adresse der Firma Manderscheid siehe bei Aufgabe 5.

8. Ermitteln Sie die Höhe des Entgelts für den „Minuten-Service" durch die Postbank.

9. Frau Frauke Wolf, Herrenhausstraße 15, 30566 Hannover, beauftragt den Gärtnermeister Ferdinand Bökel, Kurze Kampstraße 235, 30565 Hannover, in ihrem Garten verschiedene Arbeiten zu erledigen. Diese Gartenarbeiten führt Herr Bökel am 23.4.… durch. Nach Abschluss der Arbeiten verlangt er die sofortige Bezahlung in Höhe von 120,00 EUR + Umsatzsteuer von Frau Wolf. Frau Wolf bezahlt bar, besteht jedoch auf einer Quittung.
a) Erstellen Sie die erforderliche Quittung. Verwenden Sie dazu, sofern vorhanden, einen Quittungsvordruck.
b) Welche Angaben muss eine Quittung erhalten?
c) Wer ist Schuldner, wer ist Gläubiger in diesem Fall?

10. Bis zu welchem Betrag kann man mit einem Expressbrief Bargeld versenden?

11. Herr Hugo Manderscheid, Am Bächelchen 13, 70188 Stuttgart, hat beim Versandhaus Schöne Welt GmbH, 60555 Frankfurt am Main, Wetterauer Straße 5 - 8, Textilien in einem Warenwert von insgesamt 180,00 EUR bestellt und geliefert bekommen. Bei Zahlung innerhalb von 14 Tagen gewährt das Versandhaus (Bankverbindung: Postbank Frankfurt, BLZ 500 100 60, Konto Nr. 604–106988) 3 % Skonto. Herr Manderscheid nimmt den Skontoabzug in Anspruch und zahlt mit Zahlschein/Einzahlung. Füllen Sie den entsprechenden Vordruck aus.
a) Wie hoch ist der zu zahlende Betrag?
b) Wo kann Herr Manderscheid die Bareinzahlung vornehmen?
c) Wie kann Herr Manderscheid beweisen, dass er bezahlt hat?
d) Ermitteln Sie, welche Gebühren ihre örtlichen Kreditinstitute für diese Zahlung mit Zahlschein erheben würden.

12. Beschreiben Sie den Ablauf der Zahlung mit Zahlschein/Einzahlung.

13. Welche der folgenden Zahlungsformen gehören zur halbbaren Zahlung? Begründen Sie Ihre Meinung.

a) Minuten-Service
b) Nachnahme
c) Zahlungsanweisung zur Verrechnung
d) Barscheck
e) Zahlung durch Expressbrief
f) Zahlschein/Einzahlung

14. Welche Vorteile bietet die besondere Versendungsform „Nachnahme" für einen Betrieb?

15. Welchen Vorteil bietet die Postbank ihren Kunden mit der Zahlungsanweisung?

16. Vergleichen Sie die Barzahlung halbbare Zahlung hinsichtlich Kosten, Risiken und Zeitaufwand.

17. Bei der halbbaren Zahlung wird Bargeld in Buchgeld und Buchgeld in Bargeld umgewandelt. Erläutern Sie diesen Sachverhalt anhand von Beispielen.

18. Welche Voraussetzungen sind für den Einsatz des bargeldlosen Zahlungsverkehrs notwendig und welche Vorteile ergeben sich für den Zahler und den Zahlungsempfänger?

19. Welche Formen des bargeldlosen Zahlungsverkehrs würden Sie in den folgenden Fällen verwenden? Begründen Sie Ihre Wahl.

a) Von Ihrer Ausbildungsvergütung wollen Sie jeden Monat 50,00 Euro sparen.
b) Die monatliche Mietzahlung soll pünktlich zum Monatsanfang erfolgen.
c) Zahlung des vierteljährlichen Mitgliedsbeitrags für den Sportverein.
d) Die monatliche Telefonrechnung soll fristgerecht bezahlt werden.
e) Sie erhalten den Kfz-Steuerbescheid für Ihr Motorrad.
f) Ein Betrieb zahlt die monatlichen Löhne und Gehälter an seine Mitarbeiter.
g) Zahlung der Rundfunk- und Fernsehgebühren.

20. Die Zustimmung des Zahlungspflichtigen zum Lastschriftverfahren kann in zwei verschiedenen Formen erfolgen.
Beschreiben und erläutern Sie die beiden Möglichkeiten.

21. Welche Vorteile ergeben sich für den Zahlungspflichtigen im Lastschriftverkehr?

22. Welche wesentlichen Unterschiede bestehen zwischen einem Dauerauftrag und einer Lastschrift?

23. Sie kaufen am Samstag im Baumarkt Holzleisten ein. Mit welchen Zahlungsmitteln können Sie an der Kasse bezahlen?

24. Nennen Sie die gesetzlichen und kaufmännischen Bestandteile eines Schecks.

25. Unterscheiden Sie Bar- und Verrechnungsscheck.

26. Sie sind im Ersatzteilverkauf eingesetzt und ein Kunde möchte seinen Einkauf über 276,05 EUR mit einem Scheck bezahlen. a) Worauf müssen Sie bei der Entgegennahme des Schecks achten? b) Können Sie diesen Scheck bedenkenlos annehmen?

27. Ihr Unternehmen legt den Scheck erst nach zwölf Tagen dem bezogenen Kreditinstitut vor. Wird er noch eingelöst?

28. Bei Ihrem Einkaufsbummel geht Ihnen ein Scheckformular verloren. Was können Sie unternehmen, um sich vor Schaden zu bewahren?

29. Sie sind an einer Kreditkarte interessiert. Unter welchen Voraussetzungen können Sie von Ihrem Kreditinstitut bzw. dem Kreditkartenunternehmen eine Kreditkarte erhalten?

30. Werden Kreditkarten von allen Geschäften anerkannt?

31. Bei einer Auslandsfahrt verlieren Sie Ihre Kreditkarte, was müssen Sie sofort unternehmen, um sich vor größeren Schäden zu schützen?

32. Was verstehen Sie unter dem Electronic-Cash-System? Unterscheiden Sie POZ- und POS-Systeme?

33. Warum geben immer mehr Firmen Kundenkarten an ihre Stammkunden aus? Was ist dabei zu beachten?

34. Erläutern Sie die Vor- und Nachteile des Telefon- und Electronic Banking für die Bank und ihre Kunden.

Stichwortverzeichnis

A
Abandonrecht 238
Abbauboden 128
Abbuchungsauftrag 284
Absatz 181
Abteilungsbildung 135
Akkord 70
Akkordlohn 70
Aktiengesellschaft 241
Aliud-Lieferung 210
Allgemeine Geschäftsbedingung 206, 270
Allgemeiner Kündigungsschutz 35
Allgemeinverbindlichkeit 59
Anbauboden 128
Anbieter 144
Anfechtbarkeit (Rechtsgeschäft) 198
Anfrage 203
Angebot 203
Angebotskurve 146
Angebotsmonopol 149
Angebotsoligopol 149
Angebotsüberhang 147
Annahme 202
Anstalt des öffentlichen Rechts 93
Antrag 202
Arbeit 128
Arbeitgeberverband 57
Arbeitnehmersparzulage 79
Arbeitsförderung 100
Arbeitsgemeinschaft 256
Arbeitsgerichtsbarkeit 41
Arbeitskampf 62
Arbeitslosenquote 161
Arbeitsplatzschutzgesetz 36
Arbeitsproduktivität 129, 182
Arbeitsteilung 134
Arbeitsteilung, horizontal 135
Arbeitsteilung, vertikale 135
Arbeitsunfall 104
Arbeitszerlegung 136
Arbeitszeugnis 29
Aufgabe des Geldes 274
Aufhebungsvertrag 27
Auflassung 195
Aufschwung 167
Aufsichtsrat 239, 242
Ausbildungsdauer 18
Ausbildungsordnung 12
Ausbildungssystem, duales 8
Außenbeitrag 162
Außenhandelsbetrieb 179
Außenwirtschaftliches Gleichgewicht 160
Aussperrung 62
Auszubildendenvertretung 51
Automatisierung 71

B
BankCard 289, 290
Bargeld 278, 281
Bargeldlose Zahlung 282
Barkauf 209
Barscheck 281, 286, 288
Barzahlung 278
BBiG 13
Bedarf 120
Bedürfnis 118
Bedürfnis, immaterielles 120
Bedürfnis, latentes 120
Bedürfnis, materielles 120
Beitragsbemessungsgrenze 79
Berufsausbildungsvertrag 14
Berufsbildungsgesetz 10, 34, 36
Berufsgenossenschaft 73, 105
Berufung 43
Beschaffung 180
Beschlussverfahren 41
Beschwerde 43
Besitz 194
Bestandteil des Schecks 287
Bestimmungskauf 208
Betätigungsvertrag 199
Betriebliche Arbeitsteilung 135
Betriebsmittel 178
Betriebsrat 46
Betriebsvereinbarung 52
Betriebsverfassunggesetz 46
Beweislast 212
Bildungsabschluss, mittlerer 9
Boden 128
Bruttoeinkommen 74
Bruttoinlandsprodukt 162
Buchgeld 275, 281
Bundesdatenschutzgesetz 111
Bunderziehungsgeldgesetz 36

D
Darlehensvertrag 200
Daten, personenbezogene 112

Datenschutzbeauftragter 111
Datensicherung 114
Dauerauftrag 284, 293
Debit-Karte 292
Depression 167
Dienstleistung 122
Dienstleistungsbilanz 161
Dienstvertrag 199
Dispositiver Faktor 177
Dividende 244

E

Eigenkapitalrentabilität 183
Eigentum 194
Eigenverantwortung 93
Einkommenspolitik 164
Einkommensteuererklärung 80
Einkommensverteilung, gerechte 164
Einzelarbeitsvertrag 23
Einzelhandelsbetrieb 179
Einzelunternehmung 225
Einzugsermächtigung 284
Electronic Cash 289, 290
Electronic-Banking 294
Elternzeit 38
Erfüllungsgeschäft 207
Erfüllungsort 205
Erwerb, gutgläubiger 195
Erwerbswirtschaftliches Prinzip 158
Erziehungsurlaub 36
Euro 275
Euro-Banknote 275
Euro-Münze 275
Europäische Union (EU) 275
Europäische Zentralbank (EZB) 275, 276
EWU (Europäische Währungsunion) 275
Existenzbedürfnis 118
Expansion 167
Express-Brief 279, 281

F

Faktormarkt 144
Finanzierung 181
Firma 222
Fiskalpolitik 167
Fixkauf 208
Fixum 71
Formmangel 197
Friedenspflicht 63
Fürsorgepflicht 16
Fusion 261
Fusionskontrolle 265

G

Gattungskauf 208
Gebrauchsgüter 122
Gehaltsfortzahlung 25
Gehaltstarifvertrag 59
Geld 275
Geldkarte 290
Geldstrom 140
Geltungsbereich des Tarifvertrags 60
Generalstreik 62
Generalversammlung 250
Generationenvertrag 86
Genossenschaft 250
Gerichtsstand 205
Gerichtswesen 190
Gesamtkapitalrentabilität 183
Geschäftsfähigkeit 193
Geschäftsführer 239
Gesellschaft des bürgerlichen Rechts 233
Gesellschafterversammlung 238
Gesellschaftsordnung 155
Gesellschaftsvertrag 199
Gewalt, höhere 213
Gewerbefreiheit 159
Gewerkschaft 57
Gewinnmaximierer 146
Gewinnungsbetrieb 179
Gewohnheitsrecht 189
Giralgeld 275
gleichartige Güter 144
Gleichgewicht, gesamtwirtschaftliches 160
Gleichgewichtsmenge 147
Gleichgewichtspreis 146
Globalisierung 136
GmbH 237
GmbH & Co. KG 251
Großhandelsbetrieb 179
Grundfreibetrag 77
Grundfunktion eines Betriebes 180
Grundkapital 241
Grundstoffindustrie 179
Günstigkeitsprinzip 58
Güter 121
Güter, freie 121
Güter, homogene 144
Güter, immaterielle 121
Güter, knappe 121
Güter, materielle 121
Güter, wirtschaftliche 121
Gütermarkt 144
Güterstrom 140

H
Halbbare Zahlung 281
Handelsbilanz 161
Handelsregister 222
Handlungsgehilfe 24
Handwerksbetrieb 179
Hauptversammlung 243
Haushaltspolitik 168
Haustarifvertrag 58
Haustür- und Abzahlungsgeschäft 206
Haustürgeschäft 268
Holding 261
HomeBanking 293

I
Idealtypisches Modell 155
Incoterm 205
Individualbedürfnis 119
Individualismus 155
Industrialisierung 90
Industriebetrieb 179
Inflationsrate 161
Inhaberscheck 289
Integrationsamt 36
Interessengemeinschaft 256
Internationale Arbeitsteilung 136
Internet 110, 294
Investitionsgüter 122
Investitionsgüterindustrie 179
ISDN 293

J
Jahreswirtschaftsbericht 160
Jointventure 257
Jugendarbeitsschutzgesetz 32
Jugendvertretung 51
Juristische Person 192

K
Kaduzierung 238
Kapital 129
Kapitalbilanz 161
Kapitalproduktivität 182
Kartell 257
Kauf auf Abruf 208
Kauf auf Probe 208
Kauf nach Probe 208
Kauf zur Probe 208
Käufermarkt 143
Kaufkraft 120, 161
Kaufmann 222
Kaufvertrag 202
Kennzahl 182
Kinderfreibetrag 77
Kirchensteuer 77
Kollektivbedürfnis 119
Kollektivismus 155
Kombination des Produktionsfaktors 129
Kommanditgesellschaft 230
Kommanditgesellschaft auf Aktien 246
Kommanditist 230
Kommissionskauf 209
Komplementär 230
Komplementärgüter 122
Konjunkturpolitik 166
Konjunkturschwankung 166
Konkurrenzklausel 18
Konsortium 256
Konsumgüter 122
Konsumgüterindustrie 179
Konzentration 260
Konzern 260
Kooperation 256
Körperschaft 93
Krankenversicherung 95
Kreditkarte 292
Kreditmittel 274
Kreislaufmodell 139
Kulturbedürfnis 119
Kundenkarte 291
Kündigung 18, 27
Kündigungsfrist 27
Kündigungsschutz 28
Kündigungsschutz, besonderer 36

L
Lagerung 180
Lastschriftauftrag 293
Lastschriftverfahren 284, 286
Leihvertrag 200
Leistungsbilanz 161
Leistungserstellung 181
Leistungslohn 70
Leistungsverwertung 181
Lieferung, mangelhafte 210
Lieferzeit 205
Lohn-Nebenkosten 72
Lohnsteuer 77
Lohnsteuerkarte 82
Lohnsteuerklasse 74
Lohntarifvertrag 59
Luxusbedürfnis 119
LZB-Scheck 289

M
Maestro 290
Magisches Sechseck 163
Magisches Viereck 163
Maklervertrag 199
Mangel, arglistig verschwiegener 210
Manko-Lieferung 210
Manteltarifvertrag 59
Markt 142
Marktart 143
Marktform 148
Marktmacht 149
Marktmechanismus 147
Markttransparenz 145
Marktübersicht 145
Marktwirtschaft 155
MasterCard 291
Maximalprinzip 123
Mengenanpasser 144
Mietvertrag 200
Minderung des Kaufpreises 211
Minimalkostenkombination 130
Minimalprinzip 123
Minuten-Service 279
Missbrauchsaufsicht 265
Mitbestimmungsrecht 49
Mitwirkungsrecht 49
Modem 293
Monopol 148
Multifunktionskarte 289
Münzregal 277
Mutterschutzgesetz 36

N
Nacherfüllung 211
Nachfrage 120
Nachfragekurve 145
Nachfragemonopol 149
Nachfrageoligopol 149
Nachfrager 144
Nachfrageüberhang 148
Nachfrageverhalten 145
Nachfrist 213
Nachnahme 281
Namens-/Orderscheck 289
Natürliche Person 192
Nettolohn 74
Nichtigkeit (Rechtsgeschäft) 197
Nicht-Rechtzeitig-Lieferung 213
Nicht-Rechtzeitig-Zahlung 215
Notarielle Beurkundung 197
Notverkauf 215
Nutzenmaximierer 145

O
Öffentliche Beglaubigung 197
Öffentliches Recht 190
OHG 227
ökonomisches Prinzip 123
Oligopol 148
Ordnungspolitische Rahmenbedingung 159
originärer Produktionsfaktor 128

P
Pachtvertrag 200
Partnerschaftgesellschaft 233
Personengesellschaft 226
Pflegestufe 102
Pflegeversicherung 101
Pflicht des Ausbilders 15
Pflicht des Auszubildenden 17
PIN 291, 293, 294
PIN-Nummer 289
Polypol 148
POS 290, 291
POZ 291
Präferenz 145
Prämienlohn 71
Prävention 105
Preisangabenverordnung 270
Preisbildung 142
Preisindex der Lebenshaltung 160
Preismechanismus 144
Preisniveaustabilität 160
primärer Sektor 135
Privates Recht 190
Probezeit 28
Produkthaftungsgesetz 213, 271
Produktion 181
Produktionsfaktor 127, 129
Produktionsfaktor, abgeleiteter 129
Produktionsfaktor, derivativer 129
Produktionsfaktor, ursprünglicher 128
Produktionsgüter 122
Produktionsgüterindustrie 179
Produktivität 182

Q
Quittung 279

R
Rabatt 204

Rahmentarifvertrag 59
Ramschkauf 208
Ratenkauf 209
Rationalprinzip 123
Rechte 194
Rechtsbeschwerde 44
Rechtsfähigkeit 192
Rechtsgebiet 190
Rechtsgeschäft 196
Rechtsmangel 210
Rechtsobjekt 194
Rechtsordnung 189
Rechtsquelle 189
Rechtssubjekt 192
Rehabilitation 97
Rentabilität 183
Rentenversicherung 97
Revision 44
Rezession 167
Rückgriffsanspruch 212
Rückschlag 167
Rücktritt vom Kaufvertrag 211

S
Sachen 194
Sachgüter 122
Sachleistungsbetrieb 179
Sachmangel 210
Schaden, abstrakter 214
Schaden, konkreter 214
Schadenersatz 211
Scheck 286, 288
Scheckeinlösung 288
Scheckverlust 288
Scheingeschäft 197
Schenkungsvertrag 199
Scherzgeschäft 197
Schlichtung 62
Schuldverhältnis 196
Schutz der Umwelt 164
Schwerbehindertengesetz 36
Sektor 139
Sektor, sekundärer 135
Selbsthilfeverkauf 215
Sicherheitsmerkmal 276
Sitten, gute 197
Skonto 204
Sofortkauf 208
Solidaritätsprinzip 93
Solidaritätszuschlag 78
Sonderausgabe 83
Soziale Marktwirtschaft 71, 154
Sozialpartner 56, 57
Sozialpolitik 164
sozialpolitisches Ziel 160
Sozialprodukt 141
Sozialversicherung 90
Sozialversicherungsbeitrag 72
Spitzensteuersatz 77
Stabilitätsgesetz 160
Standortauswahl 183
Standortboden 128
Steuerpolitik 167
Steuerprogression 77
Stiftung Warentest 272
Stille Gesellschaft 233
Streik 62
Strukturpolitik 165
Stückgeldakkord 70
Stückkauf 208
Stückzeitakkord 70
Subsidarität 93
Substitution 129
Substitution des Produktionsfaktors 129
Substitutionsgüter 122
Sympathiestreik 62
Syndikat 259

T
TAN (Transaktionsnummer) 294
Tarifautonomie 57
Tarifgebundenheit 58
Tariflohn 84
Tarifpartner 57
Tarifvertrag 56
Täuschung, arglistige 198
Tauschvertrag 199
TelefonBanking 293
Terminkauf 208
tertiärer Sektor 135
Transportbetrieb 179
Trust 261

U
Übertragungsbilanz 161
Überweisung 283
Überweisung ins Ausland 284
Umsatzrentabilität 183
Unfallverhütung 105
Unfallversicherung 104
Unlauterer Wettbewerb 266
Unternehmenszusammenschluss 254
Urabstimmung 62
Urerzeugung 135
Urteilsverfahren 41

V

Verarbeitungsbetrieb 179
Veräußerungsvertrag 199
Verbraucherschutz 271
Verbrauchsgüter 122
Vergütungspflicht 16
Verhalten der Anbieter 146
Verjährung von Mängelanspruch 212
Verjährungsfrist 212
Verkäufermarkt 143
Verkehrsbetrieb 179
Vermögenspolitik 164
Vermögensverteilung, gerechte 164
Verpackungskosten 204
Verpflichtungsgeschäft 207
Verrechnungsscheck 287, 288
Versandkosten 205
Verschulden 213
Vertragsfreiheit 191
Vertragsstrafe 214
volkswirtschaftliche Gesamtrechnung 141
Volkswirtschaftliche Produktionsfaktoren 128
vollkommener Markt 144
vollständige Konkurrenz 144
Vorlegefrist 288
Vorliebe 145
Vorsorgeaufwendung 83
Vorstand 242

W

Warenkorb 160
Warnstreik 62
Werbungskosten 82
Werklieferungsvertrag 199
Werkstoff 178
Werkvertrag 199
Wertaufbewahrungsmittel 274
Wertekreislauf eines Betriebes 182
Wertmaßstab 274
Wertübertragungsmittel 274
Wettbewerb 264
Wettbewerbspolitik 165
Wettbewerbsverbot 18
Wilder Streik 62
Willenserklärung 196
Wirtschaftlichkeit 183
Wirtschaftskreislauf 138
Wirtschaftsliberalismus 155
Wirtschaftsordnung 155
Wirtschaftswachstum 162
Wirtschaftsziel 160

Z

Zahlschein 281
Zahlungs- und Tauschmittel 274
Zahlungsanweisung zur Verrechnung 281, 282
Zahlungsbedingung 205
Zahlungsbilanz 161
Zahlungsform 278
Zahlungsmittel 278
Zeitlohn 69
Zentralverwaltungswirtschaft 156
Zielkauf 209
Zielkonflikt 163